Reihe
Germanistische
Linguistik   276

Herausgegeben von Armin Burkhardt, Angelika Linke,
Damaris Nübling und Sigurd Wichter

Anne Uhrmacher

Spielarten des Komischen

Ernst Jandl und die Sprache

Max Niemeyer Verlag
Tübingen 2007

PT2619
A64Z926

Reihe Germanistische Linguistik
Begründet und fortgeführt von Helmut Henne, Horst Sitta und Herbert Ernst Wiegand

Der Abdruck der Texte Ernst Jandls erfolgt mit freundlicher Genehmigung des
Luchterhand Literaturverlags, München, aufgrund der Ausgabe:
Ernst Jandl: poetische werke, hrsg. von Klaus Siblewski ©1997 by Luchterhand
Literaturverlag, München, in der Verlagsgruppe Random House GmbH.

Bibliografische Information der Deutschen Nationalbibliothek

Die Deutsche Nationalbibliothek verzeichnet diese Publikation in der Deutschen Natio-
nalbibliografie; detaillierte bibliografische Daten sind im Internet über *http://dnb.d-nb.de*
abrufbar.

ISBN 978-3-484-31276-0   ISSN 0344-6778

Inhalt

Die vorliegende Arbeit wurde vom Freundeskreis der Universität Trier mit einem Förderpreis der Nikolaus Koch Stiftung für den wissenschaftlichen Nachwuchs ausgezeichnet. Besonders danken möchte ich Herrn Professor Dr. Hans Peter Althaus, der diese Untersuchung angeregt und mich mit seiner Kritik und seinem Rat stets auf das freundlichste unterstützt hat. Auch Herrn Professor Dr. Georg Guntermann danke ich für seine Hinweise. Meiner Mutter, die dieses Buch durch unermüdliches kritisches Lesen begleitet hat, sei ebenso herzlich gedankt wie meinem Mann für seine vielfältige und geduldige Hilfe. Nicht zuletzt erfreute ich mich zahlreicher Anregungen durch Trierer Studentinnen und Studenten. Sie gaben mir durch manches Lachen über Ernst Jandls Gedichte und durch das freimütige Eingestehen ihrer Assoziationen wertvolle Hinweise.

A.U.

1 Die Macht des Komischen

1.1 Ernst Jandls nur scheinbar leichtes Sprachspiel

Über den Wiener Dichter Ernst Jandl (1925–2000) wird Spektakuläres berichtet: Er lockte mit seinem Vortrag moderner Lyrik wie *ottos mops* das Publikum in riesige, »im Nu«[1] ausverkaufte Säle. In Feuilletons wird er beschrieben als »der einzige, dem es gelang, experimentelle Literatur populär zu machen«.[2] Man nannte ihn »Schlagerdichter«[3] und »Popstar«,[4] manche seiner Gedichte wurden als »Evergreens«[5] bezeichnet, und Jandl selbst sprach zu Recht von »Hits aus *Laut und Luise*«.[6] »Kein experimenteller Autor hat einen ähnlichen Bekanntheitsgrad erreicht wie er«, meldet das Literaturhaus Wien in einem Nachruf zu Jandls Tod am 9. Juni 2000.[7] Im populären Medium Internet sind tausende Seiten zum Suchbegriff »Ernst Jandl« abrufbar. Seit seinem Tod ist ihre Zahl noch explosionsartig angestiegen, die Suchmaschine »Google« vermerkt im Jahr 2007 über 200 000 Einträge. Marcel Reich-Ranicki kleidet diese erstaunliche Beobachtung in eine Frage: »Wie also – ein Künstler der Avantgarde und doch ein populärer Autor?«[8]

Wie hat der Dichter das geschafft? Als ein wesentliches Element des Erfolges beim Publikum gilt Jandls heitere Seite.[9] Er brachte seine Zuhörer zum Lachen, und der Ruf eines Humoristen eilte ihm lange Zeit voraus. In zahlreichen Anthologien komischer Lyrik ist Jandl mit vielen Texten vertreten.[10]

---

[1] Schmitz-Kunkel: Ein Wiener (KR 13. Juni 2000).
[2] Drews: Unerhörte Redeweisen (SZ 29. Okt. 1983). Die Tageszeitung »taz« widmete Jandl in Anlehnung an sein berühmtes Gedicht *lichtung* eine Ausgabe zum 65. Geburtstag, auf deren Titelseite konsequent die Buchstaben »l« und »r« vertauscht waren (taz 1. Aug. 1990).
[3] Drews: Lieber Ernst, S. 9.
[4] Fetz: Nachlässe, S. 90. Vgl. auch Lentz: Lautpoesie, S. 628.
[5] Hage: Eine ganze Sprache, S. 154.
[6] Jandl: Vorrede, S. 42.
[7] http://www.literaturhaus.at/veranstaltungen/jandl [Stand: Mai 2007].
[8] Reich-Ranicki: Schreibtisch (FAZ 5. Aug. 1995).
[9] Huemer spricht dies explizit aus. Vgl. Jandl/Huemer: Gespräch, S. 26.
[10] Sechzehn Texte Jandls druckt Steffen Jacobs in der von ihm herausgegebenen Anthologie »Die komischen Deutschen« ab. Jandl wird annähernd soviel Raum gegeben wie Heinrich Heine (neunzehn Texte), Erich Kästner (zwanzig Texte) und Wilhelm Busch (einundzwanzig Texte). Vgl. Jacobs: Die komischen Deutschen. In der von Robert Gernhardt und Klaus Cäsar Zehrer herausgegebenen Anthologie »Hell und Schnell. 555 komische Gedichte aus 5 Jahrhunderten« sind siebzehn

2

Sprachkomiker,[11] Clown,[12] Erzschelm[13] und Sprachspieler[14] sind nur einige
der Bezeichnungen, die dem Dichter in Feuilletons verliehen wurden. Journalisten berichten von »brüllenden Lachern bei den Pointen«.[15] In Tonaufnahmen von Jandls Lesungen sind viele weitere Facetten von Gelächter dokumentiert. Er sprach darüber eher distanziert: »Es dürfe gelacht werden, hieß
es wiederholt in Einleitungsworten, von Veranstaltern an ein freundliches
Publikum gerichtet, um es noch freundlicher zu stimmen, ehe ich mit meiner
Lesung begann. Ich selbst kann dabei nicht lachen, sondern lese mit gleich-
bleibend ernstem Gesicht, aber gewiß gibt es darunter dann Texte, die ein
Lachen verdienen und es von den Zuhörern bekommen; andere auch, die ein
Lachen anfangs provozieren, um es dann binnen weniger Zeilen zum Erlöschen zu bringen; und schließlich viele, bei denen es zu lachen überhaupt
nichts gibt.«[16] Auf diese Differenzierung legte Jandl großen Wert, er empfand
in der Charakterisierung als Komiker eine bedrohliche Nähe der Geringschät-
zung: »Es ist nicht zu leugnen, daß eine Reihe Texte, die ich geschrieben
habe, eben Humor oder Ironie oder was auch immer besitzen und die Zuhörer
lachen machen, und ich sehe darin keineswegs einen Nachteil. Allerdings ist
es, oder wäre es, eine sehr einseitige Betrachtung, wenn man mich nun einfach als Komiker mit literarischen oder lyrischen, poetischen Mitteln klassifizieren oder abqualifizieren wollte.«[17]

Als Beleg dafür, wie Jandl auf seine komische Seite reduziert wurde, läßt
sich Volker Hages Formulierung in einem Porträt aus dem Jahr 1988 lesen:
»Seit dreißig Jahren veröffentlicht er nun Gedichte, eigenwillige Gebilde, die
entweder auf Unverständnis stoßen oder von ihrer heiteren Seite genommen
werden.«[18] Hier klingt das Klischee des »Sprachclowns«[19] an, das Jandl lange
Zeit verfolgte. Daß er darauf empfindlich reagierte, zeigt eine Randbemer-
kung seines Lektors Klaus Siblewski. Er berichtet, Jandl habe sich vehement
gegen die Veröffentlichung eines Fotos gewehrt, das ihn mit Pappnase als
Clown zeigte. Nach Siblewski verlangte er: »Aus dem Buch jedenfalls müsse

---

Gedichte Jandls aufgenommen, während Busch nur mit vierzehn Texten vertreten
ist und Kästner mit neun.

[11] Drews: Unerhörte Redeweisen (SZ 29. Okt. 1983).

[12] Drews: Clown (SZ 29. Nov. 1980).

[13] Tunner: Poeta Jandlicus, S. 126.

[14] Zschau: Hingabe (FR 19. Okt. 1989).

[15] Schmitz-Kunkel: Wiener (KR 13. Juni 2000).

[16] Jandl, Ernst: Dankrede Georg-Büchner-Preis, S. 317.

[17] Jandl/de Groot: Gespräch, S. 9f.

[18] Hage: Eine ganze Sprache, S. 152.

[19] Vgl. Pfoser-Schewig: alles gute, S. 7. Mayer hat eine »Verteidigung Ernst Jandls
gegen die Lacher« verfaßt. Vgl. Mayer: Verteidigung, S. 35.

die Seite, auf der dieses Bild abgedruckt sei, entfernt werden, wenn nötig solle sich jemand mit einem Messer hinsetzen und die Seite heraustrennen.«[20]
Im realen Leben, so vermutet Jörg Drews, sei Jandl, der im Alter unter Depressionen litt, »eher humorlos«[21] gewesen. »Ingrimm, Wut, Aggressivität [...] sind Komponenten seiner Arbeit, [...] Pathos, Schmerz, Trauer, Verzweiflung.«[22] Dem Dichter wird immer wieder treffend eine »traurige Komik«[23] zugeschrieben. So bezeichnet ihn Ulrich Weinzierl als »Depressionshumoristen«,[24] Georg Guntermann konstatiert einen »Witz des Ernsten«,[25] Marcel Reich-Ranicki nennt Jandl einen »schwermütigen Schelm«[26] und Ludwig Harig schreibt: »es gibt keinen anderen Sprachspieler, der die Doppelbeziehung von Spiel und Ernst so folgerichtig vorführt wie er.«[27]
Jandl selbst spielt mit diesem Widerspruch, den schon sein Vorname anzukündigen scheint. Die Titel verschiedener CDs mit seinen Werken greifen das Wortspiel mit dem Namen »Ernst« auf: »jandls ernst« heißt die von Peter Böving im Jahr 2003 produzierte Sammlung vertonter Gedichte.[28] Schon 1989 war Jandl selbst an der Produktion einer CD beteiligt, die unter dem Titel »vom vom zum zum«[29] erschien. Das in Handschrift gedruckte Wort »spaß« ist auf dem Cover durchgestrichen, darunter steht, wie eine Korrektur, »ernst« und »jandl«. Er selbst charakterisierte sich mit einem Wortspiel: »Mein Verhalten, ich erinnere mich genau, wurde in meiner Kindheit von Freunden meiner Eltern als mit meinem Vornamen übereinstimmend gelobt. Heute müßte ich mich, um eine solche Übereinstimmung zu erreichen, ›Entsetzt‹ Jandl‹ nennen. So hat sich meine Einsicht in Leben und Werk seither geändert.«[30]

---

[20] Siblewski: Telefongespräche, S. 52. Vor diesem Hintergrund erscheint Jandls Gedicht *my own song* in merkwürdig persönlichem Licht, er verarbeitet hier in zehnfacher Variation den Satz: *ich will nicht sein / so wie ihr mich wollt.* Jandl: poetische werke, Bd. 8, S. 223 (1. Jan. 1966).
[21] »So merkwürdig es klingen mag: Ernst Jandl, der große Komiker, der Humorist, den wir so sehr dafür liebten, dass er uns lachen machte, war ein eher humorloser Mensch.« Drews: Dämmerung (SZ 13. Juni 2000).
[22] Drews: Eroberung (SZ 13./14. Jan. 1979).
[23] Riewoldt: traurige Komik (KStA 30. Mai 1980).
[24] Weinzierl: Rede auf Jandl, S. 196.
[25] Guntermann: Ernst Jandl, S. 125.
[26] Reich-Ranicki: Schreibtisch (FAZ 5. Aug. 1995).
[27] Harig: Weisheit, S. 14.
[28] Böving: Kompositionsspiel [CD].
[29] Newton/Puschnig/Scherer: vom vom zum zum [CD].
[30] Jandl: ernst und ernst, S. 143.

Vor allem in Jandls späteren Gedichten dominieren oft ganz andere Facetten, doch sind die komischen auch hier nicht ganz verschwunden.[31] Beatrice von Matt spricht mit Blick auf Jandls späteres Werk von »furiosem Humor, dessen Grund die Verzweiflung ist.«[32] Und sie bemerkt: »Der Zorn erzeugt in Jandls Werk von der Mitte der siebziger Jahre an ein Gelächter, das nicht nur befreit, sondern auch wehtut.«[33] Jandl selbst beschrieb den Humor seiner Gedichte als vielschichtig: »Also Humor ist nicht immer eine ungetrübte Heiterkeit, und in diesen Gedichten von mir schon gar nicht. Da ist alles getrübt, da kommen die verschiedensten Stimmungen mit hinein.«[34] Unter anderem nannte er seinen Humor »grotesk«[35] und »grimmig«.[36] In einem Sprechgedicht hat Jandl diese Eigenschaft lautlich dargestellt, er kommentiert es: »aller Ingrimm rollender rrr gilt der Humorlosigkeit, dieser deutschen Krankheit, die auch Österreicher mitunter befällt «[37]

```
wo bleibb da
hummoooa
wo bleibb da
hummmooooa
wo bleibb darrr
hummmmmooooooooooa
darr kööönich vonn
hummmmmmmmooooooooooooooooooa
rrrrr[38]
```

Der »Humor« wird hier durch Buchstabenvervielfältigung in Klang aufgelöst, übrig bleibt der Vibrant *rrrrr*. Aus der verfremdeten Frage »Wo bleibt der Humor?« wird für europäische Ohren eine fremde Sprache, eventuell assoziiert man aufgrund der exotischen Wortendung die »Samoainseln« oder fremdartige Laute mancher Naturvölker. Der Eindruck verfestigt sich, als vom *kööönich* die Rede ist: *hummoooa* ist anscheinend sein Name, und sein Reich heißt, gedehnt gesprochen, ebenso. Jandl erklärte die Spannung des Gedichts: »es endet ja mit einer kurzen und vehementen reihe von gerollten r, und die art, wie es vorgetragen wird, steht in einem spannungsverhältnis zur semantischen komponente des gedichtes: darrr kööönich vonn hummmmmm-

---

31 Jandl selbst beschrieb die Flüchtigkeit des Spaßes markant in dem Gedicht: *der spaß*. Jandl: poetische werke, Bd. 8, S. 77 (11. Nov. 1978).
32 Matt: Der tägliche Krieg, S. 105.
33 Ebd., S. 105.
34 Jandl/Huemer: Gespräch, S. 26.
35 Ebd., S. 27.
36 Ebd., S. 26.
37 Jandl: Das Sprechgedicht, S. 8.
38 Jandl: poetische werke, Bd. 2, S. 159 (19. April 1957).

mmoooooooooooooooooooa-rrrrr, – das ist etwas gewaltsames, wenn man will, etwas gewalttätiges, gewalttätigkeit mit den stimmorganen.«[39]

Das Gedicht wirft Fragen auf: Ist nur die Humorlosigkeit grimmig dargestellt, oder erscheint Humor hier selbst als ein gewaltiges oder sogar gewalttätiges Instrument? Das grimmige Potential des Komischen wird in vielen Gedichten Jandls spürbar, seine Schärfe und seine Gewalt im Sinne von Wirksamkeit, die in der grollenden Frage *wo bleibb da hummoooa* anklingt. Nach Aussage des Autors zeigt die Frage, »woran es in der Dichtung, und nicht nur in ihr, meines Erachtens mangelt«.[40] Potentiale des Komischen in Ernst Jandls Lyrik sollen in der hier vorliegenden Arbeit aufgezeigt werden.

Angesichts der oft thematisierten Widersprüchlichkeit seines Humors wurde dem Dichter bisweilen ein »gebrochenes Verhältnis« zum Lachen des Publikums unterstellt.[41] Er nannte jenes aber nur dann ihm »z'wider«, wenn »an falschen Stellen« gelacht würde,[42] ein Gelächter, das Franz Haas treffend als »das unbefugte Lachen, das wiehernde Mißverständnis«[43] beschrieben hat. Jandl erklärte: »Es ist mir dann z'wieder, wenn an falschen Stellen gelacht wird, dann hat irgendetwas nicht funktioniert. Entweder funktioniert das Gedicht nicht richtig, oder ich habe es nicht richtig vorgetragen. Oder es ist die Reihung der Gedichte nicht ganz korrekt erfolgt – so daß zwar gelacht wird, wo man lachen soll, aber auch dort, wo man eigentlich über das Lachen hinaus sein sollte.«[44]

In seinem Gedicht *von lachen* erschafft Jandl aus der Homonymie des Wortes »Lachen« ein schockierendes Wortspiel. Zunächst führt er den Hörer in die Irre durch *erstickenen*, den Bezug auf die Atmung, und den Kontext des Witzes, der einlädt, *lachen* als ›Gelächter‹ zu verstehen. Es ist auffallend, daß man sich als Leser oder Hörer innerlich bis zum Schluß gegen die Bedeutung ›Pfützen‹ wehrt.

---

[39] Jandl/Weibel: Gespräch [ohne Seitenzählung]. Vgl. zur Grimmigkeit des Buchstabens »r« die Figur des knurrenden Mannes »rrrr« in Jandl: Gräßliche Beziehung, S. 17–26.

[40] Jandl: Mein Gedicht, S. 39.

[41] Jandl/Huemer: Gespräch, S. 26.

[42] Ebd., S. 26.

[43] Haas: Jandls Minimalismus, S. 109.

[44] Jandl/Huemer: Gespräch, S. 26.

von lachen

du erstickenen sollen an deinen eigenen lachen.
das sein ein witzen. du so liegen, rührens unfähigen
nicht ein zentimeter bewegens in deinen kräften
daß in der seichtesten mulden, seichtesten lachen
von deinen urinen, du nicht mehr hochkommst mit schnauzen
soll heißen munden und nasen, und du verrecken erstickenst
in deinen eigenen lachen – das sein ein witzen, der schüttern
nicht werden den erdenen ballen.[45]

Auch in seinem Gedicht *die freude an mir* hat Jandl Schwierigkeiten mit der Rolle des Unterhalters ausgedrückt. Seine Bezeichnung *lach-dichter* ist in vielen Beiträgen und Rezensionen[46] kritisch aufgegriffen worden, die Veränderungen in seinem Werk beschreiben.

die freude an mir
läßt nach. bei wem?
denen ich die hand nicht küsse?
denen ich nicht in den arsch krieche?
[...]
denen ich als lach-dichter nicht diene?[47]

Dennoch war ein Lachen der Hörer oder Leser oft auch von Jandl beabsichtigt und geschätzt. »Ich schreibe nicht nur Gedichte bei denen man lachen kann, aber ich schreibe auch Gedichte bei denen man lachen kann, und vielleicht sind die Gedichte bei denen man lachen kann in einer Weise die wichtigsten Gedichte die ich schreibe [...]«[48] Auf die Frage »Ihre Gedichte dürfen dem Leser also ganz naiv Spaß machen?« antwortete er: »Das können sie ohne weiteres, das sollen sie.«[49] Einen Auslöser für das Lachen sah Jandl sicher zu Recht in seinem ungewohnten und radikalen Umgang mit der Sprache: »Aber es war mir klar, daß, wenn man auf diese radikale Weise mit Sprache arbeitet, daß eines der Dinge, die das Publikum bewegen – dadurch, daß sie so seltsame Verwendung von Sprache hören – daß das sie zum Lachen reizt. Und warum sollte man ihnen dann nur todernste Dinge vorführen, wenn es für einen selber so nahe lag, daß diese Art der Verwendung auch als Reaktion eben ein Lachen hervorrufen kann.«[50]

---

[45] Jandl: poetische werke; Bd. 7, S. 193 (26. Okt. 1977).
[46] Vgl. zum Beispiel Drews: Altern (SZ 10. Feb. 1990). Vgl. auch Fetz: Jandl in progress, S. 10.
[47] Jandl: poetische werke; Bd. 9, S. 87 (zwischen 1982 und 1989).
[48] Jandl: Zum Thema »Autorität des Wortes«, S. 25.
[49] Hage: Die Wiederkehr des Erzählers, S. 34.
[50] Jandl/Huemer: Gespräch [CD], Nr. 7.

Das Lachen des Publikums auf Jandls Lesungen scheint auf den ersten Blick tatsächlich oft durch die ungewohnte Sprache ausgelöst zu werden, sie ist spontan schwierig einzuordnen.[51] Viele Elemente des Jandlschen Sprachspiels[52] werden traditionell »zum Zweck des komischen Effekts verwendet«.[53] Und so erklärt sich auch das Klischee des Sprachkomikers sui generis, auf das Jandl häufig reduziert wurde. Im Gegensatz zu diesem ersten Eindruck des zufälligen Effekts finden sich in seinen poetischen Werken aber vielfältige und elaborierte Spielarten des Komischen wie Parodie, Satire, Ironie, Witz, Scherz, Nonsens, Humor, schwarzer Humor, Sarkasmus und Zynismus. Jandl arbeitet mit deren traditionellen Methoden und Techniken, verwirklicht sie aber in seiner Sprache völlig ungewohnt.

Zur Beschreibung seiner besonderen Dichtkunst ist seit langem ein spezielles Verb gebräuchlich: »jandln«.[54] Techniken des Sprachspiels, die Auflösung gewohnter Sprachnormen und die Verwendung von Lauten und Buchstaben als Baumaterial hat Jandl selbst in theoretischen Schriften thematisiert, zum Beispiel als: »Entstellungen, Mißbildungen, [...] Auswahl, Umformung, Amputation, Transplantation«.[55] Derartige Angriffe auf das Sprachmaterial selbst erklären auch die Wirksamkeit seiner Komik. Wie bahnbrechend Jandls Umgang mit Sprache ist, zeigt der Vergleich seiner Texte mit revolutionären Entwicklungen in der Musik. Seiner Dichtung wurde attestiert, sie sei der gelungene Versuch, »in der Literatur etwas Ebenbürtiges neben Schönberg und Webern zu setzen«.[56] Jandl selbst zog diesen Vergleich: »Es ging hier nicht um ein Zerstören von etwas, es ging auch nicht primär um einen Protest

---

[51] »Der Begriff ›Lachen‹ (gélōs, risus) fand kaum je eine explizite Definition und bedarf wohl auch keiner. Es genügt der exemplifizierende Hinweis auf das allgemein bekannte körperliche Phänomen: das charakteristische Verziehen des Gesichts, das spasmodische Ausstoßen der Luft mit den begleitenden Lauten und – bei schwerem Lachen – das vom Zwerchfell her kommende Schütteln des ganzen Körpers.« Hügli: Lachen, Sp. 1. Vgl. zur Funktion des Lachens den Sammelband von Fietz/Fichte/Ludwig: Semiotik, Rhetorik und Soziologie des Lachens.
[52] Der schillernde Terminus des Sprachspiels soll im folgenden nicht als sprachphilosophischer Begriff verwendet werden, sondern mit Blick auf Jandls Sprachverwendung. Er bezeichnet das Spiel mit Sprache als »eine Voraussetzung für Poesie überhaupt« und betont den Unterschied zur »Spielerei«. Jandl: Dichtkunst, S. 188. Vgl. zum Begriff des Sprachspiels die Darstellung von Harig: Sprachspiele, S. 756–759. Gerade Jandls Sprachspiel wurde aber auch oft mit den sprachphilosophischen Konzepten Ludwig Wittgensteins konfrontiert, vgl. hierzu zum Beispiel Schmitz-Emans: Poesie, besonders S. 553–555.
[53] Heißenbüttel: Das Lautgedicht, S. 22.
[54] Frank: Sprechblasen, S. 40.
[55] Jandl: Experimente, S. 9.
[56] Siblewski: Telefongespräche, S. 52. Vgl. auch: Siblewski: Ernst Jandls 1957, S. 40.

gegen etwas, sondern es ging darum, die Grenzen der Literatur weiter zu ziehen, als sie während [...] der Hitlerzeit gezogen werden durften [...]. Es geht
um das Wiederentdecken und das Wiedererwecken von etwas, das in der
Sprache ebenso begonnen hatte — zu Beginn des Jahrhunderts — wie in der
Musik, denken Sie an die Zwölftonmusik oder an die atonale Musik oder in
der Malerei, denken Sie an [...] die gegenstandsfreie Malerei [...]. Hier wird
der Gegenstand aufgehoben, das Bild selbst ist der Gegenstand der Betrachtung. Und die Hörgewohnheiten des bürgerlichen Publikums werden aufs ärg-
ste infrage gestellt und verletzt durch atonale Musik und dann durch die Neu-
ordnung in der Zwölftonmusik. Einzig in der Sprache hat diese kontinuierliche Bewegung nicht stattgefunden [...]. Und es war wohl die wichtigste Aufgabe nach dem Zweiten Weltkrieg, die Sprache, sofern sie für Kunst verwendet wurde, auf ein ähnliches Niveau zu heben wie etwa in der Malerei die
gegenstandsfreie Malerei oder in der Musik die, gemessen an den gewohnten
Harmonien, kakophone Musik«.[57]

Inwiefern die von Eugen Gomringer eingeführte Bezeichnung »Konkrete
Poesie«[58] auf Jandls Gedichte anwendbar ist, bleibt ein Streitfall und soll mit
Blick auf die in dieser Arbeit analysierten Beispiele diskutiert werden. Sehr
häufig werden bestimmte Gedichte Jandls zur konkreten Poesie gezählt.[59] Er
selbst jedoch kritisierte die Bezeichnung als »einengende Etikettierung«.[60]
Einen Hinweis darauf, wieso Jandl sich gegen eine Zuordnung zur konkreten
Poesie wehrte, kann Dieter Lampings Urteil über konkrete Dichtung in seiner
Überblicksdarstellung zur modernen Lyrik geben: »Das Spiel mit der Sprache
ist allerdings kein Monopol der Konkreten Lyrik. Glücklicherweise; denn mit
dem Spielerischen ist es in dieser Poesie mitunter nicht weit her. Viele ihrer
Vertreter ziehen es ohnehin vor, von ›Experiment‹ zu sprechen (was nicht
ganz unproblematisch ist); ihre Texte sind jedenfalls häufig eher konstrukti-
vistisch als phantasievoll, auch nicht frei von einem hohen Pathos, das nicht
immer gefüllt ist. Zu einem spielerischen Unernst fähig sind nur wenige.«[61]

---

[57] Jandl/Huemer: Gespräch [CD], Nr. 5.

[58] Kopfermann: Einführung, S. 10. Vgl. die Darstellung zum Begriff der konkreten
Dichtung von Schmitz-Emans: Sprache der modernen Dichtung, S. 175–224.
Gomringer bemerkte: »was der begriff ›konkret‹ in der poesie bedeute, die Defini-
tion der konkreten poesie – diese frage hat in den letzten 15 jahren zahlreiche ant-
worten gefunden, von der umschreibenden bis zur präzisen.« Gomringer: vorwort,
S. 5.

[59] Vgl. zum Beispiel Wulff: Konkrete Poesie, S. 1–6. Vgl. abwägend auch Buschinger, der mit Blick auf Jandl betont, die Bezeichnung konkrete poesie »semble en
effet selon lui attribuable très facilement«. Buschinger: La poésie concrète, S. 335.
Vgl. auch die kritischen Überlegungen von Schewig: Versuch einer Monographie,
besonders S. 7–10.

[60] Jandl/Konzag: Gespräch, S. 860.

[61] Lamping: Moderne Lyrik, S. 38.

Gerade Jandl jedoch zeigt spielerischen Umgang mit Sprache par excellence. Nichts Doktrinäres haftet seinen Gedichten an; so vielfältig wie seine Themen sind auch seine Methoden. Es ist deshalb Harald Hartung zuzustimmen, der Jandl beispielhaft für Autoren erwähnt, die sich früh »von Doktrin und Praxis der Konkretisten befreit«[62] hätten.

Erika Tunner spricht mit Blick auf Jandl zu Recht von »linguistischen Scherzen«.[63] Jandl realisiert nicht erst auf der semantischen Ebene die Spielarten des Komischen, sondern schon auf der Ebene des Sprachmaterials. So verwendet er zum Beispiel die traditionelle Methode der Ironie nicht nur als simulierte Unaufrichtigkeit einer Aussage, sondern er enttarnt schon im Wortmaterial selbst durch schleichende Buchstabenveränderung Heuchelei (zum Beispiel im Gedicht *falamaleikum*). In anderen Gedichten Jandls entdeckt man die klassische Haltung des Humors als tragende Kraft. Hier zeigen nicht nur Jandls Aussagen die charakteristische Bescheidenheit und Weisheit eines Humoristen. Vielmehr werden schon durch das Spiel mit dem Sprachmaterial Perspektiven verändert und Rangordnungen wirksam durchbrochen, zum Beispiel die zwischen Mensch und Tier (in den Gedichten *ottos mops* und *sieben weltwunder*) oder Erde und Weltraum (*jupiter unbewohnt*). Respekt vor der Schöpfung, der nach Søren Kierkegaard den Humor trägt, wird in poetischen Werken Jandls zwar nicht expliziert, er ist aber ablesbar.

Häufig arbeitet Jandl mit der Methode des bloßstellenden obszönen Witzes. Die Obszönität entsteht in der Vorstellung des Rezipienten, der Entsprechendes assoziiert oder potenziert. Durch Jandls Anregung erfährt der Leser oder Hörer einiges über sich selbst (zum Beispiel in den Gedichten *loch* und *wien : heldenplatz*). Die Perspektivwechsel, die Jandl durch seine Techniken des Komischen vollzieht, lassen die Welt neu entdecken: Sie erscheint in der Sprache seiner poetischen Werke entfremdet, ist unheimlich und provoziert dennoch Lachen.

Siblewski erwähnt die »einzigartige Gründlichkeit«[64] des Autors, die als ein Kennzeichen vieler Humoristen gilt. Jandls scheinbar leichte, erheiternde Sprachkunst ist bis ins Detail ausgefeilt. Um so mehr erstaunt es, daß bisher noch keine ausführliche Arbeit zu Jandls Komik in der Sprache vorliegt. Zu seinen populären Gedichten kursieren immer noch etliche Bezeichnungen, die das provozierte Lachen einordnen sollen, die aber willkürlich verwendet werden, zum Beispiel: Komik,[65] Nonsens, herzlicher Sarkasmus,[66] phonetischer

---

[62] Hartung: Konkrete Poesie, S. 330.
[63] Tunner: Poeta Jandlicus, S. 126.
[64] Siblewski: Telefongespräche, S. 8.
[65] Drews: Clown (SZ 29. Nov. 1980).
[66] Drews: Dämmerung (SZ 13. Juni 2000).

Kalauer,[67] Ironie,[68] Sprachwitz, Jux, artistisches Spiel, Witz und Humor[69] und albernes Vergnügen.[70]

Ausgehend also von einer Fülle wohlfeiler Benennungen stellen sich folgende Fragen: An welchen Stellen in Jandls Gedichten wird Lachen ausgelöst? Wird es dort allein durch das Ungewohnte der Sprache provoziert, oder lassen sich traditionelle Methoden entdecken, die durch Termini wie Satire, Ironie, Parodie, Scherz, Witz, Humor etc. erfaßt werden können? Systematische Überlegungen gehen hier voran: Welche Terminologie ist zur Beschreibung der poetischen Werke Jandls angemessen? Wie kann der durchschlagende Erfolg jener Komik erklärt werden, die das Fundament der Sprache selbst angreift? Gibt es Konstanten in Jandls Sprachveränderung, die klassische Spielarten des Komischen neu umsetzen? Warum können komische Effekte seiner Sprache nicht auf den ersten Blick eingeordnet werden und wurden oft als leichte Sprachspielerei aufgefaßt, was wiederum den Ruf des Sprachkomikers begründet hat?

Im zweiten Teil der folgenden Beschreibung des Forschungsstandes wird die bis in die Antike zurückreichende, interdisziplinär geführte Diskussion des Komischen skizziert. Sie erzwingt die Frage: Wie sind Spielarten des Komischen allgemein zu konturieren? Welche Bezeichnungen taugen zu ihrer Beschreibung und welche sprachlichen Merkmale sind ihnen eigen? Termini und Definitionen, die sich in der breiten geistesgeschichtlichen Literatur zu Phänomenen des Komischen diachron durchsetzen konnten, müssen gezielt ausgewählt und diskutiert werden, um sie dann mit Jandls Werk zu konfrontieren. Ausgehend von den oben genannten traditionsreichen Begriffen wie Ironie, Satire, Witz etc. ergibt sich die zentrale Fragestellung der Untersuchung: Inwieweit setzt Jandl konventionelle Methoden des Komischen in der Sprache völlig neu um? Ermöglicht es seine Arbeit mit der Sprache, Begriffe des Komischen schärfer zu konturieren? Zeigt er neue Potentiale der Spielarten des Komischen auf?

Schließlich soll die enorme Wirksamkeit der von Jandl verwendeten Methoden beleuchtet werden. Helmut Heißenbüttel hat betont, Komik sei »weder Ziel noch Mittelpunkt der Jandlschen Gedichte«.[71] Doch reizen sie zum Lachen – was also bewirkt dieses Lachen?

Diese Untersuchung soll durch Analysen ausgewählter poetischer Werke Jandls zeigen, wie traditionelle Spielarten des Komischen durch ihre Implantation ins Sprachmaterial selbst neue Wirksamkeit erlangen. In der Sprache eines der einflußreichsten deutschsprachigen Lyriker des 20. Jahrhunderts

---

[67] Heißenbüttel: Laudatio (FR 20. Okt. 1984).
[68] Burger: Sprachzertrümmerer (FAZ 15. Nov. 1980).
[69] Quack: Poetik-Vorlesungen (FAZ 21. Dez. 1984).
[70] Schmitz-Kunkel: Wiener (KR 13. Juni 2000).
[71] Heißenbüttel: Das Lautgedicht, S. 22.

werden sie zu kraftvollen Instrumenten der Erkenntnis. Es ist zu entdecken, wie schöpferisch Jandl das Komische mit Bloßstellung und scharfer Kritik vereint und wie ihm das von Adorno empfohlene »Madigmachen«[72] zum Beispiel durch Ironie, Satire und Parodie gelingt. Auch werden versöhnliche Potentiale des Jandlschen Humors in der Sprache herausgearbeitet: heitere Gelassenheit, weise Demut, das Zulassen von Trauer und ein ganz eigener Trost durch transzendente Perspektiven. Die von Jandl erneuerten Erscheinungsformen des Komischen können in ein Spannungsfeld eingeordnet werden, in dem Kräfte des kritischen Verstandes, der Sinne und des Gemüts wirken.

1.2 Forschungsstand

1.2.1 Das Komische in Jandls poetischen Werken

Die Auswertung der Sekundärliteratur zum Werk Ernst Jandls führt überraschende Diskrepanzen vor Augen: Sehr bekannt sind vor allem viele seiner frühen poetischen Werke, oft durch ihre populäre humorvolle Seite. Viele Abhandlungen zu Jandls Werk konstatieren eine Entwicklung von zahlreichen heiteren frühen Gedichten hin zu auffallend bitteren und zynischen Seiten späterer Werke.[73] Jandl selbst deutet diese Entwicklung an, als er 1990 von seiner »heiteren Seite, die es ja auch gibt oder wenigstens gab«,[74] spricht. Die Forschung setzt sich intensiv mit Jandls späterem Werk auseinander, insbesondere auch mit seinen Bühnenwerken und Hörspielen.

Erst in jüngster Zeit, vor allem seit Jandls Tod im Jahr 2000, ist ein starker Zuwachs an Aufsätzen mit wissenschaftlichen Analysen seiner Gedichte zu beobachten, wobei ernste Aspekte in den Betrachtungen überwiegen. Nur wenige Abhandlungen gehen überhaupt auf Spielarten des Komischen in Jandls Werk ein. Diese Thematik wird hingegen oft in der feuilletonistischen Sekundärliteratur zu Jandl und in Rezensionen angesprochen, was von öffentlichem Interesse an diesem Phänomen zeugt. Der Fülle an Benennungen des Komischen in Jandls Sprache, die in der einleitenden Fragestellung dieser Arbeit skizziert wurde, steht das Desiderat einer systematischen Untersuchung gegenüber.

---

[72] Vgl. Adorno: Erziehung zur Mündigkeit, S. 146.
[73] Vgl. zum Beispiel Hage: Eine ganze Sprache, S. 165. Helmut Gollner beschreibt explizit »Jandls depressives Spätwerk«, Gollner: Existenzielle Obszönität, S. 92.
[74] Jandl: Proben apokalyptischer Poesie, S. 30.

In diesem Zusammenhang ist es interessant, daß Drews in einer Laudatio Jandls 1995 auf die bisweilen herablassende Qualifizierung von dessen Dichtung als »Sprachspiel, Sprachclownerie, Wortspielerei, wenn auch brillanter« verweist. Er bemängelt: »es gibt eigentlich erstaunlich wenige literaturwissenschaftliche Untersuchungen zu den Texten Ernst Jandls, bis heute, und ich denke, dies hängt mit der Dichte und zugleich Vertracktheit zusammen, die sich im übrigen ganz gut verträgt mit schlagender Komik auf einer gewissen Ebene.«[75] Eine Bibliographie zu Ernst Jandl haben Jörg Danger und Peter Gendolla im Jahr 2003 zusammengetragen. Bemerkenswert häufig schreiben Sprach- und Literaturwissenschaftler, zu nennen sind beispielsweise Karl Riha und Jörg Drews, über Jandl auch in Feuilletons. Hier thematisieren die Autoren Jandls Humor erstaunlicherweise öfter als in ihren wissenschaftlichen Texten. Spiegelt dieser Eindruck den Wunsch der Zeitungsredaktionen wider, die Popularität Jandls zu betonen? Oder ist er ein Hinweis darauf, daß in germanistischen Publikationsforen Distanz zu dieser Seite des Dichters besteht?

Zu Jandls besonderer Arbeit mit Spielarten des Komischen in der Sprache liegt bisher noch keine Untersuchung vor. Lediglich ein einziger, sehr knapper Aufsatz widmet sich ausdrücklich dem Thema, die Abhandlung von Lisa Kahn kann allerdings nur als Gedankenanstoß gewertet werden.[76] Jedes von ihr erwähnte Gedicht wird in wenigen Sätzen abgehandelt, die überdies hauptsächlich der allgemeinen Beschreibung dienen.

Zwar fehlt Literatur zu Spielarten des Komischen in Jandls poetischen Werken; doch finden sich neben zahlreichen allgemeinen Aufsätzen zu Jandl auch Studien, die in dieser Frage weiterführen. Zu beachten sind Aussagen Jandls zu seinen Gedichten in theoretischen Schriften und in Interviews. Hinzu kommen Interpretationen seiner Gedichte und Aufsätze mit übergeordneten Themen zu Jandl. Freunde des Dichters veröffentlichten in persönlich gehaltenen Texten zusätzliche Hinweise.

Im folgenden wird zunächst eine Auswahl der Literatur zu Jandl vorgestellt, im zweiten Schritt allgemeine Literatur zur Thematik des Komischen, die mit Jandls poetischen Werken konfrontiert werden kann.

Zu seinem Werk hat sich Jandl selbst oft in theoretischen Schriften geäußert, viele davon wurden auf seinen ausdrücklichen Wunsch hin im Zusatzband 11 der zehnbändigen Werkausgabe *poetische werke* ediert.[77] Sie enthalten unter anderem Erklärungen zu seinen Methoden und sprachlichen Mitteln. Allerdings scheint Jandl mit Aussagen zu seinen Gedichten die Leser biswei-

---

[75] Drews: Pathetiker, S. 170.
[76] Kahn: Falfischbauch, S. 98–104.
[77] Siblewski gegenüber erwähnte Jandl: »Jetzt wünsche er sich doch die Ergänzung seiner poetischen Werke. Seine Aufsätze seien ihm wichtig und müßten zugänglich bleiben«. Siblewski: Telefongespräche, S. 13.

len herauszufordern. Philip Brady ist zuzustimmen, der darauf hinweist, daß die Stellungnahmen des Dichters zum eigenen Werk mit Vorsicht zu lesen seien.[78] Zur Frage des Komischen in der Sprache sind besonders Jandls theoretische Frankfurter Poetik-Vorlesungen interessant, die früh als eigener Band publiziert wurden.[79] Ebenso empfehlen sich seine umfangreichen *Mitteilungen aus der literarischen Praxis*, die schon 1976 unter dem Titel *Die schöne Kunst des Schreibens* erschienen sind. Auch hat Jandl selbst Autoren als literarische Vorbilder benannt, deren Werke er zum Teil übersetzt hat.[80] So erlauben die Texte Gertrude Steins Vergleiche zu Einzelaspekten der poetischen Werke Jandls. Sie können in der hier vorliegenden Untersuchung nur kurz angesprochen werden. Jandl bemerkte über die amerikanische Schriftstellerin deutsch-jüdischer Herkunft:»Gertrude Stein ist für mich immerzu eine Quelle der Inspiration gewesen, nie versiegend, nie versagend.«[81] Als weiteres wichtiges literarisches Vorbild hat er Kurt Schwitters gewürdigt.[82]

Viele Schriftstellerkollegen und Freunde Ernst Jandls haben ihn charakterisiert. Gerade zur Frage seines Humors können die privaten Eindrücke aufschlußreich sein, da sich Humor in besonderem Maße als Facette einer Persönlichkeit erweist. Einblicke gewährt die von Kristina Pfoser-Schewig herausgegebene Textsammlung »Für Ernst Jandl. Texte zum 60. Geburtstag«. Verschiedene kurze Würdigungen, meist von Freunden und Bekannten Jandls, skizzieren hier unter anderem auch seinen Humor. Zum Beispiel schreibt Erich Fried in seinem Gedicht »Inmitten« Jandls »Scherz« den »Schmerz« als Komponente zu.[83] Die Erinnerungen an Ernst Jandl, die in den Werken Friederike Mayröckers festgehalten sind,[84] beleuchten seine Persönlichkeit ihn in ganz besonderer Weise.

---

[78] Vgl. Brady: Nonsense, S. 143. Vgl. Jandls eigene Aussagen zu theoretischen Äußerungen von Schriftstellern. Jandl: Die schöne Kunst des Schreibens, S. 97–108. Hier vertritt er die Ansicht: »Alle Auskunft über die Art des Werkes ist im Werk selbst enthalten«. Ebd., S. 108.

[79] Jandl: Das Öffnen, S. 205–290. Vgl. hierzu Schmidt-Dengler: Öffnen und Schließen, S. 125–137.

[80] Vgl. Stein: Erzählen. Vgl. auch Cage: 45'.

[81] Jandl: Das Öffnen, S. 251. Unübersehbar ist die Präsenz Gertrude Steins in den Erinnerungen Friederike Mayröckers, die sie in ihrem Buch »Und ich schüttelte einen Liebling« verarbeitet.

[82] Schaub: Schwitters, S. 315.

[83] Fried: Inmitten, S. 16.

[84] Vgl. vor allem Mayröcker: Requiem für Ernst Jandl; Mayröcker: Die kommunizierenden Gefäße; Mayröcker: Und ich schüttelte einen Liebling. Vgl. zu Nähe und Distanz von Mayröcker und Jandl den erhellenden Aufsatz von Kastberger: Mayröcker bei Jandl, S. 158–179.

14

Die bisher einzige Monographie, die sich systematisch mit Ernst Jandls Sprache beschäftigt, stammt von Michael Wulff.[85] Sein Ziel ist die allgemeine »Bestimmung des Konkretistischen in der Kunst«,[86] Jandls Texte dienen hierfür als Beispiele. So widmet sich der Autor ausführlich der ästhetischen Seite der Sprache Jandls, die er zu abstrahieren versucht. Er thematisiert dessen humorvolle Seite aber kaum. Dennoch können Einzelbeobachtungen Wulffs auch zur Interpretation komischer Effekte herangezogen werden. Dasselbe gilt für die Darstellung von Philippe Buschinger[87] zur konkreten Poesie, der viele Gedichte Jandls beispielhaft erwähnt. Grundlegend sind die theoretischen Äußerungen Eugen Gomringers[88] zur konkreten Dichtung sowie die Überblicksdarstellungen zu diesem Thema von Thomas Kopfermann.[89]

Kristina Schewig[90] erstellte in ihrer Dissertation 1981 einen kompakten Überblick über Jandls Leben und Werk. Die chronologisch angelegte Beschreibung enthält ausführliche Informationen zur Publikationsgeschichte der Werke. Mit Blick auf ausgewählte Bände und einzelne Gedichte bemüht sich die Autorin, die literarische Entwicklung Jandls grob zu skizzieren, wobei sie die Hörspiele und Bühnenwerke besonders berücksichtigt. Christian Scholz hat 1989 eine umfangreiche Untersuchung zur Lautpoesie vorgelegt, ergänzt durch eine Bibliographie und eine Discographie.[91] Ein Kapitel ist Sprech- und Lautgedichten Ernst Jandls gewidmet,[92] in dem Scholz auch Jandls Selbstaussagen zur poetologischen Position skizziert.

Die Thematik des Komischen in den poetischen Werken Ernst Jandls bleibt ein Forschungsdesiderat. Ausführliche Untersuchungen fehlen, einstweilen sind nur Interpretationen zu befragen, die das von Jandl provozierte Lachen wenigstens am Rande thematisieren, außerdem Autoren, die Jandls humorvolle Gedichte unter anderen Aspekten betrachten, aber Motive der Texte diskutieren.

Die für die Fragestellung wichtigsten Interpretationen der Sekundärliteratur werden im folgenden kurz vorgestellt. Sehr viele Gedichte Jandls sind jedoch noch nie gründlich analysiert worden. Manche werden in Abhandlun-

---

[85] Wulff: Konkrete Poesie. Die Untersuchung von Andreas Specker thematisiert »musikalische Parameter« im Werk Jandls, vgl. Specker: Hör-Spiele. Vgl. zu musikalischen Aspekten auch Calhoon: Lautverschiebung.
[86] Wulff: Konkrete Poesie, S. 1.
[87] Buschinger: La poésie concrète.
[88] Zum Beispiel Gomringer: konkrete dichtung, S. 38–41.
[89] Zum Beispiel Kopfermann: Theoretische Positionen.
[90] Schewig: Versuch einer Monographie.
[91] Scholz: Lautpoesie. In der sehr umfangreichen jüngeren Monographie von Michael Lentz zum Thema Lautpoesie wird Jandl zwar oft, aber stets nur am Rande erwähnt; vgl. Lentz: Lautpoesie.
[92] Scholz: Lautpoesie, S. 267–278.

gen zu Jandl nur erwähnt oder sehr knapp besprochen. Ein Beispiel hierfür ist das Gedicht *calypso*[93], das mit der Verschriftlichung von Mündlichkeit spielt.[94] Zur Entstehungsgeschichte des Gedichtes berichtet Ludwig Laher[95] Weiterführendes. Er beschäftigt sich mit »gemischtsprachigen Gedichten« und verweist unter anderem auf einen persönlichen Briefwechsel mit Jandl. Zu anderen Gedichten wie zum Beispiel *jupiter unbewohnt*[96] muß entfernte Literatur hinzugezogen werden, etwa um den Zeitgeist ihrer Entstehungsjahre bei der Interpretation zu skizzieren. Auch Aufsätze zu theoretischen Aspekten in Jandls Gesamtwerk können zum Verständnis des Komischen in seinen Gedichten beitragen; denn dessen Wirkung verdankt sich dem Zusammen-spiel zahlreicher Faktoren. Hier ist der von Bernhard Fetz herausgegebene Sammelband »Ernst Jandl. Musik, Rhythmus, Radikale Dichtung« zu nennen. Dieser stellt Dokumente und verschiedene Interpretationen Jandlscher Texte zusammen, diskutiert Jandls literarisches Umfeld, zeigt ihn als Lehrer, und es werden Probleme der Übersetzungen des Werkes in verschiedene Sprachen erläutert.

Die von Michael Vogt herausgegebene Aufsatzsammlung »stehn Jandl groß hinten drauf«[97] ist einer der wenigen Versuche, einzelnen Gedichtanaly-sen angemessenen Raum zu geben. Zu Recht bemängelt Vogt im Erschei-nungsjahr 2000, daß Jandl zwar ein »überaus populärer Autor«[98] sei, es aber noch ein »Desiderat an ausführlichen Interpretationen und erhellenden Per-spektivierungen«[99] gebe. In dem Sammelband finden sich eine Reihe weiterführender Interpretationen, die auch zum Thema Humor in der Sprache Hinweise geben. So analysiert beispielsweise Renate Kühn Jandls anstoßerre-gende Verarbeitung religiöser Sprache[100] – diese reizt wegen ihres Tabu-bruchs an vielen Stellen zum Lachen. Sabine Markis beleuchtet unter ande-rem die Auseinandersetzung Jandls mit Traditionen.[101] Die gerade in ironi-schen oder satirischen Gedichten präsente Frage nach Realität wird in Tho-mas Eders Untersuchung allgemein und knapp angesprochen.[102] Verschiedene Aspekte des »Ich« in Jandls Gedichten hat Friedrich W. Block herausgear-

---

[93] Jandl: poetische werke, Bd. 2, S. 18 (2. Nov. 1957).

[94] Vgl. zu allgemeinen Aspekten von Mündlichkeit und Schriftlichkeit die Beiträge im Sammelband von Günther: Schrift und Schriftlichkeit.

[95] Laher: Gemischtsprachige Gedichte, S. 97–103.

[96] Jandl: poetische werke, Bd. 3, S. 138 (1969).

[97] Vogt: Interpretationen.

[98] Ebd., S. 9.

[99] Ebd., S. 10.

[100] Kühn: schrei bär, S. 35–63.

[101] Markis: Griechengesicht, S. 13–33.

[102] Eder: Realität im Gedicht?, S. 194–214.

beitet,[103] auch diese Fragestellung kann zur Analyse des provozierten Lachens relevant sein.

Eine weitere Aufsatzsammlung zu Jandls Werk ist das Resultat eines internationalen Symposiums, das 1995 im italienischen Udine stattgefunden hat. Die Hälfte der Beiträge des von Luigi Reitani 1997 herausgegebenen Bandes »Ernst Jandl. Proposte di lettura« ist in italienischer Sprache verfaßt. Symposium und Sammelband verweisen ebenso auf Jandls internationale Bedeutung wie die zahlreichen Übersetzungen seiner Werke, die vielen unvermeidlichen Schwierigkeiten trotzen.[104] Erwähnenswert ist vor allem die Übersetzung von Jandls Gedicht *wien : heldenplatz*[105] ins Italienische.[106] Es wird im Hauptteil dieser Arbeit mit Blick auf seinen obszönen Witz analysiert, und angesichts der zahlreichen Wortneubildungen[107] im Gedicht muß eine Übersetzung an vielen Stellen als Interpretation gewertet werden. Sara Barni skizziert anhand zahlreicher, allerdings nur kurz abgehandelter Gedichte und Zitate unter anderem Jandls Verhältnis zum Tod;[108] es ist zu betrachten, wenn man Jandls bisweilen melancholischen Humor untersucht.

Eine Interpretation zu Jandls Gedichtzyklus: *der gewöhnliche rilke,*[109] aus dem in der hier vorliegenden Arbeit das Gedicht *rilkes schuh* untersucht wird, bietet Sergio Corrado. Er nimmt auch den von Jandl satirisch vorgestellten Dichter Rilke in den Blick.[110] Mit dem Gedichtzyklus befaßten sich bereits 1988 Georg-Michael Schulz[111] und 1995 Peter Horst Neumann,[112] dessen Studie viele Hintergrundinformationen enthält. 2005 erschien eine Deutung von Helmut Neundlinger, der erwägt, ob der Zyklus eine Parodie ist.[113] Jandls

---

[103] Block: drei Buchstaben, S. 173–191.

[104] Vgl. hierzu den Beitrag von István Eörsi, der Jandls Gedichte ins Ungarische übersetzt hat – eine besondere Herausforderung. Eörsi: Der unübersetzbare Jandl, S. 17–19. Vgl. auch den Beitrag von Michael Hamburger, der Übertragungen ins Englische vornahm, Hamburger: Jandl in England, S. 27–31. Vgl. hierzu auch im von Bernhard Fetz herausgegebenen Sammelband die Beiträge zum Kapitel »Der vielsprachige Jandl« von Hamburger, Reitani und Díaz Solar.

[105] Jandl: poetische werke, Bd. 2, S. 46 (4. Juni 1962).

[106] Reitani: Frasi, S. 50–68.

[107] Um Deutungen von Jandls Wortneuschöpfungen zu begründen, ist die Darstellung zur »Wortbildung der deutschen Gegenwartssprache« von Wolfgang Fleischer und Irmhild Barz aus dem Jahr 1995 hilfreich. Ergänzend kann man Positionen der neueren Forschung zu Flexion und Wortbildung einsehen, etwa im Sammelband von Booij: Morphologie, der im Jahr 2000 erschien.

[108] Barni: L'anima barocca, S. 147–152.

[109] Jandl: poetische werke, Bd. 7, S. 63–80 (5. – 8. Mai 1975).

[110] Corrado: Un rilke, S. 69–80.

[111] Schulz: Jandls Rilke, S. 231–240.

[112] Neumann: Ernst Jandl bearbeitet Rilke, S. 391–398.

[113] Neundlinger: Beruf: rilke, S. 80–90.

Spiel mit zahlreichen Textsorten[114] in seinen poetischen Werken lädt zu dieser Frage häufig ein. Philip Brady wählte unter anderem ein Gedicht aus Jandls Rilke-Zyklus, um der Frage nach der Nähe von Sinn und Unsinn nachzugehen; der Aufsatz steht in einem Sammelband zur »Unsinnsdichtung«, die oft mit dem englischen Begriff »nonsense«[115] verglichen wird. Brady gelangt zu überzeugenden Feststellungen, beschäftigt sich allerdings kaum mit erheiternden Effekten seiner Gedichtauswahl. So verweigert er im Beispiel *rilkes nase* ein genaueres Hinsehen und bemerkt knapp, Jandl ließe sich nicht festlegen, ob er »Ironie oder Nonsense« erzeugen wolle.[116]

Zur Analyse eines der bekanntesten heiteren Jandl-Gedichte, *ottos mops*,[117] empfiehlt sich die Untersuchung von Jörg Drews zu Jandls Tiermetaphern,[118] obwohl Drews sich auf schwermütige und bittere Vergleiche zwischen Mensch und Hund in anderen Gedichten konzentriert. Die einzige ausführliche Analyse des Textes *ottos mops* stammt von Andreas Brandtner,[119] der jedoch die komische Seite des Gedichtes nicht erklärt und somit auch nicht seinen Reiz. Brandtners Deutung ist in einer Sammlung ausführlicher Interpretationen zu Jandls Gedichten 2002 im Reclam-Verlag erschienen.[120] Dieser Band ist auch ein Indiz für die Tatsache, daß Jandls Texte seit Jahren im Deutschunterricht behandelt werden.[121] Es fällt auf, daß sich die Auseinandersetzung des Dichters mit der Religion mehr und mehr als Forschungsthema profiliert hat. Von besonderem Interesse ist die Abhandlung von Bernhard Fetz[122] über Jandls *choral*,[123] ebenso die Interpretation von Franz Haas,[124] der sich mit Blick auf das Gedicht *an die freunde*[125] über »Die schwere Kunst des Hoffens« Gedanken macht. Die Frage des Humors spielt in beiden Aufsätzen zwar keine Rolle, was angesichts der untersuchten ernsten und sicher auch typischen Gedichte nicht wundert, aber Fragen zu Jandls Gottesbild, die beide Autoren ansprechen, stellen sich auch bei der Betrachtung mancher seiner humorvollen Gedichte.

---

[114] Neuere Positionen der Linguistik zur Frage der Textsorten versammelt der Band von Brinker: Text- und Gesprächslinguistik.

[115] Jandl würdigte den Begriff, warnte aber vor einer unbedachten Verwendung. Vgl. Jandl/Estermann: Gespräch, S. 29f. und Kapitel 5.1 dieser Arbeit.

[116] Brady: Nonsense, S. 157.

[117] Jandl: poetische werke, Bd. 4, S. 60 (20. Nov. 1963).

[118] Drews: Tiermetaphern, S. 153–164.

[119] Brandtner: Spiel und Regel, S. 73–89.

[120] Kaukoreit/Pfoser: Gedichte von Ernst Jandl.

[121] Vgl. Kaukoreit/Pfoser: Vorbemerkung, S. 9.

[122] Fetz: Dichter, S. 117–130.

[123] Vgl. zwei Variationen des Textes in Jandl: poetische werke, Bd. 8, S. 169 (10. Juni 1979) sowie S. 170 (12. Juni 1979).

[124] Haas: Kunst des Hoffens, S. 154–162.

[125] Jandl: poetische werke, Bd. 10, S. 106 (wahrscheinlich zwischen 1992 und 1996).

Zu erwähnen bleibt die Deutung von Walter Magaß zu Jandls Gedicht *falamaleikum*,[126] der es unter anderem mit kabbalistischen Traditionen in Verbindung bringt.[127] Das Gedicht *glückwunsch*[128] hat François Bondy[129] kurz interpretiert, eine sehr assoziative Deutung findet sich bei Kurt Neumann.[130] Zum Gedicht *hosi*[131] bieten zwei theologisch orientierte Arbeiten die bisher ausführlichsten, wenn auch immer noch knappen Interpretationen. Alex Stock[132] untersucht speziell die Einbindung von Gedichten in Predigttexte. Seine Ausführungen belegen, wie unterschiedlich Ziele der Jandl-Rezipienten sein können. Auch Heiko Bluhm stellt eine kurze Interpretation[133] vor, er hat Jandls Verarbeitung religiöser Sprache in etlichen Texten betrachtet. Zu dem Gedicht *sommerlied*,[134] das in größeren Überblicksdarstellungen häufig exemplarisch herangezogen wird, existiert als Einzeldarstellung lediglich die kurze Interpretation von Werner Ross in der »Frankfurter Anthologie«. Ross fand den treffenden Titel »Grünes Sterbelied«, seine Deutung wirft allerdings Fragen auf. Ebenfalls in der »Frankfurter Anthologie« erschien die knappe, aber reichhaltige Analyse von Hanspeter Brode[135] zu Jandls Gedicht *wien : heldenplatz*.[136] Auch Peter Pabisch befaßt sich mit diesem Gedicht, das von allen poetischen Werken Jandls in der Sekundärliteratur am ausführlichsten diskutiert wird. Pabisch interpretiert zurückhaltend und bietet viele Detailbeobachtungen, doch ordnet er sozialgeschichtliche Fragestellungen zum Nationalsozialismus zeitgebunden ein.[137] Die 2002 erschienene Darstellung zum Gedicht *wien : heldenplatz* von Walter Ruprechter[138] beleuchtet vor allem politische Absichten Jandls. Eine Deutung bietet auch Gerhard Kaiser, der das Gedicht in seiner »Geschichte der deutschen Lyrik« anführt. Die reichhaltigste Analyse zu *wien : heldenplatz* hat Jörg Drews vorgelegt,[139] sie überzeugt durch viele Assoziationen und findet sich in der Textsammlung »Ernst Jandl Materialienbuch«, die Wendelin Schmidt-Dengler 1982 herausgegeben hat.

---

[126] Ebd., Bd. 2, S. 53 (14. Juli 1958).

[127] Magaß: Schriftgelehrtes, S. 127–130.

[128] Jandl: poetische werke, Bd. 8, S. 31 (28. Juli 1978).

[129] Bondy: Die weggewünschte Identität, S. 240–242.

[130] Neumann: Alles Gute, S. 81–93.

[131] Jandl: poetische werke, Bd. 4, S. 107 (1956).

[132] Stock: theologische Texte.

[133] Bluhm: der freisinnige christ.

[134] Jandl: poetische werke, Bd. 5, S. 51 (14. Juni 1954).

[135] Brode: Kreiseltanz, S. 202–204.

[136] Jandl: poetische werke, Bd. 2, S. 46 (4. Juni 1962).

[137] Pabisch: Sprachliche Struktur. Ein gekürzter, leicht veränderter Abdruck des Aufsatzes findet sich in Pabisch: luslustigtig, S. 81–86.

[138] Ruprechter: Politische Dichter, S. 34–46.

[139] Drews: Über ein Gedicht, S. 34–44.

Der Band enthält neben Untersuchungen zu Jandls Gedichten, Hörspielen und Bühnenwerken auch einige Quellentexte zu deren Rezeptionsgeschichte. Sie ist nicht zuletzt geprägt durch das von Jandl provozierte Lachen, dennoch werden Aspekte des Komischen im gesamten »Materialienbuch« nur beiläufig thematisiert. Auch in der von Schmidt-Dengler 2001 herausgegebenen Sammlung seiner Studien zu Jandl[140] kommen Aspekte des Komischen eher am Rande zur Sprache.

Gerade Jandls frühe Gedichte stießen bisweilen auf vehemente Ablehnung. Seine literarische Kommunikation mit Rezipienten kann diese außerordentlich provozieren. So wurde 1957 nach der Veröffentlichung einiger Texte in der Zeitschrift »Neue Wege« des »Theaters der Jugend« der verantwortliche Redakteur entlassen.[141] Jandl selbst bemerkte zu der Veröffentlichung: »Daraufhin erfolgte dann die heftige, ablehnende Reaktion der Gewerkschaft der Lehrer, der katholischen Jugendorganisation usw. Dabei wären die Schüler zum Teil zu haben, zu interessieren gewesen. Wir hielten um dieselbe Zeit, im Anschluß an diese Veröffentlichung, da und dort Lesungen. Es kamen da ganze Schulklassen, geschlossen, natürlich ohne Lehrer, um sich das anzuhören, und die jungen Leute reagierten wirklich mit Begeisterung.«[142] Auch Otto F. Walter, verantwortlich für das literarische Programm des Schweizer Walter Verlags, der 1966 den Band *Laut und Luise* publizierte, wurde wegen heftiger Konflikte nach der Veröffentlichung entlassen.[143] Einen Einblick in diese »Skandalgeschichte« bieten anhand vieler konträrer Zitate Klaus Siblewski[144] und Kristina Pfoser-Schewig,[145] die zusammenfaßt: »Geschlossen präsentierte sich also damals die Front der Ablehnung: Von katholischer Lehrerschaft, über sozialistische Jugendschützer bis zu Verlegern und Zeitschriftenherausgebern.«[146] Die Gehässigkeit mancher Anfeindungen dokumentieren auch Filmaufnahmen von Diskussionsrunden nach frühen Lesungen Jandls.[147]

Zu Ernst Jandl sind zahlreiche Sondernummern bekannter Literaturzeitschriften erschienen. Die Rezeptionsgeschichte seines Werkes beleuchtet die

---

[140] Schmidt-Dengler: Der wahre Vogel.

[141] Jandl/de Groot: Gespräch, S. 8.

[142] Ebd. Welch ein außergewöhnlicher Lehrer Jandl selbst sein konnte, zeigt sein Antwortbrief an eine Schülerin vom 7. Mai 1974, in dem er das Gedicht *im delikatessenladen* erklärt. Jandl: Zum Gedicht *im delikatessenladen*, S. 116–118.

[143] Siblewski: Ernst Jandls 1957, S. 49. Vgl. die Schilderung des Betroffenen in Walter: Erinnerung, S. 66f.

[144] Siblewski: Ernst Jandls 1957, S. 37–49.

[145] Pfoser-Schewig: Die literarischen Arbeiten, S. 209–221. Vgl. auch Pfoser-Schewig: Ernst Jandl auf »neuen wegen«, besonders S. 29–32.

[146] Pfoser-Schewig: Ernst Jandl auf »neuen wegen«, S. 32.

[147] Vgl. zum Beispiel Saarländischer Rundfunk: Maulkonzert.

20

Zeitschrift »text+kritik« in einer Ernst Jandl gewidmeten Ausgabe.[148] Beschrieben werden seine literarische Entwicklung und sein kulturpolitisches Engagement, das Heft bietet auch eine ausführliche Bibliographie. Zur Einordnung von Jandls Sprache in lyrische Traditionen, die zum Teil ebenfalls als »komisch« empfunden wurden, trägt der Aufsatz von Karl Riha bei.[149] Hermann Korte problematisiert in demselben Band Fragen der Definition von Jandls Poetik, etwa die Bedeutung des Wortes »Gedichte«.[150] Die Zeitschrift »Was«[151] erschien 1995 als »Hommage an Ernst Jandl« und versammelt kleinere Beiträge seiner Freunde zu Themen, die ihnen Jandl selbst gestellt hat.

Auskunft zur Editionsgeschichte der frühen Schallplatte *Laut und Luise*, auf der Jandl seine Gedichte selbst vorträgt und die vor allem die heiteren unter ihnen rasch populär machte, gibt der von Klaus Siblewski herausgegebene Band »Ernst Jandl. Texte, Daten, Bilder« durch abgedruckte Korrespondenzen. Auch dieser Band enthält zum Teil Aufsätze, die sehr persönlich geschrieben sind. Zum Beispiel beschreibt Josef Haslinger pointiert das kunstpolitische Engagement Jandls und seine Schwierigkeiten, sich mit neuen Formen in der Sprache gegen konservative Literaturkritiker durchzusetzen.[152] Den Streit um die frühen Publikationen thematisiert ebenfalls Siblewski in seinem Beitrag »1957 oder das Jahr des Ernst Jandl«. Er charakterisiert kurz und treffend Jandls frühe Gedichte, darunter einige, deren Sinn Siblewskis Ansicht nach ausdrücklich »Freude« und »Spass«[153] ist. Leider verzichtet er auf Belegstellen für seine teils auf Zitaten beruhenden Aussagen.

Eine Sammlung von Texten verschiedener Autoren zu Jandl hat Alfred Estermann 1984 vorgelegt.[154] Neben biographischen Informationen und Literaturkritiken, die unter anderem Jandls komische Wirkung ansprechen, enthält der ursprünglich als Ausstellungsführer konzipierte Band ein umfangreiches Interview. Hier äußert sich Jandl auch zu einzelnen Gedichten, die Lachen hervorrufen. Gerade die in Gesprächen spontanen Äußerungen Jandls zum Lachen seiner Zuhörer sind aufschlußreich. So thematisiert er es ausführlich in einem Interview mit Peter Huemer, welches der ORF 1988 aufgezeichnet hat und das nun auf CD vorliegt.[155] Ein Gespräch mit dem Dichter über das Altern, den Tod und die Transzendenz, Motive, die in vielen seiner

[148] Text+Kritik 129, 1996.
[149] Riha: Orientierung, S. 11–18.
[150] Korte: Jandls Poetik, S. 69–75.
[151] Was. Zeitschrift für Kultur und Politik 82, 1995.
[152] Haslinger: Ich habe noch unter Jandl gedient, S. 173–183.
[153] Siblewski: Jahr des Ernst Jandl, S. 64.
[154] Estermann: Ausstellung.
[155] Jandl/Huemer: Gespräch [CD], vgl. auch dessen Abdruck Jandl/Huemer: Gespräch, S. 22–30.

humorvollen Gedichte anklingen, führte Klaus Siblewski. Er hat es seiner Jandl-Biographie[156] beigefügt.

Die Rezeptionsgeschichte der Werke Jandls und sein literarisches Umfeld stehen im Mittelpunkt eines Gespräches mit Cegienas de Groot,[157] der unter anderem die dem Autor bisweilen zugeschriebene mißverständliche Rolle des Komikers anspricht. Zu einer intertextuellen[158] Lesart Jandls lädt auch Oliver Ruf[159] ein, er nimmt literarische Vorbilder in den Blick. Die zum Teil pointierte Fragestellung Marianne Konzags für die in der DDR erschienene Zeitschrift »Sinn und Form«[160] provoziert Antworten Jandls zu politischen Absichten, die sich in manchen seiner Gedichte ausdrücken. Er verfolgt diese auch durch sprachliche Mittel, die zum Lachen reizen. Mit ungewöhnlich direkten Fragen an Jandl überrascht Franz Hohler – und präsentiert eine Reihe recht privater Antworten, die eine Annäherung an humorvolle Seiten der Persönlichkeit des Dichters zulassen.[161]

Der von Heimrad Bäcker herausgegebene Band »my right hand« versammelt sehr unterschiedliche, teils künstlerische Würdigungen Jandls. Unter anderem enthält er das Protokoll eines langen Gesprächs von Peter Weibel mit Ernst Jandl, in dem Aspekte des Komischen in dessen Werk zur Sprache kommen.

Auch die Zeitschrift »Wespennest« hat Abhandlungen zu Jandl gesammelt. Großformatige Porträt- und Wohnungsfotografien sowie ein Interview mit Friederike Mayröcker[162] geben Einblicke in Jandls privates Leben. In besonderer Weise reizvoll erscheint ein jüngst von Siblewski herausgegebenes Buch, in dem er seine Telefongespräche mit Ernst Jandl wiedergibt.[163] Die Aussagen sind erst nach Jandls Tod unautorisiert gedruckt worden. Sie erlauben – vertraut man Siblewskis Aufzeichnung – das »Mithören« sehr spontaner Äußerungen des Dichters. Hier soll angesichts der außergewöhnlichen Art des Buches noch ein Rezensent, Benedikt Erenz, zu Wort kommen: »Ein etwas spukhaftes Bändchen. Die Texte [...] lesen sich wie eine Fortsetzung von Jandls erfolgreichstem Bühnenstück, der ›Sprechoper‹ *Aus der Fremde* (1979). Und manchmal gelingt es Siblewski tatsächlich, seine *Telefongesprä-*

---

[156] Siblewski: a komma.
[157] Jandl/de Groot: Gespräch, S. 3–15.
[158] Vgl. zum Begriff der Intertextualität Fix: Aspekte der Intertextualität, besonders S. 449f.
[159] Ruf: Ernst Jandl und die Avantgarde, S. 138–157.
[160] Jandl/Konzag: Gespräch, S. 856–865.
[161] Hohler: Fragen, S. 40–53.
[162] Kraller/Mayröcker: Gespräch, S. 74–79.
[163] Siblewski: Telefongespräche.

22

che zu reinstem Jandl zu verdichten [...]. In der Tat: ein etwas geisterhaftes Buch. Klaus Siblewski, dem Medium, sei's gedankt.«[164]

1.2.2 Spielarten des Komischen in der Sprache

Spielarten des Komischen in der Sprache gelten zu Recht als Phänomene, deren wissenschaftliche Erforschung besonders schwierig ist. Schon die Konstruktion des Oberbegriffes »das Komische«, der den häufig als Oberbegriff verwendeten »Humor« in der Forschung zunehmend ersetzt, verweist auf terminologische Schwierigkeiten in der wissenschaftlichen Diskussion. Noch in der jüngsten Forschung wird das Bedürfnis nach Abgrenzungen immer wieder konstatiert.[165]

Eine schlichte und plausible Definition formuliert Julius Wiegand: »Komisch ist alles, was unser Lachen oder Lächeln erregt.«[166] Ähnlich umreißt Andreas Kablitz das Komische: »Gegenstände, Ereignisse, Sachverhalte und Äußerungen, die Lachen verursachen bzw. die Eigenschaft, die diese Wirkung erzeugt.«[167]

Die interdisziplinäre Literatur zur Erforschung des Komischen in der Sprache erscheint so vielfältig wie die Geistesgeschichte selbst. Diachron wirksam sind zahlreiche Beschreibungen und Definitionsversuche von Dichtern, Schriftstellern und Philosophen. Sie haben Erscheinungsformen des Komischen vielfältig untersucht; um nur eine Auswahl zu nennen: Platon, Aristoteles, Hobbes, Herder, Jean Paul, Schiller, Schopenhauer, Kierkegaard, Freud, Bergson, Plessner. Sehr zahlreich sind auch moderne sprach- und literaturwissenschaftliche, pädagogische und empirisch-psychologische Untersuchungen, die traditionelle Methoden des Komischen konturieren. Zu nennen sind hier beispielhaft Liede, Allemann, Hellenthal, Lapp, Preisendanz, Kotthoff, Dopychai, Attardo, McGhee, Helmers, Goldstein, Apte, Raskin.

Besonders im englischen Sprachraum erscheinen traditionell viele Studien zu Phänomenen des Komischen; sie sind mit Blick auf Jandls poetische Werke von Interesse; er verarbeitet oft auch englische Sprache. Zudem kann

---

[164] Erenz: Was denn mit »Ernst Jandl« gemeint sei (Zeit 6. Sept. 2001).
[165] Vgl. zum Beispiel Hügli: Lachen, Sp. 1. Zur Begriffsentwicklung erläutert er hier: »Der allgemeinste und älteste Begriff ist der des Lächerlichen (to geloîon; ridiculum). Dieser beginnt sich allerdings seit dem 17. Jh. mehr und mehr mit dem des Komischen zu vermischen und gerät im Verlaufe des 19. Jh. in den Bannkreis jenes Begriffs, der das weite Feld des Lachens abzudecken beansprucht: der Begriff des ›Humors‹ resp. des ›Humoristischen‹.« Zur Differenzierung verschiedener Begriffe des Komischen vgl. auch Schäfer: Komik in Kultur, S. 15–25.
[166] Wiegand: Komische Dichtung, S. 869.
[167] Kablitz: Komik, S. 289.

eine Konfrontation sozialwissenschaftlicher, ethnologischer und theologischer Studien mit Jandls Werk lohnend sein. Überblicksdarstellungen zu Theorien des Komischen bieten neben Keith-Spiegel (1972), Parkin (1997) und anderen auch interdisziplinäre Foren wie die 1988 begründete Zeitschrift »Humor – International Journal of Humor Research«.

Die Etymologie traditioneller Wörter des Komischen wie Satire, Ironie, Parodie, Scherz, Witz, Nonsens, Humor, schwarzer Humor, Zynismus und Sarkasmus ist besonders aufschlußreich. Sie wurde durch Wolfgang Schmidt-Hidding[168] einschlägig beschrieben. Seine Untersuchung, die deutsche und englische Bezeichnungen vergleicht, ist eine der übersichtlichsten zu verschiedenen Spielarten des Komischen in der Sprache; er bietet stichhaltige Definitionen. Vermeintlichen Widersprüchen zwischen den Termini des Komischen begegnet Schmidt-Hidding, indem er sie in ein »synchronisches Wortfeld des Komischen« einordnet, das er als Kraftfeld[169] darstellt. Als vier Pole wirken darin die besonders häufig verwendeten »Orientierungswörter«: »wit«, »humour«, »fun« und »ridicule mock«.[170] Als Kräfte, die an diesen Polen wirken, nennt Schmidt-Hidding die »Kräfte des Verstandes« am Pol des Witzes, »Kräfte der moralischen Kritik« und des »Hasses« am Pol des Spotts, »Kräfte der Lebenslust« am Pol des Spaßes und »Kräfte des Gemüts« und der »Liebe« am Pol des Humors. Schmidt-Hidding nimmt nicht auf Jandl Bezug, doch bestätigen manche Gedichte Jandls die Darstellung des Komischen als Kraftfeld: In das Lachen spielen verschiedene psychologische Kräfte hinein, die nicht ausschließlich und allein, sondern in Kombination wirken. Selten läßt sich ein komischer Effekt eindimensional erklären, er hat mehrere Seiten. Viele davon hat Schmidt-Hidding in einer tabellarischen Übersicht vorgestellt, in der er die Begriffe Humor, Witz, Ironie, Satire, Scherz, Unsinn, Sarkasmus und Zynismus unter verschiedenen Aspekten knapp charakterisiert. In der Sprache der poetischen Werke Ernst Jandls lassen sich Spuren aller dieser Spielarten des Komischen entdecken.

Insgesamt fällt auf, daß sich viele Theorien zur Entstehung des Komischen eher ergänzen als widersprechen. Trotz der ständig wachsenden Sekundärliteratur erweisen sich viele ältere und sogar aus der Antike stammende Beobachtungen als immer noch zutreffend, so daß sich auch neueste Untersuchungen damit auseinandersetzen.

---

[168] Schmidt-Hidding: Humor und Witz.

[169] Schmidt-Hidding: Wit and Humour, S. 48.

[170] Der Psychologe Arno Dopychai hat in seiner Untersuchung des Humors ergänzend zu Schmidt-Hidding das deutsche Wortfeld im Hinblick auf Häufigkeiten untersucht und kommt zu dem Schluß: »Es ergab sich, daß im deutschen Wortfeld ganz ähnliche Verhältnisse herrschen wie im Englischen. [...] der Kern des Sinnbereiches, bestehend aus den vier Schlüsselwörtern Witz, Humor, Spaß und Spott, ist besonders markant.« Dopychai: Der Humor, S. 12f.

Im folgenden wird aus der Sekundärliteratur zu Spielarten des Komischen eine Auswahl vorgestellt, sie soll zu einem Überblick verhelfen. Aufgeführt werden allgemeine Darstellungen, Theorien zur Entstehung des Komischen, die zum Verständnis der Gedichte Jandls beitragen, und einige Abhandlungen, die besonders treffende Definitionen und Formulierungen zu einzelnen Spielarten des Komischen enthalten. Vor allem gilt dies für die Termini Humor, schwarzer Humor, groteske Komik, Witz und obszöner Witz, Ironie, Satire, Parodie, Sprachspiel und Nonsens. Um den Rahmen eines sinnvollen Literaturüberblicks nicht zu sprengen, muß dabei eine strenge Auswahl getroffen werden, selbst manche bedeutende Namen fehlen hier. Als Auswahlkriterium dient in dieser Untersuchung die Möglichkeit, die vorgestellten Theorien mit Jandls Gedichten zu konfrontieren: In seinem Werk finden sich nicht wenige traditionelle Methoden, die der Dichter durch ihre ungewohnte Erscheinungsform in der Sprache neu belebt und konturiert.

Zu Recht bemerkt Jerzy Ziomek vor seinem Versuch, wichtige Humortheorien knapp zusammenzufassen: »Ein historischer Überblick über die Theorie des Komischen würde ein Namensregister von Aristoteles bis zur Gegenwart bilden«.[171] Ziomeks Studie von 1965 ist heute noch interessant, da er auch seltener rezipierte Arbeiten aus dem osteuropäischen Raum nennt. Seine Unterteilung in zwei Gruppen von Theorien, die des Komischen als Kontrast und die des Komischen als Degradation, kann jedoch in dieser Strenge nicht nachvollzogen werden, obwohl beide Theorien zu den am häufigsten diskutierten zählen.[172] Vielmehr ist Mahadev L. Apte zuzustimmen, der fast resignierend feststellt: »Humor is perhaps one of the most difficult subjects to study. The extensive literature on humor repeatedly emphasizes the difficulties of defining the concept satisfactorily.«[173] Einen Überblick über etablierte Humortheorien verschiedener Disziplinen bietet Patricia Keith-Spiegel, obwohl auch sie eine schwierige Auswahl treffen muß. Einführend stellt sie allein neun frühe Humortheorien vor sowie zweiundzwanzig weiterführende Diskussionen.[174]

Breit gefächert ist der 1976 von Wolfgang Preisendanz und Rainer Warning herausgegebene Sammelband »Das Komische«, der literaturgeschichtlichen und sprachwissenschaftlichen Fragestellungen nachgeht.

Gerade in jüngerer Zeit wurde die Humorforschung ausgeweitet. In der interdisziplinären Zeitschrift »Humor – International Journal of Humor Research« bilden sprachwissenschaftliche Untersuchungen einen Schwerpunkt. 1994 begründeten Victor Raskin und Mahadev L. Apte die Buchreihe

---

[171] Ziomek: Frage des Komischen, S. 74.
[172] Ebd., S. 75. Vgl. zu verschiedenen Theorien, die Lachen aus einem Gefühl der Überlegenheit heraus erklären, Böhler: Soziodynamik, S. 351–378.
[173] Apte: Humor and Laughter, S. 13.
[174] Keith-Spiegel: Early Conceptions of Humor, S. 3–39.

»Humor Research«. Auch Psychoanalytiker und Psychologen haben sich immer wieder ausführlich mit Humor und Witz beschäftigt. Einen guten Überblick über psychoanalytische Theorien des Humors gibt Frans Schalkwijk in seinem Aufsatz: »Humor und Psychoanalyse: ein reizvolles Paar«.[175]

Grundsätzliches zum Thema »Scherzkommunikation« hat Helga Kotthoff untersucht. Ihre Studie »Spaß Verstehen« gibt allgemeine Hinweise zu konversationellem Humor. Dieser ist auch von Interesse, wenn man Jandls literarische Kommunikation mit Hörern und Lesern analysiert. Ebenso können hier die kommunikationstheoretischen Studien von Jörg Räwel hinzugezogen werden.[176]

Zur Einordnung literaturwissenschaftlicher Bezeichnungen vieler Spielarten des Komischen empfehlen sich die Erklärungen in dem von Paul Merker und Wolfgang Stammler begründeten »Reallexikon der deutschen Literaturgeschichte« und dessen Neubearbeitung, dem »Reallexikon der deutschen Literaturwissenschaft«. Dieses Nachschlagewerk widmet unter anderem den Begriffen Humor, Witz, Satire, Parodie und Ironie umfangreiche Artikel. Ebenfalls grundlegende Erläuterungen bietet das von Gert Ueding herausgegebene »Historische Wörterbuch der Rhetorik«. Eine literaturwissenschaftlich orientierte knappe Überblicksdarstellung hat András Horn verfaßt.[177]

John Parkin stellt in seiner Monographie »Humour theorists of the twentieth century« Forscher des 20. Jahrhunderts vor, die zur Analyse des Komischen wichtige Impulse gaben. Seine Studie von 1997 behandelt unter anderem Sigmund Freud und Henri Bergson und bezeugt die nachhaltige Wirkung ihrer Theorien zu Phänomenen des Komischen. So wird die zuerst im Jahr 1900 erschienene Essaysammlung »Le rire« des französischen Philosophen Henri Bergson bis heute immer wieder zitiert.[178] Bergson stellte die These auf, zum Lachen reize der Gegensatz des Lebendigen zum »Mechanischen«, letzteres zeige sich besonders auch im Mittel der Wiederholung. Diese und weitere Beobachtungen Bergsons lassen sich leicht an sprachlichen Mitteln Jandls verifizieren.

Das Phänomen Humor wurde unter allen Spielarten des Komischen wohl am häufigsten zu beschreiben versucht. Kaum eine Haltung, die sich in Sprache manifestiert, scheint schwerer zu definieren zu sein. Das Wort »humor« bedeutet im Lateinischen ›Feuchtigkeit‹; es wurde auch in der mittelalterlichen Säftelehre verwendet und ist seit dem 17. Jahrhundert in der deutschen

---

[175] Schalkwijk: Humor und Psychoanalyse. S. 183–195. Auch die Psychologen Paul E. McGhee und Jeffrey Goldstein dokumentieren ausführlich die empirisch-psychologische Humorforschung. McGhee/Goldstein: Handbook of Humor Research.

[176] Räwel: Relationsship sowie Räwel: Humor als Kommunikationsmedium.

[177] Horn: Das Komische.

[178] Bergson: Das Lachen.

Sprache nachweisbar.[179] Es beschrieb ursprünglich die Physis des Menschen. Heute gilt Humor als »ästhetischer Grundbegriff«.[180]

Arno Dopychai, der die »pädagogische Relevanz« des Humors untersucht, stellt vorab fest: »Nicht nur der populäre Humorbegriff ist äußerst unscharf, es besteht auch wenig Einigkeit bei den Theoretikern, die sich wissenschaftlich mit Humor beschäftigt haben.«[181] Auch Annelies Blum konstatiert dieses Problem. In ihrer psychologischen Untersuchung stellt sie fest, daß »Humor« als Oberbegriff problematisch sei: Der Begriff erstrecke sich häufig auf alles, was mit Lachen zu tun habe, er entbehre damit aller klaren Konturen.[182] Es gibt jedoch eine Fülle von Definitionsvorschlägen, die Humor abzugrenzen suchen. Meist wird er als ein Hauptzweig des Komischen betrachtet, allerdings wird ihm, im Gegensatz zum Witz, eine stark gefühlsbetonte Komponente attestiert. Schmidt-Hidding nennt Humor ein »Zentralwort der Humanität«.[183] Erhard Schüttpelz definiert ihn folgendermaßen: »›Humor‹ ist seit der Wende vom 18. zum 19. Jh. der moderne englische und deutsche Leitbegriff für den Bereich des Komischen, der sich sowohl auf Eigenschaften einer Person und ihre Subjektivität, als auch auf Eigenschaften einer Situation, Handlung, Rede oder Schrift beziehen läßt, die eine Verwandtschaft zur Komik ebenso einschließen wie übersteigen.«[184] So erklärt sich auch die Tatsache, daß Humor oft als Oberbegriff für vielfältige Spielarten des Komischen benutzt wird, also etwa Witz, Satire, Scherz etc. einschließen kann.[185]

Will man das vielschichtige Phänomen des Humors in der Sprache analysieren, liegt es nahe, auf die genannte Literatur verschiedener Fachgebiete zurückzugreifen – ein angesichts der Fülle nicht einfaches Vorhaben: Sprach- und Literaturwissenschaftler, Philosophen, Pädagogen, Psychologen, Ethnologen, Theologen und andere Experten haben sich mit Humor beschäftigt, auch zahlreiche namhafte Schriftsteller und Dichter.[186] Die 1804 erschienenen

---

[179] Vgl. die ausführliche Darstellung der Wortgeschichte von Schütz: Witz und Humor, S. 161–245.

[180] Preisendanz: Humor, S. 100.

[181] Dopychai: Der Humor, S. 9.

[182] Blum: Humor und Witz, S. 2.

[183] Schmidt-Hidding: Wit and Humour, S. 115.

[184] Schüttpelz: Humor, S. 86.

[185] So etwa explizit bei Bremmer/Roodenburg: Humor und Geschichte, S. 9: »Was ist Humor? Im Titel dieses Buches benutzen wir den Begriff im allgemeinsten und neutralsten Sinne, um eine ganze Vielfalt an Verhaltensweisen abzudecken: Vom Ausspruch zum Versprecher, vom Streich zum Wortspiel, von der Farce zur Albernheit.«

[186] Eine umfangreiche Bibliographie zum Forschungsgegenstand des Komischen hat Don L. Nilsen 1993 erstellt, Nilsen: Humor Scholarship. Außerdem empfiehlt sich die 1999 erschienene Forschungsbibliographie von Verberckmoes: Humor und Geschichte, S. 184–195.

Ausführungen Jean Pauls in der »Vorschule der Ästhetik« gehören zu den bekanntesten Darstellungen der Phänomene Humor und Witz. Seine Beobachtungen, besonders zum Begriff des Humors und zum Effekt der Kontrastierung, können auch Ernst Jandls Texte erhellen. Der Humor überwiegt im Vergleich zu anderen Spielarten des Komischen in vielen Gedichten Jandls. Er wird als »ein Lebensgefühl, eine Grundeinstellung zur Welt«[187] beschrieben. Ludwig Reiners hat Humor treffend als »edleren Bruder des Witzes« beschrieben: »Der Witz funkelt, der Humor strahlt. Der Witz entlarvt die Unzulänglichkeit der Welt, der Humor hilft uns über sie hinweg.«[188] Besonders seine Darstellung der transzendenten Perspektive des Humoristen kann zum Verständnis des Humors in der Sprache Ernst Jandls beitragen. In diesem Zusammenhang sei vor allem auf Søren Kierkegaards Überlegungen hingewiesen, der Bezüge zwischen Humor und Religion herstellte und 1846 in der »Abschließenden unwissenschaftlichen Nachschrift« vom Humor als »Inkognito des Religiösen« sprach.[189]

Oft wird Jandl schwarzer Humor zugeschrieben. Zu diesem Phänomen hat Michael Hellenthal eine Überblicksdarstellung vorgelegt.[190] Er untersucht schwarzen Humor vergleichend zu benachbarten Feldern und grenzt ihn von Satire, Ironie, dem Absurden und der Groteske ab.

Jandl selbst gibt im Gespräch mit Peter Huemer an, er habe oft die Bezeichnung »grotesk« für seine Gedichte verwendet, »das heißt, daß sie in einer Art verschoben und verändert sind, daß es zwar zum Lachen reizt, daß die Sache aber ihre Spitzen enthält und vielleicht sogar noch geschärft wird.«[191] Auch mit Blick auf seine Sprache verweist Jandl auf den Begriff der Groteske: »Meine Neigung zur Groteske findet in einer Sprachbehandlung, die keiner Konvention zu gehorchen braucht, neue Möglichkeiten. So kann der experimentelle Text vollziehen, was das Gedicht in konventionell verwendeter Sprache nur berichten kann.«[192]

Zur Einordnung des Begriffs ist Wolfgang Kaysers grundlegende Untersuchung des Grotesken[193] von 1960 heranzuziehen. Er charakterisiert die Wandlung der ursprünglich ornamentalen Bezeichnung zum Terminus für

---

[187] Wiegand: Humor, S. 727.
[188] Reiners: Stilkunst, S. 639f.
[189] Kierkegaard: Nachschrift, S. 174.
[190] Hellenthal: Schwarzer Humor. Vgl. zu diesem Thema auch Henninger: Genealogie des Schwarzen Humors, S. 18–34.
[191] Jandl/Huemer: Gespräch [CD], Nr. 7 und Nr. 8.
[192] Jandl: Experimente, S. 9.
[193] Kayser: Das Groteske. Auch die 1788 erschienene Untersuchung des »Grotesk-Komischen« von Karl Friedrich Flögel behandelt wichtige Aspekte. Vgl. Flögel: Geschichte des Grotesk-Komischen. Vgl. auch Pietzcker: Das Groteske, S. 197–211.

bestimmte Formen des Komischen zusammenfassend: »das Groteske ist die entfremdete Welt«.[194] Kayser vermutet dabei ein »Lachen, mit dem wir unwillkürlich auf eine Situation reagieren, die gleichsam keine andere Möglichkeit der Befreiung mehr übrig läßt«.[195] Diese Charakterisierung erinnert an viele Gedichte Jandls.[196] Es kann nicht verwundern, daß ihm 1987 der »Kasseler Literaturpreis für grotesken Humor« verliehen wurde.[197] Die 2001 erschienene Monographie von Peter Fuß[198] beleuchtet das Phänomen des Grotesken durch kulturgeschichtliche Vergleiche.

Großen Einfluß hatte die Untersuchung »Der Witz und seine Beziehung zum Unbewußten« von Sigmund Freud, die 1905 erschien. Martin Bartels würdigt die Darstellung des Witzes bei Freud: »mir scheint jedoch, daß trotz einer wahren Begriffsinflation und zahlreicher neuer Distinktionen kein Theoretiker über die tragenden ästhetischen Grundannahmen hinausgegangen ist, die Freud in großer Klarheit und Schlichtheit dargelegt hat.«[199] Freud interpretiert das Lachen aus tiefenpsychologischer Sicht, er arbeitet feindselige und obszöne Tendenzen des Witzes heraus. Es ist lohnend, seine Thesen mit dem Lachen, das Jandls Gedichte provozieren, zu konfrontieren. Gerade das Phänomen des obszönen Witzes, das in den poetischen Werken Jandls häufig eine Rolle spielt, ist in der Sekundärliteratur nach Freud nicht zur Genüge bearbeitet worden. Neuere Literatur, die das Thema des obszönen Witzes streift, ist häufig auf geschlechtsspezifische Fragestellungen konzentriert,[200] allgemeine Analysen fehlen. Auch Gershon Legmans Untersuchung »Der unanständige Witz«, die in den siebziger Jahren vor allem durch die spektakulären Exempel bekannt wurde, ist aufgrund der veralteten Beispiele nur noch eingeschränkt lesenswert. Ergänzend sei auf die Abhandlung »Der pornographische Witz« von Friedrich Damaskow verwiesen, die zwar in mancher Hin-

---

[194] Kayser: Das Groteske, S. 136.

[195] Ebd., S. 138.

[196] Hellenthal verweist darauf, daß Thesen zur Groteske das Wesen des Gegenstandes nur annähernd beschreiben können. Vgl. Hellenthal: Schwarzer Humor, S. 64. Auch Kost betont die Schwierigkeit, eine exakte Begriffsbestimmung des »Grotesken« vorzunehmen, weder Friedrich Dürrenmatt, in dessen theoretischen Schriften der Begriff eine zentrale Rolle einnehme, sei dies gelungen, noch Kayser, dessen Untersuchung dennoch als Standardwerk anzusehen sei. Vgl. Kost: Geschichte als Komödie, S. 128–129. Noch im Jahr 2001 zieht Rosen in einer Darstellung zur Geschichte des Begriffs »Grotesk« den Schluß: »In der Tat fehlt bis heute eine wirklich maßgebende Definition des Begriffs, was zweifelsohne auch daran liegt, daß das Groteske auf einem Prinzip aktiver Schöpfung beruht und sich nicht auf eine Formel festlegen läßt.« Rosen: Grotesk, S. 880.

[197] Vgl. Pape: Laudatio, S. 59–65.

[198] Fuß: Das Groteske.

[199] Bartels: Traum und Witz bei Freud, S. 12.

[200] Vgl. zum Beispiel Kotthoff: Gelächter der Geschlechter.

sicht fragwürdig bleibt, aber eine Reihe treffender Beobachtungen bietet, die auf Jandls Witz übertragen werden können. Sehr lohnend ist es, obszönen Witz in Gedichten Jandls mit Aussagen Ludwig Marcuses zu konfrontieren. Er hat unter dem Titel »Obszön« die »Geschichte einer Entrüstung« verfaßt und vorab das Wort »obszön« sprachgeschichtlich betrachtet.

Wie schillernd die Bezeichnung »Witz« verwendet wird, offenbart sich schon durch einen Blick auf die Geschichte des Wortes, von der Karl N. Renner[201] in seiner allgemeinen Beschreibung des »Witzes« ausgeht. Zu Recht fordert er, der Terminus »Witz« müsse jeweils definiert werden, bevor man ihn verwende.[202]

Arthur Schopenhauer beschrieb 1819 den Ursprung des Komischen als lächerlich empfundene »Inkongruenz des Gedachten zum Angeschauten«.[203] Auch diese Theorie kann auf bestimmte Gedichte Jandls übertragen werden.

Neben den Begriffen Witz und Humor ist unter den Spielarten des Komischen die Ironie besonders oft untersucht worden. Die Analyse von Edgar Lapp zur »Linguistik der Ironie« konzentriert sich auf alltägliche Sprechsituationen, aus denen er Definitionen ableitet. Auch empfehlen sich die Erläuterungen Ernst Zinns zum traditionsreichen Stilmittel der Ironie.[204] Beda Allemann beleuchtet in seiner Untersuchung zu »Ironie und Dichtung«[205] unter anderem philosophische Aspekte. Er erarbeitet dabei eine »Kardinalfrage« nach der Wahrheit, die Wahrheit selbst könne man als ironisch strukturiert annehmen.[206] Dieses Thema prägt seiner Ansicht nach die moderne Dichtung allgemein. Eine Konfrontation dieser These mit Jandls poetischen Werken ist vielversprechend.

Den Begriff der Satire, der im Zusammenhang mit Gedichten Jandls ebenfalls betrachtet werden muß, definiert und erläutert Jürgen Brummack.[207] Auch Friedrich Schillers Beschreibung der »Satyrischen Dichtung« kann zur Analyse der Techniken Jandls hinzugezogen werden.[208] Schiller diskutiert als Gegenstand der Satire die »Entfernung von der Natur«.[209] Diese Beobachtung trifft noch heute auf satirische Formen zu, zum Beispiel auf Jandls Gedicht *die tassen*.[210] Zitatcollagen als satirische Technik, die sich in diesem und vie-

---

[201] Renner: Witz, S. 919– 930.
[202] Ebd., S. 919.
[203] Schopenhauer: Die Welt, S. 123.
[204] Zinn: Ironie und Pathos, S. 39–58.
[205] Allemann: Ironie und Dichtung. Vgl. auch Allemann: Ironie, S. 756–869.
[206] Allemann: Ironie und Dichtung, S. 23.
[207] Brummack: Satire, S. 355–360.
[208] Schiller: Über naive und sentimentalische Dichtung, S. 706–810.
[209] Ebd., S. 740.
[210] Jandl: poetische werke, Bd. 2, S. 24f. (Juni 1957).

len anderen Gedichten Jandls beobachten lassen, hat Karl Riha untersucht, er führt auch Texte Jandls beispielhaft an.[211]

Mit dem Begriff der Parodie und ihrer Abgrenzung zu verwandten Phänomenen beschäftigt sich Frank Wünsch in seiner 1999 erschienenen Monographie: »Die Parodie. Zu Definition und Typologie«. Nach wie vor erhellend ist Alfred Liedes Darstellung verschiedener Formen der Parodie.[212]

Zur Einordnung bestimmter sprachlicher Mittel Jandls hinsichtlich literarischer Vorbilder verhilft auch Liedes grundlegende Untersuchung »Dichtung als Spiel«, in der Jandl zwar nicht thematisiert wird, auf deren Grundlage aber Vergleiche gezogen werden können.

Mit der Bezeichnung »Unsinn« beziehungsweise »Unsinnspoesie«, die auch im Zusammenhang mit Jandls poetischen Werken häufig benutzt wird, setzt sich Klaus Peter Dencker in der Einleitung der von ihm herausgegebenen Anthologie »Deutsche Unsinnspoesie«[213] kritisch auseinander. Er stellt provokante Fragen, die auch Schlüssel zu Jandls Werk sein können.

Unter dem Titel »Nonsens« hat Peter Köhler 1989 eine Untersuchung veröffentlicht, welche die Diskussion des Begriffs vorstellt und Nonsens von anderen Spielarten des Komischen abgrenzt. Sehr viel Literatur zum Thema Nonsens stammt aus dem englischsprachigen Raum, hier stehen oft die Werke von Edward Lear und Lewis Caroll im Zentrum, so etwa in dem von Wim Tigges herausgegebenen Sammelband »Explorations in the field of nonsense«.[214]

Manche komischen Effekte in Jandls poetischen Werken erinnern an Sprachexperimente von Kindern. Aufschlußreich ist der Vergleich zur echten Kindersprache, die Barbara Lust[215] untersucht hat. Hermann Helmers betrachtet diesen Gegenstand in einer entwicklungspsychologischen Studie.[216] Im Zusammenhang mit Jandls Sprachspiel erscheint auch ein Vergleich mit Kinderversen und -liedern naheliegend. Ertragreich ist hier Peter Rühmkorfs kommentierte Sammlung »Über das Volksvermögen«.[217]

---

[211] Riha: Cross-Reading.

[212] Liede: Parodie, S. 12–72. Vgl. auch die neueren Ausführungen von Verweyen/Witting: Parodie, S. 23–27, die von Liedes Unterteilung verschiedener Parodieformen Abstand nehmen.

[213] Dencker: Einleitung, S. 5–16.

[214] Vgl. allgemeiner auch Tigges: An Anatomy of literary Nonsens und Sewell: The Field of Nonsense.

[215] Vgl. Lust: Child Language.

[216] Nicht alle Beispiele von Helmers stammen aus natürlichen Sprechsituationen, sondern er stellt auch schriftlich erzeugte Beispiele vor. Helmers: Sprache und Humor des Kindes.

[217] Rühmkorf: Volksvermögen. Sehr umfangreich ist auch die Sammlung von Kinderversen, die Ernest Borneman herausgegeben hat, vgl. Borneman: Studien zur Befreiung des Kindes. Die 1991 erschienene Untersuchung von Alfred Messerli

1.3   Wege zum Komischen in der Sprache

Preisendanz bemerkt 1976: »Die theoretische Begründung und die analytische Verifikation der Wahrnehmung von Komik halte ich, wenigstens bis zur Stunde, für ein vergebliches Bemühen.«[218] Diese Einschätzung erscheint nicht unbegründet, aber vielleicht zu pessimistisch. Die Vielzahl interdisziplinärer Humortheorien fordert dazu heraus, sie immer wieder an Textbeispielen zu verifizieren.

Apte betont die überaus enge Verbindung von Humor und Sprache »in the initiation, dissemination and appreciation of humor«. Er verweist auf den überraschenden Befund, daß zwar über das Komische allgemein geforscht werde, daß aber der Beziehung zwischen Sprache und Komik nicht viel Beachtung geschenkt worden sei.[219] Die Vielschichtigkeit des Komischen kann jedoch nur durch eine Analyse der Sprache, die Lachen provoziert, beschrieben werden.[220] Mark Evan Kiken, der sich dem Phänomen Humor allgemein anzunähern versucht, bemerkt hierzu treffend: »Surely the time has come for linguists themselves to critically evaluate previously proposed theories and then suggest reasonable solutions that encompass diverse disciplines.«[221] Die Erwartung alleinherrschender Definitionen muß dabei jedoch aufgegeben werden: »One is certainly forced to ask oneself whether, after countless centuries and as many theories of laugther and humor, a linguist can entertain even the slightest hope of bringing some precision to this field. Perhaps the most one can hope for is a clarification of the confusion that currently reigns. Whether implicitly or explicitly stated, the ultimate goal of current linguistic theories is a description of man's language«.[222]

Die Auswertung der Sekundärliteratur zu den poetischen Werken Ernst Jandls und zum Phänomen des Komischen in der Sprache allgemein ergibt folgendes Bild: Einer Fülle von Theorien, die komische Effekte in der Sprache beleuchten, steht eine oft nicht begründete Verwendung von Termini des Komischen in der Sekundärliteratur zu Texten Jandls gegenüber. Also ist eine Klärung notwendig. Es gilt nicht nur, Jandls Gedichte, die Zeit ihrer Entstehung und ihre Rezeptionsgeschichte besser zu verstehen. Darüber hinaus bietet, wie zu zeigen ist, eine Analyse seiner Sprache die Chance, verschiedene

---

bietet Analysen von Kinderreimen, vgl. Messerli: Pragmatik des Kinderliedes und des Kinderreimes.

[218] Preisendanz: Zum Vorrang des Komischen, S. 156.

[219] Apte: Introduction, S. 5.

[220] Zum Verhältnis von Linguistik und Poetik vgl. Posner: Linguistische Poetik, S. 687–698.

[221] Kiken: The Grammar of Humor, S. 1.

[222] Ebd., S. 2.

Spielarten des Komischen schärfer zu konturieren. Jandls ungewohntes Spiel mit der Sprache zeigt neues Potential auf, auch für durchaus traditionelle Methoden des Komischen. Die Sprachanalyse soll wiederum zur Begriffsklärung in einem traditionell breit und interdisziplinär geführten Diskurs beitragen.

Zwar nimmt Jandl selbst in einer seiner *stanzen* die Mühe von Germanisten ironisch aufs Korn, vielleicht macht er aber trotz des Augenzwinkerns Mut.

> zu nutz und frommen
>
> jo brauch ma dn de germanistn?
> jo de brauch ma, du suamm.
> waun de ned umgromm und umgromm
>   und umgromm duan
> daun is füü, wos ma gschriamm hom, fiar olle
>   zeit gschduamm [223]

1.4 Methoden der sprachwissenschaftlichen Analyse

Bernhard Frank stellte schon 1972 fest, was bis heute nicht selbstverständlich ist: »Der erfolgreiche ›Jandler‹ muß sich bei der Lektüre plagen, bis er dem Geheimnis der jeweiligen Form auf die Schliche kommt.«[224] Die hier vorliegende Untersuchung konzentriert sich auf das Komische in der Sprache Ernst Jandls. An einer Auswahl seiner poetischen Werke werden unter anderem Satire, Ironie, Parodie, Zynismus, Sarkasmus, Scherz, Witz, obszöner Witz, Unsinn, schwarzer Humor und gelassener, heiterer Humor nachgewiesen. Jandl implantiert diese traditionellen Spielarten des Komischen ins Sprachmaterial selbst und entlockt ihnen damit ein bisher ungenutztes Potential, das kritisch oder versöhnlich sein kann.

Das von Jandl provozierte Lachen der Hörer oder Leser soll nicht eindimensional erklärt werden; vielmehr wird ein Zusammenspiel von Facetten des Komischen beobachtet, wenn auch oft bestimmte Tendenzen dominieren.

Aus der interdisziplinären Literatur zur Humorforschung werden prägnante und diachrone Gültigkeit bewahrende Thesen, Untersuchungen und Definitionen mit exemplarisch ausgewählten Gedichten Jandls konfrontiert. Um sich dem schwer zu erklärenden Phänomen des Lachens zu nähern, werden jeweils mehrere Theorien betrachtet.

---

[223] Jandl: poetische werke, Bd. 9, S. 276 (zur Eröffnung des Literaturhauses in Wien am 30. Sept. 1991), [*suamm* übersetzt Jandl im Anhang mit *surm, tölpel*].
[224] Frank: Kritik, S. 214.

Dabei erweist sich »das Komische« als tragfähiger Oberbegriff. Ihn wählt zum Beispiel auch Hellenthal, der »Unsauberkeiten« im Gebrauch der Termini Komik, Humor und Witz bemängelt: »Es geschieht sehr oft, daß die drei genannten Ausdrücke in Diskussionen synonym gebraucht werden, ohne Respektierung der Grenzen zwischen ihnen.«[225] Er schlägt deshalb vor, das Komische »als eine oberste abstrakte Instanz« zu sehen, »ein Vermögen, aus welchem die verschiedenen Formen des Komischen genährt werden«.[226]

Jandl nennt Witz ausdrücklich nicht als Ziel seiner poetischen Werke: »es kann jedenfalls der witz nicht das ziel des gedichteschreibens oder des schreibens irgendwelcher texte sein. der witz im sinne von humor.«[227] Was ist dann Jandls Ziel? Ebenso vielschichtig wie das provozierte Lachen sind auch die Inhalte, die in seinen Gedichten verarbeitet sind. Hummelt hat Recht, wenn er bemerkt, der Eklat, den Jandls Publikation in der Zeitschrift »Neue Wege« 1957 auslöste, spreche dafür, daß Jandls »Gedichte, in ihrer Form radikal modern, aber doch auf Sinn aus und damit wie eh und je eine Sache zwischen Menschen, Mitteilungen, wie verfremdet und verkappt auch immer« seien; denn »reine Buchstabensuppe taugt nicht zum Skandal«.[228] Es liegt also nahe, genau hinzusehen, was die Mitteilungen der Gedichte sind und was eventuell zum Skandal taugt. Nur so erhellt sich auch das Komische in Jandls poetischen Werken. Um jeder Analyse den dafür nötigen Raum zu geben, ist ein exemplarisches Vorgehen erforderlich. Es erstaunt, daß mit der ausführlichen Interpretation einiger, zum Teil sogar sehr bekannter Gedichte in vielerlei Hinsicht Neuland betreten werden mußte.

Gedichte aus dem früheren Werk Jandls, vor allem aus den fünfziger und sechziger Jahren, sind für eine Untersuchung des Humors und verwandter Spielarten des Komischen besonders ergiebig;[229] sie stellen deshalb den größten Teil der Untersuchungsgegenstände in dieser Arbeit dar. Das spätere

---

[225] Hellenthal: Schwarzer Humor, S. 32.

[226] Ebd., S. 33. Auch Schwarz verwendet »das Komische« als Oberbegriff, vgl. Schwarz, Alexander: Bausteine zur Sprachgeschichte der deutschen Komik. Ebenso verfahren Preisendanz und Warning im Titel der von ihnen herausgegebenen interdisziplinären Aufsatzsammlung, die sich dem Leitgedanken »Komik als Modell« widmet. Preisendanz/Warning: Das Komische, S. 7.

[227] Jandl/Weibel: Gepräch, vom 6. Juli 1976 [ohne Seitenzählung].

[228] Hummelt: Jandl. http://www.eurozine.com/article/2000-12-01-hummelt-de.html [Stand: Mai 2007].

[229] Kühn verweist auf »eine Art Knick« in der Jandl-Rezeption der ausgehenden siebziger Jahre, der nach dem Erscheinen des Bandes *selbstporträt des schachspielers als trinkende uhr* endgültig nicht mehr zu übersehen sei. Kühn: Der poetische Imperativ, S. 232. Drews faßt die veränderte Einschätzung Jandls zusammen: »Nein, als ›lach-dichter‹ kann er der Öffentlichkeit nicht mehr dienen, hat aber damit auch die Möglichkeit eines Mißverständnisses endgültig abgewehrt, das ihn verharmloste.« Drews: Altern (SZ 10. Feb. 1990).

Werk Jandls ist in der Öffentlichkeit häufig als eher schwermütig wahrgenommen worden,[230] wenn auch die Komik als nicht ganz verschwunden gilt.[231] Als gemeinsame Quelle aller Gedichte Ernst Jandls, die in der vorliegenden Arbeit zitiert werden, diente die zehnbändige Werkausgabe *poetische werke*.[232] Zitate aus den Gedichten und anderen Werken Jandls sind im Text kursiv gesetzt. Die Gedichtdatierungen, deren Aussagekraft Jandl betont,[233] werden nach den Angaben des Autors in der Werkausgabe wiedergegeben. Die ausgewählten Gedichte repräsentieren je eine oder mehrere dominierende Spielarten des Komischen in besonderer Weise. So wird die Bandbreite der klassischen Methoden des Komischen in Jandls Gedichten gezeigt und oft auch ihre Verzahnung. Es werden im folgenden untersucht: *rilkes schuh* aus dem Gedichtzyklus *der gewöhnliche rilke* (datiert vom 5.–8. Mai 1975), *falamaleikum* (14 Juli 1958), *die tassen* (Juni 1957), *glückwunsch* (28. Juli 1978), *fünfter sein* (8. Nov. 1968), *loch* (7. März 1964), *ein gleiches* und *ÜBE!* (23. Juli 1965), *wien : heldenplatz* (4. Juni 1962), *hosi* (1956), *schmerz durch reibung* (1964), *calypso* (2. Nov. 1957), *erfolg beim dritten versuch* (23. Sept. 1963), *ottos mops* (20. Nov. 1963), *jupiter unbewohnt* (1969), *sieben weltwunder* (15. Sept. 1978) und *sommerlied* (14. Juni 1954).

Selbstverständlich empfehlen sich unzählige weitere Gedichte Jandls zur ausführlichen Analyse ihrer komischen Seiten. Allein der 1992 erstmals erschienene Band *stanzen* bietet so schillernde Facetten, daß er eine eigene umfangreiche Untersuchung[234] verdiente.

---

[230] Zum Beispiel ist Weinzierl der Ansicht: »in der Tat kann Jandls Altersstil das Fürchten lehren, so viel böse Wut, Selbstekel und stumpfes Grauen artikuliert hier ein lyrisches Ich – in düsteren Abgesängen auf das Leben«. Weinzierl: Rede auf Jandl, S. 195. Reich-Ranicki betont: »Seine späte Dichtung – das ist Gram und Qual, Verzweiflung und Verdüsterung, das ist (mit seinen eigenen Worten) Selbstverletzung und Selbstzerfleischung.« Reich-Ranicki: Schreibtisch (FAZ 5. Aug. 1995).

[231] »Und wo ist der Sprachclown Ernst Jandl hingekommen? Er ist noch da in der Tölpelei, dem Mißgeschick, der Schwermut der Gedichte.« Drews: Clown (SZ 29. Nov. 1980).

[232] Jandl: poetische werke. Jandl nannte sie nach Angaben seines Verlegers »dieses köstliche und kostbare Ding«. Siblewski: Telefongespräche, S. 30.

[233] Jandl unterstrich den »Sinn von Konservierung von Datierungen«, weil man etwas darüber erfahre, »was der Schreiber dieser Gedichte zu dieser und zu jener Zeit konnte und nicht konnte.« Jandl: Das Öffnen, S. 57.

[234] Erhellende Anmerkungen zu den *stanzen* bietet der Aufsatz von Dusini: Ernst Jandls »Stanzen«, S. 105–110. Eine weitere Überblicksdarstellung zu diesen Gedichten ist von Czernin erschienen. Er blickt vor allem auf Gegensätze, die er zusammenfaßt, zum Beispiel »Hohes und Niedriges«, »Schimpfen und Schimpfliches«, »Unchristliches Christliches«. Aspekte des Komischen stehen nicht im Vordergrund der Abhandlung, obwohl sie trotz der Schonungslosigkeit der *stanzen* einen wichtigen Teil zu deren Reiz beitragen. Vgl. Czernin: stanzen, S. 103–122.

Eine Quelle für manche Interpretationen sind Live-Mitschnitte von Lesungen des Autors, ist doch hier das Lachen seiner Zuhörer als Indikator für komische Effekte in der Sprache dokumentiert. Tonaufnahmen von Ernst Jandls Lesungen mit zum Teil lebhaften Publikumsreaktionen werden deshalb zu den Interpretationen der Gedichte hinzugezogen. Es bietet sich auch an, Rezipienten seiner Texte zu ihren Assoziationen zu befragen, so sind Einblicke in deren Vielfalt und Häufigkeit möglich. Auch dieses Vorgehen kann zur Antwort auf die Frage beitragen: Wann löst Jandls Arbeit mit Sprache Lachen aus und warum?

Darüber hinaus dokumentieren Lesungen des Autors auch besondere Betonungen, die Jandl in seine Texte legte. Riha formuliert zu Recht die Ansicht, der gedruckte Text gebe nur eine ungefähre Vorstellung der faszinierenden Laute, die Jandls Gedichte im Vortrag erzeugten, er spricht vom »Notenblatt des Rezitators«.[235] Mit Blick auf suprasegmentale Merkmale kann man auch verschiedene Studioaufnahmen Jandls heranziehen. Zusätzliche Deutungen bieten einige musikalische Interpretationen seiner Gedichte.

Die Ergebnisse der Analysen werden im Hinblick auf Ernst Jandls sprachliche Mittel und Spielarten des Komischen in seinen poetischen Werken abschließend zusammengefaßt. Dabei ist die Umsetzung traditioneller Methoden auf verschiedenen Sprachebenen zu beleuchten.

Auf der lautlichen Ebene kann man die Sprachlaute als Baumaterial und Sinnträger untersuchen. Die Ebene der Schreibung, als zweite bei Jandl zu betrachtende Sprachebene, ist geprägt von Kleinschreibung und sparsamer Interpunktion. Mit diesen Arbeitsweisen verfolgt der Dichter Ziele, die er auch poetologisch thematisiert hat. Eine besonders komische Wirkung kann traditionell die Vermischung verschiedener Sprachen erzeugen. Sie betreibt Jandl auch in der Schreibweise. Die Verschriftlichung von Mündlichkeit erweist sich in seinen Texten generell als poetisch reizvoll. Auch auf der Ebene der Wortbildung und Grammatik sind Jandls Spiele zu diskutieren, wobei er selbst die Veränderungen am Wort als besonders einschneidend beschrieb.[236] Zu Unrecht wird mit Blick auf Jandls Gedichte oft die semantische Ebene unterschätzt. Ob seine Texte als Nonsens bezeichnet werden können, muß sorgfältig erwogen werden. Vielfach wird ihnen Sinn erst aufgrund von Konnotationen, Metaphern und Assoziationen der Rezipienten[237]

Vgl. auch die Deutungen von Hammerschmid: Alles ist Nichts, S. 236–246; er beleuchtet vor allem Funktionen des Dialekts.

[235] Riha: Ernst Jandl, S. 5.

[236] Jandl: Experimente, S. 9.

[237] Jandls sprachliche Mittel, die bei Hörern und Lesern ein besonders provozierendes Potential entfalten, können durch textlinguistische Konzepte erhellt werden. Oft handelt es sich um im Text Verborgenes. Über allgemeine Theorien zur Wirksam-

zugesprochen. Deren Rolle ist besonders wichtig. Auf der textlinguistischen Ebene wird Jandls Auseinandersetzung mit Sprachvarietäten und Erwartungen wirksam. Er spielt mit Textgrenzen, Textsorten, Präsuppositionen und Ellipsen. Schließlich soll Jandls Sprache auch auf der pragmatischen Ebene betrachtet werden: seine Kommunikation mit Hörern und Lesern.

Jandls virtuoses Sprachspiel hat Regeln. Es stellt sich die Frage, ob er – wie es in der Sekundärliteratur oft geschieht – als ein Vertreter der konkreten Poesie gelten darf, oder ob er ein Phänomen außerhalb dieser Strömung ist.

Spielarten des Komischen sind in der Sprache Ernst Jandls meist auf mehreren Ebenen simultan realisiert. Seine Arbeit schärft den Blick auf Methoden des Komischen und ihre Potentiale. Jandls Sprachkunst kann den seit der Antike geführten Diskurs über Humor sowie verwandte Termini beleben und neue Perspektiven auf zum Teil sehr alte Theorien und Begriffe eröffnen.

---

keit impliziter Textaussagen informiert der Beitrag von Linke/Nussbaumer: Konzepte des Impliziten: Präsuppositionen und Implikaturen.

2 Sprache und Verstand: Ironie, Satire, Parodie, Zynismus und Sarkasmus

2.1 Erleichterung um *gewicht*

Der Gedichtzyklus *der gewöhnliche rilke 1–17*[1] stellt schon im Titel ein Programm vor: Ein ungewöhnlicher Dichter wird unter siebzehn Aspekten der Gewöhnlichkeit porträtiert. Der berühmte Name erinnert in diesem Zusammenhang an eine Formulierung aus Peter Rühmkorfs Untersuchung »Über das Volksvermögen«: »Nicht verlieren wird sich die Lust, mit dem allgemein Wertgeschätzten ein schlimmes Spiel zu treiben und das Erhabene in den Staub zu ziehn.«[2] Jandls Titel reizt die Spottlust und verspricht Amüsement. Das neunte Gedicht des Zyklus, *rilkes schuh*, wird in Anthologien besonders häufig zitiert:

rilkes schuh

rilkes schuh
war einer
von zweien

jeder schuh rilkes
war einer
von zweien

rilke in schuhen
trug immer
zwei

wade an wade
stand rilke
aus den beiden schuhen heraus[3]

---

[1] Der Zyklus datiert vom 5.–8. Mai 1975. Er enthält die Gedichte: *rilkes trennung; rilkes atmen; rilkes nase; rilkes name; rilke, reimlos; rilkes boot; rilkes lade; rilkes truhe; rilkes schuh; rilkes fenster; rilkes glas; rilkes hand; rilke im gespräch; rilkes lohn; rilkes widerspruch; rilkes augen; rilkes gewicht.* Jandl: poetische werke, Bd. 7, S. 63–80.
[2] Rühmkorf: Volksvermögen, S. 72.
[3] Jandl: poetische werke, Bd. 7, S. 72 (5.–8. Mai 1975).

38

Die hellen Vokale des Namens *rilke* erzeugen eine Kopfresonanz; Jandl selbst nennt den Namen »glänzend«.[4] Ganz anders das Substantiv *schuh*: Eingeleitet durch den Frikativlaut [ʃ] dringt der dunkle Vokal [u:] scheinbar aus Untiefen der Kehle und läßt an einen tierähnlichen Urlaut denken. In vier Zeilen des kurzen Gedichts wird die kontrastreiche Kombination der beiden Wörter wiederholt. Auch inhaltlich beschreibt Jandl Gegensätzliches: Den Namen Rainer Maria Rilkes umgibt eine Aura; nicht nur wegen seiner Poesie wurde der Autor bewundert, auch wegen des angeblichen »reinen Dichterdaseins«.[5] Jandls Gedicht entzaubert diesen Mythos, denn *rilke* wird mit einem trivialen Gegenstand seines Daseins konfrontiert, der ihn buchstäblich auf den Boden der Tatsachen zurückholt: *schuh*.

Die vier Hauptsätze des Gedichts bilden je eine Strophe, wobei Jandl auf Interpunktion völlig verzichtet. Je zwei Zeilensprünge teilen die kurzen Sätze, so wird eine enorme Spannung aufgebaut, die sich inhaltlich als völlig unangemessen erweisen wird.

Die erste Zeile des Gedichts nimmt die erheiternde Überschrift *rilkes schuh* wieder auf. Durch die Wiederholung scheint zunächst noch auf ihre Ernsthaftigkeit gepocht zu werden. Die zweite Zeile *war einer* gibt den *schuh* als Subjekt des Satzes zu erkennen, bleibt aber rätselhaft. Erst die letzte Zeile *von zweien* löst dann die durch den Zeilensprung aufgebaute Spannung in nichts auf. Die Aussage überrascht den erwartungsvollen Leser in ihrer Banalität. Der ganze Satz wird, wie zum Hohn leicht variiert, in der zweiten Strophe noch einmal wiederholt. Dennoch schöpft man – durch die so ernsthaft erscheinende Form des Gedichts – Hoffnung auf Bedeutungsschwere in der dritten Strophe. Deren Subjekt, durch die Stellung am Satzanfang betont, ist nun endlich der Dichter *rilke*. Doch wieder folgt in der letzten, durch Enjambement abgetrennten Zeile die ärgerliche Erkenntnis, daß es um die Schuhe geht. Die Betonung der Zahl *zwei*, der die ganze letzte Zeile reserviert wird, ist nun vollends lächerlich; schließlich handelt es sich um die Banalität, daß Schuhe paarweise getragen werden. Mit ungewohntem Wortschatz überrascht die letzte Strophe *wade an wade*, um dann in gedrechselter Inversion zu der ursprünglichen Mitteilung zurückzukehren: *stand rilke aus den beiden schuhen heraus.* Hier bekommt *rilke* durch die Ortsbestimmung Fundament und Halt.[6] Er wird von den Schuhen umschlossen, aus ihnen scheint er wie aus

---

4 Jandl: Das Öffnen, S. 58.
5 Konversationslexika können Hinweise auf das öffentliche Ansehen einer Person geben. Meyers Großes Taschenlexikon stellt beispielsweise den Dichter Rilke als »einflußreichsten deutschsprachigen Lyriker der 1. Hälfte des 20. Jahrhunderts« vor, der sich zu Beruflosigkeit und »reinem Dichterdasein« entschlossen habe, vgl. den Artikel »Rilke« in: Meyers Großes Taschenlexikon, Bd. 18, S. 262.
6 Corrado verweist an dieser Stelle kurz darauf, daß im »herausstehen« ein Verb des Stillstands mit einem Bewegung suggerierenden Präfix verbunden wird, er deutet

einem Humus herauszuwachsen. Die Blickrichtung geht von unten nach oben, erst die eine *wade*, dann die andere *wade*, dann *rilke*, abschließend senkt sich der Blick wieder zu den *schuhen*, an denen er haften zu bleiben scheint.

Jandl gelingt in diesem Gedicht eine Beweisführung: Ein ikonenhafter Name wie *rilke* führt per se zu der Erwartung einer wichtigen Mitteilung.[7] Im Kontext klassischer Stilmittel wie Wiederholungen, Inversionen und Zeilensprüngen kann diese Erwartung große Spannung erzeugen.[8] Wird sie enttäuscht, ist die Wirkung komisch. Jeder Leser kann unterschiedliche Spannungsbögen empfinden; sicher ist: Der Effekt funktioniert nicht nur einmal, sondern, wie hier zu zeigen war, mehrfach hintereinander. Der so hereingelegte Leser muß auch über sich selbst lachen, da ihm sein unstillbarer Durst nach Pathos vorgeführt wird.

Man kann *rilkes schuh* als Spottgedicht oder mit der althergebrachten Bezeichnung Satire beschreiben. Es handelt sich, folgt man der allgemeinen Definition Brummacks, um einen Angriff, dem bestimmte Normen zugrunde liegen.[9]

Was greift Jandl an? Welche Normen liegen seinem Angriff zugrunde? Die Untersuchung Schmidt-Hiddings zu Spielarten des Komischen benennt die Absicht der Satire noch deutlicher: »Verächtlichmachung des Törichten«.[10] Eine derartige Absicht kann auch bei Jandl entdeckt werden, denn als töricht wird in seinem Gedicht etwas Unausgesprochenes entlarvt: die gespannte Erwartung der Leser. Sie ist Ziel von Jandls Angriff.

Jürgen P. Wallmann stellt in einer Rezension zu Jandls *rilke*-Gedichten die Frage, ob eine Entmythologisierung Rilkes überhaupt nötig sei: »Wäre nicht eher, im Gegenteil, ein zu großes Desinteresse, eine verbreitete Unkenntnis

---

dies als ein Rilke parodierendes Stilmittel. Der groteske Eindruck werde erweckt, daß Rilke Mühe habe, aus den eigenen Schuhen herauszutreten. Vgl. Corrado: Un rilke, S. 77, Anm. 7.

[7] Diese Erwartung klingt auch in der Sekundärliteratur bisweilen an, wenn in Jandls Zyklus Bezüge zu Rilke gesehen werden. Jenen Eindruck erweckt etwa die Interpretation von Georg-Michael Schulz, der fragt: »Mir jedenfalls will es scheinen, als verrate zudem die Wortwahl in der letzten Strophe Jandls intime Rilke-Kenntnis. ›wade an wade‹, heißt es da, und nun nicht: ›ragte rilke‹, sondern: ›stand rilke / aus den beiden schuhen heraus‹. Das Stehen, ›Aus-etwas-Herausstehen‹ (im Sinne von Transzendieren und von Überstehen) – klingt da nicht eines der zentralen Rilkeschen Themen an?« Schulz: Jandls Rilke, S. 237.

[8] Jandl bemerkt allgemein: »Meine Experimente nahmen oft Züge der traditionellen Lyrik auf, was durch die gleichzeitige Konfrontation von bekannten mit unbekannten Elementen stärkere Reaktionen hervorrief, als es bei Texten ohne diese Spannung der Fall war«. Jandl: Experimente, S. 9.

[9] Vgl. Brummack: Satire, S. 355f. Erstaunlicherweise verortet Schulz Jandls Gedicht vage und ohne Begründung »fern aller Satire«. Schulz: Jandls Rilke, S. 235.

[10] Schmidt-Hidding: Wit and Humour, S. 50f.

der Poesie Rilkes zu beklagen?«[11] Diese Kritik ist mißverständlich. Die Angriffsfläche von Jandls Satire ist die unspezifische Erwartungshaltung eines Publikums, das nach Verehrung dürstet. Das Publikum muß Rilke nicht wirklich kennen, sein Name reicht, um – ähnlich einem Pawlowschen Reiz – diesen Durst zu erzeugen.

In einem Kraftfeld siedelt Schmidt-Hidding Satire zwischen den »Kräften des Verstandes« und den »Kräften der moralischen Kritik und der Spottlust«[12] an. Diese Einordnung hat Tradition. So wurde die »Satyre« von Herder als Tochter des nüchternen Verstandes dargestellt.[13] Satire enthält dabei auch Witz als Komponente, der in Jandls Gedicht klar zu belegen ist, denn es baut auf die unerwartete Zusammenstellung von Gegensätzen – eine in vielen Untersuchungen benannte Methode des Witzes. Berühmt ist Jean Pauls Bild, der Witz sei »der verkleidete Priester, der jedes Paar kopuliert«.[14] Nach dieser bewährten Methode funktioniert Witz auch in der Kombination *rilke* und *schuh*, wobei der Gegensatz in Jandls Sprache nicht nur semantisch, sondern auch phonetisch wirkt. Eine pointierte Formulierung von Ludwig Reiners kann an Jandls Gedicht exemplifiziert werden: »Der Witz [...] glaubt nicht an absolute Werte. Er betrachtet das Große gern von einer Seite, auf der es klein aussieht«.[15] Dies ist auch eine Jandlsche Methode, sie kann hier als eine Norm betrachtet werden, die im Gedicht *rilkes schuh* dem satirischen Angriff zugrunde liegt. Von Jandl selbst stammt in anderem Zusammenhang die Aussage, in seinem Werk finde sich »Pathos von unten«.[16] Diese demontierende Betrachtungsweise ist nicht nur in der eben beschriebenen Blickrichtung von der *wade* hinauf zu *rilke* umgesetzt, sie prägt den ganzen Zyklus *der gewöhnliche rilke*, denn er zeigt den großen Dichter von alltäglichen Seiten. Hier stellt sich zwangsläufig die Frage nach der Realität: Wie ist *rilke* wirklich? Inwieweit wird er durch unsere Wahrnehmung determiniert? Oft führt Jandl Lesern und Hörern die Diskrepanz zwischen Erwartung und Wirklichkeit vor, er diskutierte auch in seinen Vorträgen den schillernden Begriff der »außerpoetischen Realität«,[17] die gerade in satirischen Formen bewußt wird. In *rilkes schuh* enthüllt Jandl die Realität außerhalb der Poesie durch Satire auf

---

[11] Wallmann: Rezension, S. 181.
[12] Schmidt-Hidding: Wit and Humour, S. 48.
[13] Herder: Kritik und Satyre, S. 194.
[14] Jean Paul: Vorschule der Ästhetik, S. 173. Simon nennt die Methode: »geistvolles Kombinationsverfahren«. Simon: Das Absurde, S. 861.
[15] Reiners: Stilkunst, S. 638.
[16] Vgl. ein Gespräch Jandls mit Drews. Drews: Das Pathos verhunzen, S. 208.
[17] Vgl. die Ausführungen zu *Szenen aus dem wirklichen Leben* in der dritten Frankfurter Poetik-Vorlesung; Jandl zieht hier unter anderem das Gedicht *rilke im gespräch* beispielhaft hinzu. Jandl: Das Öffnen, S. 48–76. Vgl. zum Begriff der Realität auch Eder: Realität im Gedicht?, S. 194–214.

mehreren Ebenen. Er entlarvt die Erwartungshaltung des Publikums, die seinem Gedicht entgegengebracht wird, als unangemessen; denn er zeigt den Dichter Rilke, der außerhalb des gerühmten »reinen Dichterdaseins« lebte, zum Beispiel in *schuhen*. Dieser Gegensatz zwischen dem Mythos und dem alltäglichen Menschen wird im Gedicht auch durch Kontraste auf phonetischer Ebene dargestellt. Gleichzeitig verspottet Jandls Satire konventionelle Stilmittel der Poesie, die er in übertriebenem Maße einsetzt. Hier hat sein Gedicht auch Züge einer Parodie, die oft als ein mögliches Mittel der Satire gesehen wird,[18] und die hier klassische lyrische Stilmittel nachahmt. Robert Neumann, selbst ein Meister der Parodie, bemerkte allgemein: »Die Parodierung des Pathetikers, des ›Würdevollen‹ bleibt stets die dankbarste Aufgabe — und die leichteste, da ja vom Erhabenen nur jener bekannte eine Schritt weiterzugehen ist.«[19] Abschließend sei deshalb noch auf eine weitergehende Deutungsmöglichkeit verwiesen. Es ist möglich, daß Jandl nicht nur den *rilke*-Mythos sabotiert, sondern allgemeiner einen Poesie-Mythos. Das letzte Gedicht des Zyklus, *rilkes gewicht*,[20] beginnt mit den Zeilen:

rilke wird um sein
gewicht erleichtert

Diese Erleichterung um *gewicht* kann zweifach verstanden werden. Erleichterung um das *gewicht* des Körpers kann zunächst eine Umschreibung des Sterbens sein. Obwohl Rilkes Tod schon Vergangenheit ist, verwendet Jandl aber im Gegensatz zu vielen anderen Gedichten des Zyklus in diesem Finalstück das atemporale Präsens: *wird*. Die Erleichterung *um gewicht* dürfte demnach ein Objekt betreffen, das noch präsent ist. Ein denkbares Ziel weist Helmut Heißenbüttel mit seiner Ansicht, der Name *rilke* stehe »als Wechselbegriff für Poesie, fast als Markenzeichen dafür.«[21] In dieser Hinsicht ist auch aufschlußreich, daß Rilke von anderen Autoren als »Letzter in der klassischen Tradition ›hohen Stils‹ unter den Bedingungen der Moderne«,[22] »Leitgestalt des literarischen Ancien régime«[23] und »Inbegriff des Dichterischen«[24]

---

[18] Vgl. zum Beispiel Gerth: Satire, S. 9.

[19] Neumann: Zur Ästhetik der Parodie, S. 440.

[20] Jandl: poetische werke, Bd. 7, S. 80 (5.–8. Mai 1975).

[21] Heißenbüttel: Laudatio (FR 20. Okt. 1984).

[22] Neumann: Ernst Jandl bearbeitet Rilke, S. 392. Neumann zieht an eben dieser Stelle außerdem einen Vergleich zwischen Jandl und Rilke, denn beide Dichter stünden »in ihrem je eigenen literaturgeschichtlichen Umfeld für extreme poetologische Positionen«.

[23] Ebd.

[24] Schulz: Jandls Rilke, S. 235. Neundlinger deutet das Wort *rilke* in Jandls Text als Metapher für einen »Subjekt-Typ«, der durch die Gewöhnlichkeit gerade anders als eine unverwechselbare Persönlichkeit sei. Hierdurch würden Fragen nach dem Berufsalltag eines Dichters aufgeworfen. Neundlinger: Beruf: rilke, S. 82.

charakterisiert wurde. Heißenbüttels Interpretation führt weiter: Bei Jandl sei »die Negation lediglich ein Durchgang [...]. Die Erleichterung des für Poesie stellvertretend stehenden Rilke um sein Gewicht bedeutet, daß der Raum [...], in dem sich Text erst entfalten kann, aus den historisch gewachsenen Sonderformen herausgezogen wird«.[25]

Erleichterung *um sein gewicht* also nicht nur des Mythos Rilke, sondern auch der Dichtung allgemein? Wie weit auch immer man die Deutung des Gedichtes treiben will, das Jandl immerhin bedeutsam als Zyklus-Finale positioniert, er selbst jedenfalls verwirklicht diesen Gedanken: Er erleichtert in vielen seiner Werke die Poesie durch die ungewohnte Verwendung von Sprache. Auch die Gedichte, die im folgenden vorgestellt werden, werfen so manchen im *rilke*-Zyklus satirisch vorgeführten Ballast über Bord.

2.2 Ironie einer fatalen Geschichte

Krieg und dessen Wahrnehmung sind wichtige Themen Jandls.[26] Unter dem Kapitel *krieg und so* verarbeitet er sie in Gedichten, die zum Teil wie *wien : heldenplatz*[27] oder *schtzngrmm*[28] sehr bekannt geworden sind. Vielleicht weil Jandl auch bei so düsterer Thematik bisweilen zum Lachen reizt, läßt sich ein Rezensent zu der falschen Annahme hinreißen: »Keine Frage [...], daß die Gedichte von Ernst Jandl als Aufruf, als Pamphlet unbrauchbar wären. Es sind absichtslose Gedichte.«[29] In eklatantem Widerspruch steht diese Meinung zu Jandls eigener Aussage, er bezeichnet zum Beispiel das Gedicht *falamaleikum* als »Antikriegsgedicht«.[30] Der Autor vertritt die Ansicht: »Krieg, das wissen wir, ist ein herausforderndes Thema, aber es läßt sich zu diesem Thema ein herausforderndes Gedicht nur schreiben, wenn das Gedicht [...] selbst, ungeachtet des Themas, zu einer Herausforderung wird.«[31]

Jandls Sprache in *falamaleikum* ist eine Herausforderung. Sie entlarvt Wirklichkeitskonstruktionen, die den *krieg* euphemistisch darstellen. Publi-

---

[25] Heißenbüttel: Laudatio (FR 20. Okt. 1984).
[26] Jandls eigene Kriegserfahrungen sind in seinen Briefen dokumentiert und ediert. Vgl. Jandl: Briefe aus dem Krieg.
[27] Jandl: poetische werke, Bd. 2, S. 46 (4. Juni 1962).
[28] Ebd., Bd. 2, S. 47 (19. April 1957).
[29] Segebrecht: Die Sprache macht Spaß (FAZ 4. März 1967).
[30] Jandl/Konzag: Gespräch, S. 858.
[31] Jandl: Dichtkunst, S. 191. Treffend nennt Inka Bohl Jandl einen »Sprachschützen«, vgl. Bohl: Sprachschütze Ernst Jandl, S. 11.

kumsreaktionen, die durch Aufnahmen von Jandls Lesungen[32] dokumentiert sind, belegen aber, daß bei *falamaleikum* trotz des ernsten Inhalts gelacht wird. Das Gedicht war auf Lesungen außerordentlich beliebt.[33]

falamaleikum
falamaleitum
falnamaleutum
fallnamalsoooovielleutum
wennabereinmalderkrieglanggenugausist
sindallewiederda.
oderfehlteiner?[34]

Zunächst stellt sich die Frage: Was wird beim Hören oder Lesen verstanden?[35] Die sieben Zeilen scheinen je ein einziges langes Wort zu enthalten; erst nach und nach sind in den Buchstabenreihen einzelne Wörter zu erkennen. Zwar gliedern keine Großbuchstaben den Text, aber zwei der von Jandl selten eingesetzten Satzzeichen sind vorhanden: Die vorletzte Zeile wird durch einen Punkt abgeschlossen, die letzte schließt mit einem Fragezeichen. Die literarische Tradition der komischen »Wortungeheuer«[36] wird hier ins Gedächtnis gerufen, diese wirken besonders, wenn sie gehört werden. Zu Recht wird deshalb *falamaleikum* als »Sprechgedicht«[37] bezeichnet, eine Art von Gedicht, das nach Jandl »erst durch lautes Lesen wirksam«[38] wird.

Die erste Zeile *falamaleikum* könnte auch als Überschrift verstanden werden. Die größte Ähnlichkeit des Wortes besteht zu der im Deutschen oft entlehnten arabischen Grußformel »Salam alaikum«.[39] Sie bedeutet ›Der Friede sei mit euch‹ oder auch ›Heil über euch!‹.[40] In Jandls Wortschöpfung

---

[32] Vgl. zum Beispiel Jandl: heldenplatz [Lesung], CD 1, Nr. 24.

[33] Hage zählt *falamaleikum* zu jenen »Hits und Evergreens, die die Zuhörer wie selbstverständlich erwarten«. Hage: Eine ganze Sprache, S. 154.

[34] Jandl: poetische werke, Bd. 2, S. 53 (14. Juli 1958).

[35] Sehr ausführlich behandelt diese Frage Gaier, indem er für die einzelnen Zeilen des Gedichts jeweils viele verschiedene Möglichkeiten des Verstehens auflistet. Er will die Aufmerksamkeit auf die Kommunikation zwischen Text und Leser richten. Gaier: Lektüre und Interpretation, S. 107–126.

[36] Liede ist der Ansicht »Wortungeheuer« seien »aus der komischen Literatur nicht wegzudenken«, da Sprechschwierigkeiten immer erheiternd wirkten. Vgl. Liede: Dichtung als Spiel, Bd. 2, S. 43–45.

[37] Gaier: Lektüre und Interpretation, S. 115.

[38] Jandl: Das Sprechgedicht, S. 8.

[39] Die Transkriptionen der Formel in lateinische Schrift variieren. Es handelt sich um die im Koran am häufigsten vertretene Form aller Grußformeln, die mit dem Wort »salām« (›Heil‹) gebildet werden, vgl. Wensinck/Kramers: Islam, S. 635. Vgl. zum Beispiel Duden: Wörterbuch, S. 3272.

[40] Schon in vorislamischer Zeit war die Formel im Hebräischen und Aramäischen bekannt, sie diente bei Juden und Christen als Gruß. Wensinck/Kramers: Islam,

falamaleikum steht *f* anstelle des ersten Buchstabens der Grußformel. In der zweiten Zeile wandelt er nur einen einzigen Buchstaben, *k* wird durch *t* ersetzt: *falamaleitum*. Die kleine Änderung entfremdet das Wort der vorhergehenden Assoziation des Arabischen. Daß diese Änderung verwirrt, belegt die Reaktion des Publikums auf Lesungen.[41] Die Hörer erscheinen gespannt, denn das Lachen, das nach der ersten Zeile aufkam, verstummt. Dann erklingen wieder einzelne Lacher: In *falnamaleutum* erscheinen Wörter im Wiener Dialekt, die in der vorhergehenden Zeile schon angeklungen sind: *amal* kann als dialektale Aussprache des Adverbs »einmal« verstanden werden, die Silbe *leut* erinnert an »Leute«. Daß einzelne Hörer auf Anhieb »fallen einmal leute um« assoziieren, ist wahrscheinlich. In der vierten Zeile, *fallnamalsoooviel-leutum*, können immerhin drei bekannte Wörter aus der Silbenschlange extrahiert werden: *so*, *viel* und *um*; die Lesart »fallen einmal so viele Leute um« liegt nahe. Lautes Lachen erklang auf Lesungen, das danach verstummte und nur am Ende noch einmal aufflackerte.[42] Jandl selbst beschrieb das Gedicht als »ein beispiel, [...] wo innerhalb von sechs zeilen ein umschlagen von einem lachen-müssen zu einem eigentlich-nicht-mehr-lachen-können erreicht wird.«[43]

Die Silbe *leut*, die Jandl beim Lesen des Gedichtes stets betont,[44] ist in der vierten Zeile deutlich als Substantiv im Satz zu erkennen. Die »Leute« sind der Gegenstand des Gedichts, allerdings im »Wortungeheuer« noch gut versteckt, als wolle der Sprecher sein Thema verschleiern. Außerdem ist das Wort »Leute« ein Synonym zu »Menschen«, das umgangssprachlich häufig abwertend benutzt wird.[45]

Dann bricht Jandl aus dem vorhergehenden Muster des variierten *falamaleikum* aus: *wennabereinmalderkrieglanggenugausist*. Diese längste Zeile ist optisch ein Höhepunkt. Beim Lesen hebt Jandl die Stimme; seine Aussage klingt beschwörend. Das in der Wortschlange verborgene Schlüsselwort *krieg* gibt den vorher verwendeten Wörtern plötzlich neuen Sinn: Die Leute, die umfallen, sind im Krieg gefallen. Der grobe Ausdruck »umfallen« paßt zur Hilflosigkeit der Kapitelüberschrift *krieg und so*. Der Sprechende verweigert das gängige Vokabular, hier die Umschreibung »gefallen« für den Tod von Soldaten im Krieg. Auch kann das Verb »umfallen« als eine Metapher für »seine Meinung wechseln« verstanden werden.

S. 634–636. Im Judentum existiert bis heute der Gruß »scholaum aleichem«, vgl. Weinberg: Lexikon zum religiösen Wortschatz und Brauchtum der deutschen Juden, S. 243.

[41] Vgl. zum Beispiel Jandl: heldenplatz [Lesung], CD 1, Nr. 24.

[42] Ebd.

[43] Jandl/Weibel: Gepräch [ohne Seitenzählung].

[44] Vgl. Jandl: heldenplatz [Lesung], CD 1, Nr. 24.

[45] Klappenbach/Steinitz: Wörterbuch der Deutschen Gegenwartssprache, S. 2360.

In der Zeile *sindallewiederda* liest Jandl das Indefinitpronomen *alle* überaus gedehnt, wieder hebt er beschwörend die Stimme.[46] Der durch den Zeilensprung abgetrennte und durch den Punkt bekräftigte Aussagesatz gehört grammatisch noch zum vorhergehenden Konditionalsatz. Abgetrennt entspricht *sindallewiederda* aber dem Satzbau einer Frage, Zweifel an der Aussage schwingen mit. Und prompt folgt in der letzten Zeile die Frage *oderfehlteiner?*, die ohne Antwort bleibt. Sie überrascht und klingt so plump, daß sie im Publikum wieder lautes Lachen auslöste. *einer* vertritt hier das Substantiv *leut*, in förmlichem Deutsch hätte statt dessen das Pronomen »jemand« zu stehen. Die Frage wirkt somit burschikos.

Auf Jandls Lesungen kam schon Lachen im Publikum auf, wenn er die erste Zeile, *falamaleikum*, aussprach. Warum? Offenbar amüsiert das Wort. Der assoziierte arabische Gruß »Salam alaikum« bedeutet ›Der Friede sei mit euch‹. In der Verfremdung *falamaleikum* kann dem Wort keine Bedeutung sicher zugeordnet werden, deshalb kommen Assoziationen hinzu. Die Vokalfülle in *falamaleikum* erinnert an Beschwörungsformeln aus Zaubersprüchen, ein Eindruck, den Jandls Tonfall beim Lesen und seine fremdländisch anmutende Betonung[47] auf der vierten Silbe verstärken. Mit Blick auf die allgemeine Beobachtung von Scholz und Engeler erklärt sich die Assoziation: »Dem aus sinnfreien Lautfolgen bestehenden Zauberspruch wird eine größere Kraft zugesprochen, eine geheimnisvolle Wirkung verlangt ihren mysteriösen Klang«.[48] Die Buchstabenkombination *ala* und der Wortschluß auf *m* erinnern klanglich zum Beispiel an die Zauberformel »Simsalabim«[49] – vielleicht liegt ein Grund für das Lachen im Publikum darin, daß Erinnerungen an kindliche Hörerlebnisse geweckt werden. Lisa Kahn deutet *falamaleikum* sogar ausschließlich als Ableitung von »children's magic formula of ›aleikum‹«.[50] Die Häufung des Vokals *a* in *falamaleikum* kann auch die alte Zauberformel »abracadabra«[51] oder »Abrakadabra«[52] ins Gedächtnis rufen, deren Herkunft zwar ungeklärt ist, die aber ursprünglich vielleicht der Bedeutung ›Schaum und Asche‹ oder ›Nebel und Rauch‹ entsprochen hat.[53] Ist es ein Zufall, daß die Friedensbeschwörung in Jandls Gedicht ebenso trügerisch ist? Der an-

---

[46] Vgl. Jandl: heldenplatz [Lesung], CD 1, Nr. 24.
[47] Ebd.
[48] Scholz/Engeler: Lautpoesie, S. 8.
[49] Vgl. Duden: Wörterbuch, S. 3567.
[50] Kahn: Falfischbauch, S. 100.
[51] Vgl. Duden: Wörterbuch, S. 96 und Kluge/Seebold: Etymologisches Wörterbuch, S. 8.
[52] Vgl. Duden: Wörterbuch, S. 96 und Kluge/Seebold: Etymologisches Wörterbuch, S. 8.
[53] Kluge/Seebold: Etymologisches Wörterbuch, S. 8, die genannten Übersetzungsmöglichkeiten beziehen sich auf eine Herleitung aus dem Thrakischen.

klingende arabische Wunsch »Der Friede sei mit Euch« jedenfalls verhallt in den folgenden Zeilen; er wird immer stärker verfremdet und schließlich aufgelöst. Zum Vorschein kommt das Gegenteil: *krieg*.

Nicht nur die Wort-Assoziationen, auch die Form von Jandls Gedicht kann auf den ersten Blick an Magie erinnern. Schon in antiken Zauberpapyri ist die Anwendung von Figurengedichten belegt, in denen vermeintlich zauberkräftige Ausdrücke mehrfach untereinander geschrieben und dabei in verschiedener Art, zum Beispiel zunehmend oder abnehmend, verändert wurden; dadurch sollte jeder Buchstabe seine Kraft entfalten.[54] Auch der in den hamitosemitischen Sprachen verbreiteten Grußformel wurde eine magische Wirkung zugeschrieben.[55] Magaß hat mit Blick auf Jandls Gedicht die Sprachgeschichte der Formel untersucht. Er betont, die magische Seite des Grußes sei gerade in kriegerischen Zeiten besonders oft beschworen worden, in denen der Friedensgruß als Abwehrzauber dienen sollte. Oft sei er deshalb sogar »Signal der Friedlosigkeit«[56] gewesen. Diese Beobachtung ist auf Jandls Gedicht übertragbar: Es herrscht *krieg*, aber Frieden − oder zumindest Folgenlosigkeit des Krieges − wird beschworen, denn *alle* sind angeblich irgendwann *wieder da*. Jandls Formulierung *langgenug* offenbart die Falschheit dieser Aussage. Kenner der Wortgeschichte berichten, daß Grußformeln, die sich um den Frieden, »salām«, drehen, im Islam auch als Gruß an die Toten verwendet wurden.[57] Im Koran wird die Formel »salām[un] 'alaikum« zudem ausdrücklich als Gruß genannt, der »den Seligen im Paradies oder beim Betreten desselben entgegengebracht wird.«[58] Ist Jandls vermeintlicher Segensgruß also gar an die Kriegstoten gerichtet?

Es ist auch versucht worden, Jandls Gedicht mit jüdischer Mystik in Verbindung zu bringen. So ist Magaß der Ansicht: »Was Jandl mit ›Schalom alechem‹ (›Friede sei mit Euch‹) macht, das machen die Gelehrten der Kabbala mit dem Text der Thora, gemäß den Sprüchen der Väter: ›Wende sie um und um, denn alles ist in ihr.‹«[59] Daß das Verändern des Ursprungswortes bei

---

[54] Vgl. Liede: Dichtung als Spiel, Bd. 2, S. 276f. Arabische Magiepraktiken sind seit dem Mittelalter auch im deutschen Sprachraum bekannt. Zur Bedeutung arabischer Einflüsse in okkulten Wissenschaften vgl. Kieckhefer: Magie im Mittelalter, besonders S. 135–174.

[55] Magaß: Schriftgelehrtes, S. 130.

[56] Ebd., S. 130.

[57] Vgl. Wensinck/Kramers: Islam, S. 635: »Laut einigen Überlieferungen hatte Muhammad den Ausdruck *zalaik al-salām* als den Gruß an die Toten bezeichnet und darauf bestanden, mit *al-salām 'alaik* begrüßt zu werden. [...] Es gibt aber auch Traditionen, wo der Prophet auf dem Friedhof die Toten mit einem al-salām anfangenden Ausdruck begrüßt«.

[58] Ebd., S. 634.

[59] Magaß: Schriftgelehrtes, S. 127. »Der spielerische Umgang mit der Buchstabenvertauschung [...] beruht auf dem fortwährenden Gespräch mit der Schrift«.

Jandl schleichend eine Kriegsthematik enthüllt, rechtfertigt den Bezug zur Kabbalistik, den Magaß unterstreicht: »Daß aus solchem Sinnen über ›Schalom‹ eine kunstfertige Variation über unsere Friedlosigkeit wird, ist in Wien und anderswo immer noch eine Gestalt der Schriftgelehrsamkeit extra ecclesiam.«[60]

Es kann kein Zufall sein, daß Jandls scheinbar neuartiges Sprachspiel auch über die Kabbalistik hinaus alte Vorbilder hat, die zeigen, wie rasch der Sinn von Segenswünschen sich wandeln oder ins Gegenteil verkehren kann. Ihre enge Verwandtschaft mit Zaubersprüchen[61] prädestiniert sie dafür, zu Flüchen abgewandelt zu werden. So mutmaßen Wensinck und Kramers: »Die Juden sollen den salām-Gruß Muhammad gegenüber gelegentlich zu al-sām 'alaikum, ›den Tod über Euch‹, entstellt haben, worauf der Prophet dann mit wa'alaikum, s.v.a. ›desgleichen‹ antwortete«.[62]

Auch Jandl enthüllt die kriegerische Gesinnung eines Sprechenden, der sich ursprünglich Segen beschwörender Formeln zu bedienen scheint. Es fallen vielleicht deshalb im Schriftbild des Wortes *falamaleikum* die Silben *male* auf, und der Anlaut *f* läßt das Verb »vermaledeien« mit der Bedeutung ›(ver)fluchen‹ anklingen.

In der Sprache des Gedichts *falamaleikum* enthüllt sich das Gegenteil des Gesagten: Krieg statt Frieden. Hier wirkt Ironie. Sie wurde bisweilen als »sublimste Form des Komischen«[63] bezeichnet. Lapp hat sie in seiner Untersuchung zur Linguistik der Ironie treffend als »Simulation der Unaufrichtigkeit«[64] definiert. Diese klassische Methode verwendet Jandl auf mehreren Ebenen gleichzeitig: Der Friedenswunsch erweist sich durch schleichende Buchstabenveränderung als unaufrichtig, die lapidare Bemerkung über die Kriegstoten, die *alle wieder da* sein werden, enthüllt sich in semantischer Hinsicht als falsch und die Schlußfrage *oderfehlteiner?* ist eine Scheinfrage. Ernst Zinn, der in einer Untersuchung zur Ironie bei Horaz auf die etymologische Deutung des Wortes eingeht, erläutert, εἰρωνία bedeute schlicht ›Verstellung, erheuchelte Unwissenheit‹ und ein Ironiker sei demnach, »wer

---

[60] Ebd., S. 129. Nach Eibl ist die ironische Zitierung und Parodierung von Vorbildern Kennzeichen des »poeta doctus«. Eibl: Deutsche Literatursprache der Moderne, S. 749.
[61] Masser erläutert zu Zaubersprüchen und Segen: »Einer klaren Definition und Abgrenzung von ›Zauberspruch‹ und ›Segen‹ steht entgegen, daß weder in der Praxis terminologisch sauber geschieden wird, noch daß sachlich eine eindeutige Trennung vorgenommen werden kann.« Masser: Zaubersprüche und Segen, S. 957.
[62] Wensinck/Kramers: Islam, S. 635.
[63] Allemann: Ironie, S. 756.
[64] Lapp: Linguistik der Ironie, S. 169. Material zur Theorie der Ironie bietet auch die ältere Monographie von Engeler: Untersuchung zur ironischen Rede.

sich so stellt [...] als sei er unwissend, als könne er nicht urteilen [...], ein Undurchsichtiger, ja Hintergründiger«.[65] Eine Hintergründigkeit der Aussage ist in Jandls Gedicht zu konstatieren, sie entlarvt sich in der Sprache selbst und wechselt dabei ihre Erscheinungsart. Dies ist eine ungewohnt mehrschichtige Realisierung von Ironie, die deshalb zunächst schwer zu erkennen ist.

Reiners betont in seiner Definition der Ironie, sie greife einen Gegner an,[66] und auch Lapp unterstreicht die enge Beziehung zwischen »ironischer Simulation und dem Zitieren einer gegnerischen Auffassung«.[67] Mit Blick auf Jandls Gedicht stellt sich die Frage: Wer ist dieser Gegner? Wer spricht *falamaleikum*? Es kann ein sich selbst belügender Zeitgenosse eines Krieges sein, er kann aber auch als ein Propagandist[68] des Krieges verstanden werden. Nicht umsonst gilt Ironie als dem Euphemismus verwandt,[69] und die ursprüngliche Bedeutung des griechischen Wortes εἰρωνία wird von manchen Forschern mit ›Verstellung betrügerischer Art‹[70] übersetzt. Für Interpretationen, die eine Propagandistenrolle im Gedicht *falamaleikum* sehen, sprechen Aufnahmen von Ernst Jandls Lesungen: Er liest die Frage der letzten Zeile in schneidendem Ton,[71] der Befehl, nicht zu widersprechen, schwingt mit.[72] Unwillkürlich denkt man an diktatorische Propagandalügen, die Widerspruch unterdrücken. Das diachrone Thema Propaganda verweist nochmals auf die alttestamentarischen Bezüge, die Magaß herstellt. Er erinnert an den Propheten Jeremia, der Grußformeln als Propagandaformeln enthüllt habe: »Jeremia hat für solche Enthüllung des falamaleikum mit öffentlicher Diffamierung und mit dem Leben bezahlt. [...] Sie rufen wohl SCHALOM! SCHALOM!, aber die

---

[65] Zinn: Ironie und Pathos, S. 46.

[66] Reiners: Stilkunst, S. 658.

[67] Lapp: Linguistik der Ironie, S. 170.

[68] »salām[um] 'alaikum, Heil über euch, steht in Sūra VI, 54 am Anfang der Botschaft, die der Prophet den Gläubigen zu überbringen hat.« Wensinck/Kramers: Islam, S. 634.

[69] Artikel »Ironie« in: Brockhaus [1997], S. 628.

[70] Müller: Ironie, S. 186.

[71] Vgl. Jandl: heldenplatz [Lesung], CD 1, Nr. 24.

[72] Der Zeichner Bernd Hennig hat das Gedicht in einer Sammlung von Jandl-Gedichten für Kinder mit Raben von unheimlicher Größe illustriert. Sie sind in einer Reihe aufgestellt, tragen Soldatenhelme und ihnen gegenüber steht ein ordengeschmückter Rabe als Befehlshaber. Am vorderen Ende der Reihe liegt ein toter Rabe. Jandl/Hennig: ottos mops hopst, S. 7. Eine entgegengesetzte Deutung des Gedichtes formuliert Helmers. Sie erscheint, vor allem mit Blick auf suprasegmentale Merkmale des Jandlschen Vortrags, weniger wahrscheinlich: »Das Chaos eines sinnlosen Krieges ist parallelisiert durch das Chaos der Abstraktion von Phonemen. Nach der Überwindung des Chaos, also des Krieges, sind Fragen nach dem Sinn solcher chaotischen Ereignisse zu stellen. Komik schlägt um in Reflexion.« Helmers: Lyrischer Humor, S. 48.

Kainiten schrecken vor Feuer und Schwert als Therapeutika nicht zurück. Die Kainitengeschichte hat nur das Fallen und Schlagen im Sinn; fallnamalsooovielleutum ist das Resultat von Wortzauber und Lüge und Gewalt. Ernst Jandl hat mit seinen Mitteln das blutige Spiel beschrieben, das sich auf der Erde allgegenwärtig macht.«[73]

Über die sprachgeschichtlichen Bezüge hinaus kann Jandls Gedicht *falamaleikum* auch auf ein demographisches Phänomen bezogen werden. Walter Weiss und Ernst Hanisch konfrontieren Jandls Text mit Ausführungen des Historikers Winfried Schulze, der demographische Entwicklungen untersucht hat.[74] Der Sprechende in Jandls Gedicht kann auf eine Bevölkerungsentwicklung verweisen, die erschreckend bald nach jedem Krieg, der *langgenugausist*, das Aufstellen neuer Heere erlaubt. Jandl wendet also eine Ironie an, die Reiners in seiner allgemeinen Beschreibung als »kunstvollste« einstuft, indem man »dem Gegner Worte in den Mund legt, die er nicht ausgesprochen hat, die er aber ausgesprochen haben könnte, wenn man seine Ansichten ein wenig übersteigert.«[75]

Wirklichkeitskonstruktionen, auch in der Wahrnehmung von Krieg, dienen unter anderem dem Selbstschutz. Diese Vermutung wird durch eine Aussage des Beobachters solcher Konstruktionen, Paul Watzlawick, bestätigt: »Solange unsere Wirklichkeitskonstruktionen passen, leben wir ein erträgliches Leben.«[76] Trügerische Euphorie, wie sie *falamaleikum* spiegelt, kann vor allem zu Beginn eines Krieges herrschen; diese Situation ist aus dem Jahr 1914 überliefert. Der Politikwissenschaftler Christian Graf von Krockow beschreibt die damalige Stimmung: »So war es nicht bloß in Berlin, nicht nur in Deutschland: Europa versank im Krieg – und im Taumel der Begeisterung. [...] Im Rückblick aus den Schrecken eines blutgetränkten Jahrhunderts nimmt sich ungeheuerlich aus, was geschah«.[77] Die Wirklichkeit, die Soldaten kurz darauf erlebten, mußte ihre Vorstellung vom kurzen, ruhmreichen Krieg schlagartig zerstören. Daß nach 1918 neue Konstruktionen, die Krieg propa-

---

[73] Magaß: Schriftgelehrtes, S. 130.

[74] Weiss/Hanisch: Vermittlungen, S. 193. Weiss und Hanisch regen an, historische Kontexte zu literarischen Texten herzustellen, um mit Hilfe der Literatur historische Wirklichkeit zu vermitteln. Vgl. hierzu auch die in einem Sammelband zu »Dichtung und Politik« veröffentlichten Beiträge von Mantl: Zeitgenossenschaft, besonders S. 369f.; Stürmer: Klage, vor allem S. 377f. und Müller: Beobachtungen, besonders S. 386f. Sie gehen auf Jandls Gedicht *falamaleikum* jeweils kurz in vergleichendem Zusammenhang ein.

[75] Reiners: Stilkunst, S. 662.

[76] Watzlawick: Vom Unsinn des Sinns, S. 69.

[77] Krockow: Die Deutschen in ihrem Jahrhundert, S. 92. Weiter heißt es hier: »Anderthalb Millionen Kriegsgedichte sollen im August 1914 aus deutschen Federn geflossen sein, ein Produktionsrekord eigener Art. Und wie viele, wie wenige vielmehr, waren wohl darunter, die sich gegen das Unheil stemmten?«

50

gierten, sehr schnell entstanden, ist heute um so schwerer nachzuvollziehen. Diese offensichtliche Wiederholbarkeit fataler Wirklichkeitskonstruktionen erklärt auch, daß das Gedicht *falamaleikum*, wie gezeigt wurde, an unterschiedliche historische Situationen erinnern kann. Alttestamentarische Assoziationen stehen neben solchen, die das Jahr 1914 ins Gedächtnis rufen, und auch auf jüngere Zeit kann das Gedicht verweisen, etwa auf die Jahre nach dem Zweiten Weltkrieg, die Jandl als Zeitzeuge erlebt hat. Hier kommen weitere Interpretationen in den Sinn. Die Verdrängung der Schuld, die erst spät und zaghaft aufgearbeitet wurde, ließ viele NS-Verbrecher ungestraft entkommen oder gar in Amt und Würden, auf sie trifft die Beobachtung *sindallewiederda* zu.[78] Auch Gaier beschreibt diese mögliche Assoziation, indem er sich verschiedene Antworten des Hörers auf die Frage *oderfehlteiner?* vorstellt: »Er antwortet im Sinne von ›nein, keiner‹. Damit meint er ›umfallen‹ im Sinne von ›moralisch umfallen‹ und denkt an die Stehaufmännchen, die wie Botho Strauß' Gerichtspräsident Höller es nach erfolgreicher Tätigkeit als stellvertretender KZ-Lagerkommandant wieder zu etwas gebracht haben, ›wenn der Krieg lang genug aus ist‹.«[79] Jandl bringt das Thema der ungestraften Schuld in einem anderen Gedicht zynisch zur Sprache:

sie sprechen kriegsverbrecher frei
weil keiner ein ganz schlechter sei

(machtn halt mal mit juden schluß
die man doch nicht vermissen muß) [...][80]

Das Sprechen über die nach der Katastrophe Fehlenden, die ermordeten Juden und anderen Opfer, war nicht populär, die hier in Klammern gesetzten *juden* können als Pendant zu den *leut* in *falamaleikum* interpretiert werden, von denen nach der Scheinfrage angeblich keiner *fehlt*. Beide Gedichte geißeln die zynische Verachtung von Menschenleben.

Weiss, der *falamaleikum* thematisch ausdrücklich dem Ende des Zweiten Weltkriegs und dem Neubeginn danach zuordnet,[81] ist der Ansicht, Jandls Text begegne dieser Situation bereits aus größerer Distanz. *wennabereinmalderkrieglanggenugausist* liefere ein thematisches Stichwort für die Wiederherstellung und verweise zugleich auf das »Modell eines Ablaufes, der mit dem verfälschten Friedensgruß [...] von Anfang an in Gang gesetzt wird. Und

---

[78] Jandl gibt als Entstehungszeit des Gedichts das Jahr 1958 an. Er ist, nimmt man die oben genannte Interpretation an, ein früher Kritiker der mangelhaften Auseinandersetzung mit der Vergangenheit.
[79] Gaier: Lektüre und Interpretation, S. 125.
[80] Jandl: poetische werke, Bd. 6, S. 185 (späte sechziger Jahre).
[81] Weiss/Hanisch: Vermittlungen, S. 6.

das Ende führt wieder zurück zum fatalen Anfang und eröffnet die Aussicht auf Wiederholung.«[82]

Ähnliches hat Georg Büchner als »gräßlichen Fatalismus der Geschichte«[83] beschrieben. Um ihm zu begegnen, wurde das Mittel der Ironie, das sich auch in *falamaleikum* findet, oft als adäquat angesehen. Ludwig Reiners konstatiert, Ironie finde sich häufig in der Geschichtsschreibung, da diese als Wiederholung der gleichen »Torheiten und Schlechtigkeiten«[84] verstanden werden könne. Allemann betont in seiner allgemeinen Darstellung der Ironie die Möglichkeit des »Umschlags in Bitterkeit und Verzweiflung«.[85] Er bemerkt an anderer Stelle: »Man kann heute der Auffassung sein, Dichtung, ja moderne Kunst überhaupt sei nur noch auf einer Grundlage von Ironie [...] denkbar.«[86] Und er betont, das Spiel mit der Verstellung fordere zur »Kardinalfrage« nach der Wahrheit heraus: »es kann sich sogar die Vermutung einstellen, die Wahrheit selbst sei wesentlich ironisch strukturiert.«[87] Diese Einschätzung kann an Jandls Gedicht *falamaleikum* exemplifiziert werden, es enthält Ironie auch auf einer philosophischen Ebene. Die Bedenken Allemanns kann es bestätigen: »Die Tatsache, daß es so etwas wie tragische Ironie gibt, stellt uns vor die Frage, wieweit Ironie überhaupt dem Bereich des Komischen zugeordnet werden kann«.[88] *falamaleikum* stellt Rezipienten vor eben diese Frage. Es ist ein Beispiel für das, was Jandl das »Grimmige«[89] seines Humors nennt, in diesem Zusammenhang spricht er sogar von »polemischen Gedichten«.[90] Ein polemisches Gedicht liegt mit *falamaleikum* vor: Durch Ironie, die »Lieblingsfigur aller Kampf- und Schimpfschriften«,[91] entlarvt es das diachrone Phänomen der menschenverachtenden Kriegspropaganda auf mehreren Sprach- und Sinnebenen.

---

[82] Ebd.
[83] Büchner, Georg: Brief an die Braut, S. 162. Jandl würdigte Büchner in seiner Dankrede zur Verleihung des Georg-Büchner-Preises 1984, vgl. Jandl: Dankrede Georg-Büchner-Preis, S. 317: »Ich kenne Georg Büchner von ferne, indem ich sein Werk kenne, womit ich drei Dramen, eine Novelle und seine politische Flugschrift sowie 67 Briefe oder Bruchstücke von Briefen meine, ein Werk, das ich insgesamt und im einzelnen bewundere, und für das ich Georg Büchner bewundere«.
[84] Reiners: Stilkunst, S. 661.
[85] Allemann: Ironie, S. 757.
[86] Allemann: Ironie und Dichtung, S. 9.
[87] Ebd., S. 23.
[88] Ebd., S. 22.
[89] Jandl/Huemer: Gespräch [CD], Nr. 7 und Nr. 8.
[90] Ebd.
[91] Reiners: Stilkunst, S. 658.

2.3   *volkes stimme* vornehm

Das Gedicht *die tassen* stellt Jandl unter die Kapitelüberschrift *volkes stimme*, eine Zuordnung, die überrascht.

die tassen

bette stellen sie die tassen auf den tesch
                                        perdon
        stellen sie die tassen auf den tesch
                                        perdon
                die tassen auf den tesch
                                        perdon
                        auf den tesch
                                        perdon

nöhmen
nöhmen
nöhmen sö söch
nöhmen sö söch eune
nöhmen sö söch eune tass
                        eune tass
                                donke
                                donke

eun stöck zöcker
zweu stöck zöcker
dreu stöck zöcker
                        donke
                        zörka zweu stöck
                        zöcker

follen
follen
hünuntergefollen
                        auf dön töppüch
                                        neun
                                nur dör hönker üst wög
                        pördon
bötte bötte[92]

Jandls Gedicht kann als Gespräch verstanden werden: durch viele Geprächspartikeln, den Satzbau und die mehrfache Anrede *sie* bzw. *sö*. Auch die raumgreifende optische Gestaltung erweckt den Eindruck, es handele sich

---

[92] Jandl: poetische werke, Bd. 2, S. 24f. (Juni 1957).

um Gesprächsfetzen in einem Raum. Man wird an das Wechselspiel »ping pong«[93] von Eugen Gomringer erinnert. Bei Jandl sind häufig wiederholte Satzfragmente in vier strophenähnlichen Abschnitten großzügig auf zwei Seiten verteilt. Mit Ausnahme der Überschrift wurden dabei in jeder Zeile Vokale verändert.

Die konsequente Kleinschreibung aller Wörter und der Verzicht auf Satzzeichen erschweren es, die Anteile des Gespräches verschiedenen Sprechern zuzuordnen. Durch die versetzte Anordnung des Textes innerhalb der Strophen könnte man auf zwei, in der letzten Strophe auf drei Sprecher schließen. Peter Böving[94] hat in einer Klangcollage aus Tassengeklirr, Stimmen, Schlagzeug, Saxophon und weiteren Instrumenten das Gedicht musikalisch interpretiert und dabei eine Rollenverteilung vermieden: Sprecherin und Sprecher wechseln sich zum Teil ab, sprechen viele Worte aber auch gleichzeitig; der Eindruck, daß die Unterhaltung aus Floskeln besteht, wird so verstärkt.

Das Gespräch dreht sich um das Servieren von Getränken und das Kaffee- oder Teetrinken. Zusammengefaßt und übersetzt in Standardsprache kann man aus den Satzfragmenten folgende Sätze erschließen: Die Aufforderung »Bitte stellen Sie die Tassen auf den Tisch!«, die Rückfrage »Pardon?«, die zweite Aufforderung »Nehmen Sie sich eine Tasse!« und die Antwort »Danke«. Auf die Frage »Ein, zwei oder drei Stück Zucker?« folgt die Aussage »Danke, zirka zwei Stück Zucker.« In der letzten Strophe sind die Sätze besonders entstellt; ein erschrecktes »Hinuntergefallen!« ist zu verstehen, die Frage »Auf den Teppich?« und als Antwort »Nein, nur der Henkel ist weg.« Dann folgen die Entschuldigung »Pardon« und die höfliche Antwort »Bitte, bitte.«. Das oftmals wiederholte, fragende *perdon* wie auch die vielen Wiederholungen der Aussagen zeugen davon, daß weder Illokution noch Perlokution des Sprechakts gelingen.

Wenn es sich um Gespräche des *volkes* handelt, wie in der Kapitelüberschrift angekündigt wurde, so überrascht, daß affektiert klingende Floskeln wiederholt werden. Gerade die französischen Wörter und die Nasalierungen lassen an Sprechgewohnheiten denken, die im adligen Milieu forciert wurden. Fünfmal taucht mit verändertem ersten Vokal »pardon« als *perdon* auf, immerhin je dreimal das höfliche *donke*, zu verstehen als »danke«, und »bitte« in Form von *bette* und als Rundung *bötte*. Auch eine individuelle Aussprache oder eine Sprachstörung könnten angenommen werden. Unter der Bezeichnung *volkes stimme* würde man hinsichtlich des Soziolekts eine ungekünstelte, eher drastisch-derbe Sprache vermuten. Es wären Stoffe zu erwarten, die am vornehmen Kaffeetisch gemieden werden. Peter Rühmkorf stellt seiner Sammlung von Volks- und Kinderversen den Untertitel »Volkes

---

[93] Gomringer: anthologie, S. 56.
[94] Jandl/Böving: poetry-dance [CD], Nr. 8 und Nr. 9.

Stimme in Liedern« voran. Er zeigt viele Beispiele für »Deftigkeit und Derbheit« und ist darüber hinaus der Ansicht, »daß dem so oft berufenen Volksgeist die Obszönität anhängt wie eine zwangsbedingte Mitgift der Natur. Im strikten Gegensatz zu allen idealischen Wunschvorstellungen bietet sich Unflätigkeit als erstes unveräußerliches Gattungsmerkmal dar.«[95]

Jandls *volk* gibt sich überraschend anders. Statt um eine »untere Schicht der Bevölkerung«,[96] die oft mit »Volk« bezeichnet wird, handelt es sich hier offensichtlich um *volk*, das aufgestiegen ist: in vornehme Kaffeehäuser und gehobene Wohnzimmer. Nun wird geziert parliert statt kommuniziert. In einem Nachwort zu dem Band *stanzen*, derben Vierzeilern in zum Teil erfundenem Dialekt,[97] betont Jandl, es sei kein stärkerer Kontrast vorstellbar zu der hier erwähnten Abteilung *volkes stimme*, zu der das Gedicht *die tassen* gehört. Die *stanzen* ignorieren die Standardsprache, um Dialekt zu verschriftlichen, über bekannte Wendungen hinaus weiterzutexten und zu verdichten. Dagegen stellt die Unterhaltung *die tassen* das Gegenteil dar: das schlechtgekonnte Imitieren scheinbar vornehmer Konversation. Die traditionelle Methode der von Liede beschriebenen »kritischen Parodie«[98] ist hier auf einer ersten Ebene zu beobachten. Jandl ahmt unechte Volksstimmen nach. Seine ungewohnt stark verzerrenden sprachlichen Mittel werden im folgenden analysiert. Zugleich findet sich die Methode der Parodie auf einer anderen Ebene: *volkes stimme* versucht, möglichst treffend eine vornehme Konversation nachzuahmen. Liede hat die Absicht, größtmögliche Ähnlichkeit mit dem Original zu erreichen, allgemein als »artistische Parodie«[99] bezeichnet. Das Gedicht *die tassen* ist ein weiteres Beispiel dafür, wie vielschichtig Jandl klassische Methoden des Komischen simultan anwendet. Hier finden sich eine artistische imitierende Absicht des *volkes*, was der Bedeutung des griechischen Wortes

---

[95] Vgl. Rühmkorf: Volksvermögen, S. 5 und S. 41.

[96] Duden: Wörterbuch, S. 4338f.

[97] Jandl: poetische werke, Bd. 9, S. 184 (zwischen 1982 und 1989). Im Zusammenhang mit den *stanzen* erklärt er zum Dialekt: »dieser fluktuiert in schreibung und sprechweise – bis hin zu selbst erfundenen formen wie »sittä« für sittich, wohl von niemandem bisher gebraucht.« Jandl: nachwort, S. 284. Czernin interpretiert den Dialekt im Zusammenhang mit den *stanzen* als »das Anzeichen für das Unterschichtige und Unkultivierte«. Czernin: stanzen, S. 106. Dennoch betont er die »Distanz der *stanzen* zu jeglicher Volksdichtung«. Czernin: stanzen S. 105 und ebd.: »Diese Gedichte gehören ebensowenig ins Gasthaus oder in die Bezirkszeitung wie die Dialektdichtungen der Wiener Gruppe aus den fünfziger und sechziger Jahren.«

[98] Liede: Parodie, S. 41.

[99] Vgl. ebd., S. 14–41. Zwar wurde Liedes Einteilung später kritisiert (vgl. zum Beispiel Freund: Die literarische Parodie, S. 10f.), sie kann aber, wie am Beispiel dieses Jandl-Gedichtes zu zeigen ist, nach wie vor aufschlußreich sein.

παρῳδία als ›Nebengesang‹[100] entspricht. Zugleich ist das Gedicht eine kritische Parodie des Autors Jandl, der einen ›Gegengesang‹ entwirft, die zweite Bedeutung des griechischen Wortes.[101]

Helmers stellt in einer der wenigen bisher erschienenen Deutungen des Gedichtes die Behauptung auf: »Wie auch bei manchen seiner Lautgedichte (insbesondere in: Der künstliche Baum 1970) gleitet Jandl mit diesem Text teilweise aus der Sphäre ästhetischer Komprimation in das konzeptionslose subjektive Spiel ab.«[102] Helmers ist zu widersprechen: Nicht konzeptionsloses Spiel ist im Gedicht zu beobachten, sondern ein Ziel.

Nach Wünschs allgemeiner Definition soll die Parodie eine Vorlage verzerren; die komische Wirkung richtet sich gegen das Original.[103] Das ist auch in Jandls Text das Ziel. Es ist lohnend, sein Gedicht mit den Theorien Friedrich Schillers zu satirischen Dichtungen zu konfrontieren, wobei die Satire als der Parodie eng verwandt betrachtet werden darf:[104] »In der Satyre wird die Wirklichkeit als Mangel dem Ideal als der höchsten Realität gegenübergestellt. Es ist übrigens gar nicht nötig, daß das letztere ausgesprochen werde«.[105] Schillers Definition trifft auch auf *die tassen* zu. Die Sprecher verfehlen das angestrebte Ideal, die vornehme Konversation, die nicht direkt dargestellt wird. Auch eine zweite These Schillers, die Unnatürlichkeit thematisiert, kann zur Interpretation des Gedichtes herangezogen werden: »Satyrisch ist der Dichter, wenn er die Entfernung von der Natur [...] zu seinem Gegenstande macht.«[106] Jandls Sprecher sind von einer natürlichen Sprache weit entfernt; und in ihrer Künstlichkeit fühlen sie sich unsicher, was die hilflosen Fragen und Wiederholungen verraten. In Bövings[107] musikalischer Interpretation kann man mehrmals ein nervöses Zittern hören, wenn Tassen auf ihre Unterteller gesetzt werden. Die Übertreibung, die in Jandls Gedicht

---

[100] Liede: Parodie, S. 12.
[101] Ebd., S. 12.
[102] Helmers: Lyrischer Humor, S. 64.
[103] Wünsch: Die Parodie, S. 11.
[104] Vgl. zu dieser Abgrenzung besonders Wünsch: Die Parodie, S. 25–35. Er betont die »starke Affinität zwischen Parodie und Satire«. Wünsch: Die Parodie, S. 31. Schmidt-Hidding ordnet die Parodie als »sprachliche Eigenart« unter den Begriff der Satire ein. Vgl. Schmidt-Hidding: Wit and Humour, S. 50f. Das Problem der Abgrenzung diskutiert Liede: Parodie, S. 12.
[105] Schiller: Über naive und sentimentalische Dichtung, S. 741.
[106] Ebd., S. 740. Lapp spricht in seiner Untersuchung der Ironie vom »Konzept der Simulation«, dem »So-tun-als-ob«, und beschreibt mit seiner Definition auch die Technik der Parodie: »Auch [...] Formen der Parodie, die auf der variierenden Nachahmung einer Vorlage (durch Stilbrüche oder übertriebene Diktion des Ursprungstextes) mit satirischen oder polemischen Absichten beruhen, sind mit dem Simulationskonzept erfaßt.« Lapp: Linguistik der Ironie, S. 170.
[107] Jandl/Böving: poetry-dance [CD], Nr. 8 und Nr. 9.

die komische Wirkung entfaltet, hat Kurt Tucholsky allgemein als Aufgabe der Satire beschrieben: »Die Satire muß übertreiben und ist ihrem tiefsten Wesen nach ungerecht.«[108]

Der Kern des Gespräches, das Servieren von einst teuren und luxuriösen Getränken wie Kaffee, Tee oder Kakao, ist ein Teil der Jandlschen Parodie. Seit diese Genußmittel in der frühen Neuzeit in Europa verbreitet wurden, waren sie lange Zeit reichen Schichten und dem Adel vorbehalten.[109] Historiker berichten in diesem Zusammenhang von frühen Bestrebungen der unteren Schichten, das Konsumverhalten der Wohlhabenden nachzuahmen.[110] Stilelemente europäischer Kaffeehäuser – für diese ist gerade Wien, die Heimatstadt Jandls, berühmt – waren »feine Möbel, Kristallspiegel und Marmorböden«, gerade in diesen Häusern seien »ältere ständische Unterscheidungen [...] erstmals durchbrochen«[111] worden. Es gab für jedes der Getränke Kaffee, Tee und Kakao spezielle Services, die Statussymbole waren.[112] Insofern steht das Thema der *tassen* sehr konkret in sozialgeschichtlicher Tradition und inspiriert zur Verspottung von vermeintlicher Noblesse. Im Gedicht kommen *die tassen* als Gegenstände vor, und Böving, der es musikalisch umsetzt, fühlt sich offenbar angeregt, in einem »epilog«[113] eigens die wohlklingende Marke seiner als Instrumente verwendeten Tassen zu nennen. Darüber hinaus lädt Jandls Titel ein, *die tassen* als Metapher für die Sprechenden zu interpretieren und die wenig schmeichelhafte Bezeichnung »trübe Tasse«[114] zu assoziieren.

Um Jandls unbarmherzige Darstellung nachzuvollziehen, sollen die ungewohnten sprachlichen Mittel der Parodie in den Gesprächsfragmenten analysiert werden. Seine Parodie amüsiert hauptsächlich durch Vokalvertauschungen, die die Aussprache der Wörter verändern und lächerlich machen. Heinrich Plett verweist in seiner Untersuchung rhetorischer Figuren am Beispiel

---

[108] Tucholsky: Was darf Satire?, S. 31.

[109] Vgl. zur historischen und sozialgeschichtlichen Bedeutung der Genußmittel Kaffee, Kakao und Tee: Hengartner/Merki: Genußmittel, besonders S. 88–91, S. 122–126 und S. 144–148.

[110] Vgl. Teuteberg: Kaffee, S. 91.

[111] Ebd., S. 88.

[112] Pfiffner: Kakao, S. 123.

[113] Böving spielt hier nach eigener Angabe mit Besteck der Marke WMF auf einem Kaffeeservice »aus dem Hause Seltmann Weiden«. Vgl. Jandl/Böving: poetry-dance [CD], Beiheft S. 3.

[114] Küpper stellt im Lexikon der Umgangssprache folgende Schimpfworte zusammen: »alte Tasse«, »dämliche Tasse«, »müde Tasse«, bis heute besonders verbreitet: »trübe Tasse«. Die Tasse steht dabei häufig als Symbol für den Verstand; vgl. auch »nicht mehr alle Tassen im Schrank haben«. Küpper: Umgangssprache, S. 2827f.

des Gedichtes *die tassen* darauf, daß Jandl diese Methode, die »Substitution phonologischer Elemente«, mit Vorliebe wählt.[115]

Im ersten Satz *bette stellen sie die tassen auf den tesch* ist in *bette* und in *tesch* zweimal der Vokal /i/ zu /e/ verwandelt. Ein Stück Wiener Dialektes ist hier in der Sprache angedeutet,[116] der gerade den Vokal /e/ in so besonderer Weise zu variieren vermag, daß Felicity Gayna Walls in ihrer Untersuchung des Dialekts der »Wiener Grundschicht« sogar von einer »e-Verwirrung«[117] spricht.

In der Antwort *perdon*, die wohl ›pardon‹ bedeutet, geschieht das Gegenteil: Der dunklere Vokal /a/ wird zu /e/, das französische Wort klingt so noch elaborierter, als es ohnehin schon wirkt. Es entsteht der Eindruck, dieser Sprecher gebe sich besondere Mühe, vornehm zu wirken, und artikuliere dabei falsch.

Das *perdon* ist im Sinne von ›Wie bitte?‹ als Frage zu verstehen, denn dreimal werden die Aufforderung und die Antwort wiederholt. Die Aufforderung, von Zeile zu Zeile jeweils um das erste Wort verkürzt, klingt immer barscher, die gespielte Vornehmheit geht verloren. Im verkürzten Satz verrät sich zunehmend der in Wahrheit ungeduldige Charakter der Sprecher, was die Komik verstärkt. Erst fehlt nur das *bette*, dann schon das Verb, dann das Objekt, schließlich bleibt nur eine Art Befehl: *auf den tesch*, was offensichtlich immer noch nicht verstanden wird, denn wieder folgt *perdon*. Oder ist es an dieser Stelle als eine Entschuldigung zu verstehen? Die Rede imitiert, sie äfft nach, ohne daß eine Verständigung gelingt. Das penetrante Wiederholen verstärkt noch den Eindruck des lächerlich Ungelenken. Erinnert sei an Bergsons frühe Theorie des Lachens, für die Jandls Gedicht fast wie ein Beleg

---

[115] In seiner systematischen Abhandlung zu rhetorischen Figuren stellt Plett die Substitution phonologischer Elemente als Unterpunkt der phonologischen Figuren vor. Plett: Systematische Rhetorik, S. 55f.

[116] Sylvia Moosmüller konstatiert in ihrer Untersuchung zum Wiener Deutsch, die österreichische Situation sei »gekennzeichnet durch ein starkes schicht- (bzw. klassen-) spezifisches Sprachverhalten«, das »in Wien besonders stark ausgeprägt« sei. Das Verhältnis zum Wiener Dialekt beschreibt sie als schichtspezifisch geprägt: »Der Wiener Dialekt ist demnach eine Varietät, von der sich die Mittel- und Oberschicht abzugrenzen versucht.« Moosmüller: Soziophonologische Variation, S. 33f.

[117] Vgl. das Kapitel »Die e-Verwirrung« bei Walls: Der Dialekt der Wiener Grundschicht, S. 43f. Berücksichtigen muß man bei der Interpretation dialektaler Färbungen auch die folgende Beobachtung Walls: »Es gibt zu viele Sprachinterferenzen in Wien, als daß man behaupten könnte, es gäbe einen homogenen Stadtdialekt, sei es der eines bestimmten Bezirks, einer Gesellschafts- oder Berufsschicht oder eines gewissen Alters [...], es ist nicht zu übersehen bzw. zu überhören, daß alle ›Stufen‹ zuweilen ineinanderfließen und daß fast jeder Idiolekt Elemente von allen anderen zeitweise entnimmt.« Ebd., S. 41.

wirkt: »Die Steifheit ist das Komische, und das Lachen ist ihre Strafe«.[118] Bergson hat Clowns beobachtet und festgestellt, daß die imitierende Gebärde besonders mechanisch wirkt, »wenn man sie mit einer einfachen Handlung in Zusammenhang bringen kann. Das Mechanische erscheint uns dann wie vorbestimmt. Diesen Eindruck zu vermitteln, muß einer der beliebtesten Tricks der Parodie sein.«[119] In Jandls sprachlicher Parodie wiederholen Sprechende wie automatisch ihre Floskeln, die um die einfache Handlung des Trinkens kreisen. Bövings musikalische Interpretation[120] weckt weitere Assoziationen: Eine Sprecherin artikuliert die erste Strophe, zumal das Wort *tesch*, ordinär, ja geradezu obszön, sie erinnert somit im Sinne Rühmkorfs an echten »Volkston«.

In der zweiten Strophe wird weiter repetiert, diesmal schwillt der Satz langsam an: Aus *nöhmen* wird allmählich *nöhmen sö söch*, und die letzten beiden Wörter *eune tass* werden als stumpfsinniges Echo noch einmal separat wiederholt. Da alle Vokale der zugrundeliegenden Aufforderung »nehmen Sie sich« zu *ö* geworden sind, müssen die Lippen beim Sprechen stets gerundet werden, das doppelte *donke donke* erfordert ebenfalls eine angestrengte Lippenhaltung. Jandl verlangt also, wenn das Gedicht gesprochen wird, real ein »spitzes Mündchen«, ein bekanntes Bild für gespielte Vornehmheit. Sie wird gerade Wienern nicht selten nachgesagt.

Lisa Kahn glaubt aus Jandls Gedicht einen norddeutschen Tonfall herauszuhören: »the affected upper-class North German which is laughed about not only by Austrians but also by Bavarians, Swabians, etc.«[121] Der Gesellschaftschronist Asfa-Wossen Asserate hat regionale Besonderheiten im Umgang mit der deutschen Sprache allgemein beobachtet und ist der Ansicht: »In den Ländern Österreichs und in der Schweiz ist der deutsche Akzent und Dialektanklang geradezu *de rigueur*. Die meisten Wiener können ein chemisch reines Hochdeutsch mit leicht Berliner->preußischem< Anklang auf geradezu unheimliche Weise gut nachmachen; und das klingt aus ihren Mündern derart gemein, borniert und peinlich, daß man die sensibleren >Piefkes<, wie die >Reichsdeutschen< in Österreich durchaus noch immer genannt werden, erbleichen sieht.«[122] Festzuhalten bleibt, daß mit Blick auf den von Jandl parodierten Tonfall kein präzise bestimmbares Vorbild auszumachen ist. Vielmehr stellt Jandls satirisch überzeichnete Sprache die Nachahmung eines abstrakten »upper-class«-Typus dar.

Die dritte Strophe verarbeitet besonders Banales: *eun stöck zöcker / zweu stöck zöcker / dreu stöck zöcker*. Nur das erste Wort jeder Zeile ist neu, des-

---

[118] Bergson: Das Lachen, S. 23.
[119] Ebd., S. 30f.
[120] Jandl/Böving: poetry-dance [CD], Nr. 8.
[121] Kahn: Falfischbauch, S. 99.
[122] Asserate: Manieren, S. 199.

halb werden die Zahlwörter übermäßig betont. Die Zeilen wirken statisch, fast suggerieren sie ein mechanisches Kopfnicken und erinnern so wieder an die Theorie Bergsons. Der Sprechende dehnt das Thema Zuckerstücke auf drei Zeilen und bläht es noch mit *zörka* auf. Unangemessener können derart viele Worte kaum sein. Und Jandl treibt das Spiel fort, es erinnert an die Attitüde des Professors Crey, die Heinrich Spoerl in seinem Roman »Die Feuerzangenbowle« schildert.[123] Jandls ö-liebender Sprecher müht sich sogar, die Diphtonge der Zahlwörter »ein«, »zwei«, »drei« in *eun, zweu, dreu* zu ändern. Die Antwort *donke / zörka zweu stöck / zöcker* enthält zudem gleich zwei Spannung erzeugende Zeilensprünge, was die öde Kommunikation noch weiter spreizt und ihre Lächerlichkeit unterstreicht.

Das versprengte Druckbild der letzten Strophe erscheint plötzlich lebendig und aufgeregt. Ein Sprecher wiederholt die Wortfragmente *follen follen,*[124] die erst durch das folgende *hününtergefollen* verständlich werden und in ihrer Unbeholfenheit an Kleinkindsprache erinnern. Die Rückfrage *auf dön töppüch* klingt besorgt, wobei der gehütete *töppüch*, also »Teppich«, nur durch den Kontext einzuordnen ist, denn das großbürgerliche Utensil wird besonders entstellt gesprochen. Das folgende Zeilenpaar ist nach links versetzt wie in einer dritten Tabellenspalte, man könnte hier auf eine Steigerung durch einen weiteren Sprechenden schließen, der sich in die Aufregung einmischt und dabei dieselbe Artikulation mit gespitzten Lippen betreibt wie die anderen beiden. Auch er spricht vom *hönker* statt vom »Henkel« der Tasse.[125] Durch das Fallen der Tasse, das Mißgeschick, das dem Beobachter ein Gefühl der Überlegenheit schenkt, hat die Szene zusätzlich an klassischer Komik gewonnen.[126] Nach dem Mißgeschick sind die Sprecher nun völlig dem ö verfallen: *pördon / bötte bötte* – eine noch gesteigerte spitzmündige Vornehmheit.

Ernst Jandls Sprache entwickelt durch die Satzfragmentierung und die Wiederholungen eine eigenartige Rhythmik. Sie reizt, das Gedicht in Sprech-

---

[123] Vgl. Spoerl: Feuerzangenbowle, S. 16.

[124] Böving läßt an dieser Stelle eine Geige aufschluchzen. Jandl/Böving: poetry-dance [CD], Nr. 8.

[125] Helmers führt diese Aussage gewagt als Beleg für eine »gesellschaftskritische Tendenz« des Textes an: »Der reflexionslose ›Kaffeeklatsch‹ als gedankenlose (vgl. die ständigen Wiederholungen) Kommunikation wird kritisiert. Einem gedankenlosen, unreflektierten Sprachgebrauch kann es passieren, daß statt ›der Henkel ist weg‹ die Feststellung erscheint: ›der Henker ist weg‹ – eine in viel weitergehende gesellschaftliche Dimensionen reichende Erkenntnis.« Helmers: Lyrischer Humor, S. 63. Vgl. zur Frage hier eventuell anklingender Austriazismen Hornung/Grüner: Wörterbuch der Wiener Mundart, S. 497; in der Wiener Mundart spricht man vom »Hengl«.

[126] Zu Degradationstheorien, die Lachen aus einem Überlegenheitsgefühl heraus erklären, vgl. Böhler: Soziodynamik, S. 351–378.

gesang umzusetzen, wie es Böving mit dem Einsatz von Schlagzeug und Stimmen erprobt. Der Text verträgt es, stärker durch das Skandieren als durch die Wortbedeutung geprägt zu werden, in Jandls Parodie ist die Kommunikation schließlich ebenfalls auf Grundmuster reduziert.

Zugleich ist Jandls Gedicht eine Montage von Zitaten. Karl Riha, der Zitat-Collagen als poetische und satirische Technik untersucht hat und das Gedicht *die tassen* dabei am Rande erwähnt, meint, die Methode diene unter anderem zur »Auflösung verfestigter Sinnzusammenhänge, erstarrter Systeme, Sprachklischees und Phrasen«,[127] die ad absurdum geführt werden. Mit Blick auf ein anderes Beispiel formuliert Riha, das Sprachvergnügen entnehme seinen Reiz »dem unmittelbaren Sprechakt, der verzerrenden Artikulation«.[128] Unmittelbarkeit und Verzerrung sind auch zwei entscheidende Reize der Jandlschen Parodie *die tassen*. Das Gedicht kann als Zerrbild zum Zweifel an der Sprache[129] beitragen. In diesem Zusammenhang sei auf Heißenbüttel verwiesen, der in allgemeinen Überlegungen zur Sprache der Gegenwartsliteratur betont: »der komisch-parodistische Effekt etwa im Werk von Jandl ist nicht Selbstzweck. Die Methode dient vielmehr dazu, im Aufbrechen gewohnter Sprechmuster und im Überraschungsmoment dieses Aufbrechens das Verhältnis zur Sprache zu verändern.«[130] Die durch *die tassen* vorgeführte Unterhaltung kann bei Lesern oder Hörern zur Erkenntnis und Veränderung eigener Floskeln führen und somit, Heißenbüttel bestätigend, tatsächlich Sprachmuster aufbrechen.

Ihre Wirksamkeit erlangt die Jandlsche Parodie durch das Erheitern. Schmidt-Hiddings Untersuchungen zu Spielarten des Komischen können zur Analyse dieser Wirkung herangezogen werden. Er gibt an, es sei charakteristisch für die Parodie, daß sie Schwächen aufspüre — mit dem Ziel der Verächtlichmachung.[131] Im Bild des Kraftfelds stellt er sie zwischen die Kräfte des Verstandes und die Kräfte der »moralischen Kritik« sowie der »Spottlust«.[132] Von Kräften des positiven »Gemüts« oder »Kräften der Liebe«, aus denen sich zum Beispiel Humor entwickeln kann, ist sie eher entfernt. Verstandeskräfte aber berühren weniger emotional als Gemütskräfte, sie erlauben weitaus unbefangener ein spöttisches Lachen über *die tassen*.

---

[127] Riha: Cross-Reading, S. 71.

[128] Ebd., S. 71.

[129] Jandl setzt sich mit dieser Formulierung sehr kritisch auseinander. Vgl. Jandl: Zweifel an der Sprache, S. 74–80.

[130] Heißenbüttel: Tendenzen deutscher Literatursprache der Gegenwart, S. 755.

[131] Schmidt-Hidding: Wit and Humour, S. 50f.

[132] Ebd., S. 47–49.

2.4   Wolf im Sprachpelz

glückwunsch

wir alle wünschen jedem alles gute:
daß der gezielte schlag ihn just verfehle;
daß er, getroffen zwar, sichtbar nicht blute;
daß, blutend wohl, er keinesfalls verblute;
daß, falls verblutend, er nicht schmerz empfinde;
daß er, von schmerz zerfetzt, zurück zur stelle finde
wo er den ersten falschen schritt noch nicht gesetzt –
wir jeder wünschen allen alles gute[133]

Ebenso drastisch wie eindringlich klingt der *glückwunsch* Ernst Jandls. Die acht Zeilen, die unter diesem Titel auf den ersten Blick ein Geburtstagsständchen darstellen könnten, entwickeln ein Schreckensszenario. Von Zeile zu Zeile enthüllt sich in der Sprache das Unglück und dringt so unaufhaltsam ein, daß François Bondy zu Recht von einer »Mechanik des Schreckens«[134] sprechen konnte. Ihr entspricht Woody Schabatas musikalische Interpretation, der dem Gedicht ein starres Metrum unterlegt.[135]

Die erste Zeile, *wir alle wünschen jedem alles gute:,* entspricht noch der Erwartung, die der Titel *glückwunsch* geweckt hat. Erstes Mißtrauen sät hier schon die Übertreibung. Zwar sind die erste Person Plural *wir* und die Verstärkung *alle* in ritualisierten Glückwünschen durchaus üblich, auch die Floskel *alles gute* ist unauffällig gängig. Jandl aber betont nicht nur den Plural der Wünschenden, sondern läßt auch an beliebig viele Adressaten der Wünsche denken: *jedem*. Er macht hellhörig gegen die gängige Wunschformulierung; sie wird hier als hohle Geste entlarvt. Es folgen fünf anaphorisch durch die Konjunktion *daß* angeschlossene Wunschsätze, die eine Präzisierung des Ausdrucks *alles gute* erwarten lassen.

In gesprochener Sprache werden Verbformen in Wunschsätzen oft im Indikativ verwendet; in Jandls *glückwunsch* indessen verstärken die konsequent im Konjunktiv I gehaltenen Verben grammatisch auffällig den Wunschcharakter der folgenden Sätze. Diese sehr formale, fast gestelzt korrekte Sprache steht dabei im Widerspruch zu den brutalen Inhalten, sie demonstriert eine zynische Präzision. Schon der erste Wunschsatz *daß der gezielte schlag ihn just verfehle* ist auch ein Schlag gegen die Erwartungshaltung der Rezipienten. Zwar wird durch das Verb noch ein glimpflicher Ausgang gewünscht,

[133] Jandl: poetische werke, Bd. 8, S. 31 (28. Juli 1978).
[134] Bondy: Die weggewünschte Identität, S. 240. Eine sehr freie assoziative Interpretation findet sich bei Kurt Neumann: Alles Gute, S. 81–93.
[135] Vgl. Jandl/Quendler/Rüegg: bist eulen? [CD].

aber schon die Erwähnung eines Schlages verbietet sich in einem konventionellen *glückwunsch*. Besonders hinterhältig ist das den *schlag* begleitende Partizip *gezielte*, betont es doch, daß nicht etwa ein Schicksalsschlag gemeint ist, sondern ein Anschlag oder Mord, der durch einen zielenden Täter ausgeführt wird. Das Adverb *just* legt dabei nahe, daß der Anschlag fast gelingt.

Dann wird, wieder durch ein scheinbar nebensächliches Partizip, der erste Wunsch widerrufen. Es ist nun klar, daß der Anschlag wider Erwarten gelungen ist; denn das Opfer wird als *getroffen* bezeichnet. Der Wunsch, daß es *sichtbar nicht* bluten soll, kann einerseits meinen, daß der Getroffene offensichtlich, also überprüfbar, nicht blutet, zugleich wird aber nicht ausgeschlossen, daß er unsichtbar, also innerlich, blutet. Schon in der nächsten Zeile wird er als *blutend wohl* beschrieben. Das Adverb *wohl* erscheint in seiner Doppeldeutigkeit zynisch. Mit der Bedeutung ›doch‹ beschreibt es das Bluten als unerwartet, aber im Sinne von ›zwar‹ erscheint das Bluten als bereits akzeptiert. Die Wunschsätze entpuppen sich mehr und mehr als Verwünschung.

Die Härte des Gedankens *daß, blutend wohl, er keinesfalls verblute;* wird scheinbar durch das Adverb *keinesfalls* abgemildert. Es bezieht sich auf *verblute*, also schon den Tod des Opfers, und erweist sich als falsch. Schon im nächsten Wunschsatz folgt eine Rücknahme durch die konditionale Konjunktion *falls* im Sinne von ›falls doch‹: *falls verblutend*. Der Wunsch, *daß er nicht schmerz empfinde*, wird noch drastischer widerlegt: von *schmerz zerfetzt*. Das auch lautmalerisch aggressive Partizip *zerfetzt* betont den Schmerz, wobei das Praefix *zer-*, das die resultative Bedeutung ›auseinander, entzwei‹[136] hat, den Tod des Menschen andeutet. Die in den Partizipien und Adverbien versteckten Grausamkeiten der fünf Wunschsätze konterkarieren den Titel des Gedichtes. Jeder neue Wunsch hebt die vorhergehende mildere Variante auf. Das immer stärkere Einschränken und Zurücknehmen des Vorhergesagten kann an »Die drei Lesungen des Gesetzes«[137] von Peter Handke erinnern, in denen die Bürgerrechte durch überhand nehmende Bedingungen zersetzt werden.

Das Opfer bleibt im Gedicht namenlos, nur durch das Pronomen *er* benannt. Seine Einzahl deutet aber auf eine bestimmte, die Phantasie beherrschende Person hin, die aus der Verallgemeinerung *alle jedem* auftaucht. Ergebnis seines Leidens soll sein, daß er *zurück zur stelle finde / wo er den ersten falschen schritt noch nicht gesetzt —*. Dieser Wunsch läßt sich mit dem Gedanken erklären, das Schicksal wie einen Film an den Anfang zurückzuspulen. Durch eine kleine Änderung im Verhalten des Opfers wäre eventuell alles anders verlaufen. Der *falsche schritt* deutet dabei auf eine Handlung

---

[136] Duden: Grammatik, S. 462.
[137] Handke: Die drei Lesungen des Gesetzes, S. 56–58.

hin,[138] die bewußt vollzogen wurde. Hier kann ein Konflikt anklingen: Das Opfer war früher auch Täter. Daß vom *ersten* Schritt die Rede ist, läßt annehmen, daß weitere falsche folgten. Das Partizip *gesetzt*, betont durch den Binnenreim *zerfetzt*, bildet die einzige männliche Kadenz des Gedichtes, hier wird eine Lesepause erzeugt. Auch der Gedankenstrich deutet eine Reminiszenz an: Halb verweist er auf raumgreifende Erinnerungen, halb auf den Wunsch, es möge nie geschehen sein.

Die letzte Zeile ist eine Permutation der ersten: *wir jeder wünschen allen alles gute*, sie erinnert an Ludwig Harigs Variationen »Alle machen alles«.[139] Resigniert klingt Jandls Wiederholung, der variierte Rahmenreim assoziiert eine Allgemeingültigkeit, etwas Immerwiederkehrendes – und hier auch eine Ritualisiertheit und Routiniertheit der Verwünschung.

Bondy nennt die Form des Gedichtes sogar »streng«[140] und sieht in der korrekten Syntax und den Reimen »Harmonie«.[141] Zu Recht, denn der schauerlich kombinierende umarmende Reim (*gute-blute*) und die zwei Paarreime (*blute-verblute* und *empfinde-finde*) unterstreichen auf den ersten Blick einen schlichten Charakter des Textes, der an ein Ständchen erinnert. Auch das regelmäßige jambische Versmaß der fünfhebigen ersten und letzten Zeile prägt den Refrain. Innerhalb der Wunschsätze dagegen variiert das Vermaß. Es bleibt überwiegend jambisch, weicht aber oft vom Metrum ab. Die hierbei erzeugten Betonungen unterstreichen Schreckliches.

Entgegen seiner Gewohnheit setzt Jandl in diesem Gedicht auffällig viele Kommata. Die eingeschobenen Partizipialsätze gestalten den Satzbau kompliziert: *getroffen zwar, blutend wohl, falls verblutend, von schmerz zerfetzt.* Der Sprecher verbirgt die Partizipien, die entscheidenden Sinn transportieren, in verschachtelter Syntax.

Die zahlreichen Leerstellen des Textes erzwingen Fragen. *der gezielte schlag*: Er muß einen Täter haben, aber Jandl macht den *schlag* zum Subjekt. Auch das Partizip *getroffen* verlangt nach einer Ergänzung: von wem? Jandl läßt das Agens im Unklaren. Literatur zur Ausbildung von Journalisten warnt mit guten Gründen vor dem Passiv: » ›Meier wurde zu Boden gerissen und mit Füßen getreten‹, das ist grammatisch korrekt und in jeder anderen Hinsicht unbefriedigend – wer trat ihn denn?«[142] Jandl jedoch verfeinert diese Taktik des Verschweigens und Ausweichens noch. Die Leerstellen in seinem Gedicht suggerieren: Wir alle sind immer wieder Täter in Verwünschungen, wie sie Jandl hier in verschiedenen Schärfegraden vorführt. Auch vor Partizi-

---

[138] Vgl. Paul: Deutsches Wörterbuch, S. 878.
[139] Vgl. Harig: Alle machen alles, S. 138–141.
[140] Bondy: Die weggewünschte Identität, S. 240.
[141] Ebd.
[142] Schneider: Deutsch fürs Leben, S. 56f.

pialsätzen warnen Stillehren,[143] Jandl dagegen häuft jene. Ludwig Reiners zählt diese »Klemmkonstruktionen« zu Wendungen, »mit denen man etwas Unangenehmes vertuschen möchte«.[144] Gerade die Beiläufigkeit, mit der Jandl die blutigen Szenen schildert, ist durch ihre kontrastive Wirkung ein Grund, warum das Gedicht überrascht und auch zum Lachen reizt. Indem Jandl einen vermeintlichen Glückwunsch zum Mordszenario entarten läßt, bricht er ein Tabu.

In diesem Gedicht wirken zwei eng verwandte Spielarten des Komischen: Sarkasmus und Zynismus.[145] Orientiert man sich an Schmidt-Hiddings allgemeinen Definitionen der beiden Phänomene, so ist das Ziel des Sarkasmus, die »Verletzung des Partners«,[146] gegeben, hier des verstörten Rezipienten, dem Jandls Überschrift *glückwunsch* eine andere Erwartungshaltung vorgeschlagen hatte. Der übliche Gegenstand des Sarkasmus, »die korrupte Welt«,[147] wird ebenso konturiert wie ein feindliches Verhalten zum Nächsten. Besonders verstört im Gedicht eine sprachliche Eigenart, die Schmidt-Hidding als charakteristisch für den Sarkasmus aufführt: die »Ironie, mit Emphase verbunden«,[148] ist doch *alles gute* das krasse Gegenteil des in Wahrheit Gewünschten, und die Verallgemeinerungen *wir alle jedem* sowie *wir jeder allen* setzen die Übertreibung bis in die fehlerhafte Wortstellung fort. In der Bezeichnung Sarkasmus, einer latinisierten Entlehnung aus dem Griechischen, steckt das Substantiv σάρξ ›Fleisch‹.[149] In der Antike bedeutete das Verb σαρκάζειν ›zerfleischen‹ und ›mit zusammengepreßten Lippen sprechen, höhnen‹.[150] Diese Wurzeln entsprechen dem Inhalt des Jandlschen Glückwunsches.

Largier definiert Sarkasmus als »bitteren Spott aus Verzweiflung«,[151] auch dieser steckt im Gedicht, handelt es doch vom menschlichen Schicksal und dessen Unentrinnbarkeit. Es dominiert die Desillusionierung, die auch den Zynismus kennzeichnet – hier die des Glücks und der guten Wünsche für den Nächsten. Auch ist in Jandls Text das von Schmidt-Hidding allgemein definierte Ziel des Zynismus zu erkennen, die »Entwertung allgemeiner Werte«.[152] Eine destruktive Phantasie ist Kennzeichen des Zynikers, den

---

[143] Vgl. Schneider: Deutsch für Kenner, S. 176–180.
[144] Reiners: Stilkunst, S. 184f.
[145] Vgl. zu diesen Spielarten des Komischen allgemein Räwel: Relationsship, besonders S. 142.
[146] Schmidt-Hidding: Wit and Humour, S. 50f.
[147] Ebd.
[148] Ebd.
[149] Schulz/Basler: Deutsches Fremdwörterbuch, S. 48f.
[150] Ebd.
[151] Largier: Zynismus, S. 902.
[152] Schmidt-Hidding: Wit and Humour, S. 50f.

Schmidt-Hidding generell als »gereizt bis zum Krankhaften«[153] charakterisiert.

Bondy hat in seiner kurzen Interpretation des Gedichtes den Sprechenden als Beobachter des alle einschließenden menschlichen Schicksals gedeutet. Er hält aber immerhin eine Vortäuschung von Besorgnis dieses Sprechers für möglich: »Besorgt, ja begütigend hofft der Dichter oder gibt zu hoffen vor, daß jeweils die Wendung zum Schlimmeren, die Eskalierung der Leiden unterbleiben möge, die er sich zugleich ausmalt.«[154] Bondy nennt ihn einen »Voyeur«,[155] der sich angesichts der beobachteten Opfer ängstigt: »Das fünfmalige ›er‹ steht nicht für ein ›ich‹, sondern dagegen: es ist Abwehr, Verdrängung. Es geht nur um jene, denen ich zwischen Mitleid und Schadenlust vergebens alles Gute wünsche. [...] Die nicht gewollte, ja weggewünschte Identität zwischen mir und den anderen, den Schmerz- und Todgeweihten, stellt sich dennoch her.«[156] Auch wenn man sich dieser Interpretation anschließt, ist der Zynismus im Gedicht psychologisch zu erklären. Heinrich Niehues-Pröbsting hat in einer Monographie zum Begriff des Zynismus auf die Schutzfunktion dieser Haltung hingewiesen: Der Zynismus wehrt Schmerz und Angst ab, »etwa die beim Anblick fremden Unglücks –, indem er sie durch Lachen oder auf andere Weise suspendiert oder distanziert; das macht seine notorische ›Kälte‹ aus. Allgemein kann man beobachten, daß die stärksten Zynismen solche Gegenstände oder Vorgänge betreffen, die am meisten schmerzliche und beängstigende Emotionen wecken und dadurch bedrohlich werden: den Tod, schwere Schädigungen der physischen oder psychischen Gesundheit etc.«[157] Aufschlußreich ist in diesem Zusammenhang wieder ein Blick auf die Begriffsbestimmung des Zynismus durch Largier: Der Zyniker stimme herrschenden Machtverhältnissen zu, er könne als spöttischer Kritiker auftreten, »während er gleichzeitig die eigene vollkommene Ohnmacht und die daraus resultierende Gleichgültigkeit« evoziere.[158] Diese Beobachtung kann die Annahme Bondys zu Jandls Gedicht stützen: die eigene Ohnmacht ist Ursache der abwehrenden Haltung[159] des lyrischen Ich.

Bondy spricht in seiner pointierten Schlußfrage von »Hohn«: »Wenn dieser Hohn, in dem verborgene und gleichzeitig offenbare Ängste leben, ein ›glückwunsch‹ ist – wie klänge dann eine Jandlsche Verwünschung?«[160] Man könnte entgegnen: Es handelt sich ja hier um eine Verwünschung! Denn die

---

[153] Schmidt-Hidding: Wit and Humour, S. 50f.
[154] Bondy: Die weggewünschte Identität, S. 240.
[155] Ebd., S. 241.
[156] Ebd.
[157] Niehues-Pröbsting: Kynismus, S. 292.
[158] Largier: Zynismus, S. 902.
[159] Bondy: Die weggewünschte Identität, S. 241.
[160] Ebd., S. 241f.

dem Sarkasmus und Zynismus eigene Desillusionierung kann mit Blick auf Jandls Gedicht zweifach gedeutet werden: Es legt eine radikal skeptische Betrachtung des menschlichen Schicksals nahe: Wir sind von Gefahren und Tod bedroht. Und es entlarvt die Unmöglichkeit einer Harmonie aller Menschen untereinander. Jandl formuliert nicht Mordwünsche eines Einzelnen, sondern bezieht durch den Ausdruck *wir alle* die Rezipienten, ja die gesamte Menschheit ein. Zutage tritt die seit der Antike beobachtete conditio humana, die vor allem in der Formulierung durch Thomas Hobbes bekannt geworden ist. Sie stammt aus der Asinaria des Plautus:»lupus est homo homini«,[161] ›Der Mensch ist dem Menschen ein Wolf‹.

Freuds Theorie der unterdrückten Triebe,[162] die im tendenziösen beziehungsweise zynischen Witz freigesetzt werden, wäre hier auf eine Mordlust zu beziehen. Sie darf im gesellschaftlichen Umgang nicht geäußert werden. Im Gegenteil, öffentlich werden sogar Todfeinden Glückwünsche ausgesprochen. Auch Peter Sloterdijk vermutet in seiner grundlegenden Beschreibung von Zynismen einen Bruch mit gesellschaftlichen Unwahrheiten: »Zynismus wagt sich mit nackten Wahrheiten hervor, die in der Art, wie sie vorgebracht werden, etwas Unwahres behalten. Wo Verhüllungen für eine Kultur konstitutiv sind, wo das Leben in Gesellschaft einem Lügezwang unterliegt, erscheint im wirklichen Aussprechen der Wahrheit ein aggressives Moment, eine unwillkommene Entblößung. Doch ist der Trieb zur Enthüllung auf Dauer der Stärkere.«[163] Jandls Gedicht drückt die in öffentlicher Sprache zugemuteten Verrenkungen sarkastisch aus: als Leiden an der Falschheit des Vorgetragenen, das Unterschiedslosigkeit, Gleichsinnigkeit und Gleichgerichtetheit verkündet.

Das dominierende Wort des Gedichtes ist *blut*. Es erinnert an ritualisierte Verfluchungen aus alten Zeiten, und soweit Historiker blicken können, finden sie Belege dafür, daß viele Gesellschaften Verwünschungen für sehr wirksam gehalten haben. Teils waren sie (und sind es in manchen Ländern heute noch) bei Todesstrafe verboten.[164] In bestimmten ritualisierten Anwendungen können sie andererseits als Bann wirken, als Ersatzhandlung, die Schlimmeres verhindert. Die Verallgemeinerungen sowie die in der Sprache des Jandlschen Gedichtes unbestimmte Zeit und der unklare Ort verstärken die Assoziation des Verfluchungsrituals; sein performativer Charakter wird deutlich. Wie der Dichter die Verwünschung in der Sprache versteckt und erst im Verlauf des Gedichtes zutage treten läßt, das erinnert an die sprachliche Enttarnung des in

---

[161] »lupus est homo homini, non homo, quom qualis sit non novit«, Plautus: Asinaria, 495, S. 97.

[162] Freud: Der Witz, S. 90.

[163] Sloterdijk: Kritik der zynischen Vernunft, S. 27f.

[164] Einen Überblick über die rechtliche Verfolgung vermeintlicher Verursacher von »Schadenzauber« gibt Eiden: Vom Ketzer- zum Hexenprozeß, S. 38f.

Kapitel 2.2 dieser Arbeit analysierten »Friedenswunsches« *falamaleikum*. In beiden Gedichten zeigt sich ein Charakteristikum des Fluches: Er kann ursprünglich in der Nähe eines Segenswunsches gestanden haben. Oft wurde im modernen Zyniker ein enttäuschter Moralist vermutet. Bisweilen wird in diesem Zusammenhang auf die Tradition der antiken Kyniker verwiesen, die aufschlußreich ist, obwohl sie differenziert vom modernen Begriff des Zynismus betrachtet werden muß.[165] Besonders Iring Fetscher stellt eine ehemals wertschätzende Seite des Zynikers heraus: »Einmal, so scheint mir, hat sich der spätere Zyniker ganz mit seiner eigenen Freundlichkeit oder Liebe identifiziert und ist zutiefst verletzt worden. [...] Diese Erfahrung hat ihn hart und zynisch werden lassen.«[166]

Für eine Lesung von »Proben apokalyptischer Poesie« hat Jandl auch das Gedicht *glückwunsch* ausgewählt. Der »Weltekel«[167] − diesen Ausdruck benutzte der Dichter selbst in der Lesung − ist in seinen poetischen Werken manchmal drastisch offen formuliert, manchmal, wie im hier untersuchten Gedicht, versteckt sich der Weltekel wie ein Wolf im Sprachpelz. Jandl läßt dabei so unterschiedliche Facetten des Zynismus aufleuchten, daß diese Spielart des Komischen in seiner Sprache tiefer ergründet werden kann als durch jede Theorie.

---

[165] Vgl. Niehues-Pröbsting: Kynismus, S. 214–305.
[166] Fetscher: Reflexionen über den Zynismus, S. 334.
[167] Jandl: Proben apokalyptischer Poesie, S. 30.

3 Sprache und Sinne: Spiel und Assoziation durch Spaß, Scherz, Unsinn und Obszönität

3.1 Monotonie mit Pointe

Jandl selbst behauptete listig, im folgenden Gedicht widerlege die überraschende Pointe nicht das, was vorhergegangen sei: »an keiner Stelle kann man sagen, hier sei etwas anderes angelegt worden, als in der letzten Zeile herauskommt.«[1]

fünfter sein

tür auf
einer raus
einer rein
vierter sein

tür auf
einer raus
einer rein
dritter sein

tür auf
einer raus
einer rein
zweiter sein

tür auf
einer raus
einer rein
nächster sein

tür auf
einer raus
selber rein
tagherrdoktor[2]

Jandl bestätigte in einem Interview, das Gedicht beschreibe die »Monotonie eines Vorgangs«,[3] der ebenso monoton dargestellt werde. Tatsächlich sind die

[1] Jandl/Huemer: Gespräch [CD], Nr. 11.
[2] Jandl: poetische werke, Bd. 4, S. 67 (8. Nov. 1968).
[3] Jandl/Huemer: Gespräch [CD], Nr. 11.

70

ersten vier der fünf Strophen bis auf ein Wort völlig gleich, auch die letzte Strophe ist gleich gebaut, sie birgt in der letzten Zeile aber die Pointe. Die konsequente Kleinschreibung und das fast identische Druckbild aller Strophen visualisieren die Monotonie des Inhalts. Mit Ausnahme der letzten bildet jede Zeile einen elliptischen Satz aus zwei Wörtern, wobei die Adverbien *raus* und *rein* auch noch selbst verkürzt sind. Außerdem enthält jede Strophe nur ein einziges Verb, das immer gleich ist und infinitivisch verwendet wird: das Kopulaverb *sein*. Angesichts dieser uninteressant erscheinenden Bauweise ist es erstaunlich, daß sich von der ersten bis zur fünften Strophe enorme Spannung aufbaut. Wie erreicht Jandl diese Wirkung?

Offensichtlich handelt es sich bei den elliptischen Sätzen um Gedankenfetzen im Kopf eines Wartenden. Statt »die Tür geht auf«, eine Beobachtung, die erzählt würde, heißt es· *tür auf*, eine Beobachtung, die gemacht wird. Der jambisch zu betonenden Zeile folgen zwei anapästisch zu lesende Zweiwortsätze, die seltsam gehetzt wirken: *einer raus / einer rein*. Es stellt sich die Frage: Wer ist *einer*? Offenbar konzentriert sich der Beobachter auf etwas anderes als auf die ihn umgebenden Personen. Was ihn ablenkt, wird dann, die Ordinalzahl im daktylischen Versmaß betonend, ausgesprochen: *vierter sein*. Das Ziel des Wartens aber liegt bis zum Schluß im Dunkeln. Das Niederzählen *fünfter, vierter, dritter, zweiter* suggeriert eine Zwangsläufigkeit, die auch im mechanisch anmutenden Rhythmus des Gedichtes zu hören ist, der in jeder Strophe dem gleichen Schema folgt.[4] Die Neugier des Hörers wächst von Strophe zu Strophe, sie wird noch gesteigert durch die Variation *nächster sein*. Diese Spannung des Rückwärtszählens, die dadurch entsteht, daß ein Zielpunkt absehbar ist und unausweichlich erscheint, hat Jandl in seinem Gedicht *niederzählung*[5] ins Extrem getrieben.

Die Phantasie der Leser oder Hörer ruht im Gedicht *fünfter sein* bis zur letzten Zeile nicht: Was erwartet jemand mit soviel Spannung, daß er die Wartenden vor sich zählt? Mit soviel Ungeduld, daß seine Person in dieser Wartezeit durch die Position in der Warteschlange definiert wird? Mit soviel

---

[4] Jandl liest das Gedicht rasch und monoton, mehr den Rhythmus als den Inhalt betonend. Vgl. zum Beispiel Jandl: Laut und Luise [CD], Nr. 24.

[5] Jandl: poetische werke, Bd. 3, S. 174–176 (14. Dez. 1974). Jandl blickt von dem Wort *ich* und dem Jahr *1975* ausgehend rückwärts. Die Spannung, die sich am Ende im Zahlwort *null* auflöst, wird in die Länge gezogen: Jandl zählt erst Stunden, dann Wochentage, dann Tage eines Monats in Zahlen, dann Monatsnamen, Jahreszahlen etc. rückwärts auf, der erwartete Endpunkt wird also immer wieder verschoben. Die Spannung, die bei dieser *niederzählung* entsteht, ist auch Grundlage eines 1996 erschienenen Computerspiels: John/Quosdorf: Ottos Mops [Computerspiel]. Bevor das Gedicht endet, muß der Spieler verschiedene Aufgaben lösen, so heißt es in der Anleitung: »Mit Maus, Mikrofon und Tastatur nehmen Sie den Kampf gegen die Zeit auf«.

Angst, daß der Wartende in diesem Moment einer Ziffer gleicht? Die Imaginationen der Wartesituation sind unbegrenzt: vor dem Beichtstuhl, vor einem
Prüfungszimmer, in einem Amt etc. Es entsteht allerdings, ohne daß Indizien
dafür vorhanden wären, der Eindruck, daß etwas Unangenehmes erwartet
wird. Spontane Assoziationen wurden in der kleinen Stichprobe eines Asso-
ziationsexperimentes[6] gesammelt: Studentinnen und Studenten gaben an,
bevor sie die Pointe des Textes kannten, folgende Szenen assoziiert zu haben:
Neun Teilnehmer errieten die Situation »Wartezimmer beim Arzt«. Neben
einigen neutralen Situationen wie zum Beispiel häufig »Amt«, »Büro« oder
»Geschäft« gaben mehrere Teilnehmer der anonymen Befragung auch groteske Assoziationen mit sexuellem Hintergrund an, zum Beispiel »Puff«. Häufig entstanden Vorstellungen von Situationen voller Anspannung, so etwa
»Wettkampf«, »Militär«, »Fallschirmspringen«, »Arbeitsamt«, »Auswahlver-
fahren«, »Prüfung«, »Asyl-Staat« bis hin zur schrecklichen Assoziation »Gas-
kammer«. Der Zeichner Bernd Hennig hat das Gedicht in einer Jandl-Antho-
logie für Kinder mit wartenden Mäusen illustriert, hinter der Tür lauert eine
grinsende Katze.[7] Auch István Eörsi phantasiert drastisch: »Worauf die
Wartenden wohl warten? Auf ihre Hinrichtung? Auf Folter? [...] die wohl-
tuende Pointe macht nicht vergessen, was die Struktur suggeriert: wir sind
ausgeliefert, sitzen mit schrecklichen Vorahnungen da und warten, und es
kann uns alles passieren.«[8]

Wieso aber entstehen aus der Monotonie heraus »schreckliche Vorahnungen?« Søren Kierkegaard hat in einer Untersuchung über die Angst die These
aufgestellt, »das Dämonische« sei »das Inhaltlose, das Langweilige«.[9] Daß in
dem Gedicht *fünfter sein* die Angst stärker als die gleichzeitige Langeweile
ist, wird durch die Beobachtung gestützt, daß man eine Zeile pro Strophe vermissen kann, nämlich »tür zu«. Nicht das Geschehen im Wartezimmer, sondern das, was hinter der Tür ist, steht im Mittelpunkt des Interesses. Die
geweckten Assoziationen können, geprägt durch die Angst, grotesk sein und
somit dem Attribut entsprechen, das Jandl selbst zur Beschreibung vieler seiner Gedichte bevorzugte.[10] Es fällt auf, daß zum Beispiel Peter Huemer im
Gespräch mit Jandl keine Interpretation zu *fünfter sein* ausspricht, sondern
daß er, wie um sich vor einem Eingeständnis seiner eigenen Assoziationen zu
drücken, nur vage bemerkt, man werde am Ende überrascht. Tatsächlich ist

[6] In einem Proseminar der Universität Trier im WS 2003/04 wurde eine Aufnahme
des Gedichtes bis auf die letzte Zeile vorgespielt, dann wurden die Teilnehmer
gebeten, anonym ihre spontanen Assoziationen auf die Fragen »Worum handelt es
sich? Wo spielt die Szene?« zu notieren, bevor sie die Auflösung erfuhren.
[7] Jandl/Hennig: ottos mops hopst, S. 26.
[8] Eörsi: Jandl als politischer Dichter, S. 69.
[9] Kierkegaard: Der Begriff Angst, S. 145f.
[10] Jandl/Huemer: Gespräch [CD], Nr. 11.

die letzte Zeile eine ebenso verblüffende wie plausible Erklärung für die vorhergehende Anspannung. Der durch die Zusammenschreibung nervös wirkende Gruß *tagherrdoktor* ändert auch das bis dahin gewohnte Rhythmusschema ab. Jandl sprach hier ausdrücklich von einer »Pointe«.[11] Sie reizt zum Lachen und gilt als Methode des Witzes.[12] Ralf Simons allgemeine Beschreibung der Textsorte Witz kann auf Jandls Gedicht übertragen werden: »In der Witzerzählung wird eine Erwartung aufgebaut, die in der Pointe mit einem zweiten Bedeutungsfeld konfrontiert wird, das eine weitgehend semantische oder phonetische Homologie mit der Erzählung besitzt, aber in der Pointe eine Differenz (Kontextbruch, Bruch von Isotopien) markiert.«[13] Offen bleibt bei Jandl allerdings, was das erste Bedeutungsfeld ist. Diese Leerstelle wird von jedem Rezipienten mit anderen Assoziationen gefüllt. Das zweite Bedeutungsfeld verblüfft schon deshalb durch seine Eindeutigkeit.

Der Witz im Gedicht widerspricht nicht den vorhergegangenen Angstgefühlen. Jandls paralleler Satz- und Strophenbau ist eine wesentliche Komponente des Komischen, er erzeugt Spannung, und schließlich Lachen, wenn die Spannung aufgelöst wird.[14] Der Psychologe Arno Dopychai hat das Lachen allgemein mit dem Dreischritt Spannung-Lösung-Wohlbefinden[15] begründet. Dieser kann in Jandls Gedicht beobachtet werden. Die Alltäglichkeit der Situation, die durch *tagherrdoktor* deutlich wird, überrascht, da die vorher aufgebaute Spannung weit weniger Alltägliches hätte erwarten lassen. Zugleich beschreibt dieses Mißverhältnis eine Wartezimmer-Situation, die jeder nachvollziehen kann: Das Warten weckt Anspannungen, die der Situation unangemessen sind, die sich aber kaum vermeiden lassen.[16]

Ein entscheidendes Merkmal des Komischen, das früh von Schopenhauer formuliert wurde, ist hier festzustellen: die »Inkongruenz des Gedachten zum Angeschauten«.[17] Die Inkongruenz liegt einerseits in der Wartezimmer-Szene an sich vor, denn der Arzt ist meist nicht so bedrohlich, wie er dem Warten-

---

[11] Ebd.

[12] Vgl. hierzu Schütz: Witz und Humor, besonders S. 161–174. Zur Wortgeschichte und allgemeinen Begriffsbestimmung vgl. auch Renner: Witz, S. 919f. sowie Simon: Witz, S. 861–864; und die frühe Darstellung von Trier: Der deutsche Wortschatz im Sinnbezirk des Verstandes.

[13] Simon: Witz, S. 862.

[14] Vgl. Bergson: Das Lachen, besonders S. 52–58.

[15] Dopychai: Der Humor, S. 89.

[16] Jandl hat sich in seinen Gedichten oft und intensiv mit Arztbesuchen auseinandergesetzt. Zwei weitere Gedichte zur Situation des Wartens beim Arzt tragen beide den Titel *wartezimmer*, vgl. Jandl: poetische werke, Bd. 5, S. 23 (10. Juli 1952) und ebd., S. 138 (28. Mai 1962). Oft sind die Arztbesuche ein bitteres Thema, etwa in den späten *doktorgedichten*, vgl. Jandl: poetische werke, Bd. 9, S. 108f. (zwischen 1982 und 1989).

[17] Schopenhauer: Die Welt, S. 123.

den erscheint. Inkongruenz kann aber andererseits in noch viel stärkerem Maße entstanden sein, wenn die vorhergehenden Assoziationen der Rezipienten wild ausgeschweift sind. Hier sei auf eine Beobachtung verwiesen, die Immanuel Kant machte:»Das Lachen ist ein Affekt aus der plötzlichen Verwandlung einer gespannten Erwartung in nichts. Eben diese Verwandlung, die für den Verstand gewiß nicht erfreulich ist, erfreuet doch indirekt auf einen Augenblick sehr lebhaft.«[18]

fünfter sein gilt als eines der bekanntesten Gedichte Ernst Jandls;[19] es ist von Norman Junge als Kinderbuch[20] gestaltet worden. In seinen Bildern wird das Arzt-Wartezimmer, ein dunkler Raum, erahnt, weil Spielzeugfiguren und ein Teddybär mit»Verletzungen« dort sitzen und sich offensichtlich fürchten; ihre Körpersprache drückt dies deutlich aus. Nach und nach kommen sie repariert, also »geheilt«, hinter der unheimlichen Tür hervor. Die einzelnen Figuren sind liebevoll ausgeschmückt und stellen im Gegensatz zu Jandls Text Individuen dar. In einem Kindertheaterstück, das Georg zum Kley nach Ernst Jandl und Norman Junge inszeniert hat,[21] erzählen die Spielzeugfiguren sogar die Geschichten ihrer Beschädigungen. Obwohl diese Umsetzungen die Situation als Wartezimmer-Szene direkt verraten und die Spannung deshalb vermindern, bleibt das Gedicht trotzdem reizvoll. Jandl meinte, daß viele seiner Gedichte»für Kinder sehr geeignet sind, und ich höre immer wieder von Leuten, die eine Schallplatte von mir besitzen und sie Kindern vorspielen, daß es gerade die Kinder sind, die auf [...] die Gedichte [...] am meisten ansprechen.«[22] Im Hinblick auf das Gedicht *fünfter sein* kann dazu beitragen, daß dessen reduzierte Sprache der von Kindern ähnelt, die verkürzten Zweiwortsätze erinnern an kindlichen Spracherwerb. Eine andere mögliche Assoziation angesichts der Knappheit der Sprache ist eine bestehende Subalternität, die die Sprechsituation prägt, wie etwa beim Militär.

Die Gleichförmigkeit der Strophen, die fast zum Einstimmen ermuntert, läßt an Kinderreime oder -lieder denken. Der unreine Reim *auf – raus* und der simple Paarreim aa bb innerhalb der Strophen sind ebenfalls Kennzeichen vieler Kinderverse.[23] Nicht zuletzt erinnern auch die Zahlwörter und die umgangssprachlich verkürzten Adverbien *rein* und *raus* an Abzählreime.[24] Die

---

[18] Kant: Kritik der Urteilskraft, S. 437.

[19] Vgl. Jandl/Huemer: Gespräch [CD], Nr. 9.

[20] Jandl/Junge: fünfter sein.

[21] Das Stück wurde im Juni 2001 unter dem Titel »fünfter sein« im Kölner Künstler Theater aufgeführt und erzählt die Geschichten der Patienten Pinguin, Ente, Bär, Froschkönig und Pinocchio. Vgl. Cech:»Tagherrdoktor!« (KStA 22. Juni 2001).

[22] Hohler: Fragen, S. 49.

[23] Vgl. Franz: Kinderverse, S. 258.

[24] Beispiele für die erwähnten Kennzeichen finden sich bei Rühmkorf: Volksvermögen, zum Beispiel S. 47, und zahlreich bei Borneman: Studien zur Befreiung des

Ähnlichkeit der Stilmittel erlaubt allerdings nicht den Schluß, Jandls Gedichte seien nicht ernst zu nehmen. Der Autor unterschied deutlich zwischen der Beschreibung seiner Gedichte als »für Kinder geeignet« und dem Attribut »kindisch«. Auf die Frage »Was sagen Sie, wenn jemand sagt, Ihre Gedichte seien kindisch?« antwortete er entschieden: »Wenn er es in einer Diskussion sagt, so werde ich versuchen, ihm zu erwidern, daß er das Wort ›kindisch‹ im Zusammenhang mit meinen Gedichten falsch angewendet hat, und werde versuchen, ihm an einzelnen Beispielen zu sagen, warum es nicht stimmen dürfte.«[25] Das Gedicht *fünfter sein* berührt jedenfalls keineswegs nur Kinder.[26] Jandl versetzt alle Hörer und Leser in eine von menschlicher Schwäche zeugende Angstsituation, die durch ein Sich-Hineinsteigern entsteht. Zwar werden Wartepositionen wie *fünfter sein* außerhalb von Kinderreimen, in der Poesie Erwachsener, selten thematisiert, sie gehören aber mehr als manche anderen Themen zur Lebenswirklichkeit. Der Infinitiv im Gedicht *fünfter sein* lädt zur Identifikation ein. Die Anspannung wird in der Sprache so konkret, daß sie beinahe körperlich nachzuspüren ist.[27]

Fast jeder Leser wird die im Wartezimmer empfundene »Niederzählung« nachvollziehen können, sie stimmt mit eigenen Erfahrungen überein und läßt über die so realistisch getroffenen Angstgefühle schmunzeln. Marcel Reich-Ranicki formulierte mit Blick auf Jandls Werk eine treffende Einschätzung: »seine Größe besteht darin, daß er dem Albernen das Weise abzugewinnen vermag und im Weisen auch das Lächerliche erkennt und zeigt.«[28]

Kindes. Vgl. auch Franz: Kinderverse, S. 258. Scholz und Engeler vermuten: »Abzählverse und Zungenbrecher sind wohl älter als alles, was wir Kunst zu nennen pflegen. Sie sind Teil des kindlichen Spiels. Scholz/Engeler: Lautpoesie, S. 6.

[25] Hohler: Fragen, S. 49.

[26] Jandls Gedicht wurde sogar namensgebend für einen Sammelband mit theoretischen Abhandlungen zur Frage eines Kanons der österreichischen Literatur. Dieser beschäftigt sich nicht mit Jandls Gedicht, hat aber den Titel: »Die einen raus – die anderen rein.« Vgl. Schmidt-Dengler/Sonnleitner/Zeyringer: Die einen raus – die anderen rein. Ausdrücklich würdigen die Herausgeber im Vorwort den »Anreger« Ernst Jandl: »Die Anspielung auf diesen Text Jandls ist in thematischer Hinsicht rein äußerlich. Mehr als eine bloße Äußerlichkeit ist jedoch die Tatsache, daß von der literarischen wie theoretischen Arbeit Jandls unzählige Impulse für die Befassung mit der österreichischen Literatur ausgegangen sind. Die Herausgeber fühlen sich dem Anreger Ernst Jandl vielfach verpflichtet und wollen dies implizit im Titel auch zum Ausdruck bringen.« Ebd., S. 7.

[27] Eine allgemeine Bemerkung Hans Dieter Schäfers kann am Gedicht *fünfter sein* exemplifiziert werden: »In den Gedichten Ernst Jandls reduziert sich die Sprache auf eine physische Dimension, in der Grunderfahrungen des Menschen radikal sichtbar werden«. Schäfer: Zusammenhänge der deutschen Gegenwartslyrik, S. 37.

[28] Reich-Ranicki: Schreibtisch (FAZ 5. Aug. 1995).

3.2 Penetrante Ungeduld

Als »Quälsprachspiel« und »Worthexerei«[29] wurde der folgende Text Ernst Jandls bezeichnet:

```
loch
loch
loch doch
so loch doch
so loch doch schon
so loch doch
loch doch
loch
```

üch loch müch kronk[30]

Der Dichter gruppiert um das achtfach untereinander geschriebene Wort *loch* drei ebenfalls einsilbige Wörter, die nur den Vokal o[31] enthalten: *so, doch* und *schon*. Optisch abgesetzt von diesem Block ist der Nachsatz *üch loch müch kronk*. Er kann trotz veränderter Vokale als »ich loche mich krank« oder als die idiomatische Wendung »ich lach' mich krank« verstanden werden.

In den ersten beiden Zeilen kann *loch*, jeweils einzeln vorgetragen, trotz der Kleinschreibung als Substantiv aufgefaßt werden. Betont durch die Wiederholung lädt das Wort schon hier zur Assoziation ein. Nicht unwahrscheinlich ist, daß manche Hörer und Leser spontan – wenn auch vielleicht zweifelnd – an eine Vagina[32] denken. Dazu trägt Jandl selbst durch den Kontext des Gedichts bei, etwa in der Schallplattenaufnahme »hosi + anna« aus dem Jahr 1971.[33] Unter dem Titel *hoffnung* liest er unmittelbar zuvor: *in die effnung / vier dein glied ein / glicklich zu sein / glick / glick.*[34]

---

[29] Frank: Sprechblasen, S. 40.

[30] Jandl: poetische werke, Bd. 3, S. 63 (7. März 1964).

[31] Vgl. die ähnliche Methode in *ottos mops*, Jandl: poetische werke, Bd. 4, S. 60 (20. Nov. 63).

[32] In Untersuchungen zu Vulgärwörtern wird das Wort »Loch« als Ausdruck für ›Vagina‹ genannt. Vgl. Hoberg/Fährmann: Zur Sexualsprache von Studierenden, S. 185. Vgl. auch Müller: Seid reinlich, S. 19. Vgl. die zahlreichen Komposita mit »Loch« in Borneman: Der obszöne Wortschatz [ohne Seitenzählung]. Ohne Zusammenhang mit Jandls Gedicht ist dem Thema »Loch und Löcher« eine Ausgabe der Zeitschrift »Diagonal« gewidmet. Köpf behauptet dort in einem frei assoziativen Essay, bei dem Wort »Loch« dächten viele »sowieso bestenfalls an das EINE: das Paradies der Voyeure und Freudianer«. Köpf: Verlochung, S. 8.

[33] Jandl: hosi+anna [Schallplatte], Nr. 12 und Nr. 13.

[34] Jandl: poetische werke, Bd. 6, S. 105 (1956).

Wenn dann die Modalpartikel *doch* hinter das *loch* gesetzt wird, vermuten Leser oder Hörer ein Verb, das durch die Partikel getönt wird. Deshalb kann *loch* nun plötzlich als Imperativ des Verbums »lochen« erscheinen. Mit Blick auf die vorher eventuell entstandene Assoziation kann »lochen« nun als Ausdruck für ›penetrieren‹ verstanden werden. Auch in dem Gedicht *der schrei* spricht Jandl von »lochen« in ähnlichem Sinn, als er seine Geburt beschreibt: *ich habe meine mutter durchlocht.*[35] Eine andere Möglichkeit wäre, »lochen« als das Ausstechen kleiner Löcher in Papierblätter[36] zwecks Abheftung zu verstehen – doch denkt wohl eher eine Minderheit der Rezipienten beim Lesen des Gedichtes an Büroarbeit.

Auch die vierte Zeile, *so loch doch*, scheint die genannte Verständnisrichtung zu bestätigen: Die Modalpartikel *doch* verbindet sich sinnvoll mit dem nun vorangestellten *so*. Die schon vorher anklingende Ungeduld, mit welcher der Imperativ *loch* vorgetragen wird, scheint verstärkt; deutlicher noch, wenn dann zusätzlich die Partikel *schon* folgt: *so loch doch schon.* Diese Zeile ist auch wegen ihrer Länge als ein Höhepunkt des Gedichtes zu betrachten. Spätestens hier läßt die Assoziation der ungeduldig erwarteten Penetration den Text als sprachlich ungelenke Obszönität und komisch erscheinen. Die folgenden drei Zeilen *so loch doch / loch doch / loch* sind eine Spiegelung der vorhergehenden. Sie lassen die Ungeduld wieder abebben; die Modalpartikeln verschwinden nacheinander, übrig bleibt schließlich wieder das Wort *loch*.

Der deutlich abgesetzte Nachsatz kann als Anspielung auf die geheimen erotischen Assoziationen der Leser verstanden werden. Wieder liest man *loch*, aber in seinem Kontext *üch loch müch kronk* ist das Wort nun als erste Person Singular des Verbums »lachen«, zu verstehen. Eine Zweistimmigkeit ertönt hier, die das von Arno Schmidt entworfene »Duett eines Janus mit sich selbst«[37] ins Gedächtnis ruft. Die Vokalveränderungen von »krank« zu *kronk*, »ich« zu *üch* und »mich« zu *müch* zeigen, daß Jandl mit den Vokalen ein Verwechslungsspiel betrieben hat. Der Leser muß nun einsehen, wie rasch seine Assoziationen verführt werden, nämlich durch den Austausch eines einzigen Vokals. Und das, obwohl das Verb »lachen« naheliegend gewesen wäre; schließlich existiert es wirklich, im Gegensatz zu der Wortneuschöpfung, die »lochen« als Ausdruck für ›penetrieren‹ darstellen würde. Schon Kurt Tucholsky scherzte übrigens in seinem Essay »Zur soziologischen Psychologie der Löcher« mit einem ähnlichen Wortspiel: »Lochen Sie nicht; das Loch ist die einzige Vorahnung des Paradieses, die es hinieden gibt.«[38]

---

[35] Ebd., Bd. 10, S. 21 (zwischen 1992 und 1996).

[36] Vgl. hierzu den Essay Köpfs, der das Lochen von Blättern und das Lochen von Fahrkarten explizit erwähnt. Köpf: Verlochung, S. 9 und S. 10.

[37] Schmidt: Zettels Traum I, Zettel 27.

[38] Tucholsky: Zur soziologischen Psychologie der Löcher, S. 153.

Jandl demonstriert in der Sprache scherzhaft, was Psychologen theoretisch zu erklären versuchen: Lachen ist die Reaktion auf einen lustbetonten Zustand.[39] Im Gedicht *loch* wird lustvoll Spannung erzeugt, die sich durch den Schlußsatz auflöst, der Leser wird zum Lachen gereizt. Der neunzehnmal vorkommende Vokal *o* stellt schon im Druckbild des Gedichtes kleine Löcher dar. Um ihn auszusprechen, müssen die Lippen ebenfalls rund, gleichsam zum Loch, geformt werden, was Jandl überzeugend vorführte.[40] Mimische Komponenten erotischer Scherze haben Tradition: Manche Forscher gehen davon aus, daß schon in der antiken griechischen Komödie »der pornographische Witz vorwiegend durch Mimik und Geste dem Zuschauer vor Augen geführt«[41] wurde.

Es ist lohnend, auch dieses Gedicht Jandls mit den Thesen Schmidt-Hiddings zu Spielarten des Komischen zu konfrontieren. Er deutet in seinem Kraftfeld des Komischen den »Spaß« als einen der vier Pole. Kräfte der Lebenslust, wie die in Jandls Gedicht, gelten als Wurzel des Spaßes; unter diesen Oberbegriff werden auch die Termini »Streich« und »Scherz« gefaßt, deren Absicht ein Necken der Hörer ist.[42] Eine scherzhaft-neckende, kommunikative Absicht, die allerdings verwirrend spät auffällt, kann man Jandl im Gedicht *loch* unterstellen, denn der Leser wird erst hingehalten und dann ausgelacht: *üch loch müch kronk*. Das lyrische *üch*, dessen Lachen hier durchaus als das von Jandl interpretiert werden darf,[43] zeigt sich amüsiert, weil vorgeführt wurde, wie schnell kleine Veränderungen in der Sprache Abwege der Gedanken ebnen. Eine in anderem Zusammenhang entstandene Formulierung von Eörsi kommt hier in den Sinn. Er ist der Ansicht, die besten Experimentaldichtungen Jandls hätten »die in der Sprache verborgenen und im poetischen Sinn nie erschlossenen Assoziationsmöglichkeiten«[44] gezeigt.

Die Assoziationen der Leser und ihre Erwartungen sind Teil der bereits mit Blick auf das Gedicht *rilkes schuh*[45] zitierten außerpoetischen Realität, die

---

[39] Dopychai: Der Humor, S. 89.
[40] Vgl. zum Beispiel die Fotografie Jandls bei Siblewski: a komma, S. 126. Zur visuellen Seite der Lesungen Jandls vgl. auch die Fotografien von Harry Ertl in dem Bildband von Kaufmann: Jandl lesend.
[41] Damaskow: Der pornographische Witz, S. 58.
[42] Schmidt-Hidding: Wit and Humour, S. 39, S. 48 und S. 50f.
[43] Friedrich W. Block hat mit Blick auf andere Gedichte verschiedenen Formen des »Ich« im Werk Ernst Jandls untersucht und streift dabei auch die kontroverse Diskussion um das »poetische« oder »lyrische Ich«. Er stellt allgemein fest: »Für die bisherige Jandl-Exegese besteht kein Zweifel daran, daß in den Gedichten ein Ich zur Sprache kommt, wenig Zweifel auch daran, daß es sich hierbei um das Ich des Autors handelt«. Block: drei Buchstaben, S. 174. Vgl. auch S. 177.
[44] Eörsi, István: Über Ernst Jandl, meinen Freund (FAZ 1. Aug. 2000).
[45] Jandl: poetische werke. Bd. 7, S. 72 (5.–8. Mai 1975).

Jandl auch in theoretischen Texten[46] diskutierte. Im Beispiel *loch* kann durch das imperativisch erscheinende Wort *loch* sogar gespürt werden, daß der Dichter sich direkt an den Leser wendet und mit ihm kommuniziert: Er soll »lochen« — was auch immer er darunter versteht. Jandl hat die Erwartungshaltung der Rezipienten offensichtlich als Herausforderung empfunden, sie ist, wenn auch meist unausgesprochen, ein zentrales Thema in vielen seiner poetischen Werke. So wie beispielsweise die Satire im Gedicht *rilkes schuh*[47] die Erwartungshaltung der Rezipienten angreift, so sind deren Assoziationen Zielscheibe des Scherzes im Gedicht *loch*.

Scherze können ärgern: Nicht immer wurde das scherzhafte *loch* freundlich aufgenommen. So zürnt Hilde Rubinstein in einer Rezension zu Jandls Band *sprechblasen*: »Mir wenigstens entlockt das Gedicht ›loch‹ mit der Pointe *üch loch müch kronk* nicht das geringste locheln oder gar lochen.«[48] Unbewußt verrät die Rezensentin durch ihr Nachahmen dennoch den Eindruck, den Jandls Sprachexperiment auf sie gemacht hat — ein häufiger Befund in Rezensionen zu Jandls Werk. Die Schärfe ihres Tons ist überdies verdächtig, denn leidenschaftliche Ablehnung kann ein Indiz für unbewußte Anziehung sein. Insofern können auch verärgerte Stimmen zum Gedicht *loch* als Hinweis auf eine erotische Tendenz des Scherzes gedeutet werden.

3.3 Laut gegen Ruhe

Kaum ein Text Jandls trägt mehr zum Verständnis des Experimentes *lautgedichte*[49] bei als die folgende Vorstellung zweier Texte:

ein gleiches

über allen gipfeln
ist ruh
in allen wipfeln
spürest du
kaum einen hauch
die vögelein schweigen im walde
warte nur, balde
ruhest du auch

---

[46] Vgl. zur Diskussion der außerpoetischen Realität: Jandl: Das Öffnen, S. 48–76.
[47] Jandl: poetische werke, Bd. 7, S. 72 (5.–8. Mai 1975).
[48] Rubinstein: Layouts mit potentiellen Knallbonbons, S. 450.
[49] So lautet auch die Kapitelüberschrift, unter die *ein gleiches* gestellt ist. Jandl: poetische werke, Bd. 4, S. 121.

ÜBE!
rrrrrrrrrrrrrrrrrrrrrrrrrrrrrrrrrrrrrrrrrrrrrrrrrrrrrrrrrrrrrrrr
A!
llllllllllllllllllllllllllllllllllllllllllllllllllllllllllllllllllllllllllllllll
(eng)
iiiiiiiiiiiiiiiiiiiiiiiiiiiiiiiiiiiiiiiiiiiiiiiiiiiiiiiiiiiiiiiiiiiiiiiiiiiiiiii
ppp-
FEHL NIE!
ssssst
rrrrrrrrrrrrrrrrrrrrrrrrrrrrrrrrrrrrrrrrrrrrrrrrrrrrrrrrrrrrrrrr
(»uuuhii«)
NNNA!
llllllllllllllllllllllllllllllllllllllllllllllllllllllllllllllllllllllllllllllll
EEE!
nnnnnnnnnnnnnnnnnnnnnnnnnnnnnnnnnnnnnnnnnnn
WIPP!
——
——
——
FEHL’N’S?
——
(»püree«)
ssst! du!
——
»kau
meinen
(hhhhhhhhh)
auch . . .«
——
»diii
eee«
——
»vögel!«
——
»eee«
——
»ihn!«
——
»s-c-hwwwe————————i«
——
——
——
GEH NIE IM WALD
eeewa . . .
——
rrrrrrrrrrrrrrrrrrrrrrrrrrrrrrrrrrrrrrrrrrrrrrrrrrrrrrrrrrrrrrrr
TEE.

80

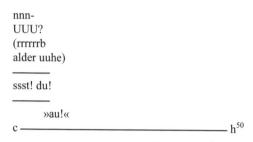

Ruhig und ernst liest Jandl in Aufnahmen Goethes Gedicht »Ein Gleiches«.[51]
Den Titel bezog Goethe im Erstdruck 1815 auf das voranstehende Gedicht
»Wanderers Nachtlied«. Wird »Ein Gleiches« einzeln veröffentlicht, trägt es
deshalb meist die Überschrift »Wanderers Nachtlied«,[52] Jandl jedoch schreibt
in Kleinbuchstaben Goethes Titel des Erstdrucks: *ein gleiches*. In seiner
Gegenüberstellung zeigt der zweite Teil, *ÜBE!*, ein neues, provozierendes
Potential der ersten Überschrift, denn aus dem exakt gleichen Buchstabenmaterial, das Goethe verwendet hat, entsteht ein nicht gleiches, sondern ein
sehr unähnlich lautendes Gedicht. Es klingt im Vortrag, der das Lautgedicht
erst zur Geltung bringt, so stark verändert, daß Hörer wohl kaum Goethes
Gedicht als Vorlage erkennen würden, wäre es nicht dem Vortrag vorange-
gangen oder in Anthologien und Werkausgaben vorangestellt.[53]
    Die Buchstaben des Goethe-Gedichtes werden von Jandl zwar in ihrer Rei-
henfolge nicht verändert. Sie sind jedoch den ursprünglichen Wörtern entris-
sen, neu auf einzelne Zeilen verteilt, zum Teil exzessiv vervielfältigt und mit
Interpunktionen versehen worden. Ausrufezeichen, Anführungsstriche, Fragezeichen, Punkte, Klammern und Gedankenstriche erschaffen aus dem Buchstabenmaterial neue Laute, Silben und Wörter, durch die zum Teil ein ganz
eigener Sinn assoziiert wird. Die Schreibung in versetzten Blöcken, die Großbuchstaben und die Gliederung durch lange Striche[54] hinter und zwischen den
Zeilen regen zusätzlich zu Assoziationen an.
    Jandl selbst nannte das Gedicht eine »extremere Art der akustischen Neu-
formulierung eines alten Textes. [...] hier wird das Buchstabenbild, als Symbole [sic] für Klänge, zwar mit peinlicher Genauigkeit akustisch nachgezeich-
net, doch, ohne dabei die von Goethe fixierte Folge irgendwo zu verlassen,
derart verzogen bzw. auf neue Distanzen gebracht, daß von der alten Seman-

---

50   Jandl: poetische werke, Bd. 4, S. 126f. (23. Juli 1965).
51   Vgl. Jandl: wien : heldenplatz [Lesung], CD 1, Nr. 34 und 35.
52   Vgl. Goethe: Werke, Bd. 1, S. 555.
53   Vgl. zum Beispiel Jandl: der künstliche baum, S. 124f. Vgl. auch Jandl: poetische
      werke, Bd. 4, S. 126f. und die dreibändige Werkausgabe Jandl: Gesammelte
      Werke, Bd. 1, S. 488f.
54   Schuler deutet sie als Pausenzeichen. Schuler: Erschaffung, S. 83.

tik so gut wie nichts übrig bleibt, während eine neue an manchen Stellen durchsickert.«[55]

Drei unterschiedliche Verarbeitungen des Buchstabenmaterials fallen ins Auge: Wörter in Großbuchstaben, lange Ketten desselben Buchstabens und Wörter in Kleinschreibung, die durch Anführungsstriche und versetzte Schreibung den Charakter einer Wechselrede erhalten.

Die Wörter in Großbuchstaben sind häufig mit Interpunktionen versehen. Hier überwiegen Ausrufezeichen, die an Gefühlsäußerungen oder imperativische Weisungen und Befehle denken lassen: *ÜBE!, A!, FEHL NIE!, NNNA!, EEE!, WIPP!, FEHL'N'S?, GEH NIE IM WALD, TEE., UUU?* Durch ihre Großschreibung erhalten die Wörter mehr Gewicht als ihre Textumgebung, sie wirken fast wie eine Leseanleitung.[56] Der einleitende Imperativ *ÜBE!* kann als Überschrift und Resümee gelesen werden. Vielleicht ist das Gedicht deshalb von Karl Riha als »Schreibmaschinenübung«[57] gedeutet worden.

Darüber hinaus sind aber andere Assoziationen wahrscheinlich, die Wulf Segebrecht mit guten Gründen als »anstößige Übungen«[58] umschreibt, ohne dies im Detail zu begründen. Sein Verdacht soll im folgenden untermauert werden. Völlig ratlos gibt sich dagegen Reinhard Schuler, der behauptet: »Die hier und da aufblitzenden Sprachfetzen und Bedeutungsfragmente schließen sich auch untereinander nicht zu einem einheitlichen Sinnganzen zusammen, bleiben vielmehr völlig disparat. Noch dazu werden sie immer wieder durch bedeutungslose Einzellaute, das heißt durch außersprachliche Geräusche unterbrochen [...] ein verwirrendes Pandämonium.«[59]

Es stellt sich die Frage: Welche Laute, Silben oder Wörter rufen welche Assoziationen hervor? Der Satz *GEH NIE IM WALD* fällt sowohl durch die Großbuchstaben auf als auch durch die Tatsache, daß er im Gedicht den längsten traditionell sinnvollen Satzbau aufweist. Die Aussage kann als zentral assoziationstragend gewertet werden. Die nach dem Verbot *GEH NIE* folgende Ortsbestimmung *IM WALD* mutet rätselhaft an; sie läßt an ein Gebot aus archaischen Zeiten denken, dessen Charakter durch den anklingenden biblischen Namen in der folgenden Zeile *eeewa . . .* verstärkt wird. So werden

---

[55] Jandl: Mein Gedicht, S. 42.

[56] Scheffer formuliert in seiner allgemeinen Beschreibung des Lautgedichts eher vorsichtig: »Lautgedichte sind nicht ohne jegliche Bedeutung, sondern es bleibt ihnen, insofern sie immer noch sprachliche Zeichen verwenden, ein zumindest latenter Verweisungszusammenhang erhalten; man könnte von einer ›Para-Semantik‹ sprechen.« Scheffer: Lautgedicht, S. 383.

[57] Riha: Lyrik-Parodien, S. 210.

[58] Segebrecht: Goethes Gedicht, S. 118. Moennighoff stellt kurz fest: »Vulgäres und Obszönes wird hörbar gemacht.« Moennighoff: Zum Traditionsverhalten in Ernst Jandls Lyrik, S. 85.

[59] Schuler: Erschaffung, S. 83f.

Assoziationsräume des »Weiblichen« erschlossen, der Verführung und des Waldes, der psychoanalytisch oft als Unterbewußtsein und Sitz des Triebhaften gedeutet wird.[60]

Das Lesen der Buchstabenketten erzeugt unheimliche Laute.[61] Drei Zeilen sind ausschließlich durch den vervielfachten Buchstaben *r* gefüllt, der ein unheilvolles Grollen erzeugt, aber auch der tiefe Vokal, das vielfache *UUU*, kann Urängste im Zusammenhang mit der Waldszene anklingen lassen.[62]

Die Wörter in Kleinschreibung prägen die Lebendigkeit der Szene durch den Charakter der direkten Rede. Hier dominieren nun polyseme Ausdrücke, die umgangssprachlich und in vulgärer Sprache eindeutig auch für sexuelle Bedeutungen benutzt werden. So kann das in Anführungszeichen gesetzte *»vögel!«* als Imperativ von *»vögeln«* verstanden werden, ein aus dem Mittelhochdeutschen stammendes, heute vulgäres Verb mit der Bedeutung ›koitieren‹,[63] das in Jandls Gedicht transitiv das folgende *»ihn!«* für sich beansprucht. Das Pronomen *»er«*[64] mit seinen Formen sowie auch das Possessivpronomen *»meiner«* stehen häufig als Synonyme für das männliche Glied. Noch deutlicher wird diese Assoziation in den Worten: *»kau / meinen / (hhhhhhhhhh) / auch . . .«*. Jandl liest den Laut (hhhhhhhh) stark expressiv, wie in sexueller Erregung.[65] Die Buchstabenkette *»s-c-hwwwe----------i«* erinnert an das Schimpfwort »Schwein«.

Prägend sind im Gedicht auch Ausdrücke, die zur Verschwiegenheit mahnen: *sssst* wird zu *ssst! du!*, das zweimal erscheint. Hier wirkt die Vertrautheit vorgaukelnde Anrede plötzlich frech und fordernd, vielleicht sogar angsteinflößend.

Im Kontext der polysemen Vulgärausdrücke können auch scheinbar unzweideutige Äußerungen von sexueller Doppeldeutigkeit befallen werden, so etwa *ÜBE!*, *NNNA!* und *WIPP!*, *(eng)*, *»au!«*. Es ist nachgewiesen worden, daß Rezipienten gerade bei unbekannten Metaphern häufig zu sexuellen

---

[60] »Die Psychoanalyse sieht im Wald oft ein Sinnbild des Unbewußten, eine Symbol-Beziehung, die sowohl in Traumbildern wie in realer Angst vor dem dunklen Wald manifest werden kann; verschiedentlich wird er auch als Symbol der Frau gedeutet«. Oesterreicher-Mollwo: Herder-Lexikon Symbole, S. 178f. Auch die Dichtung bietet viele ähnliche Motive, etwa das Gedicht »Waldgespräch« von Joseph von Eichendorff. Eichendorff: Werke, Bd. 1, S. 342.

[61] Zur allgemeinen Entwicklung der Lautdeutung, Lautmalerei und Lautsymbolik vgl. die umfangreiche Untersuchung von Scholz: Lautpoesie.

[62] Vgl. den Titel von Jandl: *Gräßliche Beziehung zweier Ehemänner zur schönen U.* Jandl: Gräßliche Beziehung, S. 17.

[63] Küpper: Umgangssprache, S. 3017.

[64] Vgl. die Beobachtungen von Müller zur in die Asexualität ausweichenden Sprache. Müller: Seid reinlich, besonders S. 22.

[65] Vgl. Jandl: wien : heldenplatz [Lesung], CD 1, Nr. 35.

Assoziationen neigen.[66] *FEHL NIE!* könnte als eine altmodische Aufforderung für »erlaube dir keinen Fehltritt« in diesen Kontext eingeordnet werden, ebenso *FEHL 'N 'S*? als eine an Wiener Mundart erinnernde Frage.[67]

Manche Wörter dagegen bleiben völlig ohne Sinnzusammenhang: so *TEE*, *(»püree«)*. Hier ist eine Tarnung zu vermuten, welche die Obszönität mildert, indem sie diese als zufällig aus dem Wortmaterial entstanden erscheinen läßt. Zudem wird Jandls allgemeine Beobachtung verifiziert: »Jedes einzelne tatsächlich existierende Wort einer Sprache kann, in einen ungewohnten Kontext gestellt, als ›Unsinn‹ wirken, d. h. als solcher empfunden werden, ohne daß sich an seinem Sinn = Bedeutung auch nur das geringste geändert hat.«[68]

Ganz offensichtlich arbeitet Jandl wie in vielen anderen Beispielen seiner poetischen Werke mit Assoziationen, die auf der Rezipientenseite entstehen und die er bloßstellt. »Entblößung« ist nach Freud Ziel des obszönen Witzes.[69] Diesen kann man in Jandls Text feststellen. Womöglich ist der Beweis intendiert, daß selbst das Buchstabenmaterial eines sakrosankten Goethe-Gedichtes zu sexuellen Assoziationen taugt. Obszön im Sinne von ›unständig, schlüpfrig‹ ist hier neben bestimmten lautmalerischen Buchstabenketten das Vokabular beziehungsweise seine Polysemie, die etabliert oder durch den Kontext neu entstanden sein kann. Nach Freud eignet sich der »tendenziöse Witz«, zu dem er den obszönen Witz zählt,[70] sehr zum Angriff auf Großes und Mächtiges. Er stellt fest, daß »der tendenziöse Witz mit ganz besonderer Vorliebe zur Ermöglichung der Aggression oder der Kritik gegen Höhergestellte, die Autorität in Anspruch nehmen, verwendet wird. Der Witz stellt dann eine Auflehnung gegen solche Autorität, eine Befreiung von dem Drucke derselben dar.«[71] Greift Jandl an? Wenn ja, was? Von welchem Druck will er befreien?

Wulf Segebrecht, der eine Monographie[72] zu Goethes Gedicht vorgelegt hat, überzeugt mit der Annahme, daß viele Parodien des Nachtlieds nicht

---

[66] Zu psychologischen Versuchsreihen vgl. Bertau: Sprachspiel Metapher, S. 289.

[67] Müller beobachtet in seiner Untersuchung zur Sexualsprache: »daß normalsprachliche ›anständige‹ Wörter sehr bald ›unständig‹ werden, wenn sie auf Sexuelles übertragen werden und wenn sie vielleicht außerdem noch lustvolle Anschaulichkeit transportieren.« Müller: Seid reinlich, S. 18.

[68] Jandl: Dichtkunst, S. 192.

[69] Freud: Der Witz, S. 78. Den Begriff des Witzes verwendet Freud ausdrücklich in weitem Sinne: »Da es zu den Leistungen des Witzes gehört, verdeckte Quellen der komischen Lust wieder zugänglich zu machen, kann in lockerer Analogie jeder Kunstgriff, der nicht offenkundige Komik an den Tag bringt, ein Witz genannt werden. Dies letztere trifft aber vorzugsweise für die Entlarvung zu, wie sonst auch für andere Methoden des Komischmachens.« Ebd., S. 164.

[70] Ebd., S. 78.

[71] Ebd., S. 84f.

[72] Segebrecht: Goethes Gedicht.

84

Goethes Text angriffen, sondern vielmehr dessen Rezeption: »Die Parodie reagiert auf eine Auffassung vom parodierten Text, auf dessen Rezeption, nicht auf dessen angeblich zeitunabhängiges Vorhandensein. Folglich richtet sie sich nicht primär gegen den Text«.[73] Um die Wirkung von Jandls Gedicht zu verstehen, muß die Vorlage Goethes, vor allem aber ihre Rezeptionsgeschichte betrachtet werden.

Robert Gernhardt nennt Goethes hier verarbeitetes »Wanderers Nachtlied« das berühmteste deutsche Gedicht.[74] Und Segebrecht bündelt seine Recherchen wie folgt: »Doch zeigt die Intensität und Häufigkeit der Rezeption einen hohen Bekanntheitsgrad an. Wenn, wie ich gezeigt habe, ein Gedicht über 100 mal vertont wird, wenn der Ort, an dem es entstanden ist, zu einer Kult- und Wallfahrtsstätte der Touristen und das Gedicht selbst zu einem ›Nationalheiligtum‹ geworden ist, wenn es in alle Kultursprachen übersetzt wurde und einzelne seiner Zeilen immer wieder als geflügelte Worte aufgenommen, zitiert und parodiert werden, [...] eine ganze Bibliothek über das Gedicht zusammengeschrieben wurde [...] und wenn das Gedicht schließlich nicht selten geradezu zum Inbegriff und Muster dessen wird, was man unter ›Lyrik‹ verstanden wissen möchte, dann darf man wohl von einem wirklich populären Gedicht sprechen.«[75]

Es überrascht nicht, daß auch der Westdeutsche Rundfunk und der Patmos Verlag dieses Gedicht nach einer groß angelegten Umfrage in die Sammlung »Die Lieblingsgedichte der Deutschen« und die dazu publizierte CD aufgenommen haben.[76] Auch unter Philologen ist Goethes Gedicht eines der höchstgeschätzten, so schreibt etwa Staiger: »Als eines der reinsten Beispiele lyrischen Stils gilt ›Wanderers Nachtlied‹«.[77] Besonders pathetisch formuliert Heinrich Löckel seine Begeisterung: »Mit diesem Gedicht [...] betreten wir jenen geweihten Boden deutscher Dichtung, über dem die Worte stehen: ‚Ziehe deine Schuhe von den Füßen; denn der Ort, darauf du stehest, ist heiliges Land!‹«[78] Dennoch ist gerade »Wanderers Nachtlied« unzählige Male für Werbezwecke oder auch politische Propaganda mißbraucht worden. Petra Leutner bemerkt: »Es gibt wohl kein anderes Gedicht, das auf vergleichbare Art in alle Bereiche Eingang fand, sei es in politische Schlagwortpropaganda, in Satire, in die Werbung oder in die scherzhafte Alltagssprache.«[79] Segebrecht faßt die Rezeptionsgeschichte von »Wanderers Nachtlied« zusammen:

---

[73] Ebd., S. 98.
[74] Vgl. Gernhardt: In Zungen reden, S. 208.
[75] Segebrecht: Goethes Gedicht, S. 46.
[76] Hier stand es unter dem Titel »Wanderers Nachtlied II« auf Platz dreiundzwanzig der »Beliebtheitsskala«. Vgl. Die Lieblingsgedichte der Deutschen [CD].
[77] Staiger: Grundbegriffe der Poetik, S. 13.
[78] Löckel: Der Dichtkunst Stimme, Bd. 1, S. 65.
[79] Leutner: Das Gedicht »Über allen Gipfeln ist Ruh«, S. 275.

»Im 19. Jahrhundert wurde das Gedicht zum Muster liedhafter Lyrik schlechthin emporgehoben, es wurde als Reliquie verehrt und popularisiert, es wurde mit Innigkeit gesungen und rezitiert, es wurde nachgeahmt und selbst bedichtet. [...] Im 20. Jahrhundert dagegen wurde das Gedicht parodiert und verjuxt, es wurde zum politischen Agitationsinstrument und zum Scherzartikel gemacht, es wurde in Bestandteile zerlegt und neu zusammengesetzt, es wurde bekämpft und umfunktioniert.«[80]

Sehr bekannt geworden ist die Empörung von Karl Kraus über Verballhornungen des Goethe-Gedichts. Er beschrieb sie in der »Fackel«.[81] Auch in seinem Drama »Die letzten Tage der Menschheit« gibt er den Mißbrauch des Gedichts als Kriegspropaganda wieder. In der vierten Szene des dritten Aktes legt er zwei »Studenten der Philosophie« ein Kriegsgedicht in den Mund, das so ähnlich dem »Frankfurter Generalanzeiger«[82] entnommen ist: das »U-Boot-Gedicht von Goethe«.

»Unter allen Wassern ist – ›U‹
Von Englands Flotte spürest du
Kaum einen Hauch . . .
Mein Schiff ward versenkt, daß es knallte,
Warte nur, balde
R-U-hst du auch!«[83]

Karl Kraus nennt Goethes Gedicht: »das heiligste Gedicht der Nation, ein Reichskleinod, dessen sechs [sic] erhabene Zeilen vor jedem Windhauch der Lebensgemeinheit bewahrt werden müssen.«[84] Er versteigt sich mit Blick auf das »U-Boot-Gedicht« sogar zu der Behauptung: »Die Tat, die es parodistisch verklären soll, ist eine Wohltat, verglichen mit der Übeltat dieser Anwendung, und hundert mit der Uhr in der Hand versenkte Schiffe wiegen eine Heiterkeit nicht auf, die mit Goethe in der Hand dem Schauspiel zusieht.«[85] Die Unantastbarkeit des Gedichtes wird hier über Menschenleben gestellt und die Geißelung der »Entmenschung«[86] gerät selbst unmenschlich. Bertolt Brecht provozierte wenige Jahre später mit der »Liturgie vom Hauch«,[87] die das Schweigen der »Vöglein im Walde« agitatorisch wirksam mit der Einforderung von Menschenrechten kontrastiert.

---

[80] Segebrecht: Goethes Gedicht, S. 33f.
[81] Vgl. Kraus: Goethes Volk (Die Fackel 1. April 1917), S. 2f.
[82] Ebd., S. 2.
[83] Kraus: Die letzten Tage der Menschheit, S. 331. Robert Neumann greift die Anfangszeile dieses Gedichtes als ein Beispiel auf, von dem Parodien abzugrenzen seien. Neumann: Zur Ästhetik der Parodie, S. 439.
[84] Kraus: Goethes Volk (Die Fackel 1. April 1917), S. 2.
[85] Ebd., S. 3.
[86] Ebd.
[87] Brecht: Hauspostille, S. 181–186.

Die genannten Beispiele mögen genügen, um die den Rezipienten häufig abverlangte bedingungslose Ergebenheit gegenüber Goethes Gedicht zu zeigen. Sie reizt zum Tabubruch — hier lockt also der Angriff auf »Autorität«, den Freud als Ziel des tendenziösen Witzes vermutete. Rühmkorfs generelle Beobachtung der Lust, allgemein Wertgeschätztes in den Staub zu ziehen,[88] kann auch mit Blick auf Jandls Goethe-Verarbeitung in den Sinn kommen.

Es ist zu fragen, ob es sich bei dem Lautgedicht *ÜBE!* um eine Parodie handelt[89] und wenn ja, was dieser Gegengesang[90] angreift. Der Begriff der Parodie wird oft am Beispiel der Sprachkunst Goethes kritisch diskutiert. Robert Neumann vermutet: »Das Vollendete ist nicht nachzuahmen. Heine kann nachgeahmt werden, auch Schiller kann noch nachgeahmt werden — Goethe nicht«.[91] Peter Horst Neumann charakterisiert das hier betrachtete Gedicht Goethes als »Inbegriff unverletzbarer Lyrik«.[92] Dennoch finden sich unter den zahlreichen Verarbeitungen des Textes auch gewagte Sprachveränderungen, unter anderem von Vertretern der experimentellen und konkreten Poesie. Zu nennen ist hier beispielhaft Reinhard Döhl, der mit Versatzstücken aus Goethes Text arbeitet.[93] Auch Georges Perec und Eugen Helmlé haben mit dem Wortmaterial experimentiert: Goethes Gedicht wurde dem Computer für ein Zufallsexperiment überlassen.[94] Hans Hartje spielt mit dem Buchstabenmaterial der ersten Zeile des Gedichts, zum Beispiel indem er Anagramme und andere Wort- und Buchstabenspiele erstellt: »Über allen Gipfeln ist Ruh' 1–35«. Riha sieht in Hartjes Sprachspiel sogar eine Analogie zu Jandls Gedicht.[95] Mit Blick auf die Radikalität der Verfremdung kann man ihm zustimmen. Im Gegensatz zur klassischen Form der Parodie ruft Jandls Text *ÜBE!* keineswegs sofort seine Vorlage ins Gedächtnis. Im Gegenteil, es überrascht, sie zu entdecken.

Ein amüsanter Beleg für Jandls gelungene Verfremdung ist die kurze Interpretation von Peter Horst Neumann. Er diskutiert nur die von Jandl durch Kleinschreibung und den Verzicht auf Satzzeichen leicht veränderte Abschrift des Goethe-Gedichtes. Es scheint, als hätte er die zweite, so stark veränderte

---

[88] Rühmkorf: Volksvermögen, S. 72.
[89] Wende ordnet Jandls Text unter »parodistische Goethe-Rezeption« ein. Vgl. Wende: Goethe-Parodien, S. 384–387.
[90] Zur Eingrenzung des Begriffs vgl. Freund (1981), S. 1–6. Zur Übersetzung vgl. Liede: Parodie, S. 12.
[91] Neumann: Zur Ästhetik der Parodie, S. 441.
[92] Neumann: »Ein Gleiches« von Jandl und Goethe, S. 252.
[93] Döhl: fingerübungen, S. 44. Aus seinem Sprachspiel entstehen sexuell gefärbte Anklänge wie »geilchen« und unheimliche wie »seilchen« und »hackebeilchen«. Sie rufen Assoziationen eines Sexualmordes hervor, der durch die Diminutivformen verschleiert wird.
[94] Perec/Helmlé: Die Maschine [CD].
[95] Riha: Lyrik-Parodien, S. 208.

Fassung *ÜBE!* übersehen, was für die Unkenntlichkeit des verfremdeten Buchstabenmaterials spricht. Neumann deutet die von ihm besprochene Fassung als »Extremfall intertextueller Poesie«, das Zitat des Goethe-Gedichtes durch Jandl als »zitierendes ›Lautgedicht‹«[96] verdeutliche den »unüberbrückbaren Abstand«[97] zu Goethes Gedicht. Diese Interpretation Neumanns läßt sich trotz ihres beschränkten Untersuchungsmaterials anwenden auf eine Umfrage der Zeitschrift »Literatur und Kritik« zum Thema Lyrik. Hier überrascht Ernst Jandls Reaktion auf die Frage: »Welches Ihrer Gedichte halten Sie für das Gelungenste?« Er veröffentlichte Goethes Gedicht in Kleinschreibung und bis auf ein Komma ohne Interpunktion. Ironisch steht darunter: *(copyright: ernst jandl, 1968).*[98]

Die wenigen Deutungen, die zu Jandls Lautgedicht erschienen sind, fokussieren dasselbe Thema: Jandls Willen, den Abstand der Rezipienten zu einem Text zu zeigen. Segebrecht beschreibt, wie Didaktiker lange Zeit das Ziel verfolgten, Schüler durch eine Situationsrekonstruktion des wandernden Goethe auf dem Kickelhahn[99] an das Gedicht heranzuführen. Sie problematisieren nicht den Abstand der Leser zum historischen Text, er soll durch die empfohlene hermeneutische Methode des Sich-Hineinversetzens ja gerade überwunden werden. Es ist anzunehmen, daß Jandl als Gymnasiallehrer mit ähnlichem Unterrichtsmaterial vertraut gewesen ist. Segebrecht ist vor diesem Hintergrund der Ansicht, Jandl gehe es um eine »potentielle Veränderbarkeit«,[100] die eine Vieldeutigkeit des Goethe-Textes unterstelle: »Jandls Text ist ein Gestalt gewordener Beleg dafür, daß der Sinn, den man klassischen Texten gibt, stets abhängig ist von dem spezifischen Abstand, der zwischen dem Text und seinem Leser besteht. Die hermeneutische Differenz hat nicht in erster Linie analytische, sondern produktive Funktion; sie will nicht die Vorlage zerstören, sondern pietätlos nutzen.«[101]

Zum Verständnis der Jandlschen Verfremdung ist sein Text *ÜBE!* mit Blick auf Inhalte zu betrachten. Hier interessiert vor allem die komische Wirkung des Lautgedichts. Wenn dieser Gegengesang auf die Rezeptionsgeschichte der Vorlage zielt, so stellt sich die Frage: Welcher Art ist das »schlimme Spiel«, das nach Rühmkorfs Beobachtung dem Wertgeschätzten droht?

Ein Schwerpunkt der meisten Deutungen zu Goethes Gedicht ist die Ruhe. So sieht Emil Staiger eine Entwicklung der Ruhe: »bis im Schlußvers ›Ruhest du auch ...‹ [sic] in den beiden letzten langgezogenen Worten sich alles beru-

---

[96] Neumann: »Ein Gleiches« von Jandl und Goethe, S. 253.
[97] Ebd., S. 252.
[98] Jandl: Zur Umfrage »Was ist eigentlich Lyrik?«, S. 81.
[99] Vgl. Segebrecht: Goethes Gedicht, S. 56–61.
[100] Ebd., S. 118.
[101] Ebd., S. 119.

higt, sogar das unruhigste Wesen, der Mensch.«[102] Ratgeber für Lehrer stuften in der Entstehungszeit von Jandls Gedicht besonders den Ruhegedanken als pädagogisch wertvoll ein, dies zeigt zum Beispiel die Darstellung von Walter Steitz: »was die Gedankenfülle anbelangt, so wiederholt sich viermal dieselbe simple Feststellung: Die Welt ruht. Ich glaube, das Bedürfnis für diese Verse ist elementarer Natur. Wir brauchen sie einfach, das ist es. Die unruhige Welt braucht sie. Die unruhige Nation der Deutschen braucht sie. Unsere nervösen Kinder brauchen sie.«[103] Intensiv ist die Ruhe als Totenruhe diskutiert worden. Walter Jens erkennt im Gedicht die »Hinnahme des Gesetzes, das Verstummen, Schweigen und Ruhe verlangt und derart ›alles Leid und Schmerzen stillet‹.«[104] Er nennt es ausdrücklich: »Ein Todesgedicht also, in der Weise des alten Goethe mit viel Bewegung, ja, unter Tränen zu lesen: so haben es Generationen von Gymnasiallehrern die Schüler gelehrt.«[105] Das in »Wanderers Nachtlied« anklingende Memento mori[106] ist auch eines der Themen einer Ausstellung, die im Museum für Kunsthandwerk ganz mit Blick auf das Gedicht Goethes zusammengetragen wurde.[107]

Die Ruhe, die in Goethes Sprache Gestalt annimmt, ist ein Faszinosum, das schon Staiger betont: »Der Wert von lyrischen Versen als solchen besteht in dieser Einheit der Bedeutung der Worte und ihrer Musik. Es ist eine unmittelbare Musik, während die Lautmalerei – mutatis mutandis und ohne Werturteil – der Programmmusik zu vergleichen wäre. Nichts kann heikler sein als ein solches Verlauten von Stimmung.«[108] Gerade ein neues Verlauten aber unternimmt Ernst Jandl. Er zerstört dabei die so oft bewunderte Ruhe und bewirkt etwas Gegenteiliges: Das Buchstabenmaterial Goethes erscheint in Jandls Verarbeitung höchst beunruhigend und dabei extrem lautmalerisch. Aus dem so oft diagnostizierten »Ruhegedicht« wird provozierend ein »Lautgedicht«. In seiner Übersetzung dreier Texte aus John Cages Sammlung »Silence« hat

---

[102] Staiger: Grundbegriffe der Poetik, S. 13.

[103] Steitz: Das Gedicht in der Schule, S. 64.

[104] Jens: Bleistift und Bretterwand, S. 40.

[105] Ebd., S. 39.

[106] Eine seiner *stanzen* hat Jandl mit *wanderers nachtlied* überschrieben, und auch hier ist sein Thema das Lautsein und sein Gegenteil, der Tod: *wanderers nachtlied // waasd i red hoed so gean / drum redia so füü / skommt drauf aun, mid wem / oowa woat, boid bini schdüü.* Jandl: poetische werke, Bd. 9, S. 255 (25. Aug. 1991).

[107] Die Ausstellung hatte zum Ziel: »angeregt durch das besagte Gedicht Goethes, Objekte aus den Sammlungen des Museums in einer poetisch-assoziativen Präsentation zu einer neuen Ordnung zusammen[zufügen], die die Begriffe und Vorstellungsbilder des Textes spielerisch visuell spiegelt und in ihrer denkbaren Bedeutungsvielfalt facettiert.« Fischer/Soltek: Das Goethe-Projekt des Museums für Kunsthandwerk, S. 35.

[108] Staiger: Grundbegriffe der Poetik, S. 16.

Jandl dessen Beobachtung wie folgt formuliert: »Es gibt nicht so etwas wie Stille. Etwas geschieht / immer, das einen Klang erzeugt. / Niemand kann einen Einfall haben / wenn er erst einmal wirklich zu hören beginnt.«[109] Jandl scheint in seiner Ausdehnung und Umdeutung einzelner Laute des Gedichts zugleich auf die unzähligen Interpretationen anzuspielen, die Goethes Gedicht bis ins Detail seziert haben: Einzelnen Lauten wurden ebenso immense wie widersprüchliche Bedeutungen zugeschrieben.[110]

Ein weiterer auffallender Aspekt in der Rezeptionsgeschichte von »Wanderers Nachtlied« ist seine eher seltene Interpretation als Naturgedicht. Segebrecht trifft die pointierte Feststellung: »Es wird dem Gedicht eher zugemutet, die letzten Dinge (Tod, Ewigkeit, Gott, Sinn des Daseins usw.) als die naheliegenden Dinge zu behandeln (Berge, Bäume, Vögel und Menschen), obwohl diese ja im Gedicht tatsächlich vorkommen.«[111] Gerade am Beispiel von »Wanderers Nachtlied« erläutert auch Theodor W. Adorno den Abstand der Lyrik vom »Dasein«:[112] »Das Ich, das in Lyrik laut wird, ist eines, das sich als dem Kollektiv, der Objektivität entgegengesetztes bestimmt und ausdrückt; mit der Natur, auf die sein Ausdruck sich bezieht, ist es nicht unvermittelt eins. [...] Selbst lyrische Gebilde, in die kein Rest des konventionellen und gegenständlichen Daseins, keine krude Stofflichkeit mehr hineinragt, die höchsten, die unsere Sprache kennt, verdanken ihre Würde gerade der Kraft, mit der in ihnen das Ich den Schein der Natur, zurücktretend von der Entfremdung, erweckt.«[113] Das Gegenteil des dem Goethe-Gedicht zugeschriebenen »Entstofflichen« findet sich in Jandls Text: derb ausgedrückte, wilde Sexualität, die durchaus bedrohlich wirkt. Die Sprache der durch die Anführungszeichen angezeigten Sprechenden ist auf krude Laute und Wort-

---

[109] Cage: 45', S. 154 [Übersetzung von Ernst Jandl]. Jandl zitiert Cage auch in seinen Frankfurter Poetik-Vorlesungen, vgl. Jandl: Das Öffnen, S. 235f.

[110] Segebrecht hat diese Vielzahl der Ausdeutungen verschiedener Laute im Gedicht Goethes lakonisch beobachtet, er gibt sich überrascht, »was im Laufe der Zeit in die Laute des Nachtlieds alles hineingeheimnist worden ist. Daß das ›u‹ die Ruhe zu vertreten habe [...] mag allenfalls noch angehen; schwieriger wird es schon, im ›a‹ des Wortes ›balde‹ den ›Jubelton der hoffnungssicheren Verheißung‹ (Libau) zu vernehmen [...]. Vollends unmöglich wird es freilich, alles das nachzuvollziehen, was das ›i‹ in dem Gedicht angeblich heraufbeschwört«. Segebrecht: Goethes Gedicht, S. 84. Die phantasievollen Deutungen fallen, was nicht verwundert, je nach Interpretation ganz unterschiedlich aus. Segebrecht wird es zuviel; die zahlreichen Vokal- und Rhythmusdeutungen des Goethe-Gedichts nennt er »bedrückkende Zeugnisse germanistischen Schwätzens und Versagens.« Segebrecht: Goethes Gedicht, S. 91.

[111] Segebrecht: Goethes Gedicht, S. 79.

[112] Adorno: Noten, S. 78.

[113] Ebd., S. 80.

fetzen reduziert. Natur äußert sich hier in sehr gegenständlichen, onomato-poetischen Lautreihen.

Zwar wurde Goethes Gedicht nicht selten auch als Liebesgedicht interpre-tiert, allerdings meist im Sinne eines allmählich heilenden Liebesschmerzes zu Charlotte von Stein.[114] Die durch das Naturerleben getröstete Liebe er-scheint den meisten Interpreten hier in der – im Sinne Adornos – entstofflich-ten Weise. Segebrecht vermerkt einen erstaunlichen Befund:»Dennoch ist es, denke ich, kein Zufall, daß in den ›poetischen Analysen‹ des Goethe-Gedichts der Aspekt des Sexuellen oft eine erstaunlich große Rolle spielt.«[115]

Neben dem schon erwähnten Beispiel aus Reinhard Döhls »fingerübun-gen« ist vor allem die Arbeit von Dieter Höss aus dem Jahr 1969 zu nennen, die nach seinen eigenen Worten »nicht an Jugendliche unter 18 Jahren«[116] verkauft werden dürfe: »Goethe. Wanderers Nachtlied oder Die schmutzige Phantasie«. Der von ihm erzielte Effekt ist dem des Jandlschen Textes beson-ders ähnlich. Höss betrachtet Goethes Gedicht als stark vergrößernde Detail-studie: Durch riesig gedruckte Bruchstücke des Textes auf einzelnen Seiten (hier durch Schrägstriche wiedergegeben) ergibt sich die Lesart: »Übe / ui, bald du auch / Vögelei / im Walde«.[117] Ähnlich drastisch ging Arno Schmidt in »Zettels Traum« zu Werke:

erfreulicherweise hörte ich PW ^{unweit} hinter Mir,(cursing & breaking wind at one another)): "Die schweine Vögeln im Walde?!" (W entrüstet und Er,still): "Warte nur; walde –".)[118]

Im Gegensatz zu Jandl äußern Schmidt und Höss die obszönen Anspielungen explizit: Schmidt durch seine semantisch eindeutige Aussage, Höss vor allem durch die Überschrift »[...] oder Die schmutzige Phantasie«, die die Lesart seiner Wortvergrößerungen vorherbestimmt. Jandl dagegen führt die Wahr-scheinlichkeit sexueller Assoziationen dezenter und dennoch eindringlicher vor.

In allgemeinen Äußerungen zum Begriff Unsinn hat Jandl die Möglichkeit des Ärgerns eingeräumt und akzeptiert: »Ob Befriedigung oder Verärgerung eintritt, hängt von der Erwartung bzw. der Empfangsfähigkeit des Publikums ab, nämlich jedes einzelnen Lesers oder Zuhörers, wobei ich voraussetze, daß der Text die Qualität besitzt, die einen zu freuen und zugleich die anderen zu

---

[114] Vgl. Segebrecht: Goethes Gedicht, S. 64–66.

[115] Ebd., S. 120.

[116] Höss: Wanderers Nachtlied oder Die schmutzige Phantasie, S. 1.

[117] Höss erläutert seine Absicht augenzwinkernd: Erst das künstlerische Text-Detail zeigt, was in einem Gedicht alles steckt, erst der genaue Ausschnitt bringt uns den ganzen Goethe zum Verständnis.« Ebd.

[118] Schmidt: Zettels Traum II, Zettel 268.

ärgern.«[119] Eine verärgerte Rezension ist (neben vielen anderen) nachzulesen in dem von Pfoser-Schewig herausgegebenen Sammelband »Für Ernst Jandl. Texte zum 60. Geburtstag«,[120] womit der Schluß zugelassen ist: Die gelungene Verärgerung ist auch ein Erfolg.

Parodien versuchen oft, Schwächen aufzuspüren, sie werden manchmal gar als aggressiv[121] charakterisiert. Jandls Aggression richtet sich jedoch nicht gegen das Gedicht Goethes. Vielmehr bezieht sich bei Jandl die der Parodie eigene Methode – nach Schmidt-Hiddings allgemeiner Definition die »Aufdeckung der wahren Verhältnisse« – auf die Rezeptionsgeschichte des Goethe-Gedichtes. Jandl parodiert die Deutung als »Ruhegedicht« durch ein Lautgedicht und gewinnt der Interpretation des Goethe-Textes als Lyrik über Natur neue, die Sexualität betonende Seiten ab.

Schon in Goethes Gedicht ist oft ein leise humorvoller Unterton des Melancholischen beobachtet worden.[122] Adorno identifiziert ihn als eine »erhabene Ironie«, die das Tröstende »lautlos« streife, in der Zeit nach Goethe sei sie zur hämischen herabgesunken.[123] Jandls Verfremdung jedoch ist nicht als hämisch zu bezeichnen. In seinem Sprachspiel dominiert der Spielsinn – zugleich ein Kennzeichen der Unsinnsdichtung. Deren »Verhalten zum Nächsten« benennt Schmidt-Hidding generell als »abständig, aber sympathisierend«.[124] Ein weiteres Zitat Adornos scheint – ohne einen Bezug zu Jandl zu haben – dessen poetisches Werk zu rechtfertigen: »Darum zeigt Lyrik dort sich am tiefsten gesellschaftlich verbürgt, wo sie nicht der Gesellschaft nach dem Mund redet, wo sie nichts mitteilt, sondern wo das Subjekt, dem der Ausdruck glückt, zum Einstand mit der Sprache selber kommt, dem, wohin diese von sich aus möchte.«[125]

Wo die Sprache von sich aus hin möchte: Adornos Beschreibung guter Lyrik kann auf viele Gedichte Jandls übertragen werden. Das Spiel mit der

---

[119] Jandl: Dichtkunst, S. 192.

[120] »Ernst Jandl hat sich an Höhen vergriffen, über Wipfeln und Gipfeln, und wenn zwei ein gleiches tun, ist's noch immer nicht ein Gleiches, aber nächstens wird einer sichs einfallen lassen, in den Untergrund zu steigen. Dann wird er möglicherweise aus den Wiener Bedürfnisanstalten den Hexameter ›Saprolöl-Urinoir ohne Wasserspülung geruchlos‹ als neuste Dichtung beziehen. Und der Luchterhandel wird's drucken, warten Sie's nur ab«. G. D. in: Kleine Zeitung, Klagenfurt vom 26. Sept. 1970, wurde abgedruckt in: Pfoser-Schewig, Für Ernst Jandl, S. 100.

[121] Schmidt-Hidding: Wit and Humour, S. 50f.

[122] Petra Leutner ist beispielsweise der Ansicht, daß ein »Ton des Grotesken, des Schwarzen Humors« mitschwinge. Leutner: Das Gedicht »Über allen Gipfeln ist Ruh«, S. 274.

[123] Adorno: Noten, S. 80.

[124] Schmidt-Hidding: Wit and Humour, S. 50f.

[125] Adorno: Noten, S. 85.

Sprache steht auch bei seiner Verfremdung *ÜBE!* im Vordergrund, es erscheint auf den ersten Blick als Unsinnsdichtung. Wie zu zeigen war, finden sich aber gleichzeitig verschiedene andere Spielarten des Komischen: Parodistisch nimmt Jandl die Prominenz der Vorlage aufs Korn. Sein Gegengesang zielt dabei provozierend auf Auswüchse der Rezeptionsgeschichte. Hier sind kritisch-satirische Züge des Gedichts spürbar, die sich, im Sinne einer »Verächtlichmachung«[126] gegen die übersteigerten Weihen und damit verbundenen Instrumentalisierungen des Goethe-Gedichts richten. Jandl greift Autoritäten an — dies geschieht am wirksamsten durch Witz und dessen oft beschriebenes Kennzeichen des Kontrastes: das »Lautgedicht« im Kontrast zu einem Gedicht über die Ruhe. Auch durch bloßstellenden, obszönen Witz greift Jandl Autoritäten an, durch Anreize zu sexuellen Assoziationen. Nicht zuletzt sind Merkmale des Scherzes im Gedicht *ÜBE!*, das auch als poetologische Aufforderung verstanden werden kann, zu entdecken: Die direkten Anreden, Imperative, Ausrufe und Fragen beziehen die Rezipienten stark ein und necken sie in gewisser Weise. Das sprachliche Merkmal des »Slangs«, hier der Vulgärsprache, ist ebenfalls Kennzeichen des Scherzes.[127]

Somit zeigen Jandls Verarbeitungen *ein gleiches* und *ÜBE!* geradezu beispielhaft die Vielschichtigkeit seines Sprachspiels, das die ganze Bandbreite von klassischen Spielarten des Komischen beerbt. Jandl verzahnt ihre Kräfte eng miteinander, das macht sein Gedicht schwer greifbar, steigert aber dessen subkutane Wirkung.

3.4   Die Kraft der Bloßstellung

Das in der Sekundärliteratur wohl am breitesten diskutierte Gedicht Ernst Jandls ist *wien : heldenplatz*.[128] Die zum Teil ausführlichen Analysen[129] setzen sehr unterschiedliche Akzente; das Verständnis des Gedichts hängt unge-

---

[126] Sie ist nach Schmidt-Hidding Ziel der Satire. Schmidt-Hidding: Wit and Humour, S. 50f.

[127] Ebd.

[128] Kaukoreit und Pfoser nennen das Gedicht zu Recht einen »Jandl-Klassiker«. Kaukoreit/Pfoser: Vorbemerkung, S. 9.

[129] Vgl. Pabisch: Sprachliche Struktur, S. 73–85. Vgl. auch: Drews: Über ein Gedicht, S. 34–44 und Ruprechter: Politische Dichter, S. 34–46. Das Gedicht wurde international diskutiert und zum Beispiel ins Italienische übersetzt, vgl. Reitani: Frasi, S. 50–68. Vgl. auch Henninger: Ernst Jandl, S. 67–82; Link-Heer: Ernst Jandl, S. 439–450 und Bourke: wien : heldenplatz, S. 207–216.

wöhnlich stark von der Perspektive der Rezipienten ab.[130] Die hier betrachteten Deutungen fallen alle sehr ernst aus – schließlich führt *wien : heldenplatz*,
wie zu zeigen ist, psychische Komponenten der Massenbegeisterung im
Nationalsozialismus vor Augen. Es soll jedoch über die vorliegenden Interpretationen der Sekundärliteratur hinaus gezeigt werden, daß die im Gedicht
dargestellte Gesellschaft vor allem durch obszönen Witz in der Sprache
demaskiert wird.

Schon Freud bezeichnet obszönen Witz als »bloßstellend«[131] und konstatiert, daß er sich »sehr zum Angriff auf Großes, Würdiges und Mächtiges eignet«.[132] In Jandls poetischen Werken finden sich viele Beispiele für obszönen
Witz – seine zerstörerische Kraft, die Mächtiges verlacht, tritt aber besonders
im folgenden Gedicht zutage:

wien   :   heldenplatz

der glanze heldenplatz zirka
versaggerte in maschenhaftem männchenmeere
drunter auch frauen die ans maskelknie
zu heften heftig sich versuchten, hoffensdick.
und brüllzten wesentlich.

verwogener stirnscheitelunterschwang
nach nöten nördlich, kechelte
mit zu-nummernder aufs bluten feilzer stimme
hinsensend sämmertliche eigenwäscher.

pirsch!
döppelte der gottelbock von Sa-Atz zu Sa-Atz
mit hünig sprenkem stimmstummel.
balzerig würmelte es im männechensee
und den weibern ward so pfingstig ums heil
zumahn: wenn ein knie-ender sie hirschelte.[133]

Wie Jandl berichtet, hat er als 14-jähriger den Wiener Heldenplatz bei einer
Feier zum sogenannten Anschluß Österreichs an Deutschland erlebt und dies

---

[130] Vielversprechend ist daher der im Internet dokumentierte Versuch von Matthias
Berghoff, einen »interaktiven Assoziations- und Interpretationsraum im Internet zu
Ernst Jandls *wien : heldenplatz*« zu schaffen. Einzelne Worte des Gedichtes wur-
den mit Assoziationen von Jandl, Drews und Pabisch verlinkt; die Besucher der
Seite konnten ihre eigenen Assoziationen hinzufügen, vgl. die Dokumentation
Berghoff: Interpretationsraum. http://www.matthiasberghoff.de/pub/aufsjand/ [Stand:
Mai 2007].

[131] Freud: Der Witz, S. 78.

[132] Ebd., S. 85.

[133] Jandl: poetische werke, Bd. 2, S. 46 (4. Juni 1962).

im Gedicht verarbeitet.[134] Zwar enthält es keine Datierung, die Beschreibung der Menschenmassen und des »Redners« verweisen aber darauf, daß es sich um die umjubelte Ansprache Hitlers vom 15. März 1938[135] handelt. Jandl nennt ihn ausdrücklich: »Als Zentrum dieser von primitiven Regungen umspülten Situation steht, ohne Namensnennung, Hitler im Gedicht«.[136] Der Leser oder Hörer kann den historischen Zusammenhang zunächst nur ahnen,[137] zu Recht nennt Hanspeter Brode das Gedicht einen »Kreiseltanz der Bilder und Metaphern«,[138] von »Enigmatik«[139] spricht Ursula Link-Heer.

Eine Umfrage unter Teilnehmern eines Proseminars an der Universität Trier im Wintersemester 2003/04 ergab überraschend deutliche Assoziationen, die nach dem ersten Hören des Gedichts als Mitschnitt einer Lesung Ernst Jandls spontan niedergeschrieben wurden. »Große Menschenmassen« wurden assoziiert, »Fußball«, mehrfach »Militär« und »Militäraufmarsch«. Auch »Volk« und »Herrscher« sowie »Schlachtfeld« und »Krieg« wurden genannt. Viele der insgesamt achtundzwanzig Studentinnen und Studenten dachten spontan an die NS-Zeit (11) und speziell an Hitler-Reden (5). Auch »Judenverfolgung« wurde genannt, »Männer und Frauen im Konzentrationslager« und »Gemetzel«. Folgende Attribute wurden niedergeschrieben: »fanatisch«, »brutal«, »aggressiv«, »hart«, »dumm und plump« und auch »lächerlich«. Es entstanden die Bilder »Jagd / Jagdgesellschaft« (4) sowie »Wald« und »Hirsch«. Auch sexuelle Assoziationen wurden benannt: »negative Erotik«, »Balz« und »Prostitution«.

Wie kommt es zu diesen vielfältigen Assoziationen? Jandls Gedicht enthält in den drei Strophen insgesamt achtundzwanzig neu erfundene Wörter. Eine Deutung des Vokabulars wird Schwerpunkt jeder Interpretation sein, muß aber zwangsläufig unbewiesen bleiben. Das Aufsplittern von Wörtern, das Durchsetzen und Verschmelzen von Vokabular mit fremden Buchstaben bringen eine Fülle neuer Wörter hervor; die allerdings trotz ihrer Novität ein-

---

[134] »Ich stand, 14jährig, auf der Wiener Ringstraße, nahe dem Heldenplatz, eingezwängt in eine Menge, die zu einer Kundgebung gekommen war.« Jandl: Mein Gedicht, S. 34.

[135] »Der Jubel ließ sich später nicht wegleugnen. Er erreichte mit der Kundgebung auf dem Wiener Heldenplatz am 15. März 1938 seinen Höhepunkt.« Andics: Österreichische Geschichte, S. 288.

[136] Jandl: Mein Gedicht, S. 34–35.

[137] Jandl bemerkte, es biete sich dem Leser oder Zuhörer »zuerst einmal als ein doch etwas verschlüsseltes Gedicht an, obwohl noch während des Sprechens eine Abfolge von Erkennen dieser Vorgänge beim Hörer einsetzt«. Jandl/Estermann: Gespräch, S. 24. Sicher wird der Wiener Heldenplatz häufig spontan mit der berüchtigten Rede Hitlers in Verbindung gebracht, allerdings kann dieses historische Wissen nicht bei allen Rezipienten des Gedichtes vorausgesetzt werden.

[138] Vgl. Brode: Kreiseltanz, S. 202.

[139] Link-Heer: Ernst Jandl, S. 443.

geordnet und verstanden werden können. Es stellt sich die Frage: Wie wird Jandls Vokabular Bedeutung zugeschrieben? Wie fügen sich Wörter, die noch nie gehört wurden, zu Sätzen zusammen? Jandl selbst erklärte, der Reiz entstehe aus der »Spannung zwischen dem beschädigten Wort und der unverletzten Syntax.«[140] Tatsächlich handelt es sich um syntaktische Wörter, Wörter in grammatischer Ausprägung. Und nicht nur deshalb kann jedes neu erfundene Wort eingeordnet werden: Ein erster Hinweis ist seine Herkunft und das Wortfeld, dem es angehört. Darüber hinaus erzeugt die Wortneubildung mit bekannten Morphemen Bedeutung, wobei unter anderem Konversion[141] von Wörtern zu beobachten ist. Jandl bemerkte: »Ohne das expressionistische Pathos zu übernehmen, wurde hier für die Wortbildung aus der Praxis der Expressionisten Nutzen gezogen.«[142] Lautmalereien tragen zum Verständnis bei, und als wichtigster Faktor bedingt der Kontext Assoziationen, wobei sich in fast jedem Wort mehrere Bedeutungen gleichzeitig anbieten. Die Transferleistung der Rezipienten besteht also im phantasievollen Übertragen von Bedeutungen bekannter Wörter und Metaphern auf die unbekannten.

Hitler benutzte auf dem Wiener Heldenplatz zur Feier des Anschlusses das Wort »Vollzug«. Die Aussage des ehemaligen Meldegängers[143] lautete wörtlich: »Ich kann somit in dieser Stunde dem deutschen Volk die größte Vollzugsmeldung meines Lebens abstatten. Als der Führer und Kanzler der deutschen Nation und des Reiches melde ich vor der Geschichte nunmehr den Eintritt meiner Heimat in das Deutsche Reich.«[144] Wie Brode die Schilderung Jandls zusammenfaßt, so könnte er auch das historische Geschehen beschreiben: »Politisches, Biologisches und Religiöses gehen wie in einer schmutzigen Sudelküche ineinander über, rauschhafte Massenzustände zielen ab auf kraß erotisch durchformte Vereinigungserlebnisse.«[145] Jörg Drews hat treffend bemerkt, Jandl erfasse eine »Massenpsychologie des Faschismus«, da die Kunstsprache das Geschehen »statt im Sukzessiven im Simultanen«[146]

---

[140] Jandl: Mein Gedicht, S. 35.

[141] Vgl. Fleischer/Barz: Wortbildung, besonders S. 306f.

[142] Jandl: Mein Gedicht, S. 35. Ausdrücklich benennt Jandl August Stramm als einen Ausgangspunkt seiner Experimente, er hat in einem kleinen Gedicht an ihn erinnert, vgl. Jandl: poetische werke, Bd. 9, S. 9 (zwischen 1982 und 1989). Konversion von Wörtern ist eines der wirksamsten Mittel in der Lyrik Stramms. Vgl. Jandl: Experimente, S. 9.

[143] Hitler war während des Ersten Weltkrieges Meldegänger zwischen dem Regimentsstab und den vorgeschobenen Stellungen. Vgl. Fest: Hitler, S. 102.

[144] Domarus: Hitler. Reden und Proklamationen, Bd. 1, S. 824. Domarus berichtet hierzu: »Bei dieser ›Meldung vor der Geschichte‹ nahm Hitler Haltung an und grüßte, als stehe er vor einem imaginären Vorgesetzten.«

[145] Brode: Kreiseltanz, S. 202.

[146] Drews: Über ein Gedicht, S. 41.

analysiere. Tatsächlich ermöglicht Jandls Sprache vielschichtige Assoziationen gleichzeitig.

Der Titel *wien : heldenplatz* kann als Anspielung auf den Roman »Berlin Alexanderplatz«[147] von Alfred Döblin verstanden werden. Der Name *heldenplatz* weckt eine pathetische Erwartungshaltung, wahrscheinlich hat Thomas Bernhard den Namen auch deshalb als Titel eines provozierenden Theaterstücks[148] gewählt. Jandl setzt in seiner Überschrift zwischen die Namen *wien* und *heldenplatz* jedoch mehrere Leerzeichen, so daß ein großer, durch den Doppelpunkt unterteilter Abstand entsteht. Soll hier eine mögliche Distanz zwischen der Stadt Wien und den mit abstoßenden Metaphern beschriebenen Menschenmassen auf dem Heldenplatz eingeräumt werden? Der Stadt, die Schauplatz des von Jandl erschaffenen Stimmungsbildes ist, bleibt es zu wünschen.

In den größtenteils stark entstellten Verben des Gedichts deuten die Morpheme *-te* und *-ten* an, daß sie in einem erzählenden Imperfekt[149] stehen: *versaggerten, versuchten, kechelte,* etc. Schon die erste Zeile verwirrt: *der glanze heldenplatz zirka.* Verstehen kann man »der ganze Heldenplatz«, das eingestreute *l* in *glanze* läßt aber unwillkürlich Glanz assoziieren. Glorie, die zu den *helden* im Namen des Platzes paßt, liegt in der Luft; Jandl erläuterte: »das ist ›ganz‹ und ›glanz‹ in einem, strahlende Totalität.«[150] Das nachgestellte *zirka* widerspricht dem verstandenen Ganzen; betrachtet man Jandls autobiographische Notiz zu seinem Kindheitserlebnis, kann man an die Perspektive eines Kindes erinnert werden, das in den Menschenmassen den Überblick verliert.[151] Die zweite Zeile fordert die Phantasie der Leser gleich mit drei Wortneuschöpfungen heraus: *versaggerte in maschenhaftem männ-*

---

[147] Jandl schrieb diesem Roman Döblins eine große Leistung auf dem Gebiet des realistischen Erzählens zu. Vgl. Schmidt: Interview mit Ernst Jandl, S. 41.

[148] Bernhard: Heldenplatz. Zu der Entrüstung, die das Stück auslöste, vgl. zum Beispiel Frank: Groteske ohne Text (SZ 13. Okt. 1988) und Löffler: »Hinaus mit dem Schuft« (Spiegel 17. Okt. 1988).

[149] Pabisch bemerkt zum Imperfekt, es sei die formale Erzählform, »die im Deutschen mit der ›schönen Sprache‹ identifiziert wird und Gebildetsein vorgibt. [...] Hitler sprach sehr ›schön‹. Der Dichter ironisiert daher mit einer Technik der Assoziationen, was diese Szene eigentlich in sich barg.« Pabisch: Sprachliche Struktur, S. 79. Drews dagegen empfindet völlig anders: »Dieses große Gedicht ist ein häßliches Gedicht, es kann gar nicht anders als ›häßlich‹ sein«. Drews: Über ein Gedicht, S. 40f.

[150] Jandl: Mein Gedicht, S. 37.

[151] Pabisch denkt an »Zirkus« und bemerkt: »Die glanzvolle Show fand in der arenaartigen Anlage des Wiener Heldenplatzes statt und kam einer Zirkusvorstellung nahe«. Pabisch: Sprachliche Struktur, S. 82. Drews nennt ebenfalls diese Assoziation als »despektierliche Kennzeichnung der Kundgebung«. Drews: Über ein Gedicht, S. 35.

chenmeere. Das als Verb zu verstehende *versaggerte* läßt vom Kontext her an »versinken«, vom Wortklang aber an »versickern« denken.[152] Die unangenehme Assoziation einer Schlammbrühe wird geweckt. Daß dieser Schlamm durch die Rede Hitlers entsteht, legen die folgenden Strophen nahe. Die Menschenmenge ist zum *männchenmeere* verkommen, Menschen finden sich also nicht auf Jandls Heldenplatz, nur diminutiv beschriebene Gestalten. Zugleich ist *männchen* eine Vokabel aus dem zoologischen Bereich, die auf Menschen bezogen spöttisch abwertend klingt. Mit guten Gründen hat Link-Heer im Gedicht generell einen »ridikülisierten Komplex des Maskulinen«[153] beobachtet. Jandl erzeugt einen Kontrast zu den im Namen des Platzes genannten *helden*, der auf die militärischen Denkmäler dieses Ortes zurückgeht. Die Kontrastierung, eine Methode des Witzes, kann hier auch als zynisch beschrieben werden, denn nach Definitionen des Zynismus[154] macht er die schwache Welt zu seinem Gegenstand. Die *männchen* sind so zahlreich, daß sie ein *meere* sind, eine beeindruckende und entindividualisierte Masse. Jandl, der das Gedicht weitgehend in freien Rhythmen hält, deutet hier durch drei Senkungen im Rhythmus ein Wabern der Menschenmenge an. Das an »massenhaft« erinnernde Adjektiv *maschenhaftem* hat der Autor »Fischfangmotiv«[155] genannt, es paßt zum Kontext des Meeres. Zugleich klingt hier die biblische Metapher der »Menschenfischer« an (Mt 4,18–20 und Mk 1,16–18). Neben dem »Maschennetz« oder der »Masche«[156] kann man jedoch eine »Haft« hören, die aus ihrem Suffix-Dasein plötzlich als Substantiv auferstehen kann. Drews fühlt sich durch das Wort sogar an »Maschendraht [..] wegen des Lagerschicksals von KZ-Häftlingen, Flüchtlingen, Kriegsgefangenen [..]«[157] erinnert.

Dann erscheinen Frauen, Teil der Masse, die für das Brüllen[158] auf dem Platz von entscheidender Bedeutung sind, wie das durch die Wortstellung am Zeilenende betonte Adverb *wesentlich* ausdrückt: *und brüllzten wesentlich.* Ihr Brüllen ist durch ein *z* erweitert, dessen Klang Drews treffend als

---

[152] Drews hört hier »versacken« oder »sabbern«. Ebd., S. 37. Kaiser assoziiert »versagen«, was auch einen Kontrast zu den »Helden« ankündigt. Kaiser: Geschichte der deutschen Lyrik, S. 499.

[153] Link-Heer: Ernst Jandl, S. 446.

[154] Vgl. Schmidt-Hidding: Wit and Humour, S. 50f.

[155] Jandl: Mein Gedicht, S. 34.

[156] Drews assoziiert »Masche« als Bezeichnung für einen Trick Hitlers. Drews: Über ein Gedicht, S. 36.

[157] Ebd., S. 37. Ebenso Ruprechter: Politische Dichter, S. 39.

[158] Thomas Bernhard hat das Brüllen der fanatisierten Massen auf dem Heldenplatz als ein Leitmotiv in seinem Stück »Heldenplatz« verarbeitet: Es scheint in den Ohren ehemals Verfolgter auch fünfzig Jahre später nicht zu verstummen.

»gemein«[159] bezeichnet hat. Das *brüllzten* hat lautlich mit »balzten« zu tun und klingt als Beschreibung menschlicher Laute wollüstig und obszön. Jandl hat das Brüllen der Frauen im Gedicht als ein »Tiermotiv, mit dem Wort ›wesentlich‹ als menschlicher Marke«[160], bezeichnet. Durch die kleine, aber wirksame Veränderung des eingefügten *z* läßt er hören, wie ähnlich das Brüllen der Frauen dem von Tieren ist. Kaiser spricht von einer »mißtönenden, zischenden Konsonantenkombination, die das gesamte Gedicht durchzieht: Konsonant + z«.[161]

Jandls Sprache bekommt satirische Züge, sie nimmt »die sittliche Welt als Maß der realen«.[162] Auch wenn Jandl sittliche Maßstäbe nicht anspricht, so ruft er sie doch zwangsläufig ins Gedächtnis, indem er als Gegenbild die balzend-brüllende Menge vorführt.

Vor allem die Brunststimmung wird durch die Frauen geprägt: *die ans maskelknie zu heften heftig sich versuchten.* Die Assoziationen sprechen hier Bände: die maskulinen Muskeln, die Kniegegend, in der es im Gedränge zu Berührungen kommen kann.[163] In der aufgeheizten Stimmung des Heldenplatzes sind diese offensichtlich erwünscht, denn ein sich *heften* kann ›sich an etwas pressen‹ bedeuten. Verstärkt wird die sexuelle Assoziation noch durch das Adjektiv *heftig* und den drängenden Rhythmus, der plötzlich jambisch erscheint. Zugleich sind die Frauen schon als *hoffensdick* beschrieben, ihre Hoffnung drückt sich im Leib aus, was unwillkürlich an Schwangerschaft denken läßt.[164]

---

[159] Drews fragt: »Hat das Wort seinen gemeinen Klang auch deshalb, weil ›z‹ oder auch die Silbe ›ze‹ vage etwas Niederträchtiges, Gemeines suggeriert?« Er erinnert daran, daß August Stramm und Arno Schmidt ebenfalls mit dem expressiven Wert dieses »z« arbeiteten, so habe etwa Schmidt eine Nacht zur »Nachtze« gemacht, weil sie die Nacht eines Bombenangriffs war. Drews: Über ein Gedicht, S. 38. Vgl. Drews: Ernst Jandls Gedicht ›wien : heldenplatz‹, S. 91–102.

[160] Jandl: Mein Gedicht, S. 35.

[161] Kaiser: Geschichte der deutschen Lyrik, S. 499.

[162] Dies ist nach Schmidt-Hidding ein Kennzeichen der Satire, vgl. Schmidt-Hidding: Wit and Humour, S. 50f.

[163] Jandl erinnerte sich: »Eine direkt vor mir stehende Frau protestierte laut gegen eine unbeabsichtigte und in dem Gedränge unvermeidliche Bewegung meines Knies, durch die sie sich belästigt fühlte. Das prägte die Szene ein und ergab 24 Jahre später die Zeilen: ›drunter auch Frauen die ans maskelknie / zu heften heftig sich versuchten, hoffensdick‹«. Jandl: Mein Gedicht, S. 34.

[164] An dieser Stelle fallen Interpretationen wieder sehr unterschiedlich aus: Drews vergleicht Hitler als Versucher mit dem Teufel und deutet: »Die Frauen wären also brünstig für den Teufel und schon schwanger – sozusagen hysterisch schwanger – von ihm«. Drews: Über ein Gedicht, S. 37. Pabisch dagegen vermutet Hilflosigkeit der Menschenmenge und assoziiert: »als ob sich Opfertiere an etwas hefteten, das keinen Halt bietet; ›nöten‹ vertieft den Eindruck des Ausgeliefertseins.« Pabisch:

Die zweite Strophe zeichnet ein Bild des Redners: Im *verwogener*[165] steckt der Verwegene, der aber offensichtlich schon Wogen auslöst. Ein *stirnscheitel* läßt in der Heldenplatzszene an Hitler denken, der auf seinen geschwungenen Scheitel reduziert wird. Und damit nicht genug, dem Scheitel ist ein *unterschwang* angehängt, er meint vielleicht nicht nur dessen Schwung oder den »Überschwang«[166] des Redners, sondern erinnert im Zuge der propagierten NS-Körperertüchtigung an Turnübungen, zum Beispiel den »Unterschwung«.[167] Der Redner scheint die brünstige Masse ohnehin vorwiegend physisch zu beeindrucken, er mischt, wie als Steigerung von »hecheln«, dieses mit »keifen« oder »keuchen«, auch an »köcheln« ist zu denken, er *kechelt*. Der Alliteration *stirnscheitelunterschwang* folgt eine weitere: *nach nöten nördlich*. Brode vermutet darin eine »Anspielung auf Richard Wagners alliterierende Textbücher«.[168] Gleichzeitig dämmert hier der nach damaliger Rassenirrlehre ausgesprochen »unnordische« Phänotyp Hitlers. Jandl erläuterte zu *wien : heldenplatz*, Hitler sei im Gedicht »charakterisiert in Erscheinung und Diktion«.[169] Die Parodie ist gelungen, so konstatiert zum Beispiel Peter Henninger: »Hitler, dont on ne peut pas ne pas reconnaître le style oratoire«.[170] Auch Drews hört Zitate Hitlers heraus und glaubt zu wissen, warum Hitler nicht namentlich genannt wird: »Der Name würde nämlich das Phänomen abstrakt erfassen, Hitler soll aber konkret auftreten«.[171] Tatsächlich sieht man Hitler bildlich vor sich und glaubt seinen Redestil zu hören. Er spricht *mit zu-nummernder aufs bluten feilzer stimme*, die ihrem Attribut nach zugleich geil und feil klingt. Hier liegt es nahe, das Adjektiv *zu-*

Sprachliche Struktur, S. 82. Pabisch beurteilt in seiner Interpretation von 1976 die fanatisierte Menge nachsichtiger.

[165] Reitani hört »verlogen« heraus. Vgl. Reitani: Frasi, S. 66.

[166] Ebd., S. 65.

[167] Im »Handbuch der deutschen Leibesübungen« von 1927 heißt es: »Das erste ist: Leibesübung ist not. Sie bedeutet für die Menschheit, damit sie nicht rettungslos in der Zivilisation versinkt, ein wesentliches Mittel der Erhaltung«. Neuendorff: Die deutschen Leibesübungen, S. 6, zu den Schwüngen vgl. S. 514. Jandl erwähnte seine Abscheu gegen solche Übungen unter anderem im Gespräch mit Hohler: »Ich war immer ein ganz elender Turner und haßte diesen Gegenstand.« Hohler: Fragen, S. 43f. Bourke nennt ebenfalls die Assoziation »Unterschwung« und erläutert, diese »suggests the machine-like acrobatics of taut bodies, reminding us of the Nazi cult of ›der gestählte Körper‹.« Bourke: wien : heldenplatz, S. 211.

[168] Brode: Kreiseltanz, S. 203. Schon Pabisch stellt fest: »Germanisch-vorchristliche Stabreimdichtung impliziert hier den Germanenmythos des Drittes Reiches. Das gesamte Klangbild imitiert einen mythischen Sprechgesang, in dem Geisterbeschwörung und nicht Vernunft waltet. Pabisch: Sprachliche Struktur, S. 78.

[169] Jandl: Mein Gedicht, S. 34f.

[170] Henninger: Ernst Jandl, S. 78.

[171] Drews: Über ein Gedicht, S. 38.

nummernder als eine Abfolge von Nummern[172] zu deuten, nicht nur im Sinne polemischer Aufzählungen, sondern auch als vulgäre Umschreibung von Geschlechtsakten. Der Redner in Rage verfügt über eine erotische Ausstrahlung, und er will ausdrücklich töten, symbolisiert nämlich *hinsensend* den Tod, was in der Gier *aufs bluten*[173] schon angedeutet wurde. Die *eigenwäscher*, die getötet werden sollen, können als eigenständig denkende Menschen verstanden werden, deren Bedenken als »Gewäsch« anklingen; sie werden von der kollektiven Brunst nicht erfaßt, und Jandl hat sie als »Individualisten«[174] übersetzt. Sämtlich sollen sie ausgerottet werden, hier wirkt eine Kontamination der Wörter »sämtlich« und »jämmerlich«.

Die letzte Strophe enthält mit dreizehn neuerschaffenen Wörtern überproportional viel Unbekanntes, eine Steigerung, welche die immer aufgeheiztere Stimmung auf dem Heldenplatz spiegelt. Der Ruf *pirsch!*[175] ist durch das Ausrufezeichen betont und phonetisch exponiert, er stellt einen Höhepunkt dar. Schon beim ersten Blick auf das Gedicht fällt das Wort auf, da es allein eine Zeile besetzt. Durch diese Hervorhebung im Druckbild macht es sogar der Überschrift Konkurrenz. Das Jagdwort *pirsch!*, das unter anderem an die nationalsozialistische Verfolgung von Juden und anderen Opfern[176] erinnert, kann auch in anderer Hinsicht als zentrales Wort des Textes gewertet werden:

---

[172] Vgl. Küpper: Umgangssprache, S. 2050. Vgl. auch Borneman: Der obszöne Wortschatz [ohne Seitenzählung].

[173] Das Wort »Blut« ist in nationalsozialistischer Propaganda gern benutzt worden, wie es zum Beispiel der Klagenfurter Zeitung 1938 zu entnehmen ist: »Denn immer und überall werden, wenn das Blut spricht und das Herz im Takt schlägt, die Gedanken zu Akkorden werden, die machtvoller wie jedes Gebet den Himmel stürmen.« Festlich-deutsches Wien (Klagenfurter Zeitung 16. März 1938) [ohne Autorenangabe].

[174] Jandl: Mein Gedicht, S. 35.

[175] Pabisch verweist auf die grammatikalische Mehrwertigkeit des Wortes: »Es kann der singulare Imperativ von ›pirschen‹ ebenso wie der Ausruf des Substantives ›die Pirsch‹ sein.« Über die Deutung des Wortes als Jagdmetapher wagt er sich aber nicht hinaus, sondern verklausuliert: »die eindeutige Vieldeutigkeit und die vieldeutige Eindeutigkeit des Verhältnisses der ›helden‹ zu den ›weibern‹«. Pabisch: Sprachliche Struktur, S. 79.

[176] Dem Geschehen auf dem Heldenplatz folgten unmittelbar zahlreiche Gewaltakte; Stefan Zweig hat sie so beschrieben: »Jetzt wurde nicht mehr bloß geraubt und gestohlen, sondern jedem privaten Rachegelüst freies Spiel gelassen. Mit nackten Händen mußten Universitätsprofessoren die Straße reiben, fromme weißbärtige Juden wurden in den Tempel geschleppt und von johlenden Burschen gezwungen, Kniebeugen zu machen und im Chor ›Heil Hitler‹ zu schreien. Man fing unschuldige Menschen auf der Straße wie Hasen zusammen und schleppte sie, die Abtritte der SA.-Kasernen zu fegen; alles, was krankhaft schmutzige Haßphantasie in vielen Nächten sich orgiastisch ersonnen, tobte sich am hellen Tage aus.« Zweig: Die Welt von Gestern, S. 460.

weil *wien : heldenplatz* die Beschreibung einer erfolgreichen Pirsch Hitlers an sein Publikum ist, wobei seine Allmachtsdemonstrationen deutlich erotische Züge tragen. Und weil das Publikum durch den Götzen seinerseits sexuell stimuliert und zur *pirsch* animiert wird.

Jandl hat das Wort *pirsch!* als »signalartig«[177] bezeichnet, Aufnahmen von seinen Lesungen belegen, daß er *pirsch!* mit der von ihm geforderten »Expression«[178] spricht. Die Deutung der Szene als sexuelle Orgie wird unterstrichen, in der Jagdmetaphorik mit Erotik verschmilzt. Selbst wenn Historiker NS-Versammlungen beschreiben, scheuen sie derartige Vergleiche nicht; wie zum Beispiel Ernst Hanisch, der die von den Nationalsozialisten inszenierten Massenspektakel vor der Volksabstimmung zum »Anschluß« Österreichs so beschreibt: »Alles richtete sich darauf, Emotionen zu wecken und den Verstand einzulullen. Geschickt wurden Steigerungen und Verzögerungen eingeplant – bis zum Höhepunkt der Abstimmung, gleichsam einem kollektiven Orgasmus.«[179]

Bei Jandl folgt: *es döppelte der gottelbock.* Die durch die Konsonantenhäufung holpernde Silbenabfolge erinnert an einen Schüttelreim, der Redner erscheint unbeholfen. Weil man phonetisch zugleich an das Attribut »bedröppelt«[180] erinnert wird, überrascht es nicht, daß Martina Kurz »Tölpelhaftes« im Verhalten Hitlers konstatiert[181] und Jandl als »Entlarvungsphonetiker« lobt. Dem *bock*, einem Eros-Symbol und populären Schimpfwort für Männer mit zahlreichen sexuellen Beziehungen,[182] ist von Jandl das Wort *gott* vorangestellt. Es erinnert an den Gott Pan, allerdings wirkt *gottel* durch sein Suffix *el* umgangssprachlich diminutiv und rückt in die Nähe des Eitelkeit verkörpernden Gockels. Der *bock*, der zugleich den legendenhaften Bocksfuß eines sich verstellenden Teufels ins Gedächtnis ruft, hat, so könnte man interpretieren, seine Anstrengungen verdoppelt. Gefährlich nahe liegt die Assoziation »hoppeln«, die an einen Rammler denken läßt und die Szene lächerlich macht. Das Hüpfen ist sprachlich nachgebildet: von *Sa-Atz zu Sa-Atz*. Durch die Unterbrechung des Wortes »Satz« mittels Bindestrich, Verdopplung und

---

[177] Jandl: Mein Gedicht, S. 35.

[178] Jandl/Estermann: Gespräch, S. 24. Vgl. Jandl: heldenplatz [Lesung], CD 1, Nr. 26. Vgl. auch Jandl: Eile mit Feile [Lesung], Nr. 2.

[179] Hanisch: Österreichische Gesellschaftsgeschichte, S. 346. Ruprechter verweist auf die vielsagende Tatsache, daß sexuelle Konnotationen im Zusammenhang mit der Heldenplatzfeier auch von Kabarettisten aufgegriffen wurden, vgl. Ruprechter: Politische Dichter, S. 44.

[180] Das Wort ist im Sinne von ›verlegen‹ zu verstehen. Vgl. Küpper: Umgangssprache, S. 317.

[181] Kurz: Kuwitters Kinder, S. 118.

[182] Von NS-Propagandaminister Joseph Goebbels ist bekannt, daß er im Volksmund wegen im Schauspielermilieu unterhaltener außerehelicher Beziehungen als »Bock von Babelsberg« tituliert wurde, vgl. Gamm: Flüsterwitz, S. 86.

Großschreibung wird außerdem eine aggressive Artikulation dargestellt, und die »Hatz«[183] klingt an. Viele Interpretationen erinnern daran, daß in der historischen Situation Mitglieder der »SA« einschüchternde Präsenz demonstrierten. Die Wortunterbrechung bildet aber zugleich Hitlers stockenden Redestil onomatopoetisch nach. Er regte schon Zeitgenossen zu Parodien an, die mit Tierlauten[184] arbeiten; so zum Beispiel Charlie Chaplin, dessen Stimme, Hitler imitierend, nach und nach an Schweinegrunzen und Hundelaute erinnert.[185]

Drews hört aus der Zeile *es döppelte der gottelbock* die Biersorte »Doppelbock« heraus, und weist darauf hin, daß Bier »das Lieblingsgetränk bei SA-Versammlungen«[186] war. Aber nicht nur zur SA, auch zu den Stammtischen der Bürger, die sich auf dem Heldenplatz versammelt haben, paßt diese Assoziation, ihre Parolen werden durch den Nationalsozialismus genährt. Vielleicht ist dies der Grund dafür, daß die Wortschöpfung *Sa-Atz* manche Interpreten an das Wort »Atzung«[187] als Ausdruck für ›Ernährung, Nahrung‹ erinnert.

Der *stimmstummel* vollendet das Bild des Rammlers. Das adjektivisch verwendete Wort *sprenkem* scheint an »gesprenkelt« angelehnt zu sein. Der *stummel* als Synonym zu ›kleiner Schwanz‹ kontrastiert das entstellte Adjek-

[183] So auch Reitani: Frasi, S. 67.

[184] Ohne satirische Absicht ist die Ähnlichkeit von menschlichen Stimmen mit Tierstimmen Gegenstand phonetischer Analysen von Verhaltensforschern. Nach Untersuchungen des Biologen Tembrock ähnelt zum Beispiel die Stimme Goebbels bei seiner Frage: »Wollt ihr den totalen Krieg?« am 18. Feb. 1943 im Berliner Sportpalast phonetisch signifikant dem »aufgeregten Schrei eines Schimpansen, der bei Rangkämpfen seine Truppe zur Geschlossenheit antreibt.« Vgl. Thimm: Grzimek des Ostens (Spiegel 23. Juli 2001), S. 150.

[185] Vgl. den Film »The Great Dictator«, der in New York am 15. Okt. 1940 uraufgeführt wurde. Chaplins schauspielerische Parodie Hitlers ähnelt der, die Jandl durch Sprache ausdrückt. Als Kernstück von Chaplins Satire werden die »Egomanie und gleichzeitige Unsicherheit des Diktators« bezeichnet, seine Haltung sei »gockelhaft-stolzierend«. Tichy: Chaplin in Selbstzeugnissen, S. 100 und S. 103. Chaplins Redestil als Diktator »Hynkel« wurde wie folgt beschrieben: »Er spricht mit gutturaler Stimme ein unverständliches Abrakadabra, das wie eine barbarische Parodie des Deutschen wirkt, aus dem nur dunkel verständliche Wendungen wie ›Demokratia – Schtunk! Libertad – Schtunk! Frei sprechen – Schtunk!‹ sich abheben und das in stoßweisem Röcheln erstirbt.« Gregor/Patalas: Geschichte des modernen Films, S. 97. Auf die mit Blick auf Jandls Gedicht naheliegende Assoziation zu Chaplins Film verweist auch Kaiser: Geschichte der deutschen Lyrik, S. 499. Er spricht an dieser Stelle von »Rattenrhetorik«.

[186] Drews: Über ein Gedicht, S. 39.

[187] Jandl benutzt dieses Wort in anderen Gedichten, zum Beispiel *jeder sein edison.* Vgl. Jandl: poetische werke, Bd. 6, S. 173 (28. Sept. 1963): *kautomation / verspricht lebenslängliche atzung.*

tiv *hünig*, das an Größe denken läßt, *stimmstummel* kann in seinem Kontext als Phallus interpretiert werden – eine im wahrsten Sinne des Wortes bloßstellende Metapher. Der Psychoanalytiker Sándor Ferenczi meint, einem obszönen Wort wohne »gleichsam eine eigentümliche Macht inne«, die den Hörer zwinge, »sich den darin benannten Gegenstand, das geschlechtliche Organ oder die geschlechtliche Tätigkeit in dinglicher Wirklichkeit vorzustellen.«[188] Dies läßt sich auch am Beispiel des Gedichts *wien : heldenplatz* beobachten: Unwillkürlich überführt das innere Auge Jandls Metaphorik in Bilder.

Jandl will verletzen, was als Absicht der Satire gilt.[189] Sein beißender Spott ist Sarkasmus – im Sinne der Wortwurzel, dem griechischen Verb σαρκάζειν ›zerfleischen‹.[190] Jandl gelingt es tatsächlich, die erotische Faszination Hitlers durch einen Angriff auf dessen Körper zu zerstören, sie ist durch Stummelmetaphorik empfindlich zu treffen. Link-Heer sieht im *stimmstummel* gar ein »Motiv der Kastration«.[191]

Die Menge im Gedicht ist nun vollends außer sich, aus dem *männchenmeere* ist ein klanglich noch stärker wabernder *männechensee* geworden. In dem Gewässer *würmelt* es, hier stellt Jandl einen Bezug zur Schlamm-Assoziation der ersten Strophe her. Von außen betrachtet erinnert das Bild der Würmer an das »Madigmachen«, eine Methode, die Theodor W. Adorno für die Erziehung zu kritischer Distanz empfohlen hat.[192]

Der als *balzerig* charakterisierte *männechensee* ist rhythmisch durch übermäßig viele Senkungen dargestellt, die dringend nach einer Hebung verlangen. Ein Brodeln wie kurz vor einer Explosion spiegelt hier die Bewegungen der erotisierten Menschenmenge. Kurz beschreibt die Massenhysterie als »kataraktisch sich entladende Emotionen«.[193] Link-Heer konfrontiert Jandls Schilderung überzeugend mit Elias Canettis Darstellung massenpsychologischer Phänomene und dessen Beschreibung der plötzlichen Akzeptanz von Berührungen – sogar das Begehren derselben – innerhalb einer Masse, die ein Individuum in anderen Situationen ablehnen würde.[194]

Es bietet sich an, hier eine Äußerung des Sexualforschers Friedrich Damaskow zu betrachten, der ein Kollektiverlebnis der Sexualität bei der Feier kultischer Orgien vermutet: »Erregungszustände und die Verminderung der Bewußtseinsklarheit werden in der Masse nicht angstvoll empfunden. Das

---

[188] Ferenczi: Bausteine zur Psychoanalyse, S. 175.
[189] Vgl. Schmidt-Hidding: Wit and Humour, S. 50f.
[190] Schulz/Basler: Deutsches Fremdwörterbuch, S. 48f.
[191] Link-Heer: Ernst Jandl, S. 447.
[192] »Ich würde eine solche Erziehung des ›Madigmachens‹ außerordentlich advozieren.« Adorno: Erziehung zur Mündigkeit, S. 146.
[193] Kurz: Kuwitters Kinder, S. 116.
[194] Link-Heer: Ernst Jandl, besonders S. 443–445.

Gemeinschaftserlebnis vermittelt dem einzelnen das Gefühl von Sicherheit.«[195] Der Kultcharakter wird noch deutlicher, wo Jandl zu religiösem Vokabular greift. Dort parodiert er einen Gestus, der sich in Hitlers Reden und in nationalsozialistischer Propaganda zuhauf findet, worauf auch der Historiker Hanisch hinweist: »Die Schriftsteller und Journalisten überboten sich in der religiösen und biologischen Metaphernbildung, ›Auferstehung‹, ›Pfingstwunder‹, ›deutscher Frühling‹«.[196] Gleichzeitig kann Jandls Sprache eine Kritik an der Institution Kirche implizieren, deren in vielen Punkten »peinliches Versagen«[197] heute als beschämend empfunden wird. Im Entstehungsjahr des Gedichts, 1962, war diese Einschätzung noch keineswegs selbstverständlich.[198]

Den Frauen, die Jandl nun als *weiber* in biblisch-archaischem Ton bezeichnet, *ward so pfingstig ums heil*. Die betuliche Redewendung »warm ums Herz« stand hier Pate; *ward* als veraltete Imperfektform von »sein« erinnert an Bibelübersetzungen, und die Silbe *pfingst* ist so prägnant, daß sie sofort an Pfingsten erinnert. Pfingsten gilt im Christentum als Fest der »Herabkunft des Heiligen Geistes«, der mit einem »Sprachenwunder«[199] in Verbindung gebracht wird: In einem ekstatischen Zustand wurden angeblich vielfältigste Sprachen gesprochen. Auch in Jandls Szenerie wird der »Führer« wie eine heilige Offenbarung betrachtet. Die Sprache der Individuen aber ist, ganz im Gegensatz zum Geschehen des biblischen Pfingstwunders, zu einem kollektiven Brüllen mutiert.

Im orgiastischen Kontext klingt mit *pfingstig* gleichzeitig wieder das Wort »brünstig« an und auch das *heil* kann diesem Sinnzusammenhang zugeordnet werden. Zunächst klingt es als »Heil«-Ruf nationalsozialistischer Massen im

---

[195] Damaskow: Der pornographische Witz, S. 71.

[196] Hanisch: Österreichische Gesellschaftsgeschichte, S. 337. Die Klagenfurter Zeitung berichtete gar: »Es sind Evangelien, die da ausgerufen wurden, und sollen Evangelien bleiben.« Festlich-deutsches Wien (Klagenfurter Zeitung 16. März 1938) [ohne Autorenangabe].

[197] Hanisch: Österreichische Gesellschaftsgeschichte, S. 347: »Ohne in ein selbstgerechtes Moralisieren zu verfallen, bleibt die feierliche Erklärung der österreichischen Bischöfe vom 18. März 1938 ein peinliches Versagen der Kirche in Österreich.« In der Erklärung sprechen die österreichischen Bischöfe der NS-Bewegung ihre Segenswünsche »aus innerster Überzeugung und mit freiem Willen« aus. Sie erklären, Gläubige auffordern zu wollen, in der Volksabstimmung für den »Anschluß« Österreichs zu stimmen. Vgl. Liebmann: Kardinal Innitzer und der Anschluß, S. 10 und S. 154f.

[198] Vgl. zum Beispiel Albrich: Holocaust und Schuldabwehr, S. 55 und S. 81. Vgl. allgemein zu diesem Thema den Sammelband von Pelinka/Weinzierl: Das große Tabu.

[199] Vgl. Apg. 2, 4: »Alle wurden mit dem Heiligen Geist erfüllt und begannen, in fremden Sprachen zu reden, wie es der Geist ihnen eingab.«

Ohr[200] und belegt den angesprochenen politischen Mißbrauch von religiösem Vokabular. Denkt man an die Redewendung »warm ums Herz«, so überzeugt auch Kaisers Deutung, das *heil* sitze da, »wo das Herz hingehört.«[201] Es ist jedoch durchaus möglich, *heil* als noch obszöneres Bild zu interpretieren: Während der Redner tierähnlicher wird, rutscht das »Heil« der Hörer und Hörerinnen vom Gehirn über das erwärmte Herz hinab in tiefere Regionen. Es ist im Kontext des *stimmstummel* und des folgenden *hirschelte* nicht abwegig, Jandls Wort *heil* als Bild für »Vagina« zu deuten. Dann folgt die Begründung des erhebenden Gefühls, betont eingeleitet durch einen Doppelpunkt: *zumahn: wenn ein knie-ender sie hirschelte.*

Dieser letzte Satz zog auf Lesungen Jandls Gelächter nach sich.[202] Das transitiv gebrauchte Verb *hirschelte*, das Reitani mit »incervate«[203] übersetzt, wird ganz offensichtlich analog zu dem vulgären Ausdruck »vögeln«[204] mit der Bedeutung ›koitieren‹ verstanden. Durch Konversion ist aus dem Substantiv »Hirsch« ein Verb mit dem Imperfekt-Suffix *-elte* geworden, das ordinäre Assoziationen weckt und iterativen Charakter[205] hat. Vom stolzen Tier, das ein Symbol der Potenz ist, bleibt die Assoziation der Erotik im Spießerambiente:[206] der röhrende Hirsch.

Das Partizip, das man in *knie-ender*[207] erkennen kann, läßt hier nicht nur an eine ehrfürchtige Körperhaltung denken, sondern vor allem an den Koitus

---

[200] Die Klagenfurter Zeitung betonte: »eine Parole beherrscht alle Menschen: ›Heil dem Führer, Sieg und Heil dem gesamten Deutschen Reich‹«. Festlich-deutsches Wien (Klagenfurter Zeitung 16. März 1938) [ohne Autorenangabe].

[201] Kaiser: Geschichte der deutschen Lyrik, S. 501.

[202] Vgl. Jandl: heldenplatz [Lesung], CD 1, Nr. 26. Vgl. auch Jandl: Eile mit Feile [Lesung], Nr. 2.

[203] Vgl. Reitani: Frasi, S. 68.

[204] Vgl. Küpper: Umgangssprache, S. 3017. Zu artig erscheint die Übersetzung Kopfermanns als »tätscheln«, vgl. Kopfermann: Konkrete Poesie, S. 231. Etwas gewagter formuliert Ruprechter: »›hirschelte‹ suggeriert eine unanständige Berührung.« Ruprechter: Politische Dichter, S. 41. Sehr amüsant berichtet Schmidt-Dengler vom Aufruhr, den Jandls Gedicht und vor allem diese Gedichtzeile auf einer Fortbildungsveranstaltung für Lehrer auslöste, vgl. Schmidt-Dengler: Text und Stimme, S. 5. Deppert hat in einer allgemeinen Untersuchung zu Metaphern als Bezeichnungen für Geschlechtsverkehr viele ähnliche Wortbildungen durch Tiernamen konstatiert, zum Beispiel: »hühnern; mausen; pudeln; rammeln«. Deppert: Die Metapher als semantisches Wortbildungsmuster, S. 143.

[205] Vgl. Fleischer/Barz: Wortbildung, S. 310.

[206] Auch Bourke fühlt sich hier an »so many petit-bourgeois bedrooms« erinnert. Bourke: wien : heldenplatz, S. 216.

[207] Entfernter liegen sicherlich die Deutungen Ruprechters, der an die »geknickten Enden des Hakenkreuzes« denkt oder aber im Knienden jemanden vermutet, »der eine Andacht oder seine Notdurft verrichtet (›pischeln‹), was im Gedicht gleichgesetzt wird.« Ruprechter: Politische Dichter, S. 41.

a tergo. Zugleich erinnert die durch den Bindestrich erzeugte Betonung – *ender* an den älteren Hirsch mit großem Geweih, zum Beispiel den »Zehnender«.[208] Kaiser kreiert die schöne Wortschöpfung »heldenplatzhirsch«.[209]

Der ranghöchste Hirsch, der das Vorrecht bei der Paarung mit den Hirschkühen des Rudels besitzt, ist ein Prahlobjekt des Jägers, denn je mehr Enden das Geweih hat, desto höher ist seine Rangsymbolwirkung bei »Huftieren, bei denen das individuelle Erkennen keine Rolle spielt, sondern die einander an äußeren Rangsymbolen abschätzen«.[210] Dem entspricht die umgangssprachliche Bezeichnung »-Ender« beim Militär, wobei die Zahl der Dienstjahre, die häufig zur Rangerhöhung führen, dem Wort vorangestellt wird. Diese Beobachtung scheint Jandls spöttische Tiermetaphorik zu unterschreiben: Eine militaristisch geprägte Ideologie wie der Nationalsozialismus zeigt viele Gemeinsamkeiten mit Verhaltensmustern eines Hirschrudels. Jandls Heldenplatz-Szenerie ist auch in traditionellem Sinne »grotesk« zu nennen, die »erschreckende Vermischung von [...] Tierischem und Menschlichem«,[211] Kennzeichen des Grotesken, liegt vor. Das Lachen über die Deformation enthält dabei stets auch Grauen, wie Pietzcker in seiner allgemeinen Darstellung des Grotesken erklärt: »Das Lachen kommt aus der Vernichtung verhaßter Vorstellungen; es braucht nicht laut zu sein und kann in Grauen und Ekel beinahe ersticken.«[212]

Ludwig Marcuses etymologische Herleitung des Wortes »obszön« erinnert an Vokabular aus Jandls Gedicht: »Heute wird es von ›caenum‹ abgeleitet: Schmutz, Schlamm, Kot, Unflat. Auch wurde caenum für Schamglied gebraucht.«[213] Jandl beschreibt mit indirekt unflätigem Vokabular eine schmutzige Volksverhetzung und den fruchtbaren Schlamm, auf den diese Saat fällt.

Man kann Jandls Wortschöpfungen als Metaphern betrachten. Marie-Cécile Bertau, die Metaphern psychologisch untersucht hat, stellt – ohne Zusammenhang mit Jandl – fest, daß »die Metapher ein besonders kontext- und sprecher- / hörersensitives sprachliches Phänomen«[214] ist. Die sehr unterschiedliche Rezeption von *wien : heldenplatz* bestätigt die Tragweite der

---

[208] Die folgenden Ausführungen über Hirsche beruhen auf der Untersuchung von Bützler: Rotwild, S. 25, 45, 57, 128 und 143.

[209] Kaiser: Geschichte der deutschen Lyrik, S. 501. Vgl. ähnliche Assoziationen auch bei Bourke: wien : heldenplatz, S. 216.

[210] Bützler: Rotwild, S. 143.

[211] Kayser: Das Groteske, S. 25. Vgl. zum diachronen Motiv der Chimären und ihrer Monstrosität die Studie von Fuß: Das Groteske, S. 349–492.

[212] Pietzcker: Das Groteske, S. 208.

[213] Marcuse: Obszön, S. 15f.

[214] Bertau: Sprachspiel Metapher, S. 290.

Hörerseite. Eine Präferenz sexueller Deutungen ist nach Bertau[215] bei der Interpretation innovativer, also unbekannter Metaphern zu beobachten. Dieses Untersuchungsergebnis bestätigt sich wieder mit Blick auf Jandls Gedicht: Viele der unbekannten Wörter in *wien : heldenplatz* können als sexuelle Anspielungen verstanden werden, wobei zu beobachten ist, daß sich die Sekundärliteratur in dieser Hinsicht mit expliziten Deutungen zurückhält.

Die Obszönität eines Textes, die nach Freud auf »Entblößung«[216] angelegt ist, reizt durch die bloßstellenden sexuellen Assoziationen, die als Zerrbild auch besonders abstoßend sein können. Obszöner Witz trifft besondere Verletzlichkeiten, so daß ein schadenfrohes Lachen über die Bloßgestellten (zum Beispiel Frauen, die *brüllzten*, oder Hitlers *stimmstummel*) auch durch ein Überlegenheitsgefühl zu erklären ist. Dieser Effekt wird in vielen Theorien des Komischen als schon genannte »Degradationstheorie« diskutiert.[217] Noch einmal kann Marcuses Formulierung mit Jandl konfrontiert werden: »Der zweisilbige Laut Obszön [sic] ist die Königin im Schwarm der Synonyme. Sie heißen [...] sehr aggressiv: schmutzig, schlüpfrig, unflätig, schamlos.«[218]

Ohne Zweifel ist Jandls Gedicht aggressiv, und es entlarvt durch Bloßstellung etwas, das »schmutzig, schlüpfrig, unflätig, schamlos« ist: eine obszöne Gesellschaft. Nicht umsonst verweisen Annemarie Eder und Ulrich Müller in ihrer allgemeinen Definition der »Obszönität« darauf, daß sie auch rassistisches, sexistisches und gewaltverherrlichendes Verhalten beschreiben kann.[219]

Der obszöne Witz ist der beschriebenen Gesellschaft des Heldenplatzes angemessen. Erst durch die Assoziationen der Hörer entfaltet Jandls Sprache allerdings ihre Obszönität; so demaskiert sie gleichzeitig nicht nur den Nationalsozialismus, sondern auch etwas, woran heutige Rezipienten noch teilhaben: die bürgerliche Welt, aus der jener erwuchs. Ihr Körperkult, ihre Macht-, Blut- und Erossymbolik leben noch.

Drews vertritt, wohl ob der Wirksamkeit des Jandlschen Gedichtes als Polemik gegen den Nationalsozialismus, die Ansicht: »Das Gedicht gehört in jedes deutsche und österreichische Lesebuch – auf daß die Leser sich die Zähne dran ausbeißen.«[220] In dieser Forderung steckt jedoch ein Irrtum. Erfolg hat Jandls Gedicht nicht, weil es anstrengt, sondern weil es mit dem beschriebenen obszönen Witz arbeitet. Jandls Kritik der Heldenplatz-Feier ist um ein Vielfaches wirksamer, als jede rationale Argumentation es sein kann.

---

[215] Diese Beobachtung wurde in psychologischen Versuchsreihen gemacht. Vgl. Bertau: Sprachspiel Metapher, S. 289.

[216] Freud: Der Witz, S. 78.

[217] Vgl. zu verschiedenen Degradationstheorien Böhler: Soziodynamik, S. 351–378.

[218] Marcuse: Obszön, S. 13.

[219] Eder/Müller: Obszön, Obszönität, S. 733.

[220] Drews: Über ein Gedicht, S. 42.

Mehrfach hat man Jandl mit einem vielzitierten Diktum Adornos[221] konfrontiert, das dieser später selbst relativierte:»Noch das äußerste Bewußtsein vom Verhängnis droht zum Geschwätz zu entarten. Kulturkritik findet sich der letzten Stufe der Dialektik von Kultur und Barbarei gegenüber: nach Auschwitz ein Gedicht zu schreiben, ist barbarisch, und das frißt auch die Erkenntnis an, die ausspricht, warum es unmöglich ward, heute Gedichte zu schreiben.«[222] Jandl wurde häufig zugestanden, er habe diese Problematik durchbrochen, indem er neue Mittel der Sprache erfunden habe.[223] Sie geraten nicht in den Verdacht des »Geschwätzes«, sondern erweisen sich als kraftvolles, neues Material, das dem nationalsozialistischen Gebaren angemessen begegnet.

Daß Jandls Methode der Bloßstellung[224] großen Erfolg hat, wurde oft bestätigt, so zum Beispiel durch Peter Pabisch. »Im Vergleich zur oberflächlichen, äußeren Darstellung der Szene durch die ratlosen Historiker, die bis heute dieses a-historische Geschehen nicht erklären können, müssen wir uns fragen, ob dem Dichter diese Darstellung durch die Konstruktion seiner Sprache nicht glaubhafter gelingt.«[225] Aber warum gibt es »ratlose« Historiker, die Jandls Leistung bewundernd loben?[226] Nicht, weil sie keine Erklärungen für die historischen Ereignisse haben, sondern aufgrund einer anderen Schwäche: Ihre sprachliche Darstellung ist weniger stark als die Faszination des Gegenstandes, den sie beschreiben. Sie, die Vernunft ansprechen, kommen gegen die Wirksamkeit der NS-Inszenierungen oft nicht an; die Fotografien Hitlers vor der riesigen Menschenmenge auf dem Heldenplatz beeindrucken, auch

---

[221] Jandl/Huemer: Gespräch [CD], Nr. 7. Vgl. auch Jandl: Rede zur Verleihung des Georg-Trakl-Preises, S. 298. Drews ist der Ansicht, Jandls Gedichte könnten »nur partiell« gegen Adornos Diktum ins Feld geführt werden, das darüber nachdenke, wie Gedichte nach Auschwitz aussehen müßten, »wenn sie nicht auf feinsinnige Weise inhuman und substanzlos« sein sollten. Jandl habe die Folgerung gezogen: »Seine Gedichte sind häßlich, hart, laut und unrein, genau deshalb, weil sie der Realität nach 1945 gewachsen und nicht weltflüchtig sein wollen.« Drews: Pathetiker, S. 173.

[222] Adorno: Prismen, S. 30f. Vgl. auch: Adorno: Negative Dialektik, S. 353.

[223] Vgl. zum Beispiel Jandl/Huemer: Gespräch [CD], Nr. 7.

[224] Die Kraft des Verlachens ist auch durch die Rezeptionsgeschichte von Chaplins Film »The Great Dictator« zu belegen. Kritiker lobten, Chaplin besitze »die Geheimwaffe des tödlichen Lachens«. Vgl. Robinson: Chaplin, S. 583. Daß gerade dieses Lachen von Nationalsozialisten gefürchtet wurde, zeigen die echauffierten Reaktionen der damaligen deutschen Presse. Vgl. Hanisch: Chaplin, S. 118 und S. 120.

[225] Pabisch: Sprachliche Struktur, S. 80.

[226] »Niemand hat das Massengeschehen präziser dargestellt als der Sprachkünstler Ernst Jandl in dem Gedicht »wien: heldenplatz«. Hanisch: Österreichische Gesellschaftsgeschichte, S. 337.

wenn sie noch so kritisch kommentiert werden. So verwundert es nicht, wie Otto F. Walter, der wegen der Veröffentlichung des Bandes *Laut und Luise*, zu dem auch *wien : heldenplatz* gehört, entlassen worden war, seine Kontroverse mit dem Aufsichtsrat des Verlages bewertet:»Interessant war, daß nicht linke Publikationen, wie es sie in steigendem Maße gab, die Sache zur Explosion brachten, sondern im Grunde eine Publikation, die einen außerordentlich harmlosen Titel trug: *Laut und Luise* von Ernst Jandl, ein Band konkreter Poesie. [...] Diese Publikation traf im Unterbewußtsein eine ausgesprochen bürgerliche Mannschaft sehr viel stärker als direkte rhetorische Äußerungen.«[227]

Dies ist zum einen auf die Bloßstellung zurückzuführen, die verlacht. Preisendanz faßt in seiner allgemeinen Untersuchung des Komischen knapp zusammen:»Lächerlichkeit töte, sagt man«.[228] Dies wird in Jandls Gedicht bestätigt. Hinzu kommen die starken obszönen Bilder. Jandl hat Erfolg, weil er anders arbeitet als»die Wissenschaft«, wie Friedrich Nietzsche sie sieht: »Mit Bildern und Gleichnissen überzeugt man, aber beweist nicht. Deshalb hat man innerhalb der Wissenschaft eine solche Scheu vor Bildern und Gleichnissen; man will hier gerade das Ueberzeugende, das Glaublich-Machende nicht und fordert vielmehr das kälteste Misstrauen«.[229] An anderer Stelle schließt Nietzsche:»Auch bei dem Bilderdenken hat der Darwinismus Recht: das kräftigere Bild verzehrt die geringeren.«[230] Um der nationalsozialistischen Inszenierung gewachsen zu sein, braucht es noch stärkere Waffen als Argumente, ihr Eindruck läßt sich vielleicht nur durch ein mächtigeres Bild zerstören.

Die Sprachkunst Jandls geht weit über die Destruktion von Sprache hinaus, die zum Beispiel Brode betont:»Die Zerstörung von sprachlicher Mitteilung signalisiert den Einbruch des Gewalttätigen und Barbarischen. [...] Was übrigbleibt, in der historischen Realität wie auf linguistischer Ebene, ist ein Trümmerhaufen«.[231] Hier muß widersprochen werden. Jandls Sprache ist kein Trümmerhaufen, sondern eine neue, Obszönität enthüllende Bildsprache. Es gelingt Jandl mit dieser starken Waffe, die Heldenplatz-Feier in grotesker Weise lächerlich zu machen.[232]

---

[227] Walter: Gegenwartsliteratur, S. 74.

[228] Preisendanz: Das Komische, S. 411.

[229] Nietzsche: Werke. Abt. 4, Bd. 3, S. 252.

[230] Ebd., Abt. 3, Bd. 4, S. 36.

[231] Brode: Kreiseltanz, S. 203–204.

[232] Daß ein Verlachen, wie es Jandl erzeugt, vernichtender ist als eine Bekundung von Abscheu, zeigt ein Vergleich mit Carl Zuckmayers Beschreibung Wiens kurz vor Hitlers Auftritt. Er verwendet ebenfalls starke Bilder, weckt dabei aber mehr Angst als Verachtung:»Die Stadt verwandelte sich in ein Alptraumgemälde des Hieronymus Bosch: Lemuren und Halbdämonen schienen aus Schmutzeiern gekrochen

3.5 Sinn im Unsinn

Jandl berichtet in autobiographischen Notizen von seiner katholischen Erziehung, die durch seine Mutter forciert wurde. Der Autor beschreibt dies mit ironischer Distanz: »Mit sieben hing mein Leben an einem Faden [...] meine Mutter betete mich gesund und hatte auch ein Fläschchen mit Lourdeswasser für mich besorgt, obwohl sie gewußt haben mußte, warum wir zum Abendgebet immer sagten: laß mich lieber sterben als eine Todsünde begehen, wozu damals noch die Gelegenheit bestanden hätte«.[233]

Es wundert mit Blick auf diese frühe Prägung nicht, daß Jandl, der in seinen poetischen Werken so oft Pathos entzaubert, sich auch mit religiösem Vokabular auseinandersetzt.

> *hosi*
>
> *anna*
> *maria*
> *magdalena*
>
> *hosi*
>
> *hosianna*
> *hosimaria*
> *hosimagdalena*
>
> *hosinas*
>
> *hosiannanas*
> *hosimarianas*
> *hosimagdalenanas*
>
> *ananas*[234]

---

und aus versumpften Erdlöchern gestiegen [...]. Es war ein Hexensabbat des Pöbels und ein Begräbnis aller menschlichen Würde.« Zuckmayer: Als wär's ein Stück von mir, S. 61. Einen ähnlichen Effekt beschreibt Jakob Stephan in seiner Kritik eines Gedichtes von Dieter M. Gräf. Dieser will unter dem Titel »Stimme A. H.« ein Fortwirken des »Führers« anprangern, was ihm nach Meinung Stephans jedoch nicht gelingt. Der ist der Ansicht, der Dichter selbst lausche Hitler gebannt. Stephan polemisiert: »Lieber Herr Gräf, [...] falls Sie wissen wollen, wie man alles, was Sie falsch gemacht haben, richtig macht, nehmen Sie sich doch ein paar Minuten Zeit und lesen Sie ein Gedicht von Ernst Jandl. *wien : heldenplatz* ist sein Titel.« Stephan: Lyrische Visite, S.70f.

[233] Jandl: Autobiographische Ansätze, S. 16. Vgl. hierzu auch Siblewski: a komma, S. 16–24.

[234] Jandl: poetische werke, Bd. 4, S. 107 (1956).

Jandl verarbeitet spielerisch den in die christliche Liturgiesprache eingegangenen Huldigungsruf »Hosianna«, der im Hebräischen ›hilf doch!‹[235] bedeutet und in der Bibel ursprünglich als Flehruf zu Gott erwähnt ist. Heute ist er in Kirchengesängen[236] präsent. Theologen haben sich mit Jandls Gedicht auseinandergesetzt. So widmet sich Alex Stock in einer Untersuchung »theologischer Texte« unter anderem Jandls Gedicht *hosi* und fragt: »Wird hier nicht Heiliges verulkt? Was sollen Theologen daraus lernen?«[237] Er kommt zu folgendem Ergebnis: »Die Sprache der Kirche, der Theologen, bewegt sich in sehr fest und lang internalisierten Sprachgewohnheiten. Die Automatismen des Redens und Denkens, die sich dabei herausgebildet haben, müssen aus ihrer Bewußtlosigkeit aufgestört werden.«[238] Jandls Gedicht *hosi* regt dazu an und kann auch Prediger inspirieren, denn: »Wer aus alten Texten neue Texte machen soll, muß sensibel sein für das sprachliche Material, aus dem die alten gemacht und die neuen zu machen sind.«[239]

Das raumgreifende Druckbild des Gedichts ist in drei Blöcke unterteilt, die jeweils die Namen *anna, maria, magdalena* enthalten, während *hosi, hosinas* und *ananas* einzeln dazwischen schweben. Der erste Blick der Leser wird so nicht unbedingt auf den Titel *hosi* gelenkt. Trotz des folgenden Namens *anna* wird er zunächst wohl kaum dem biblischen Wort »Hosianna« zugeordnet. Stock will beim Lesen mit der fünften Zeile, *hosianna*, beginnen.[240] Das leuchtet allerdings nicht ein, denn obwohl das Wort *hosianna* das Material für das Gedicht liefert, macht ihm *hosinas* seine zentrale Position streitig, weil es zentriert und einzeln steht. Es wird sich auch als eine Pointe erweisen.

Die Assoziation des aus der Bibel stammenden Rufs »Hosianna« wird durch die Namen *anna, maria* und *magdalena* vorbereitet. Sie nennen die drei bedeutendsten weiblichen Heiligen der katholischen Lehre, stehen aber, in je einer Zeile vereinzelt, scheinbar unmotiviert im Raum. So wirken die Heiligennamen wie willkürlich aufgezählt und zudem durch Kleinschreibung verfremdet. Das den Titel wieder aufgreifende *hosi* verfestigt den Eindruck, es handele sich um spielerisches Nachplappern. Die gleichförmige Kombination der Silben *hosi* mit den drei Frauennamen wirkt nun wie ein logisches Sprachexperiment, in dem *hosianna* durch *hosimaria* und *hosimagdalena* nachgeahmt wird; ein respektloses, aber scheinbar unschuldig komisches Sprachspiel. Nach dem Einschub *hosinas*, der nun endgültig Kindersprache ins Gedächtnis ruft, verschmilzt Jandl je drei Elemente: *hosiannanas / hosimarianas / hosimagdalenanas*. Man glaubt drei kleine Mädchen sprechen zu

---

[235] Vgl. die Erläuterung von Blinzler: Hosanna, Sp. 489.
[236] Vgl. zum Beispiel Gotteslob. Katholisches Gebet- und Gesangbuch, S. 263–265.
[237] Vgl. Stock: theologische Texte, S. 118.
[238] Ebd.
[239] Ebd.
[240] Ebd.

hören, deren Hosen naß sind. Hier hat die ursprüngliche Bedeutung des Hebräischen »Hosianna« einen banal alltäglichen Sinn: ›Hilf doch!‹ Und eine andere Deutung ist möglich, denn eine – bei Jandl selten völlig auszuschließende – erotische Anspielung steht durch die Frauennamen und das Thema der »nassen Höschen« im Raum.

Lesungen Jandls[241] dokumentieren ein Lachen der Hörer ab der achten Zeile *hosinas* – erst hier tritt beim Hören offensichtlich die Assoziation von Kindersprache klar in den Vordergrund, man versteht eine verkürzte Form des Satzes: »Die Hose ist naß«.

Die wieder ganz linksbündig gesetzte und wie zufällig angehängte letzte Zeile *ananas* scheint in Fortsetzung des Sprachspiels den Gleichklang der Endsilben zu feiern. Daß sich hier das Wort *ananas* wie zufällig in den unsinnigen Kontext schleicht, erklärt, daß bei Lesungen gerade dieses ein verstärktes Gelächter auslöste.

Robert Gernhardt bemerkte zu komischer Lyrik allgemein, die Grenzen zwischen Sinn und Unsinn seien »derart undeutliche Markierungen, daß auch der gewitzteste Kartograph nicht weiterhelfen« könne.[242] Jandls Gedicht, das zwischen Sinn und Unsinn pendelt, steht in der Nähe dessen, was im Englischen unter den Begriff »nonsense« gefaßt wird. Schmidt-Hidding übersetzt »nonsense« mit der paradoxen Bedeutung ›sinnvoller und heiterer Unsinn‹.[243] Die Bezeichnung Unsinn, die nicht immer synonym zu Nonsens verwendet wird,[244] ist auf manche Gedichte Jandls anwendbar.[245] Zwar nennt Köhler in seiner allgemeinen Darstellung den Nonsens »tendenzfrei«, in der Normverletzung aber zeige sich ein nachvollziehbarer Zusammenhang.[246]

Die »demonstrative Sinnlosigkeit«[247] jedoch, für Köhler ein Kennzeichen des Nonsens, scheint bei Jandl nur auf den ersten Blick gegeben. Der Dichter selbst beschrieb das Spiel mit der Sprache in seinen Gedichten als »auf ein Ziel gerichtet, das unterscheidet es in jedem Fall von Spielerei.«[248]

---

[241] Vgl. zum Beispiel Jandl: heldenplatz [Lesung], CD 2, Nr. 3.

[242] Gernhardt: Reim und Zeit, S. 142.

[243] Schmidt-Hidding: Wit and Humour, S. 50. Liede beschreibt den Kontext der »Nonsense Poetry«, die als ein typisches englisches Phänomen gelte, aber »überall auf der Erde« als Sprachspiel zu finden sei. Er übersetzt den nicht fest umrissenen Begriff mit »Unsinnspoesie« und verweist darauf, daß der englische Terminus unbefangener benutzt wird als der deutsche. Vgl. Liede: Dichtung als Spiel. Bd. 1, S. 143 und S. 159. Vgl. auch die Monographie von Köhler: Nonsens, in der die Wortgeschichte und die Begriffe ausführlich dargelegt werden.

[244] Köhler: Nonsens, S. 719.

[245] Vgl. zum Beispiel die Gedichte Jandls in der Anthologie von Dencker: Deutsche Unsinnspoesie, S. 299 und 342.

[246] Köhler: Nonsens, S. 718.

[247] Ebd.

[248] Jandl: Dichtkunst, S. 188.

Fragen, die Klaus Peter Dencker zur »Unsinnspoesie« formuliert hat, stellen sich auch mit Blick auf Jandls Texte: »Aber schon hier stoßen wir auf die Problematik der Unsinnspoesie, auf die widersinnige Bezeichnung dessen, was sie wohl gerade nicht ist: nämlich Unsinn. Kann ein Refrain, der eine ganz bestimmte Funktion hat, sinnlos sein? Kann das Spiel mit Sprachmaterial sinnlos sein, wenn es doch zumindest den selbstgewählten Regeln des Spiels gehorcht?«[249]

Dencker wendet ein: »Muß die Grenze meines Verstehens zugleich notwendig die Grenze dessen sein, was den sinnvollen vom sinnlosen Text trennt? Wäre es nicht denkbar, daß ein für mich sinnloser Text für andere Verstandes- und Empfindungsgrenzen äußerst sinnvoll sein kann? Woher nehmen wir dann das Recht, von sinnlosen Texten zu sprechen?«[250] Wie dringend die von Dencker angemahnte Bescheidenheit ist, wird auch mit Blick auf die Rezeptionsgeschichte der Werke Jandls deutlich. Siblewski ist der Ansicht, Jandl sei mit dem Gedicht *hosi* ein »Quantensprung in der Literatur« gelungen: »Er hat die Sprache in Wort und Laut zerlegt und ist in der Arbeit mit diesen elementaren Teilchen zum ersten Mal zu einem aufregenden Ergebnis gekommen.«[251]

Jandls Methode ist das Zerlegen, Wiederholen und die Neubildung von Wörtern. Diese Methoden erinnern an kindliche Sprachexperimente.[252] Helmers berichtet in seiner Untersuchung zu Sprache und Humor von Kindern, es werde schon ab dem zweiten Lebensjahr ein Spiel mit Sprachelementen begonnen, das als Abbau und Umbau in Erscheinung trete.[253] Werner Abraham nennt solche sprachlichen Mittel »entkonventionalisierenden Elementarismus«;[254] es ist eine Methode, die Jandl häufig anwendet. Seine Kleinschreibung unterstützt dieselbe Absicht, sie beraubt die biblischen Namen ihrer Konvention, der »Heiligkeit«, die traditionell durch Majuskeln betont wird.

Um Ausbruch aus Konventionen geht es auch Freud, dessen folgende Beobachtung zum Lachen über das Naive mit Blick auf das Gedicht *hosi* belegt werden könnte: »Das Naive entsteht, wenn sich jemand über eine

---

[249] Dencker: Einleitung, S. 6.

[250] Ebd., S. 8.

[251] Siblewski: Ernst Jandls 1957, S. 39f.

[252] Jandl zeigte sich gegenüber dem Begriff des »Experiments« und der »Experimentellen Lyrik« skeptisch: »ein Gedicht [...] kann als Experimentieren mit Sprache beginnen, aber es muß über diese Phase des Experimentierens hinausgehen. Nur das gelungene Experiment, das ein vollständiges Gebilde ist, kann vom Autor akzeptiert und an das Publikum weitergegeben werden.« Jandl/Konzag: Gespräch, S. 860f. Impulse in der Nachahmung kindlicher Sprachexperimente gerade mit religiöser Thematik gab unter anderem der von Jandl geschätzte Hans Arp, etwa in seinem Gedichtzyklus »Schneethlehem«. Vgl. hierzu Philipp: Dadaismus, S. 217f.

[253] Helmers: Sprache und Humor des Kindes, S. 107.

[254] Abraham: Das Konzept der »projektiven Sprache«, S. 552f.

Hemmung voll hinaussetzt, weil eine solche bei ihm nicht vorhanden ist, wenn er sie also mühelos zu überwinden scheint. Bedingung für die Wirkung des Naiven ist, daß uns bekannt sei, er besitze diese Hemmung nicht, sonst heißen wir ihn nicht naiv, sondern frech, lachen nicht über ihn, sondern sind über ihn entrüstet. Die Wirkung des Naiven ist unwiderstehlich und scheint dem Verständnis einfach. Ein von uns gewohnheitsmäßig gemachter Hemmungsaufwand wird durch das Anhören der naiven Rede plötzlich unverwendbar und durch das Lachen abgeführt«.[255]

Ohne Hemmungsaufwand scheint auch Jandl zu dichten. Er erinnert durch die sprachliche Verknüpfung daran, daß auch Heilige wie Anna, Maria und Magdalena einst kleine Kinder mit Windeln waren; gleichzeitig regt er auf einer weiteren Ebene sexuelle Assoziationen an. Jandl hat den Unsinn als Erquickung gelobt. »Unsinn als bewußtes Abweichen von der Logik der Alltagssprache und des zweckgerichteten Denkens, hat eine verjüngende Kraft«.[256]

Gegenstand des Nonsens ist häufig »die Sprache in ihrer Unvollkommenheit«.[257] Sie ist auch ein Thema des Gedichtes *hosi*; denn Jandl zeigt durch radikalen Umgang mit der Sprache, wie wehrlos diese sein kann: Das Pathos des ehrwürdigen Rufes »Hosianna« ist verblüffend leicht zerstörbar. Die Mutation der heiligen Namen und des feierlichen Ausrufs »Hosianna« in die Babysprache *hosinas* reizt zum Lachen. Hier kann noch einmal auf die Theorie der Inkongruenz verwiesen werden, in der nach Schopenhauer das Lächerliche seinen Ursprung hat: die »Inkongruenz zwischen einem [...] Begriff und dem durch denselben gedachten realen Gegenstand.«[258] Die Assoziationen, die Jandl weckt, zerstören das Pathos, das gewöhnlich zum frommen Ruf »Hosianna« gedacht wird.

Es verlockt, den Lacherfolg des Gedichtes *hosi* wieder mit Thesen Freuds zu konfrontieren. Er beobachtete nicht nur bei Kindern während des Spracherwerbs »Lusteffekte«, die das Spiel mit dem Material der Sprache erzeuge, sondern bemerkte, das Kind gebe sich in seiner weiteren Entwicklung den Sprachspielen »mit dem Bewußtsein, daß sie unsinnig seien«, hin und finde »das Vergnügen in diesem Reiz des von der Vernunft Verbotenen. Es benützt nun das Spiel dazu, sich dem Drucke der kritischen Vernunft zu entziehen.«[259] Daß das scheinbar zufällige Sprachspiel *hosi* auch bei Erwachsenen Lusteffekte bewirkt, beweisen Jandls Hörer durch ihr Lachen. Glaubt man Freuds Theorie der abzulegenden Hemmung, so reizt es gerade, religiöses

---

[255] Freud: Der Witz, S. 147f.
[256] Vgl. Jandl: Dichtkunst, S. 192.
[257] Schmidt-Hidding: Wit and Humour, S. 50f.
[258] Schopenhauer: Die Welt, S. 122.
[259] Freud: Der Witz, S. 101f.

Vokabular wie »Hosianna« dem Sprachspiel auszusetzen, denn das Amüsement über Verehrtes gilt als besonderer Tabubruch.[260]

Nach Jandls Gedicht wird es schwer sein, »Hosianna« zu singen, ohne an *hosi* zu denken. Auch Stock befürchtet, Theologen würden »Hosianna« nach seinem »poetischen Seitensprung [...] plötzlich mit anderen Ohren hören.«[261] Ernst Jandl erläutert seine fortgesetzten Angriffe auf diverse Formen des Pathos wie folgt: »Gemeinhin versteht man ja unter Pathos, unter ›pathetischem Sprechen‹ etwas irgendwie ›Überhöhtes‹. Verschiedene Versuche von mir gehen aber darauf aus, Pathos auf einer tieferen Ebene als der der Normalsprache anzusiedeln.«[262] Die neuen, erheiternden Assoziationen zu »Hosianna« werden durch Jandls Sprachexperiment fest an den frommen Ruf geknüpft und prägen sich ein, deshalb dürfte *hosi* bei der Zerstörung des Pathos nachhaltig von Erfolg gekrönt sein.

3.6 Unsinn und Methode

»Triumph des Unsinns«[263] nennt Segebrecht Gedichte Jandls, in denen Wörter so weit aufgelöst werden, daß sich die Poesie der Graphik nähert. Doch wie schon im Paradoxon »sinnvoller Unsinn«[264] anklang, so erinnert auch Brady daran, »daß Nonsense Sense voraussetzt, Unsinn Sinn, daß keine Experimente im luftleeren Raum stattfinden.«[265] Brady bemerkt mit Blick auf das Jandlsche Gedicht *schtzngrmm:*[266] »die Sprache wird an die Grenze des Nonsense geführt, den Sinn [...] stellen die Assoziationen wieder her.«[267] Beispielhaft hätte er auch die drei Gedichte *harte vögel, schmerz durch reibung* und *die zeit vergeht*[268] hinzuziehen können, denn auch sie erhalten erst Sinn durch Assoziationen. Jandl selbst vertritt diese Auffassung: »So wie die Arbeit mit

---

[260] Unter anderem die Blasphemieverdächtigkeit mancher Gedichte Jandls führte zu Auseinandersetzungen, vgl. hierzu Kühn: schrei bär, S. 36f.

[261] Stock: theologische Texte, S. 118. Versöhnlich formuliert Bluhm: »Jandls Rezeption kirchlicher Texte führt also paradoxerweise gleichzeitig zu ihrer Aufweichung und zu ihrer Verlebendigung.« Bluhm: der freisinnige christ, S. 36.

[262] Drews: Das Pathos verhunzen, S. 208.

[263] Vgl. Segebrecht: Die Sprache macht Spaß (FAZ 4. März 1967).

[264] Schmidt-Hidding: Wit and Humour, S. 50.

[265] Brady: Nonsense, S. 146.

[266] Jandl: poetische werke, Bd. 2, S. 47 (19. April 1957).

[267] Brady: Nonsense, S. 148.

[268] Jandl: poetische werke, Bd. 3, S. 73–75 (1964). Peter Pabisch hat nach diesem Gedicht ein Buch über moderne Lyrik betitelt: »luslustigtig«.

Wörtern zugleich eine mit Bedeutungen ist, kann die Arbeit mit Lauten zugleich eine Arbeit mit Assoziationsmöglichkeiten sein. Ein Titel, dem Lautgedicht vorangestellt, kann die Assoziationsmöglichkeiten zusätzlich steuern«.[269]

schmerz durch reibung[270]

```
                   frau
                  frfrauau
                frfrfrauauau
              frfrfrfrauauauau
            frfrfrfrfrauauauauau
          frfrfrfrfrfrauauauauauau
        frfrfrfrfrfrfrauauauauauauau
      frfrfrfrfrfrfrfrauauauauauauauau
```

Die pyramidenförmige Optik läßt Jandls Bauprinzip nachvollziehen. Dennoch handelt es sich hier nicht um ein visuelles Gedicht, dem nach Jandl »die strenge Regel der Stummheit [...] auferlegt ist«.[271] Vielmehr sind die Laute des Gedichts entscheidendes Thema.[272] *schmerz durch reibung* könnte man unter Jandls Begriff der »onomatopoetischen Gedichte« fassen, die er als Laute oder Geräusche imitierende Gedichte beschreibt; dies geschehe »mit den durchaus unzulänglichen Mitteln der Stimme«.[273]

Sieht man von dem optisch weit abgesetzten Titel ab, ist das Gedicht aus einem einzigen Wort gebildet: dem Substantiv *frau*. An der Spitze der Pyramide steht das Wort unverändert, in den folgenden sieben Zeilen ist es in zwei Teile zerlegt, die Buchstabengruppen *fr* und *au*. Beide werden pro Zeile je einmal mehr wiederholt, bis die letzte Zeile schließlich achtmal die erste Buchstabengruppe und daran angefügt achtmal die zweite enthält. Jandl erläutert, das Bauprinzip ergebe: »alsbald die Form eines gleichschenkeligen Dreiecks, oder fast. Diese Form läßt sich nach unten endlos erweitern, also muß man an irgendeiner Stelle Schluß machen. Ich entschied mich für die Zahl 8, als eine für den Hörer noch erträgliche, dem Sprecher noch zumutbare Zahl von Wiederholungen«.[274]

---

[269] Jandl: Ziele einer poetischen Arbeitsweise, S. 51.
[270] Vgl. zu dem Dreierzyklus Jandl: poetische werke, Bd. 3, S. 73–75 (1964).
[271] Jandl: Abgrenzung des eigenen poetischen Bereichs, S. 129.
[272] Vgl. Jandls Anmerkungen zu dem Gedicht *die zeit vergeht* in: Prawer: german poets, S. 185: »The triangular shape of the poem is part of its intended aesthetic effect – but more important is its sound.«
[273] Jandl/Huemer: Gespräch [CD], Nr. 3.
[274] Jandl: Ziele einer poetischen Arbeitsweise, S. 48.

Schon die Interpretation des Wortes *frau* als *fr* und *au* überrascht, hier klingt der im Titel angekündigte *schmerz* an, der sich steigert. Er ist durch den vielfachen Schmerzensruf *au* wiedergegeben, die wiederholten Laute *fr* demonstrieren die *reibung*, wobei diese zunächst noch als lustvoll interpretiert werden könnte, sich bei steigender Länge aber immer mehr in *schmerz* verwandelt. Jandl widerlegt hier die von Ferdinand de Saussure begründete These: »das sprachliche Zeichen ist beliebig. [...] Der Grundsatz der Beliebigkeit des Zeichens wird von niemandem bestritten«.[275] Saussures These wurde vielfach kritisch erweitert[276] und auch mit Blick auf Onomatopoetika immer wieder diskutiert. Das Substantiv »Frau« würde spontan sicher nicht zu lautmalerischen Wörtern gezählt, sondern die Zuordnung des Zeicheninhalts zu der entsprechenden Zeichenform würde als arbiträr angesehen. Jandl führt nun vor, daß das Substantiv *frau* doch eine onomatopoetische Seite haben kann: *frau* besteht aus *reibung* und *schmerz*. Der auf den ersten Blick unsinnig erscheinende Umgang mit dem Wort *frau* weckt durch die Lautmalerei intensive Assoziationen. Zwei Arten von *reibung* können beim Hören des Gedichtes assoziiert werden: körperliche und seelische. Beide Interpretationen des Wortes *frau* provozieren und sind gleichermaßen komisch. Sie stellen die oft wortreich problematisierten Geschlechterbeziehungen an einem einzigen Wort, nämlich *frau*, überraschend dar.

Jandl selbst liest den Schmerz fast jaulend und in steigender Lautstärke.[277] Er bemerkte zu seinem Text: »das thema frau, oder das thema koitus, das da drinnen ist, das kann auf alle möglichen weisen behandelt werden, es ist eben eine möglichkeit, es so zu behandeln.«[278]

Das Gedicht *schmerz durch reibung* liefert Argumente, Jandls Poesie als »konkret« zu bezeichnen, er selbst gibt an: »Sie ist ›konkret‹, indem sie Möglichkeiten innerhalb von Sprache verwirklicht und Gegenstände aus Sprache erzeugt«.[279] Sowohl *reibung* als auch *schmerz* entstehen im hier betrachteten Gedicht konkret aus dem Wortmaterial *frau*: Der Reibelaut [f] reibt die Luft, der Wehruf *au* tut durch ständige Wiederholung in den Ohren weh. Es wird hier ein von Eugen Gomringer genanntes Kriterium der konkreten Poesie greifbar: »der versuch, gegenwart unmittelbar sprachlich festzustellen«.[280]

Jandl spricht von einer »Wirklichkeit außerhalb der Sprache«, wenn er die Auswahl der Wörter begründet, die er in den Gedichten des baugleichen

---

[275] Saussure: Grundfragen der allgemeinen Sprachwissenschaft, S. 79.

[276] Vgl. Henne/Wiegand: Sprachzeichenkonstitution, S. 152f.

[277] Vgl. zum Beispiel Jandl: Laut und Luise [CD], Nr. 35.

[278] Jandl/Weibel: Gepräch [ohne Seitenzählung]. So wie im hier vorgestellten Beispiel *schmerz durch reibung* erinnert Jandl auch in den anderen Gedichten des Dreierzyklus onomatopoetisch an den jeweiligen Titel.

[279] Jandl: Österreichische Beiträge zu einer modernen Weltdichtung, S. 12.

[280] Gomringer: vorwort, S. 5.

Dreierzyklus *harte vögel, schmerz durch reibung* und *die zeit vergeht*[281] verarbeitet hat. Es sind die Wörter *granit, frau* und *lustig*: »nur in diesen dreien vermochte ich etwas zu entdecken, das über das Spiel mit Lauten hinausging, das Wirklichkeit außerhalb der Wirklichkeit Sprache zu suggerieren vermochte«.[282]

So wie im hier vorgestellten Beispiel *schmerz durch reibung* erinnert Jandl auch in den beiden weiteren Gedichten onomatopoetisch an den jeweiligen Titel.[283] Der Zusammenhang *granit-vögel* ist zunächst unklar und wird erst durch den Titel augenzwinkernd hergestellt: *harte vögel* mit dem Zusatz *für hitchcock*. Die Interpretation des Adjektivs *lustig* als tickend verrinnende Zeit erschließt sich rasch, da diese in guter Laune schneller zu vergehen scheint.[284] Das Gedicht kann als mahnende Aufforderung, »carpe diem«, verstanden werden.[285]

Jandl nennt seine Methode, die Wirklichkeit außerhalb der Sprache hervorbringt, »formal«. Sie sei eine »bestimmte Art der Beschäftigung mit einzelnen Wörtern, genauer mit jeweils einem einzigen. Dieses mußte sich in seiner Mitte, wobei diese durch die Hälfte seiner Buchstabenzahl bestimmt war, so daß nur Wörter mit einer gerade Buchstabenzahl in Frage kamen, *so* teilen lassen, daß zwei sprechbare, reduplizierbare Einheiten entstanden. Wirksam war bei dieser vorerst rein formalen Methode die Erinnerung an die Möglichkeit der Reduplikation bei gewissen altgriechischen Verben.«[286] Der

---

[281] Jandl: poetische werke, Bd. 3, S. 73–75 (1964).

[282] Jandl: Ziele einer poetischen Arbeitsweise, S. 47.

[283] Jandl begründet die Auswahl der drei von ihm zerlegten Wörter: »weil jedem der drei ein brauchbarer Titel zu Hilfe kam, der jedes mehr von den anderen trennt als der eigentliche Text es tut.« Jandl: Ziele einer poetischen Arbeitsweise, S. 46.

[284] Vgl. hierzu ebd., S. 47f. »So wurde das Wort ›lustig‹, das sich in die beiden Bestandteile ›lus‹ und ›tig‹ symmetrisch teilen ließ, ein Adverb zum Satz ›die zeit vergeht‹, der nun hieß ›die zeit vergeht lustig‹, wobei die sich an ihn anschließende kleine Sprechmaschine in ihrer einen Hälfte das Ticken einer Uhr vorführte, in ihrer anderen eine weniger deutliche, weniger deutbare Beziehung zu etwas herstellte, das vielleicht an Wörter des Hörens, wie ›losen‹, oder das englische ›listen‹, imperativisch erinnerte, und warum, wenn Sprachgrenzen verwischt werden dürfen, nicht auch ans englische ›lose‹, verlieren.« Zur Assoziation laden auch die vielfältigen Bedeutungen des lateinischen Wortes »lustrum« ein, das einen Zeitraum beschreiben, aber auch ›Sühnopfer‹, ›Bordell‹ oder ›ausschweifendes Leben‹ bedeuten kann.

[285] Jandl erläutert: »The word lustig is dismembered into lus (which sounds like an urgent los!, ›let's go!‹), Lust, and tig (pronounces , the noise made by a clock). The more and urgent call to enjoyment is answered by a longer and longer reminder of the passing of time.« Prawer: german poets, S. 185. Hoffmann deutet das Wort *lust* im Zentrum des pyramidenförmigen Gedichts als Hinweis auf den Gedanken des »carpe diem«. Hoffmann: Arbeitsbuch, S. 295f.

[286] Jandl: Ziele einer poetischen Arbeitsweise, S. 47.

Hinweis auf ein formales Prinzip, eine Technik, erinnert an Entwicklungen in anderen Gebieten der Kunst, zum Beispiel in der Musik. Jandl selbst, allgemein auf seine sprachlichen Mittel angesprochen, zog diesen Vergleich:»Es geht um das Wiederentdecken und das Wiedererwecken von etwas, das in der Sprache ebenso begonnen hatte – zu Beginn des Jahrhunderts – wie in der Musik, denken Sie an die Zwölftonmusik oder an die atonale Musik«.[287]

Nach den schon erwähnten Aussagen seines Lektors Siblewski war Jandl der Ansicht, er habe »in der Literatur etwas Ebenbürtiges neben Schönberg und Webern zu setzen versucht.«[288] Tatsächlich erinnert Jandls Methode an Schönbergs Komposition mit zwölf nur aufeinander bezogenen Tönen: Sie entzieht der Musik den traditionellen »richtigen Zusammenhang« und entwickelt für seine Kompositionen neue, andere formbildende Kräfte. Ein Merkmal der Zwölftonmusik ist die Gleichrangigkeit[289] der Töne, die nicht mehr durch die Schwerkraft eines Grundtons gebunden sind. Vergleichbares findet sich in Jandls Arbeit mit Sprache: Er verändert die ursprüngliche Wertigkeit der Buchstaben durch Kleinschreibung und die der Laute durch seine Reduplikationsmethode.[290] Der Dichter unterteilt die vier Buchstaben, die gewöhnlich in ihrer Wertigkeit aufeinander bezogen sind, und verarbeitet sie in der Vervielfachung wie gleichrangige. Angesichts dieser Technik liegt es nahe, seine Gedichte mit Aussagen Arnold Schönbergs zu konfrontieren. Dieser sagt über die traditionelle tonale Musik: »Die Wirkung der Tonalität besteht darin, daß die Beziehbarkeit aller harmonischen Ereignisse auf einen Grundton diesen Ereignissen den richtigen Zusammenhang untereinander verleiht und einem so gebauten Tonstück, unabhängig davon, ob es in seinen andern Funktionen ebenso logisch und zusammenhangsvoll gebaut ist, von vornherein eine gewisse Formwirkung ermöglicht wird.«[291] Bei der Zwölftonkomposition entfällt mit der Tonalität auch deren beschriebene Formwirkung, es müssen neue Formkräfte entwickelt werden. Entsprechendes findet sich in Jandls Dreierzyklus. Die neue Funktion, die er den Lauten gibt, erweist sich als sinnvoll und formtüchtig, obwohl er die ursprüngliche Beziehung der Buchstaben zueinander verändert hat, ebenso wie Schönberg den Bezug der Töne aufeinander veränderte.

Schönberg wehrte sich gegen den Vorwurf, seine Methoden seien unnatürlich: »Die scheinbare Künstlichkeit eines Erzeugnisses besagt nichts gegen seine Natürlichkeit, da ihm Naturgesetze in gleichem Maße zugrundeliegen«.[292] Analog liest sich Jandls Aussage, er habe ein Thema nicht künstlich

---

[287] Jandl/Huemer: Gespräch [CD], Nr. 5.
[288] Siblewski: Telefongespräche, S. 52.
[289] Stephan: Zwölftontechnik, S. 1085–1087.
[290] Jandl: Ziele einer poetischen Arbeitsweise, S. 48.
[291] Schönberg: Gesinnung oder Erkenntnis?, S. 212.
[292] Ebd.

erfunden, sondern durch die neue Methode der Sprachbehandlung entdeckt. So erläutert er am Beispiel des letzten Gedichtes im Dreierzyklus: »*die zeit vergeht* war kein Thema, sondern wurde ein Titel. Es gab kein Thema, sondern nur eine bestimmte Art der Beschäftigung mit einzelnen Wörtern, genauer mit jeweils einem einzigen. [...] Jedenfalls erscheint mir [...], daß die kleine Sprechmaschine, hinter der Aussage, daß die Zeit lustig vergehe, zum Laufen gebracht, diese Aussage eher in Frage stellt. Also gibt es hier wohl doch so etwas wie ein Thema, nachträglich gefunden und festgemacht«.[293] Aus der Arbeit am Wort entstand bei Jandl das Thema. Man kann behaupten: Es steckte in der Natur des Wortes und konnte durch neue Techniken freigelegt werden.

Auch Kaiser zieht mit Blick auf ein anderes Gedicht, das bekannte »schweigen« von Eugen Gomringer, Parallelen zwischen verschiedenen Kunstformen, er differenziert jedoch: »Innerhalb dieser Verwandtschaft aber ist eine Steigerungsreihe anzusetzen, da Töne, Farben und Formen schon aus sich selbst Gestimmtheiten und Bedeutungsanklänge im Menschen hervorrufen, Buchstabenserien aber nicht. Der Unterschied wird besonders deutlich an den Übergängen zwischen konkreter Poesie und bildender Kunst, die darin bestehen, daß sich bei Buchstaben und Buchstabenfolgen der Akzent von der Zeichenfunktion innerhalb des Alphabets zur Bildfunktion verschiebt.«[294] Kaisers Aussage wird durch Jandls Text widersprochen. Seine Buchstabenserien haben neben ihrer Bildfunktion sehr wohl auch Zeichenfunktion. Das hier untersuchte Lautgedicht zeigt das Talent des Dichters, seine Sprache mit hoher Intensität durch mehrere Wahrnehmungskanäle zu senden.

Jandls sprachliche Leistung erfordert Unbefangenheit. Ein »freischöpferisches Verhältnis zur Sprache«,[295] das dem Autor eigen ist, gilt wiederum als ein Kennzeichen der heiteren Unsinnsdichtung. In der zeichnerischen Darstellung des Kraftfelds[296] komischer Spielarten ordnet Schmidt-Hidding Nonsens zwischen die Kräfte des Verstandes und die Kräfte des Gemüts und der Liebe, die auch als Wurzeln des Humors gelten. Nonsens liegt dem Humor näher. Schmidt-Hiddings Einschätzung läßt sich auch auf die schöpferische Tätigkeit selbst beziehen; sie kann nur erfolgreich sein, wenn sie mit Liebe zum Gegenstand und Lust an der Kreativität ausgeübt wird. Ähnliches referiert Freud. Er spricht über die Lust am Unsinn und verweist darauf, daß Kinder zu spielerischen Reduplikationen[297] neigen: »Die ›Lust am Unsinn‹, wie

---

[293] Jandl: Ziele einer poetischen Arbeitsweise, S. 47f.

[294] Kaiser: Augenblicke deutscher Lyrik, S. 397.

[295] Schmidt-Hidding: Wit and Humour, S. 50f.

[296] Ebd., S. 48.

[297] Vgl. hierzu auch Beispiele bei Helmers: Sprache und Humor des Kindes, zum Beispiel S. 107: »Eckart dehnte ›Mama‹ zu ›Mamamimimumum‹ aus und ebenso ›Papa‹ zu ›Papapipipupu‹«.

wir abkürzend sagen können, ist im ernsthaften Leben allerdings bis zum Verschwinden verdeckt. Um sie nachweisen zu können, müssen wir auf zwei Fälle eingehen, in denen sie noch sichtbar ist, und wieder sichtbar wird, auf das Verhalten des lernenden Kindes und das des Erwachsenen in toxisch veränderter Stimmung. In der Zeit, da das Kind den Wortschatz seiner Muttersprache handhaben lernt, bereitet es ihm ein offenbares Vergnügen, mit diesem Material ›spielend zu experimentieren‹ [...]. Noch in spätere Jahren ragen dann die Bestrebungen, sich über die erlernten Einschränkungen im Gebrauche der Worte hinauszusetzen, indem man dieselben durch bestimmte Anhängsel verunstaltet, ihre Formen durch gewisse Veranstaltungen verändert (Reduplikationen, Zittersprache) oder sich sogar für den Gebrauch unter den Gespielen eine eigene Sprache zurechtmacht«.[298]

Diesem Vergnügen verdankt sich Jandls Gedicht. Auch die von Schmidt-Hidding beschriebene Methode des heiteren Unsinns, die »Verabsolutierung des Spielsinns«,[299] kann vor allem als eine Kraft des Gemüts betrachtet werden, denn lustvoller Unsinn ist nur wenig rational geprägt, er beschäftigt vor allem die Sinne. Auch dies spricht für eine Natürlichkeit der scheinbar formalistischen Methoden bei Jandl. Weniger rationale Hörer, zum Beispiel Kinder, zeigen sich nicht selten besonders aufgeschlossen gegenüber schöpferischem Spiel und neuen Formen, sie sind begeisterte Hörer von heiterem Unsinn.[300]

3.7   Poesie statt Orthographie

In seinem kommentierenden Inhaltsverzeichnis zur Gedichtsammlung »Das Wasserzeichen der Poesie« kündigt Hans Magnus Enzensberger alias Andreas Thalmayr auch ein Gedicht Ernst Jandls an. Enzensberger verwendet mit Blick auf dieses die Bezeichnung »Barbarismus« in Anlehnung an die griechische Antike: »Die Griechen, selbstbewußt und hochmütig, fanden es barbarisch, ausländische Wörter und Redensarten zu gebrauchen. Dagegen hat unsere Toleranz bekanntlich keine Grenzen. Es gibt Dichter, die sich die Chance, die darin liegt, nicht entgehen lassen.«[301] Ob der spöttische Unterton

---

[298] Freud: Der Witz, S. 101f.
[299] Schmidt-Hidding: Wit and Humour, S. 50f.
[300] Der Produzent Klaus Wagenbach berichtet über den Erfolg der Schallplatte *Laut und Luise* 1968: »Die Platte war ein Hit unter Kindern.« Wagenbach: Jodl, S. 72f.
[301] Thalmayr [Enzensberger]: Wasserzeichen der Poesie, S. XXII.

122

Enzensbergers dem Gedicht gerecht wird, ob er überhaupt eine angemessene Lesart einleitet, ist zu diskutieren.

calypso

ich was not yet
in brasilien
nach brasilien
wulld ich laik du go

wer de wimen
arr so ander
so quait ander
denn anderwo

ich was not yet
in brasilien
nach brasilien
wulld ich laik du go

als ich anderschdehn
mange lanquidsch
will ich anderschdehn
auch lanquidsch in rioo

ich was not yet
in brasilien
nach brasilien
wulld ich laik du go

wenn de senden
mi across de meer
wai mi not senden wer
ich wulld laik du go

yes yes de senden
mi across de meer
wer ich was not yet
ich laik du go sehr

ich was not yet
in brasilien
yes nach brasilien
wulld ich laik du go[302]

Jandl: poetische werke, Bd. 2, S. 18 (2. Nov. 1957).

Der Titel des Gedichtes bezeichnet einen traditionellen Tanz aus Trinidad, der sich bis in die erste Hälfte des 19. Jahrhunderts zurückverfolgen läßt.[303] Jandl schrieb sein Gedicht 1957, als der Calypso Mitte der fünfziger Jahre in den USA und in Europa zum Modetanz geworden war. Der Calypso-Star Harry Belafonte sang damals gern im sehr eigenständigen karibischen Englisch, etwa 1956 im berühmten »Banana Boat Song«. Ludwig Laher zitiert einen persönlichen Briefwechsel mit Jandl, in dem der Autor ausdrücklich auf Belafonte verweist: »Mehreres spielte am Zustandekommen des Gedichts auf gerade diese Weise mit: die Erinnerung an mein erstes Jahr im Schuldienst, 1950/51, zum Teil an einer Hauptschule, wo es erste und zweite Klassenzüge gab. Die Schüler der zweiten Klassenzüge hatten enorme Schwierigkeiten im Englischen, und in ihrem Bemühen, sich verständlich zu machen, ohne über ein ausreichendes Vokabular in der Fremdsprache zu verfügen, kombinierten sie immer wieder beide Sprachen. Dann gab es die Calypso-Songs im Radio zu hören, Harry Belafonte vor allem, in einem Eingeborenenenglisch, weit entfernt von King's English, und doch so faszinierend. Schließlich Reiseverlangen, einmal nach Übersee (USA war realistischer, Brasilien schien romantischer)...«[304]
Der Calypso hat verschiedene Einflüsse. Neben dem auf Trinidad gesprochenen Englisch[305] enthalten Liedtexte oft auch spanisch-französisch-afrikanische Mischtexte. Sie tragen zum heiteren, ironisierenden Charakter des Calypso bei, der vor allem im Karneval eine Rolle spielt.[306] Jandl greift in seinem Gedicht Eigenheiten des Calypso auf und überzeichnet sie.
Die liedhafte Form mit Vierzeilern und Refrain findet sich häufig im traditionellen Calypso.[307] Ein vierfach wiederholter Refrain rahmt Anfang und Ende von Jandls *calypso*. Er teilt die vier variierten Strophen voneinander, wobei die zwei letzten direkt aufeinander folgen. Allerdings wirkt Jandls Text sehr unrhythmisch. Nur in Spuren findet sich wie im Tanz Calypso eine Geradtaktigkeit.[308] In Jandls *calypso* ist der Rhythmus schon deshalb unklar,

---

[303] Vgl. zum Calypso die Ausführungen von Wicke/Ziegenrücker: Handbuch der populären Musik, S. 96f.

[304] Jandl in einem Briefwechsel mit Ludwig Laher, zitiert nach Laher: Gemischtsprachige Gedichte, S. 98. Jandl berichtet aus seiner Zeit in amerikanischer Kriegsgefangenschaft von eigener »Freude am Lernen dieser Sprache«, so in einem Brief vom 18. Januar 1946 aus Stockbridge in England. Jandl: Briefe aus dem Krieg, S. 123.

[305] Schmitz-Emans ordnet Jandls Gedicht unter das Kapitel Bi- und Multinationale Dichtung und sieht in *calypso* »deutsche und pidgin-englische Bestandteile gekoppelt.« Schmitz-Emans: Sprache der modernen Dichtung, S. 72.

[306] Wicke/Ziegenrücker: Handbuch der populären Musik, S. 96. Vgl. Meyer: Der traditionelle Calypso, Bd. 1, S. 1.

[307] Ebd., S. 37f.

[308] Wicke/Ziegenrücker: Handbuch der populären Musik, S. 96.

weil man nicht weiß, ob man im Sinne des Englischen oder des Deutschen betonen soll: *ich was not yet.* Schon in der zweiten Zeile, *in brasilien,* bringt der Name *brasilien* jeden Rhythmus durcheinander; er läßt sich nur auf der zweiten Silbe betonen und endet dann auch noch auf zwei Senkungen. Besonders dieser exotische Name, der achtmal wiederholt wird, und weitere Stolpersteine bringen den im Titel angekündigten *calypso,* den lateinamerikanischen Tanz, aus dem Takt. Im traditionellen Calypso fährt die Musik gern über den Rhythmus der Texte hinweg,[309] oft fehlt ein regelmäßiges Versmaß, meist variiert das Metrum.[310] Jandl überzeichnet dies, so wirkt der Text wie ein ungeschicktes Stolpern.[311]

Besonders auffallend ist die Wortwahl: Schon die erste Zeile überrascht durch die Sprachvermischung: *ich* läßt auf einen deutschen Text schließen, das folgende, von Jandl selbst deutsch ausgesprochene *was*[317] ist deshalb semantisch nicht einzuordnen, bis die eindeutig englische Verneinung *not yet* den Rückschluß zuläßt, daß die 1. Person Imperfekt des Verbums »to be« gemeint ist und die Zeile also ›ich war noch nicht / nie‹ bedeuten soll. Hier ist schon klar geworden, daß es sich um eine von Jandl in vielen seiner poetischen Werke eingesetzte Sprachvermischung handelt, beispielhaft sind die Gedichte *the flag*[313] und *chanson*[314] zu nennen, auch die *oberflächenübersetzung*[315] kann man vergleichend betrachten.

Das Gedicht *calypso* bezeugt im Refrain immer wieder den Wunsch eines lyrischen Ich, nach *brasilien* zu gehen. Verschiedene Motive klingen in den Strophen an. Dem Sprecher genügt sein Dasein nicht, das ist schon in der zweiten Strophe zu hören: *wer de wimen / arr so ander / so quait ander / denn anderwo.* Er ist voller Neugier auf fremdländische Frauen, exotistische Sehnsüchte nach Sexualität und Liebe zeichnen sich ab. Die Frage der sechsten Strophe: *wai mi not senden wer / ich wulld laik du go* deutet an, daß der Sprechende nicht selbst über seine Existenz bestimmt. Hier klingt wieder ein ursprünglicher Zug des Calypso an, der häufig die Unterdrückung und Rechtlosigkeit der Farbigen spiegelte.[316] Eine besonders emotionale Färbung verleiht dieser Textstelle die folgende Verdopplung *yes yes,* die hilflos und ungelenk wirkt. Laher beschreibt sie als »Germanismus« und erinnert an »in-

---

[309] Meyer: Der traditionelle Calypso, Bd. 1, S. 39.

[310] Ebd.

[311] Ähnliches führt Monsieur Hulot alias Jacques Tati als unbeholfener Tourist im Film vor. Tati: Die Ferien des Monsieur Hulot.

[312] Vgl. Jandl: wien : heldenplatz [Lesung], CD 2, Nr. 34.

[313] Ebd., Bd. 4, S. 112 (30. April 1968).

[314] Jandl: poetische werke, Bd. 2, S. 10f. (14. April 1957).

[315] Ebd., Bd. 3, S. 51 (2. Nov. 1957–...). Vgl. zur Methode in diesem Gedicht Hammerschmid: Übersetzung, besonders S. 48–50.

[316] Wicke/Ziegenrücker: Handbuch der populären Musik, S. 96.

deed« oder »o yes« als korrekte englische Ausdrücke.[317] Wer *de* (mit der Bedeutung ›they‹) sind, bleibt ungewiß, das Verschicktwerden über das Meer läßt an Soldaten oder andere Auftragsreisende denken.

In der vierten Strophe gibt der Sprecher an: *als ich anderschdehn / mange lanquidsch*, was bedeuten soll ›as I understand many languages‹. Sogar die Sprache in Rio will er verstehen, die Portugiesisch wäre. Der Satz ist durch seine Schreibung der prägnanteste des Textes und inhaltlich ein Kernsatz, der komisch wirkt: Zwar behauptet der Sprecher, viele Sprachen zu verstehen, er bildet selbst aber eine Pidginsprache. Andreas Meyer erwähnt in seiner Monographie zum traditionellen Calypso auf Trinidad ähnlich prahlerische Spielarten. Sie spiegeln sich zum Beispiel in bestimmten Künstlernamen wie »Atilla the Hun« oder »Growling Tiger«.[318] Und nicht selten suggerieren bestimmte, aus dem lateinischen stammende Wörter eine sprachliche Überlegenheit der Sänger.[319] Es ist denkbar, daß Jandl durch dieses Vorbild inspiriert wurde.

Der Dichter läßt das Pronomen *ich* unverändert als deutsches Wort stehen, es klingt authentisch und aufrichtig. Der Sprechende könnte – wie es die Lesart Enzensbergers andeutet – Zielscheibe von Spott werden, da die meisten anderen Wörter im Gedicht das Englische so ungeschickt nachahmen. Es ist ein Sprecher, der phonetisch-phonologische Aussprecheregeln des Deutschen auf das Englische anwenden will, dies ist auch in der Schreibung realisiert. Plett nennt dieses Phänomen »graphemische Verballhornung«.[320]

Neben *ich* gehört zu den deutschen Wörtern die Präposition *nach*, die keine Ähnlichkeit mit dem englischen »to« hat, sowie das hilflos klingende *ander*, das zwar lautlich dem englischen »under« entspricht, hier aber das deutsche Adverb ›anders‹ bedeuten soll, also korrekt mit »different« zu übersetzen gewesen wäre. Auch *senden*, *meer* und *brasilien* entsprechen noch den deutschen Vokabeln. Die Ortsbestimmung *anderwo* im Satz *wer de wimen / arr so ander / so quait ander / denn anderwo* erscheint besonders ungelenk auch durch das schon zuvor doppelt verwendete *ander*. Nun müßte *anderwo* aber unterschiedlich übersetzt werden, es soll nämlich ›somewhere else‹ oder ›elsewhere‹ bedeuten, und das deutsche *denn* ist als ›than‹ zu verstehen.

Das nachgestellte deutsche Adverb *sehr* am Ende der siebten Strophe, *ich laik du go sehr*, ist unverändert und hebt sich, den Wunsch betonend, vom Kontext ab. Die Konjunktion *als* am Anfang der vierten Strophe, *als ich anderschdehn / mange lanquidsch / will ich anderschdehn / auch lanquidsch*

---

[317] Laher: Gemischtsprachige Gedichte, S. 98.
[318] Meyer: Der traditionelle Calypso, Bd. 1, S. 49.
[319] Ebd., S. 46–50. Meyer nennt Wörter lateinischer Herkunft, die auch die Reime prägen, zum Beispiel »assasination«, »administration«, »inclination« etc. Ebd., S. 49.
[320] Plett: Systematische Rhetorik, S. 220.

in rioo, erinnert klanglich entfernt an die hier gemeinte Bedeutung des englischen ›as‹. Gleichzeitig aber klingt die in der deutschen Umgangssprache häufige — auf den Komparativ bezogene — Verwechslung von »als« und »wie« an.

Alle anderen Wörter haben deutliche Ähnlichkeit mit dem Englischen bzw. einer Pidginsprache, so zum Beispiel das wiederholte *wulld* statt »would« und das weiche *du go* statt »to go«. Daß das »th« als typisches Kennzeichen des Englischen[321] fehlt, fällt besonders in der sechsten und siebten Strophe auf, sowohl »they« als auch »the« werden durch das plumpe *de* ersetzt: *wenn de senden / mi across de meer.*

Wieder anders erscheint die Schreibweise von *rioo*. Die Vokalverdopplung ist keine Notation einer deutschen Aussprache, deren Akzentuierung ein doppeltes *o* unwahrscheinlich macht. Es ist vielmehr eine ungelenk erscheinende Betonung, die eine männliche Kadenz erzwingt.

Manche englischen Ausdrücke sind dagegen korrekt, zum Beispiel *not yet*, *across*. Deutsche Wortbildungselemente verraten, wo vermeintlich englische Wörter durch ähnlich klingende deutsche ersetzt wurden, so etwa das deutsche Flexionsmorphem *-en* in der Verbform *senden*, welche die dritte Person Plural meint und englisch »sent« heißen müßte.

Auch im Satzbau wird der englische — meist erfolglos — nachgeahmt, besonders auffällig durch das vorgezogene Verb in den Zeilen: *als ich anderschdehn / mange lanquidsch.*

Beim Hören dieses verwirrenden Sprachengemischs verblüfft ein Gewöhnungseffekt: Zunächst erheitert das Durcheinander der Sprachen, schnell aber wird das Ohr trainiert, die Sprachen verlieren ihre Konturen und verschmelzen. So lädt gerade der Refrain nach einer Weile zum Mitsingen ein[322] und entfaltet im ungelenken Dahinholpern eine ganz eigene Poesie. Es ist nachzuempfinden, daß Jandl das Gedicht in eine seiner »lustvollsten Produktionsphasen überhaupt«[323] datiert.

Mehrsprachigkeit ist in Jandls poetischen Werken so häufig zu entdecken, daß sie zu Recht als »Konstante Ernst Jandls«[324] beschrieben wurde. Zugleich kann eine Beobachtung Kopfermanns zur konkreten Poesie auf Jandls provo-

---

[321] Wie Jandl selbst verweist auch Laher mit Blick auf das Gedicht *calypso* auf den Englisch-Unterricht, er nennt etwa die »leidige th-Problematik«. Laher: Gemischtsprachige Gedichte, S. 98f.

[322] Jandl selbst schreibt im Briefwechsel mit Laher über seine zweisprachigen Gedichte: »Die Zweisprachigkeit macht sie zu Sprechgedichten; ihre Erscheinungsform ist ein Appell an jeden, der sie im Druck antrifft, es mit ihnen einmal laut zu versuchen.« Laher: Gemischtsprachige Gedichte, S. 92.

[323] Ebd., S. 98.

[324] Reitani: Acht Thesen zum Werk Ernst Jandls, S. 13. Vgl. zu Jandls Aufenthalten in England Schewig: Versuch einer Monographie, S. 49–52.

kante Sprachvermischung übertragen werden: »Konkrete Poesie ist als international konzipiert: die Sprachelemente sind nicht an die Muttersprache des Autors gebunden, Reduktion und Reproduktion lassen die Kombination von Elementen verschiedener Sprachen im selben Text zu.«[325]

Die in den sehr kurzen Zeilen um so prägnanteren Enjambements haben zweifache Wirkung: Die Satzunterbrechungen bringen einerseits den Sprecher noch stärker ins Stolpern, auch Jandl läßt in seinen Lesungen des Gedichts die Zeilensprünge hören.[326] Andererseits erzeugen sie durch die Kürze der Zeilen, die jeweils fortgeführt werden, einen Sog hin zum Ende des Textes. Der Sog bewirkt Beschleunigung (auch diese ist in Jandls Lesungen deutlich zu hören) und intensiviert den Ausdruck von Neugier und unbestimmter Sehnsucht.

Dem Titel *calypso* wird heute spontan nicht mehr unbedingt ein Tanz zugeordnet, aber auch wenn diese Assoziation seltener entsteht, behält der Klang seine exotische Anziehungskraft. Der Name Calypso (oder Kalypso) gehört außerdem einer griechischen Sagengestalt: einer reizvollen Nymphe, Tochter des Atlas, die den schiffbrüchigen Odysseus auf der sagenhaften Insel Ogygia sieben Jahre lang aus Liebesverlangen festhielt. Sie versprach sogar, ihn unsterblich zu machen. Doch war die Sehnsucht des Odysseus nach seiner Heimat größer, und er baute schließlich mit der Nymphe, die ihn auf Geheiß des Zeus freilassen mußte, gemeinsam ein Boot um davonzusegeln. So steht der Name Calypso geradezu symbolisch für Motive wie Fremde und Sehnsucht: »Aber am Tage saß er auf Felsen oder am Sandstrand, / Sich sein Herz zerquälend mit Tränen und Seufzen und Schmerzen. / Über das Meer, das wogende, blickte er, Tränen vergießend.«[327]

In Aufnahmen des Gedichtes *calypso*, von Jandl gelesen, ist die emotionale Seite seines Vortrags nicht zu überhören: gespannt, seufzend, die Stimme drängend erhebend, mit untergründiger Freude auf die Ferne.[328] So ist Karl Riha zu widersprechen, der in seiner Untersuchung »Cross-reading« mit einem kurzen Blick auf Jandls Gedicht *calypso* von »Cross-talking«[329] gesprochen hat und es unter anderem als »Touristengequassel«[330] deutet. Dagegen spricht der angestrebte Konjunktiv; Jandls lyrisches Ich ist nicht etwa ein Tourist in Brasilien, sondern wünscht dort zu sein: *wulld laik*. Riha bemerkt aber treffend zum Reiz des Gedichtes, es sei ein »elementares

---

[325] Kopfermann: Einführung, S. 11.
[326] Vgl. Jandl: wien : heldenplatz [Lesung] CD 2, Nr. 34.
[327] Homer: Odyssee, 5. Gesang, Vers 156–158.
[328] Jandl: wien : heldenplatz [Lesung], CD 2, Nr. 34. Vgl. Jandl: Laut und Luise [CD], Nr. 14.
[329] Riha: Cross-Reading, S. 72.
[330] Ebd., S. 71.

Sprachvergnügen«, das »seinen Reiz dem unmittelbaren Sprechakt, der verzerrenden Artikulation« entnehme.[331]

In Live-Mitschnitten von Jandls Lesungen ist nur wenig und leises Lachen im Publikum zu hören, schon gar kein hämisches, obwohl dieses zu erwarten wäre, nähme man die von Thalmayr vorgeschlagene spöttische Lesart an. Wenn sich hingegen Zeitgenossen in Fremdsprachen verhaspeln, kommt leicht Schadenfreude auf, das Thema ist auch in Witzen über parkettunsichere Politiker beliebt. Dabei wirkt eines der ältesten beobachteten Motive des Lachens, das Gefühl der Überlegenheit; es wird, wie schon erwähnt, in Degradationstheorien diskutiert.[332] Bereits Platon beobachtete »Mißgunst«, wenn man über die lächerlichen Seiten seiner Freunde lache.[333] Aristoteles vermutet einen Ursprung des Lächerlichen im Fehler.[334] Thomas Hobbes hat diese Beobachtung pointiert zusammengefaßt: »Und ebenso enthält man sich schwer des Lachens, wenn durch einen Vergleich mit fremdem, unschönem Wort oder Tun die eigene Vortrefflichkeit um so heller hervortritt. Allgemein ist das Lachen das plötzliche Gefühl der eigenen Überlegenheit angesichts fremder Fehler.«[335] Wieso tritt dieses Gefühl bei *calypso* nicht ein?

Laher betont völlig zu Recht, daß Jandls Lust am Schreiben von Texten wie *calypso* nicht als Verhöhnung scheinbar defizienter Varianten des Englischen aufgefaßt werden dürfe, »weder, was die Eigenständigkeit karibischer Sprach- und Kulturformen, noch was den Spracherwerb des Schülers anbelangt.«[336] Daß Jandl das Erlernen von Sprachen mit viel Sympathie beobachtete, belegt sein Vorwort in Glantschnigs »Lexikon der Falschheiten«, einer kleinen Dokumentation reizvoll unkorrekter, phantasievoller Verwendung des Deutschen durch ausländische Kinder. Ihnen gesteht Jandl zu: »Ohne es zu wollen und ohne es zu wissen, sind die genannten Kinder, durch Umstände bedingt, in dieser Phase ihres Lebens zu einer Art von Sprachkünstlern geworden.«[337]

In Jandls Gedicht *calypso* ist Sinnlichkeit und eine Milde zu entdecken, die Jean Paul als Kennzeichen des Humoristen beschrieben hat: »Ferner erklärt durch die Totalität sich die humoristische Milde und Duldung gegen einzelne

---

[331] Ebd.

[332] Zu Degradationstheorien vgl. die erwähnte Abhandlung von Böhler: Soziodynamik, S. 351–378.

[333] Platon: Philebos, S. 103.

[334] Aristoteles: Poetik, S. 32.

[335] Hobbes: Vom Menschen, S. 33.

[336] Laher: Gemischtsprachige Gedichte, S. 99. Heinrich Plett vermutet als Ziel Jandls, »den Hang zur Amerikanisierung des Deutschen zu ironisieren.« Diese These weckt Zweifel. Plett: Systematische Rhetorik, S. 220.

[337] Jandl: Zu diesem Buch, S. 11. Die Sammlung von Glantschnig heißt: »Blume ist Kind von Wiese oder Deutsch ist meine neue Zunge. Lexikon der Falschheiten.«

Torheiten, weil diese alsdann in der Masse weniger bedeuten und beschädigen und weil der Humorist seine eigne Verwandtschaft mit der Menschheit sich nicht leugnen kann; indes der gemeine Spötter, der nur einzelne ihm fremde abderitische Streiche des gemeinen und gelehrten Wesens wahrnimmt und aufzählt, im engen selbstsüchtigen Bewußtsein seiner Verschiedenheit [...] die Kapuzinerpredigt gegen die Torheit hält«.[338]

Ein vergleichender Blick auf ein Gedicht Robert Gernhardts kann aufschlußreich sein. Er verwendet hier zwar ähnliche sprachliche Mittel wie Jandl, hat aber ein anderes Ziel: Spott.

Paris ojaja

Oja! Auch ich war in Parih
Oja! Ich sah den Luver
Oja! Ich hörte an der Sehn
die Wifdegohle-Rufer

Oja! Ich kenn' die Tüllerien
Oja! Das Schöhdepome
Oja! Ich ging von Notterdam
a pjeh zum Plahs Wangdohme

Oja! Ich war in Sackerköhr
Oja! Auf dem Mongmatter
Oja! Ich traf am Mongpahnass
den Dichter Schang Poll Satter

Oja! Ich kenne mein Parih.
Mäh wih![339]

Auffälligstes Kennzeichen des Textes ist zunächst der anaphorisch eingesetzte Ausruf *Oja!*, der bis zum Überdruß wiederholt wird. Diese Emphase wirkt lächerlich, ebenso die Wiederholungen, deren Mechanik das genaue Gegenteil einer lebendigen, echten Schilderung anzeigt. Bergson hat diesen Gestus ausführlich als »Steifheit«[340] beschrieben.

Schon durch die Wortumstellung in der ersten Zeile, die das *ich* des Sprechers betont, macht Gernhardt klar: Er verlacht einen Angeber, der mit angeblichen Kenntnissen von Paris prahlt, sich durch seine Sprache aber selbst bloßstellt. Im Gegensatz zu Jandls Sprecher, der sich etwas herbeisehnt, *wulld ich laik du go*, ist hier von Vergangenem und einer vollbrachten Leistung die Rede: *Ich war, Ich sah, Ich hörte*. Die größte Wirkung erzielt Gernhardt da-

---

[338] Jean Paul: Vorschule der Ästhetik, S. 128.
[339] Gernhardt: Reim und Zeit, S. 14.
[340] Bergson: Das Lachen, S. 23.

130

bei mit seiner entstellten Schreibweise der französischen Wörter, besonders berühmter Namen wie »Notre Dame«. Von deren Nimbus will der Sprecher zehren. Doch hat er offensichtlich eine Aussprachehilfe nötig: Bis zur Unkenntlichkeit sind *Schöhdepome*, *Notterdam* und *Schang Poll Satter* entstellt. Derartige Schreibfehler tragen − gerade im Deutschen − ihrem Urheber große Verachtung ein, gilt doch Orthographie häufig als unabdingbarer Beweis von Bildung.[341] Durch die Fehler verliert sich in Gernhardts Text jedes Flair, verkehrt sich die angebliche Weltläufigkeit des Sprechers ins Ungebildete. Der Sturz des Erhabenen ist tief und um so reizvoller zu beobachten.

Nicht nur falsche Betonungen drohen in Gernhardts Gedicht, weil die an deutsche Ausspracheregeln angepaßte Schreibung des Französischen zu einem plump durchgehenden jambischen Versmaß einlädt; auch werden die französischen Nasale in die rheinisch anmutende Aussprache »ng« verwandelt. Hier wird parodistisch nachgeahmt. Das Ziel der Parodie, das Schmidt-Hidding »Verächtlichmachung des Törichten«[342] nennt, ist in Gernhardts Gedicht die Entlarvung des selbsternannten Pariskenners, der außer Aufzählungen nichts mitzuteilen hat. Die Parodie spürt seine Schwächen auf.

Hier soll nicht die Komik der einzelnen entstellten Wörter untersucht werden. Nicht zu übersehen aber ist der Höhepunkt des Textes am Schluß: der Ausruf *Mäh wih!* Der Sprecher versucht sich an einer typisch französischen Floskel. Doch »Mais oui!« wird zum *Mäh!* eines Schafes, klangliches Abbild des dummen Prahlers, über den wir voller Schadenfreude und im Gefühl der Überlegenheit lachen. Auch der Autor des Gedichtes zeigt sich als dem lyrischen Ich überlegen, dies erinnert an Erich Kästners Verdikt: »Die Satire gehört, von ihrem Zweck her beurteilt, nicht zur Literatur, sondern in die Pädagogik! Die satirischen Schriftsteller sind Lehrer. Pauker. Fortbildungsschulmeister.«[343] Dem Lachen über Gernhardts Gedicht liegt eine Verachtung des Ungebildeten, des Angebers zugrunde. Damit bestätigt es die Einordnung der Parodie durch Schmidt-Hidding, der sie als satirische Form in seinem Kraftfeld des Komischen zwischen Haß und Witz[344] plaziert.

Jandls Lied *calypso* hingegen wäre in diesem Kraftfeld anders zu verorten. Es lädt nicht zur Verachtung ein, schon gar nicht zur Besserwisserei, sondern im Gegenteil: zum Mitsingen, zur Identifikation. Jandls Sprache, die Neugier und Sehnsucht ausdrückt, erheitert zwar auch, sie zeugt aber von Sinnlichkeit und vom Humor eines Autors, dem nichts Menschliches fremd ist: nicht die kindlich anmutende Neugier, nicht die exotistische Phantasie und nicht der ungelenke Versuch, die fremde Sprache zu sprechen. Hier wirken keine

---

[341] Vgl. hierzu zum Beispiel die Beobachtungen von Zimmer: Anmerkungen zur Rechtschreibreform, S. 131–142.
[342] Schmidt-Hidding: Wit and Humour, S. 50f.
[343] Kästner: Vom Sinn und Wesen der Satire, S. 153.
[344] Schmidt-Hidding: Wit and Humour, S. 48.

Kräfte des Hasses, sondern eher die der Lebenslust und des Gemüts, die Schmidt-Hidding generell dem Humor zuordnet.[345] Ludwig Reiners unterscheidet allgemein: »Der Witz lacht, der Humor lächelt. Der Witz ist geistreich, der Humor liebevoll.«[346]

Ein Vergleich der Texte von Gernhardt und Jandl erlaubt es – trotz der auf den ersten Blick ähnlichen sprachlichen Mittel – zwei sehr verschiedene Facetten des Komischen zu konturieren. Bei Gernhardt dominieren vom Verstand getragener Witz und Spott, die Stimmung ist kühl, der funkelnde Wortwitz entblößt. Der Autor lacht voller Distanz zum lyrischen Ich mit. Bei Jandl hingegen ist die Stimmung von Phantasie und Humor getragen: Ansteckend wirkt die Neugier, die sich in der ungelenken Sprache des lyrischen Ich Bahn bricht. Ein Verlachen des Sprechenden liegt von Zeile zu Zeile ferner, eher weckt er Mitgefühl, Verständnis für den Reiz der Fremde. Der Sprecher im Gedicht *calypso* sagt – trotz eines gewissen prahlerischen Gestus – nicht nur Törichtes, wie der Angeber in Gernhardts Gedicht. Sehnsucht ist Jandls Thema, diese kann nicht dumm sein, sie ist überhaupt nicht vom Verstand kontrolliert.[347] 1984 entstand eine Aufnahme mit jazznahen Vertonungen poetischer Werke Jandls, sie enthält unter anderem Woody Schabatas Vertonung des Gedichtes *calypso*. Die Musik bekommt durch das dominierende Marimbaphon einen karibischen Klang.[348] Unmittelbar auf *calypso*, fast in diesen übergehend, folgt der Titel *sehnsucht*. In diesem Text ist die Sehnsucht nicht mehr in Worten ausgedrückt, sondern sie erscheint körperlich durch Lautreihen wie *wwwllll*, die Lauren Newton in inniges, verlangendes Seufzen umsetzt.[349]

Die eingangs erwähnte spöttische Lesart, die Enzensberger für *calypso* vorschlägt, liegt also nicht nahe. Die Anthologie enthält ein zweites Gedicht von Jandl, das Enzensberger mit Blick auf dessen auffallende Lautgestalt ankündigt und als »Hohn«[350] bezeichnet: *etüde in f*.[351] Gerade dieses Gedicht

---

[345] Ebd.

[346] Reiners: Stilkunst, S. 640.

[347] Enzensberger hat in einer später von ihm herausgegebenen Anthologie dasselbe Gedicht Jandls wieder aufgenommen. Diesmal verortet er es auf einer »literarischen Landkarte«, die den Umschlag des Buches ziert, wobei Jandls Name die südamerikanische Atlantikküste bezeichnet. In seiner Beschreibung der Anthologie bemerkt Enzensberger: »Die Autoren finden sich auf der Landkarte verstreut nicht nach ihrem Geburts- oder ihrem Wohnort, sondern meist in der Gegend, über die sie geschrieben haben. In diesem Sinn lädt das Buch zu einer kleinen, sehr persönlichen Weltreise ein – einer Kreuzfahrt ohne Ticket, ohne Bordkapelle, und ohne Captain's Dinner.« Deutlich tritt hier der Gedanke des Fernwehs zutage. Vgl. Enzensberger: Nachwort, S. 390.

[348] Jandl/Quendler/Rüegg: bist eulen? [CD]. Vgl. Jandl: poetische werke. Bd. 3, S. 39 (5. Dez. 1964).

[349] Ebd.

[350] Thalmayr [Enzensberger]: Wasserzeichen der Poesie, S. XVIII.

[351] Vgl. Jandl: poetische werke. Bd. 2, S. 16f. (Juni 1957).

ist aber oft als Ausdruck von Sehnsucht interpretiert worden, handelt es sich doch versteckt um die biblische Geschichte von Jonas im Walfischbauch. Im *f*, das hier anlautend als Ersatz für den Konsonanten »w« eingesetzt ist, wird immer wieder der Ausdruck des Seufzens und Heimwehs gehört: *ach die heimat / fen ferd ich fiedersehn / ist so feit.* Enzensbergers Deutungsvorschläge für beide Jandl-Gedichte nehmen jene Seite der Texte nicht wahr, die als Lob der Phantasie aufzufassen ist; statt dessen werden sie zu Spott oder Hohn erklärt. Es kann für Rezipienten einfacher sein, sich auf diese verstandesbetonte Seite des Komischen zurückzuziehen, denn ein Eingestehen der sinnlich-neugierigen und emotionalen Seite des Sprachspiels birgt die vermeintliche Gefahr, sich selbst der Lächerlichkeit preiszugeben. Jandls Sprachkunst ist frei von solcher Angst. Er selbst nennt Dichtung »eine fortwährende Realisation von Freiheit«.[352]

Karl Riha hat die Formulierung *als ich anderschdehn mange lanquidsch* als Überschrift zu einer allgemeinen Würdigung Jandls gewählt: »Ernst Jandl. siebzig Jahr«.[353] Riha geht hier auf das Gedicht *calypso*, aus dem das Zitat stammt, nicht näher ein. Man kann die Aussage aber tatsächlich als eine für Jandls Kunst sehr bezeichnende werten. Der Dichter versteht viele Sprachen und versteht viele Sprecher. Nicht nur ein Seitenblick auf Gernhardt bietet sich an. Die komisch wirkende Methode der phonetisch gemeinten Schreibung wird auch von anderen Autoren gern verwendet, so daß Enzensberger ihr in seiner Anthologie »Das Wasserzeichen der Poesie« eigene Kapitelüberschriften gewidmet hat. Er unterscheidet »Frallemand« und »Gerlish« und erklärt, der Leser benutze hier sein eigenes Alphabet, um »mundgerecht« zu schreiben – in seinem ersten Beispiel einen deutschen Text von Friederike Kempner für einen französischen Sprecher (»Die nachtigalle sie chlagette«), dann für einen englischen Sprecher (»Dee naggteegall see shlawgate«).[354] Auch Jandl zeigt in *calypso* die beschriebene, an deutschen Ausspracheregeln orientierte Schreibung des Englischen. Sie ist aber nicht konsequent durchgehalten, er will also offenbar mehr. Es entsteht eine Sprachvermischung, die inhaltliche Schwerpunkte setzt, die Phantasie spielerisch entfaltet und eine ganz eigene Intensität erreicht.

---

[352] Jandl: Ziele einer poetischen Arbeitsweise, S. 44.
[353] Vgl. Riha: »als ich anderschdehn mange lanquidsch«, S. 61. Schon vorher hatte Riha diesen Titel für einen anderen Beitrag gewählt. Vgl. Riha: Zu Ernst Jandls Gedichtbänden der siebziger Jahre, S. 44. Wintersteiner kreiert unter Verwendung desselben Zitats einen Titel: »als ich anderschdehn mange lanquidsch bin ich gell multikulturell. sprachliche grenzüberschreitungen bei ernst jandl und jani oswald.« Auch er geht in seinem Aufsatz aber nur sehr kurz auf das Gedicht *calypso* ein. Vgl. Wintersteiner: als ich anderschdehn mange lanquidsch, S. 263–284.
[354] Thalmayr [Enzensberger]: Wasserzeichen der Poesie, S. XXIV und S. 431f.

4. Sprache und Gemüt: Humor und schwarzer Humor

4.1 Schrecken vor dem Schuß

Viele Gedichte Jandls, die zum Lachen reizen, handeln von ernsten oder sogar traurigen Themen. Diese Beobachtung umschreibt Hage treffend mit einem Wortspiel: »Wo Jandl Spaß macht, ist der Ernst nicht weit.«[1] Tatsächlich ist Jandls Humor oft mit Melancholie versetzt. Nicht zu übersehen ist die Nähe zum schwarzen Humor, den man vor allem in den *stanzen* häufig findet. Mit dieser Form des Humors als Phänomen der Literatur hat sich Michael Hellenthal befaßt: »Aufgrund der Schwierigkeit, Humor überhaupt zu definieren, ist in der Vergangenheit schwarzer Humor im Bereich der Literatur nur sehr vage beschrieben worden.«[2] Doch kann man das schwer zu fassende Phänomen einkreisen. Dabei zeigt sich, daß Jandls Gedichte manchem Kriterium zur Definition des schwarzen Humors entsprechen.

Ein häufiges Thema des schwarzen Humors ist der Tod.[3] Das Sterben ist auch in Ernst Jandls poetischen Werken ein zentrales und nicht selten mit Humor verarbeitetes Motiv. Als Vorbild für den Umgang mit dieser Thematik nennt er den Dadaismus, mit ihm verbinde ihn der ausgeprägte »Sinn für Humor, mit dem man der Tragik der menschlichen Situation, nämlich der Sterblichkeit des Menschen, seiner Aussicht auf Nichts, geistvoll begegnete«.[4] Bisweilen thematisieren Jandls Gedichte auch gewaltsames Sterben, so im folgenden Beispiel, *erfolg beim dritten versuch*, in dem eine Selbsttötung[5] zur Sprache kommt. Passend erscheint, daß Weinzierl in einer allgemeinen Charakterisierung Jandls eine »Prise suizidaler Heiterkeit«[6] konstatiert. Ein von Hellenthal beschriebenes Merkmal schwarzen Humors kann in Jandls Gedicht beobachtet werden, jener spricht von einem »Spannungsverhältnis zwischen Grauen und Lachen«.[7] Jandl erzeugt ein derartiges Spannungsverhältnis. Und

---

[1]   Hage: Ernst Jandl (FAZ-Magazin 27. Mai 1983).
[2]   Hellenthal: Schwarzer Humor, S. 50.
[3]   »›Schwarz‹ bedeutet für uns soviel wie Trauer, Verzweiflung, Tod, auch Sünde, das Böse und überhaupt alles Widrige; ›Humor‹ hingegen Versöhnung mit dem Widrigen«. Henninger: Genealogie des Schwarzen Humors, S. 24.
[4]   Vgl. Jandl: Dichtkunst, S. 189.
[5]   »Meist besitzt der natürliche Tod keine ausreichende Initialkraft für Schwarzen Humor, ihn bewegt der Tod durch das Verbrechen, im Grenzfall der Selbstmord«. Henninger: Genealogie des Schwarzen Humors, S. 31.
[6]   Weinzierl: Rede auf Jandl, S. 196.
[7]   Hellenthal: Schwarzer Humor, S. 52.

auch eine allgemeine Beobachtung Mayers kann mit Blick auf das folgende Gedicht verifiziert werden:»Anlaß zum Schauder findet sich bei Jandl, wohin er nur blickt. Wenn er ihn jedoch poetisch ›bespricht‹, den Schauder, so klingt Gelächter auf«.[8]

erfolg beim dritten versuch[9]

er versucht	sich	durch	den	jakopfgen
	eine	kugel	zu	
er versucht	sich	durch	den	jkaogpefn
	eine	kugel	zu	
er jagt	sich	eine		kkuogpefl
	durch	den		

Während die Überschrift des Gedichtes direkt lesbar und verständlich ist, erblickt man im Folgenden zunächst ein Durcheinander von Satzteilen und Buchstaben. Alle Sätze sind durch Kontamination und Inversionen verdreht sowie durch Hoch- und Tiefstellung von Wörtern optisch zerrissen. Eine poröse Struktur, eine Gleichzeitigkeit der Eindrücke im Sinne Arno Schmidts, liegt auf den ersten Blick vor:»Es gibt diesen epischen Fluß, auch der Gegenwart, gar nicht; Jeder vergleiche sein eigenes beschädigtes Tagesmosaik!«[10] Das entstellte Druckbild des Gedichts zeigt im ersten Teil eine zweifache Variation des Satzes:»Er versucht, sich eine Kugel durch den Kopf zu jagen«, es folgen Fragmente des Satzes»Er jagt sich eine Kugel durch den Kopf«. Nur durch die Assoziation dieser abgenutzten Metapher entsteht Sinn. Die Hochund Tiefstellung der Wörter läßt die Zeilen zitternd erscheinen wie die Hand des Selbstmörders, der beim dritten Versuch seine Methode ändert, statt *er versucht* heißt es nun: *er jagt durch*. Zudem folgt den konjugierten Verben *versucht* und *jagt* je ein Stück leere Zeile, die gleichsam als die Schußbahn der Kugel gelesen werden kann. An deren Ende steht jeweils der Kopf, der durch Kontamination entstellt ist. Jandl liest die versetzten Zeilen nacheinander und schließt dann jeweils das letzte Wort an.[11] Dieses ist in den ersten beiden Sätzen aus *jagen* und *kopf* zusammengesetzt. Während zunächst das Substantiv *kopf* noch unzerstört ist und nur das Verb *jagen* zerteilt wurde, ist der *kopf* im zweiten Fall in seine vier Buchstaben zerstückelt, die nun mit den versprengten Buchstaben von *jagen* durchsetzt sind. Überträgt man diese Beobachtung auf die semantische Ebene, schaudert man: Der Kopf nimmt immer stärkeren Schaden. Ob hier schon Streifschüsse stattfanden, oder ob es sich

[8] Mayer: Verteidigung, S. 35.
[9] Jandl: poetische werke, Bd. 3, S. 31 (23. Sept. 1963).
[10] Schmidt: Berechnungen I, S. 167.
[11] Jandl: Laut und Luise [CD], Nr. 41.

um qualvolle Todesgedanken des Täters handelt, die seinen Kopf immer stärker durchdringen und im letzten Moment seine Hand sinken lassen, bleibt offen. Der Kampf des Geistes mit dem Körper entlädt sich zuletzt im gezielten Schuß, denn im dritten Versuch steckt die Kugel im Kopf: *kkuogpefl*. Das dem schwarzen Humor eigene Grauen liegt auch in der Überschrift, die sich erst nach dem Lesen des Gedichtes erschließt: *erfolg* bedeutet hier zynisch, daß *er* sich erschossen hat.

Die optische Form des Gedichtes trägt entscheidend zu seiner Wirkung bei.[12] So ist beispielsweise die im Kopf steckende Kugel im Druck der Buchstaben weitaus besser zu erkennen als im Klang des Wortes. Aber auch phonetisch stellt das Gedicht die Erschießung dar. Bis zur dritten Strophe werden die Buchstabenkombinationen immer schwieriger auszusprechen. Gerade beim lauten Lesen oder beim Hören Jandls erkennt man im anstrengenden, stockenden Lesefluß die übermenschliche Anstrengung, das Zögern und den Kampf um Selbstüberwindung des sich Erschießenden. Im letzten Satz erzeugt *kkuogpefl* lautmalerisch den Klang eines Knalls – sowohl durch den doppelten Verschlußlaut [k], den Jandl auch doppelt liest,[13] als auch durch das folgende *pefl*, das lautmalerisch an einen Pistolenschuß erinnert.

Wieso reizt das Gedicht mit der brutalen Schilderung der Selbsttötung zum Lachen? Die bei Jandl oft beobachtete »Konvergenz zerstörerischer Inhalte mit zerstörten Sprechweisen«[14] wirkt hier komisch. Zwei mißglückte Versuche machen den zum Letzten Entschlossenen lächerlich, denn die Wiederholungen stehen im Kontrast zu seiner doch Endgültigkeit anstrebenden Tat. Es ist naheliegend, in diesem Zusammenhang wieder auf Bergson[15] zu verweisen, der die Wiederholung als ein wesentliches Mittel des Komischen skizziert hat. Zur Interpretation des Gedichtes kann auch die Theorie Freuds beitragen, der als Anreiz zum Lachen eine »Herabsetzung des Erhabenen« sieht. Sie führe dazu, sich »dieses wie ein Gewöhnliches«[16] vorzustellen. Ein Selbst-

[12] Obwohl Jandl das Gedicht nicht ausdrücklich als »visuell« bezeichnet, trifft hier Binders Beschreibung visueller Gedichte zu: »erst beide Momente zusammen – das sprachliche und das visuelle – konstituieren die Gesamtaussage dieser Texte.« Binder: Visuelle Gedichte Ernst Jandls, S. 78. Hamburger ist zuzustimmen, der in anderem Zusammenhang darauf verweist, daß die Gedichtarten, die Jandl unterscheide (Gedicht der Alltagssprache, Sprechgedicht, Lautgedicht und visuelles Gedicht), »für Jandl weder ganz getrennte Gebiete noch endgültige Bezeichnungen aller seiner Gedichte« seien. »Es gibt im Werk Zwischenformen, Mischformen und Ausnahmen, deren Eigenheit in den vier Kategorien nicht erfaßt wird.« Hamburger: Ernst Jandl, S. 88. Zur Vielfalt visueller Poesie vgl. die Sammlung von Klaus Peter Dencker: Text-Bilder.
[13] Vgl. Jandl: Laut und Luise [CD], Nr. 41.
[14] Drews: Clown, (SZ 29. Nov. 1980).
[15] Bergson: Das Lachen, besonders S. 52–58.
[16] Freud: Der Witz, S. 163.

mörder wird durch die nach heroischer Entschlossenheit klingende Metapher »sich eine Kugel durch den Kopf jagen« erhöht, klassische Ehrvorstellungen kommen in den Sinn. Jandl allerdings zeigt ihn »gewöhnlich«, nämlich zögerlich, angstvoll und ungeschickt. Das Lachen entbehrt hier nicht einer gewissen Schadenfreude und enthält Sarkasmus, als dessen Methode ein »rücksichtsloses Bloßstellen«[17] gilt.

Entscheidend ist auch Jandls Tabubruch: Eine Körperverletzung detailliert auszumalen, wird als entwürdigend und pietätlos empfunden. Das Tabu verlangt, die Tat eines Selbstmörders wie auch den Tod überhaupt euphemistisch zu umschreiben. Schwarzer Humor hingegen thematisiert gerade die Verletzlichkeit des menschlichen Körpers, wie Hellenthal pointiert zusammenfaßt: »[...] der Körper als große Wunde überhaupt wird dargestellt. [...] Der Körper als reine Materie, aber auch als Sitz des Geistes ist angreif und verwund bar.«[18] Auch Jandls Gedicht führt gnadenlos die Zerstörbarkeit des Menschen vor, für den pars pro toto der Kopf steht. Dessen besondere Rolle als der »phänomenal als ranghöchst urerfahrene Teil«[19] betont Jean Améry in seinem Diskurs über den Freitod.

Das unmittelbar vorgeführte Zerfetzen des Kopfes ist zugleich Aggression. Mit dieser Tendenz in Witzen hat sich Freud ausführlich auseinandergesetzt, und seine Beobachtungen können hier wieder mit Jandls Gedicht konfrontiert werden: »Die gewalttätige Feindseligkeit, vom Gesetz verboten, ist durch die Invektive in Worten abgelöst worden«.[20] Auch die verbale Darstellung von Gewalt ist Teilhabe an Gewalt. Hellenthal ist der Ansicht, der Rezipient von schwarzem Humor erfreue sich »an der logischen Nachvollziehbarkeit einer Idee bzw. eines Geschehens, an die zu denken und an denen zu partizipieren ihm in der Regel nicht möglich oder verboten ist.«[21] Das Ausformulieren tabuisierter Gewaltszenen kann aber gleichzeitig aufklärerische Funktion haben; deshalb wird schwarzer Humor bisweilen auch als »kritische Instanz«[22] beschrieben. Die demolierte Metapher »sich eine Kugel durch den Kopf jagen« stellt den heroisch gefärbten Mythos des Selbstmörders in Frage, den sie ursprünglich ausdrückt. Der Metapher kommt das Pathetische abhanden, denn die in Jandls Sprache dargestellte Selbsttötung gelingt nicht spontan. Das Verb »jagen« ist seines Schwungs beraubt: bevor *er jagt*, muß erst ein zweifaches *er versucht* durchlebt werden. Die kraftvolle Metapher »sich eine Kugel durch den Kopf jagen« entpuppt sich als Euphemismus, denn das tatsächliche Geschehen ist zögernd, qualvoll und erst *beim dritten versuch*

---

[17] Schmidt-Hidding: Wit and Humour, S. 50f.
[18] Hellenthal: Schwarzer Humor, S. 53.
[19] Améry: Hand an sich legen, S. 61.
[20] Freud: Der Witz, S. 83.
[21] Hellenthal: Schwarzer Humor, S. 51.
[22] Ebd., S. 45.

tödlich. Jandl »verhunzt«[23] das Pathos und regt dadurch an, es zu überdenken. Derartige neue Perspektiven sind wiederum ein Merkmal des schwarzen Humors.[24]

Hellenthal geht noch weiter, wenn er behauptet, daß im schwarzen Humor nicht etwa »das Nichts Anerkennung findet«, es gehe vielmehr darum, das »Wirkliche und Wichtige« wieder sichtbar zu machen.[25] Diese allgemeine These gilt auch für Jandls Gedicht. Dessen ungewohnte Darstellung führt die Wirklichkeit einer Selbsttötung vor Augen: Ein Körper wird unter quälender Überwindung des Willens zerstört. Der Kopf, Sitz des Geistes, wird vom Körper zerschossen und hat selbst dazu gezwungen. Die Unsicherheit, die den Selbstmörder — je nach Interpretation — zweimal innehalten oder fehlschießen läßt, indiziert die Paradoxie dieses Tuns: Die Tötung kann vom Körper kaum vollbracht werden. Das oft euphemistisch verhüllte Entscheidende des Selbstmords, das Töten, wird in der Sprache konkret: die Angst des Fehlschießenden und schließlich sein durchlöcherter Kopf.

Dennoch ist nicht zu bezweifeln und wohl auch beabsichtigt, daß Jandl Lachen erzeugt, es erfüllt eine Schutzfunktion. Weinzierl hat die »Lacher« bei Gedichten Jandls sogar in einer Rede generell verteidigt; hin und wieder sei Lachen der einzige Schutz vor dem »Sog der Verzweiflung«, den Jandls Poesie erzeuge.[26] Diese Feststellung überrascht nicht, wollte Jandl doch, nach eigener Aussage, das Pathos »überzeugender, ins nähere gehend, konkreter« ausdrücken, denn »am hohen Pathos delektieren wir uns, aber von dem werden wir nicht mehr gerüttelt, da empfinden wir den Schmerz nicht mehr selbst unmittelbar«.[27] Einem unmittelbaren Nachempfinden der Selbsttötung hat sich Jandl in dem hier untersuchten Gedicht angenähert. Während der schwarze Humor hilft, das Grauen erträglich zu machen, bleibt vom kühnen Pathos nur einsam erlittener Schmerz. Implizit schätzt der Dichter den Wert des Lebens höher ein, als es veraltete Ehrvorstellungen tun, die im Bild der durch den Kopf gejagten Kugel anklingen. Jandls Festhalten der Selbsttötung nicht als heldenhafte Tat, sondern als Ausdruck tiefer Verzweiflung, ist der Wirklichkeit wohl entsprechender.

---

[23] Drews benutzt diesen treffenden Ausdruck im Zusammenhang mit Jandls Hörspielen, vgl. Drews: Das Pathos verhunzen, S. 197.

[24] Hellenthal: Schwarzer Humor, S. 42.

[25] Ebd., S. 43.

[26] Weinzierl: Rede auf Jandl, S. 195. Fischer beschreibt das Lachen als eine Wirkung des Grotesken: »Das Lachen, das im Halse stecken bleibt, das verlegene Grinsen neben der Leiche – dies beschreibt die Wirkung des Grotesken. [...]. Das Lachen angesichts des Grotesken dient wohl, psychoanalytisch gesprochen, als Verlockungsprämie, die das Grauen aushaltbarer und verkraftbarer macht.« Fischer: Groteske, S. 187.

[27] Jandl im Gespräch über das *Röcheln der Mona Lisa*. Drews: Das Pathos verhunzen, S. 208.

4.2   ... weil dein kleiner Hund dich kennt

Jörg Drews, der sich mit Tiermetaphern Jandls auseinandergesetzt hat, zählte im Jahr 1997: »in 3 Prozent seiner Gedichte, nämlich in 42 Gedichten, kommen Hunde vor – Hunde mit den diversesten Eigenschaften«.[28] Ernst Jandls mit Sicherheit bekanntester Hund ist *ottos mops*.

ottos mops

ottos mops trotzt
otto: fort mops fort
ottos mops hopst fort
otto: soso

otto holt koks
otto holt obst
otto horcht
otto: mops mops
otto hofft

ottos mops klopft
otto: komm mops komm
ottos mops kommt
ottos mops kotzt
otto: ogottogott[29]

Auf Jandls Lesungen löste *ottos mops* begeisterten Applaus aus.[30] Schon dem Titel folgte so lebhaftes Lachen, daß man fast Robert Gernhardts Vermutung teilen möchte, es sei eventuell das »zweitpopulärste Gedicht deutscher Zunge [...] nach Goethes ›Wanderers Nachtlied‹«.[31] Erstaunlich ist, daß *ottos mops* in der Sekundärliteratur zwar sehr oft erwähnt, aber nur äußerst selten interpretiert wurde. Eine Ausnahme ist der Aufsatz von Andreas Brandtner,[32] der jedoch die komische Seite des Gedichtes nicht erklärt und somit auch nicht

---

[28] Drews: Tiermetaphern, S. 153. Verschiedene Hundegedichte von Ernst Jandl und Friederike Mayröcker vergleicht Renate Kühn: Friederike Mayröcker und Ernst Jandl, besonders S. 21–29.

[29] Jandl: poetische werke, Bd. 4, S. 60 (20. Nov. 1963).

[30] Vgl. Jandl: heldenplatz [Lesung], CD 2, Nr. 37.

[31] Vgl. Gernhardt: In Zungen reden, S. 208. Ein Computerspiel zu Jandls Gedichten wirbt mit dem Mops, der Jandl im Titel sogar vorangestellt wird: »Ottos Mops. Auf der Suche nach dem Jandl.« Vgl. John/Quosdorf: Ottos Mops [Computerspiel].

[32] Brandtner: Spiel und Regel, S. 73–89.

seine Anziehungskraft. Die meisten anderen Deutungen, die veröffentlicht sind, beschränken sich auf wenige Sätze. Ist der Reiz dieses offensichtlich so reizvollen Gedichtes nicht zu erklären?

ottos mops wurde von Jandl unter die Kapitelüberschrift *lese- und sprechgedichte* eingeordnet. Zwar gefällt das Gedicht auch bei stillem Lesen, aber mehr noch als *sprechgedicht*, das beim lauten Lesen seine ganz eigene Wirkung entfaltet. Seine drei Strophen, gebildet aus kürzesten Sätzen, ergeben eine kleine Geschichte, die durch viele Verben lebendig wirkt. Schon die Überschrift *ottos mops* stimmt ein ins Sprachspiel, denn der Titel erfordert konzentrierte Artikulation. Der betont kurze Klang des Nomens *mops* erinnert an das Aussehen des Hundes: Er weckt Zuneigung durch seine kugelige Körperform, sein weiches Fell und Stirnfalten, die das Hundegesicht vermenschlichen. Gerade auf Humoristen, man denke an Wilhelm Busch oder Loriot, scheinen Möpse eine besondere Anziehungskraft auszuüben.[33] Auch in Jandls poetischen Werken taucht der *mops* mehrfach auf.[34]

Der Besitzer *otto* steht schon im Titel direkt neben dem *mops*, die Kombination der beiden Wörter erscheint fünfmal im Gedicht und zeigt eine enge Verbundenheit beider an. Das populäre Vorurteil, Hundehalter und Hund nähmen bei langer Dauer des Zusammenlebens ähnliche Züge an, scheint sich im Wortklang zu bestätigen.

Jede Zeile des Gedichtes beginnt anaphorisch mit dem Namen *otto* oder dessen Genitiv. Auf Interpunktion wird verzichtet, mit Ausnahme von fünf Doppelpunkten, die wörtliche Rede erkennen lassen. Die zum Teil elliptischen Sätze sind aus zwei, drei oder höchstens vier Wörtern gebildet und erinnern durch ihre Einfachheit an frühe Stufen des kindlichen Spracherwerbs. Auch die Methode des Gedichts läßt an kindliches Experimentieren mit Sprache denken; am bekanntesten für diese Technik ist wohl das Kinderlied »Drei Chinesen mit dem Kontrabaß«, dessen Reiz Hans Peter Althaus als »Radikalisierung der Assonanz« beschrieben hat.[35]

In Jandls Gedicht kommt nur das *o* vor, kein anderer Vokal. Dieser Befund springt ins Auge. Enzensberger alias Thalmayr, der unter dem Titel »Lyrik nervt« die in der Schule bisweilen mißhandelte Lyrik verteidigt und auch

---

[33] Vicco von Bülow alias Loriot ließ sich mit Möpsen fotografieren und nannte sogar einen Band mit autobiographischen Zügen nach den Hunden: Möpse und Menschen. Er behauptet:»Als Folge einer sonderbaren Laune der Natur sind diese Geschöpfe fast unseresgleichen«. Loriot: Möpse und Menschen, S. 7 und S. 158–167. Brandtner nennt viele andere Beispiele des Mopses in der deutschsprachigen Literatur. Brandtner: Spiel und Regel, S. 78f.

[34] Schon in der Überschrift des Gedichtes *der mops* ist er präsent, Jandl: poetische werke, Bd. 9, S. 206 (17. Aug. 1991). Ebenso findet er sich im *bestiarium*, ebd., Bd. 2, S. 154 (Feb. 1957).

[35] Althaus: Faszination des Fremden, S. 9.

Jandls Gedicht anführt, bemerkt zum Thema der Assonanzen: »Ernst Jandl hat es, wie immer, nicht lassen können, noch eins draufzusetzen; er kommt mit einem einzigen Vokal aus«.[36] Mehr noch: Jandls Gedicht wirkt wie vom *o* besessen, der Autor schafft eine vollkommene *o*-Etüde.[37] Und beim Sprechen des Gedichtes bleibt der Mund des Sprechers zu einem *o* geformt, was auf Dauer anstrengt und an eine Sprechübung erinnert. Jandl hat diese Technik auch in zahlreichen anderen Gedichten und mit anderen Vokalen vorgeführt, auf die er im Zusammenhang mit *ottos mops* selbst verweist, etwa »neun Gedichte [...], in denen nur das e vorkommt«.[38]

Was ist Inhalt des Textes? Der Hundebesitzer *otto* schickt seinen trotzigen *mops* fort und kommentiert *soso*. Er geht Beschäftigungen nach und fängt an, den *mops* zu vermissen. Er ruft ihn: *mops mops*, und als dieser wieder auftaucht und *kotzt*, in der erschreckenden Wendung liegt der Höhepunkt des Gedichtes, kommentiert *otto: ogottogott*.

Fünfmal ist der *mops* Subjekt der kurzen Sätze, er allein ist Handelnder der ersten und der dritten Strophe, kommentiert von *otto*. Der *mops* hat zweifellos menschliche Züge. Zwar ist sein Trotzen noch als eine Zuschreibung von Hundebetrachtern zu verstehen, das Klopfen jedoch ist eine unzweifelhaft menschliche Handlung, die Norman Junge in seiner zeichnerischen Umsetzung des Gedichtes als Kinderbuch[39] auch entsprechend illustriert: der Hund klopft mit einem Knochen an die Tür. Der *mops* wird seinem Herrchen also nicht nur durch die Klangähnlichkeit der Namen angenähert, sondern auch durch die Verben, die sein Handeln beschreiben.

Da der *mops* in der zweiten Strophe *fort* ist, handelt nun *otto*. Er ruft: *mops mops*, was lautmalerisch an den Lockruf *ps ps* erinnert. Tatsächlich macht sich in dieser Strophe eine gewisse Einsamkeit breit, spätestens als *otto horcht*. Die mit nur zwei Wörtern auffallend kurze Zeile läßt im Rhythmus eine Pause entstehen: Leser oder Hörer horchen mit. Der doppelte Ausruf *mops mops* gibt in komischer Weise der Sehnsucht Ausdruck, die das folgende Verb *hofft* noch unterstreicht; dieses wirkt, da es ohne Ergänzung steht, überraschend pathetisch und scheint einer anderen Stilschicht als der Kontext anzugehören.

Alle Wörter des Gedichtes sind einsilbig – mit drei Ausnahmen: der Name *otto* und seine zwei Kommentare *soso* und *ogottogott*. Schon durch die Mehrsilbigkeit und die Reduplikation kommt diesen Wörtern eine besondere Stellung zu, sie erschließen die Stimmung des Gedichtes und sprechen dafür, daß – obwohl der *mops* spontan die Aufmerksamkeit der Rezipienten auf sich

---

[36] Thalmayr [Enzensberger]: Lyrik nervt, S. 32.
[37] Ein anderes Gedicht – dieses mit Konsonantenhäufung – nennt Jandl *etüde in f*. Jandl: poetische werke, Bd. 2, S. 16 (Juni 1956).
[38] Jandl: Ein bestes Gedicht, S. 185–187.
[39] Jandl/Junge: ottos mops [ohne Seitenzählung].

zieht – eigentlich *otto*, der Mensch, die zentrale Figur ist. Er steht am Anfang jeder Zeile, und der *mops* wird durch ihn definiert. Auch wenn der *mops* als Subjekt auftritt, ist er stets durch den Genitivus possessivus gekennzeichnet, er existiert als *ottos mops*. Der Mensch wiederum wird erst durch den *mops* zum Ausdruck von Emotionen gebracht und damit zum Leben erweckt, was sich in seinen Ausrufen zeigt. Das berühmte Diktum Gertrude Steins kommt in den Sinn: »You are you because your little dog knows you«[40] und »I am I because my little dog knows me«.[41] Vielfach variiert beschreibt die von Jandl verehrte Schriftstellerin in ihrer Dichtung »Identity a Poem« mit diesem Bild Identität und spielt mit Gedanken um das gemeinsame Sein von Mensch und Hund.[42]

Auch *otto* erhält durch seinen *mops* Identität. Ottos Ausdruck *soso* konstatiert schlicht die Situation des Zusammenspiels von Herr und Hund, ein Überlegenheitsgefühl des Menschen gegenüber der trotzigen Kreatur *mops* kann sich nicht einstellen. Deshalb erscheinen die Beobachtungen Brandtners zu ernsthaft, der von »Ottos Einfluß- und Machtbereich«[43] spricht und feststellt: »Doch die Ordnung der Herrschaft ist gefährdet, zumindest gestört, denn, wie bereits der Gedichtanfang mitteilt, ›ottos mops trotzt‹. Warum oder wogegen das Haustier rebelliert, wird nicht erklärt.«[44]

ogottogott, der floskelhafte Ausruf, enthält den Namen des Rufers selbst, der durch den Kontext plötzlich ins Auge fällt: *otto* steckt in *gott* – und *gott* in *otto*. Ähnlich interpretiert Thomas Eder, der Assoziationen durch Lautgedichte analysiert: »Dementsprechend könnte – als wahllos herausgegriffenes Beispiel – der Schlußvers des im folgenden zitierten Gedichts ›ottos mops‹ – so gedeutet werden, daß er die durchaus dem Sujetverlauf und einer möglichen Pointe des Gedichts entsprechende Gleichsetzung von ›Otto‹ und ›Gott‹ in seinem Lautmaterial enthält und dadurch auch zumindest assoziativ aktualisiert.«[45]

Daß der Name des Schöpfers in der letzten Zeile scheinbar zufällig auftaucht, ist von Bedeutung. Was einerseits im Kontext des Sprachspiels als witzige Pointe erscheint, zeigt andererseits: *gott* findet sich wie selbstverständlich in *ottos* Sprache. Der Hundebesitzer, der dem *mops* Geborgenheit

---

[40] Stein: Everybody's Autobiography, S. 44f.
[41] Stein: Identity a Poem, S. 588. Friederike Mayröcker erinnert in anderem Zusammenhang an diesen Satz Gertrude Steins, Mayröcker: Und ich schüttelte einen Liebling, S. 63, vgl. S. 224. Auch fällt auf, wie häufig Mayröcker kleine Hunde als Teil des Alltagslebens und als Freude für sie und Ernst Jandl erwähnt, vgl. Mayröcker: Und ich schüttelte einen Liebling, zum Beispiel S. 17, 44, 58f. und 204.
[42] Stein: Identity a Poem, S. 588–594.
[43] Brandtner: Spiel und Regel, S. 77.
[44] Ebd.
[45] Eder: Realität im Gedicht?, S. 206, Anm. 30.

gibt, ist selbst geborgen; aus dem floskelhaften Ausruf *ogottogott* taucht durch das Sprachexperiment ein Halt auf, allerdings ein gut versteckter, ein subkutaner Halt. Einer der wenigen Interpretationsansätze in der Sekundärliteratur sieht im Gedicht religiöse Züge. Norbert Hummelt geht allerdings sehr weit, wenn er in *ottos mops* »eine moderne Version des Gleichnisses vom verlorenen Sohn« erkennen will. Ihm ist jedoch zuzustimmen, »daß es hier um Bindungen geht, um Verlust und Wiedergewinn«.[46]

Jandl beschrieb sein dichterisches Verfahren augenzwinkernd: »und was sollte man mit so vielen Wörtern mit o nun anfangen? Gar nichts hätte man anfangen können, wenn sich nicht, wie von selbst, einige davon zu bewegen begonnen hätten und auf einander zugekommen wären und gesagt hätten: wir hier, wir passen doch zusammen, wir können miteinander etwas anfangen; wir können miteinander eine kleine Geschichte anfangen; fangen wir doch die Geschichte von ›ottos mops‹ an.«[47]

Jandls Sprache zeigt: *gott, otto* und der *mops* sind eng verbunden. So, wie sich Wörter zu einer Geschichte zusammenfinden und Sinn ergeben, so gehören auch die Kreaturen *otto* und der *mops* sinnstiftend zusammen. Es klingt dabei eine humorvolle Gelassenheit an, die irdische Unzulänglichkeiten, zum Beispiel das Trotzen und Kotzen, akzeptiert.

Wie verzückt deutet Jandls Lebensgefährtin Friederike Mayröcker den Reiz des Gedichtes: »in einer Gegenbewegung gottähnlich nämlich als der liebe Mops zur Tür kommt und anklopft; eine Identifikation mit der Kreatur so scheint es : zurückverweisend aber auf die sprachliche Auseinandersetzung des Autors mit einem Vokal : er singt das hohe Lied vom O, vom O-Tier, vom O-Gott, ogottogott, vom Hundehälter Otto, vom Mops der wieder heimgefunden hat, und wir alle lachen und weinen.« Sie beobachtet poetologisch, »daß sich hier eine Verwandlung vollzieht, die wunderbar immer von neuem glückt, nämlich von der Liebe zum Vokal zur Wirklichkeit des Bilds; vom Glauben an das O zur Offenbarung Poesie.«[48]

In Mayröckers Text fällt biblisches Vokabular auf. Unter anderem bedient sie sich des Ausdrucks »Kreatur«, in dessen ursprünglich lateinischer Wortbedeutung, ›er / sie / es wird erschaffen‹, ausdrücklich ein Schöpfer angenommen wird. Angesichts dieser Interpretation kann auch die Humortheorie Søren Kierkegaards ins Gedächtnis gerufen werden, der fragt: »Aber ist Humor das Inkognito des Religiösen? Ist sein Inkognito nicht dies, daß gar nichts zu merken ist? [...] Und Humor läßt doch etwas merken!«[49] Jandl läßt im Ge-

---

[46] Hummelt: Jandl. http://www.eurozine.com/article/2000-12-01-hummelt-de.html [Stand: Mai 2007].

[47] Jandl: Ein bestes Gedicht, S. 185.

[48] Mayröcker: Requiem für Ernst Jandl, S. 43. Der zitierte Text wird von ihr in das Jahr 1976 datiert.

[49] Kierkegaard: Nachschrift, S. 174.

dicht *ottos mops* die Liebe zum Geschöpf *mops* spüren, die einen Schöpfer – denselben, der auch für *otto* verantwortlich ist – ahnen läßt. Brandtner wendet sich mit Blick auf das seiner Meinung nach »entsetzte Schlußwort«[50] gegen Mayröckers Assoziationen und weist als Gegenargument auf Jandls Verwendung ähnlicher Ausrufe in anderen Texten hin. Tatsächlich liest man im folgenden radikalen Gedicht:

1000 jahre ÖSTERREICH

ich glaube nicht an gott, mag heißen
ich glaube nicht woran du glaubst; es mag
auch heißen: ich glaube nicht an dich.

[...]

auch sag ich: gottseidank; bei niesen: helfgott
und immerzu: ohgottohgott, mein stoßgebet; im anfang
war das wort – ich wüßte nicht was ohne es ich täte.
[...][51]

Man muß Brandtners Argumentation nicht folgen, diese Zeilen können auch anders ausgelegt werden. Zwar wird der Glaube an Gott hier explizit verneint, doch kann die Reflexion über Stoßgebete wie *ohgottohgott* als Einschränkung, als Zweifel an der eigenen Aussage gedeutet werden. Auch die zweifache Erklärung *mag heißen* sowie *es mag / auch heißen* betont, daß eine Frage nach *gott* nicht klar zu stellen ist.

Viele didaktische Ratgeber für den Deutschunterricht[52] erwähnen *ottos mops*, es wird der hohe Motivationswert betont, den das von Jandl thematisierte Nachdichten[53] anhand dieses Vorbilds hat. Hans Gatti berichtet von guten Erfahrungen im Unterricht für Hauptschüler: das Dichten im Stil von *ottos mops* habe bei den Schülern »Begeisterung« ausgelöst.[54] Die dokumentierten

---

[50] Brandtner: Spiel und Regel, S. 78.
[51] Jandl: poetische werke, Bd. 10, S. 63 (wahrscheinlich zwischen 1992 und 1996).
[52] Vgl. zum Beispiel: Schmieder/Rückert: Kreativer Umgang mit Konkreter Poesie, S. 32.
[53] Jandl: Ein bestes Gedicht, S. 184–187, hier zitiert Jandl Gedichte von Schülerinnen und Schülern, die ihm zugeschickt wurden. Jandl hat sein Gedicht »ein bestes« genannt: »So können viele Gedichte das beste sein und zwar jedes auf seine eigene Weise. Eines zum Beispiel kann das beste sein, weil alle, die es hören oder lesen, wissen, daß sie es ebenfalls können, weil sie sofort erkennen, wie es gemacht ist, [...] und dann machen sie es, und es wird ihr eigenes Gedicht daraus.« Ebd., S. 184.
[54] Gatti: Schüler machen Gedichte, S. 28. Der Lehrer berichtet, daß »das Gedicht als Gestaltungsaufgabe besonders gut geeignet ist, wo man es aufgrund einseitig ins Auge fallender Variablen (keine besonders guten Schulleistungen, Schwierigkeiten mit der formalen Seite der Schriftsprache) nicht vermuten würde.« Ebd., S. 10.

Schülergedichte zeugen davon, daß besonders die Wahl der pointierten Verben analog zu *ottos mops kotzt* Spaß gemacht hat, zum Beispiel »nikis fisch stinkt«.[55] Aber nicht nur Schüler üben sich an *ottos mops*, auch Robert Gernhardt hat das Gedicht in verschiedenen Varianten nachgeahmt.[56] Seine Version »Annas Gans« ist vermutlich in einer Polygenese ganz ähnlich von Gattis Schülern erfunden worden: Vier Zeilen sind genau gleich, darunter sogar die Pointe »annas gans kackt«.[57] Jandl weckt offensichtlich eine Lust am Sprachspiel,[58] die unabhängig von literarischer Vorbildung ihre Wirkung entfaltet.

In einer Hinsicht äußerte Jandl allerdings Skepsis: »Ob aber irgendwem noch ein Gedicht mit o gelingen wird, nachdem es ›ottos mops‹ bereits gibt, kann ich wirklich nicht sagen. Doch ich glaube: eher nicht.«[59] Brandtner bewertet Jandls Aussage zu Unrecht als »dezisionistische ästhetische Wertung«, die »den Akt der Inventio, die Erfindung«, privilegiere.[60]

Die bisher vorliegenden »Coverversionen« des Gedichts geben Jandl aus anderen Gründen recht. Es erweist sich — egal mit welchem Vokal — als schwierig, seinen tiefgründigen Humor in der Sprache nachzuahmen. Wieso erzielte keine der Nachdichtungen denselben Erfolg wie *ottos mops*?

Die Sympathie, die *ottos mops* entgegengebracht wird, blieb bisher wohl unerreicht; dies hat Ursachen. Die Variation Gernhardts, »Gudruns Luchs«,[61] zeigt das kühle Ergebnis einer findigen Suche nach Wörtern mit dem Vokal »u«. »Gittis Hirsch«[62] wird vergiftet und sein Tod im quälenden Wortspiel ausgemalt – eine zynische Parodie. Das Gedicht *Enzensbergers exeget*, der *quengelt* und *flennt* und schließlich als *nervender esel* beschimpft wird, hat vor allem satirische Züge. Wieso aber weckt keine der Variationen Gernhardts zu *ottos mops* auch nur annähernd eine solche Begeisterung wie das Vorbild? Seine Variationen sind zweifellos witzig und machen Spaß. Aber zeugen sie auch von Humor, dem »Zentralwort der Humanität«?[63] Hier können noch einmal Reiners' Formulierungen zum Humor betrachtet werden: »Der Witz lacht, der Humor lächelt. Der Witz ist geistreich, der Humor liebe-

---

[55] Ebd., S. 28. Schmieder und Rückert berichten von ähnlichen Unterrichtsergebnissen, zum Beispiel »ickis iltis«, der als Pointe »pißt«; leider wurde das Schülergedicht »pauls frau«, dessen Titel erwähnt ist, nicht abgedruckt, es läßt interessante Analogien vermuten. Schmieder/Rückert: Kreativer Umgang mit Konkreter Poesie, S. 33.

[56] Vgl. Gernhardt: In Zungen reden, S. 208–211.

[57] Vgl. Gatti: Schüler, S. 29.

[58] Vgl. zum Spiel mit Vokalen und Assonanz auch die Jandls Motive aufgreifenden Weiterdichtungen von Jaschke: ernst jandl zum siebzigsten.

[59] Jandl: Ein bestes Gedicht, S. 187.

[60] Brandtner: Spiel und Regel, S. 86.

[61] Vgl. Gernhardt: In Zungen reden, S. 210.

[62] Vgl. Ebd., S. 210f.

[63] Schmidt-Hidding: Wit and Humour, S. 115.

voll. Der Witz funkelt, der Humor strahlt.«[64] Geistreiche Vokalsuche, Parodie und Satire sind zwar unterhaltsam, der Humor Jandls, der sich zum Beispiel in der Sehnsucht *ottos* nach dem *mops* ausdrückt, zieht aber stärker an. Die Geborgenheit, die in der Welt von Jandls *mops* herrscht, fehlt vielen Nachdichtungen. Unter anderem spricht hierfür folgende scheinbar banale Beobachtung: Den Ausrufen, mit denen Gernhardt *ogottogott* variiert, zum Beispiel »schluchzschluchzschluchz«, »igittigitt« und »hehehe«, fehlt das Wort *gott*. Jandl unterschied den Humor im Gedicht *ottos mops* ausdrücklich von »grimmigem« oder »groteskem« Humor: Das Gedicht habe »keine polemische Absicht«, die Leute lachten »zu Recht«.[65] Gerade der heitere Ton des Humors ist sicher ein Grund für die Popularität des Gedichtes, und daß der *mops* immer wieder mit Jandl assoziiert wird, zeigt, daß die heitere Seite des Dichters besonders geliebt wird. Obwohl er nicht gern auf diese reduziert wurde, hat er die Beliebtheit des Mopses akzeptiert, er hat sich sogar in einem Café neben einem Mops sitzend inszenieren und fotografieren lassen. Die Aufnahme von Werner Bern ziert in jedem Band der zehnbändigen Werkausgabe des Luchterhand-Verlages das Vorsatzblatt.

Hummelt bezeichnet wohl zu Recht Hunde als »Identifikationsobjekte« Jandls: »Was für Rilke der Engel ist, ist für Jandl der Hund. Die Blicke des einen gehen notwendig nach oben, die des anderen notwendig nach unten.«[66] Zumindest Berns Foto scheint diese These zu bestätigen und ruft in Erinnerung, daß Jean Paul die Bescheidenheit des Humoristen betonte, der sich selbst immer einbeziehe.[67] Drews verweist auf die Ähnlichkeit zwischen Mensch und Mops in der Fotografie Jandls: »Er *ist* der Mops; man sehe sich nur die Stirnfalten beider an: beides sind tiefgefurchte Denkerstirnen«.[68] Und er führt an anderer Stelle aus: »Wer denkt, daß auf diesem Bild Jandl und neben ihm ein Mops zu sehen sind, verkennt die subtile Inszenierung des Photos durch Ernst Jandl. Denn Jandl betrachtet den Hund *und*: er steht bzw. sitzt als Hund neben sich und betrachtet sich als Mensch.«[69]

Brandtner, der ebenfalls auf dieses Foto verweist, kritisiert Drews Deutung »aus der Fotografie eine Identität von Ernst Jandl und dem Mops ableiten zu wollen«.[70] Brandtner verkennt den Humor in Drews Annäherungsversuch, für dessen Deutung spricht auch das bereits genannte Gedicht aus dem Band *stanzen*, auf das Brandtner übrigens selbst an anderer Stelle verweist:

---

[64] Reiners: Stilkunst, S. 640.
[65] Jandl/Huemer: Gespräch [CD], Nr. 11.
[66] Hummelt: Jandl. http://www.eurozine.com/article/2000-12-01-hummelt-de.html [Stand: Mai 2007].
[67] Jean Paul: Vorschule der Ästhetik, S. 128.
[68] Drews: Tiermetaphern, S. 164.
[69] Drews: Lieber Ernst, S. 12.
[70] Brandtner: Spiel und Regel, S. 81f.

146

der mops

des is dea dea i waa
wauni oes a mops aufd wööd kuma waa
oowa wäu i ned oes a mops boan woan bin
is des ned drin[71]

Auch *die humanisten*[72] thematisieren in Jandls gleichnamigem Bühnenstück aus dem Jahr 1976 ausführlich das Hundsein: »ich sein hundi / hundi, wau-wau«. Der zweite Mann entgegnet: »ich dich befrein / [...] du-nicht-mehr-sein-*hundli*«, worauf der erste Mann antwortet »(begeistert) ich — *frei sein / mensch* sein / *humanistä! humanistä!*«[73] [Kursivschreibung von Jandl]. Daß die vermeintliche Humanität der Sprechenden schlimmer als jede hündische Haltung gerät, wird im weiteren Verlauf des Stückes deutlich.

Der von Jandl so vielfach angeregte Perspektivwechsel erinnert noch einmal daran, daß die alltägliche Tier-Mensch-Geschichte *ottos mops* eine tiefere Dimension hat. Man darf annehmen, daß sie wesentlich zum Reiz des Gedichtes beiträgt. Es ist ein Geborgenheitsgefühl, das in der beschriebenen kleinen Welt gegenwärtig ist. Es trägt den Hund und den Herrn gleichermaßen und befähigt deren Beobachter zu gelassener Heiterkeit: zur Freude am kotzenden Mops.

4.3   Sichtwechsel

jupiter unbewohnt
merkur unbewohnt
saturn unbewohnt
uranus unbewohnt
neptun unbewohnt
venus unbewohnt
pluto unbewohnt
mars unbewohnt
erde ungewohnt[74]

[71] Jandl: poetische werke, Bd. 9, S. 206 (17. Aug. 1991).
[72] Ebd., Bd. 10, S. 159–175 (10.–20. April 1976).
[73] Ebd., Bd. 10, S. 166 (10.–20. April 1976).
[74] Ebd., Bd. 3, S. 138 (1969).

In neun Zeilen zählt Jandl die Planeten unseres Sonnensystems auf. Jede Zeile enthält nur zwei Wörter: einen Namen und ein Partizip. Diese elliptische Form entspricht einer Aufzählung, hinter den Namen kann ein Doppelpunkt gedacht werden *jupiter: unbewohnt*. Achtmal wiederholt Jandl *unbewohnt*; in der letzten Zeile ändert er mit einem einzigen Buchstaben überraschend die Sichtweise: *erde ungewohnt*.

Durch die wechselnde Betonung der Nomen wird der Rhythmus der gleich gebauten Zeilen unregelmäßig. Er erinnert so an die ursprüngliche Bedeutung des Wortes »Planeten« (πλανήτης von πλανάομαι): ›die Umherschweifenden‹, ›Wandelsterne‹ oder ›irrende Sterne‹.[75] Gerade die von der Erde aus unregelmäßig erscheinenden Planetenbewegungen, die diesen Namen prägten, haben Menschen seit Jahrtausenden zur Beobachtung gereizt.[76] Die Astronomie wird häufig sogar als »älteste aller Wissenschaften«[77] bezeichnet, sind doch schon aus der Jungsteinzeit Anlagen zur Himmelsbeobachtung erhalten.[78]

Die in so langer Tradition beobachteten Planeten werden nun von Jandl in unüblicher Reihenfolge genannt: *jupiter, merkur, saturn, uranus, neptun, venus, pluto, mars.* Sie sind nicht, wie heute üblich, nach ihrem Abstand zur Sonne geordnet, auch nicht nach ihrer Größe, ihrer Dichte, oder ihrem Abstand zur Erde. Einzig die Anzahl ihrer Buchstaben (7, 6, 5, 4) mag die Reihenfolge erklären, ein nicht astronomisches Kriterium, mit dem Jandl die Leser in eine Zeit vor der wissenschaftlichen Beobachtung versetzt. Nur die Plazierungen des ersten und des letzten Planeten in Jandls Aufzählung erscheinen auch abgesehen von ihrer Buchstabenzahl plausibel: *jupiter*, der größte Planet unseres Sonnensystems, dessen Namensvorbild in der Antike

---

[75] Sambursky: Planeten [1], Sp. 2336f.

[76] »Im weiteren Sinne zählten in der griechischen Antike zu den Planeten die 7 Himmelskörper Mond, Sonne, Merkur, Venus, Mars, Jupiter und Saturn, doch häufig wurden nur die letzteren fünf so genannt, weil auf sie die griechische Bezeichnung ›Wandelstern‹ oder ›irrender Stern‹ [...] wegen der Unregelmäßigkeit ihrer scheinbaren Bewegung [...] in besonderem Maße zutraf.« Sambursky: Planeten, Sp. 2336f.

[77] Vgl. zum Beispiel Sambursky: Das Physikalische Weltbild der Antike, S. 74.

[78] Vgl. zum Beispiel die Ausführungen Schmeidlers zu Stonehenge im südlichen England. Schmeidler: Die Entwicklung der Beobachtungstechnik, S. 165–167. Nach Schmeidler lassen kalendarische Zeitmessungen aus dem 3. Jahrtausend v. Chr. in Ägypten Rückschlüsse auf astronomische Beobachtungen zu. In Europa sind bildliche Darstellungen des Kosmos aus der Bronzezeit überkommen, vgl. zum Beispiel die Untersuchungen des Schatzfundes von Sangerhausen, die sogenannte »Himmelsscheibe von Nebra«. Meller: Himmelsscheibe, S. 22–31. Früheste schriftliche Quellen, die von Planetenbeobachtungen berichten, sind aus Mesopotamien überliefert, sie stammen aus der Zeit zwischen 688 und 626 v. Chr. Boer: Astrologie, Sp. 354.

als höchster Gott und »Herr des Himmels«[79] verehrt wurde, steht an der Spitze; die *erde* erscheint durch ihre Position in der untersten Zeile des Gedichtes als Basis und Ausgangspunkt der Himmelsbeobachtung. Die Spitzenposition des *jupiter* unterstreicht die Assoziation des antiken Götterhimmels, den auch die folgenden polysemen Namen in Erinnerung rufen. Sie drängt sich machtvoll neben die heute astronomische Bedeutung der Planetennamen. Deshalb überrascht es nicht, daß sich Jandls Gedicht zum Beispiel auch in einer Sammlung von Texten zur griechischen Göttin Aphrodite[80] findet.

Die Benennung der Planeten nach bestimmten Göttern, die schon für die frühen Hochkulturen im Zweistromland überliefert ist,[81] verlieh den Himmelskörpern früh ein individuelles Antlitz, und die Projektionen irdischer Vorstellungen auf die Planeten, die bisweilen sogar selbst als »Lebewesen«[82] beschrieben wurden, gingen sehr weit. »Die Eigenschaften des Gottes wurden auch dem Planeten zugeschrieben; dieser teilt sie wieder dem unter seinem Einfluß geborenen Menschen mit. Jeder der Planetengötter hatte sein besonderes Temperament, seinen Edelstein, sein Tier, seine Pflanze, sein Gewürz, seine Farbe.«[83] Im einzelnen finden sich nach *jupiter* in Jandls Text *merkur*, der Schutzgott des Handels und der Diebe, *saturn*, der Gott des Ackerbaus, *uranus*, die Personifizierung des Himmels, *neptun*, der Gott des Meeres, *venus*, die Göttin der Liebe, *pluto*, der Gott der Unterwelt, und *mars*, der Kriegsgott. Zwar wurden die drei äußersten Planeten Uranus, Neptun und Pluto erst nach der frühneuzeitlichen Erfindung des Fernrohrs entdeckt, ihre Bezeichnungen aber entlehnte man — der Tradition entsprechend — ebenfalls dem antiken Götterhimmel.

---

[79] Jupiter, die oberste Gottheit der Römer, galt als »Herr des Himmels und des Lichtes. [...] Im römischen Staatskult wurde er als Hauptgott I. Optimus Maximus (›der Beste und Größte‹) genannt.« Becher: Iup(p)iter, S. 261.

[80] Leis: Mythos Aphrodite, S. 220. Jandls Name steht, obwohl er nur mit diesem einen Gedicht vertreten ist, im Untertitel des Bandes: »Texte von Hesiod bis Jandl«. Das Entstehungsdatum des Gedichtes, 1969, ist in der Ausgabe vermerkt, es ist dem Kapitel »Abgang – ›Die Göttin schlummert ein, des Singens müd‹« zugeordnet.

[81] »Die Planeten als die nicht fixen Sterne scheinen den Babyloniern frühzeitig aufgefallen zu sein. Dort wurden sie auch seit je mit den Göttern als ›Stern des Marduk‹ (Iupiter), ›Stern der Ishtar‹ (Venus) usw. verbunden und aus astral-religiösen und astrologischen Gründen beobachtet. [...] Die in Griechenland zunächst nur nach ihrem Aussehen benannten Planeten [...] wurden seit dem 4. Jh. v. u. Z. nach jenen babylonischen entsprechenden griechischen Göttern bezeichnet, zunächst noch als ›Stern des Kronos, Zeus, Ares, der Aphrodite, des Hermes‹; später fiel ›Stern des‹ fort, Stern und Gott wurden identifiziert.« Jürß: Planeten, S. 436.

[82] Gundel/Gundel: Planeten bei Griechen und Römern, Sp. 2022.

[83] Boer: Planeten in der Astrologie, Sp. 2337.

Im Entstehungsjahr des Jandlschen Gedichtes, dem Jahr der spektakulären ersten Mondlandung (20. Juli 1969), hat das Interesse an den so mythenreichen Himmelskörpern durch die Entwicklungen der Raumfahrt einen enormen Zuwachs erlebt.[84] Dabei führte die bis heute oft enthusiastisch begrüßte wissenschaftliche Erforschung des Kosmos[85] zwangsläufig zu einer Entzauberung der Himmelskörper.[86] Als Jandl dichtete: *jupiter unbewohnt*, hatten Raumsonden bereits Mars (1965) und Venus (1967) aus der Nähe beobachtet, die anderen Planeten sollten folgen. Das ehemals als göttlich verehrte Ferne ist plötzlich erreichbar; Bilder, die aus irdischer Perspektive nicht zu sehen sind, gelangen per Funk zur Erde. Besonders die Fotografien des erdähnlichsten Planeten Mars[87] sorgen dabei für manche Enttäuschung: Es sind Bilder einer »steinigen, kalten Einöde«.[88] Und – heute zum Teil revidierte – chemische Analysen scheinen die Vorstellungen von etwaigen »Bewohnern« endgültig zu widerlegen. Man gibt sich zur Entstehungszeit von Jandls Gedicht überzeugt:»Da nach den Ergebnissen der Mariner-Beobachtungen die Marsoberfläche kein Wasser und die Atmosphäre keinen Sauerstoff enthält, ist eine Entwicklung von Leben auf dem Mars ähnlich dem der Erde so gut wie ausgeschlossen.«[89]

---

[84] Vgl. Teichmann: Wandel des Weltbildes, S. 8. Am 4. Okt. 1957 hatte die UdSSR den ersten Satelliten namens »Sputnik« gestartet. Schlager, die das Thema Raumfahrt verarbeiten, und zahlreiche Filme wie zum Beispiel die amerikanische TV-Serie »Star Trek«, die in der BRD unter dem Titel »Raumschiff Enterprise« (1966–69) ausgestrahlt wurde und bis heute wiederholt wird, fanden in den folgenden Jahren ein Millionenpublikum.

[85] »Schon frühzeitig hat der Mensch mit Teleskopen in den Himmel geschaut, um zu erkunden, wie die Welt geschaffen ist. Es lag nahe – sobald die technischen Möglichkeiten dazu bestanden – Raumsonden hoch zu schicken, später satellitengestützte Observatorien zu bauen und schließlich selber in den Weltraum zu fliegen. Raumfahrt ist somit zunächst auch einmal eine *kulturelle Aufgabe* schlechthin.« Beck: Faszination und Spitzentechnologie, S. 14 [Kursivierung von Beck].

[86] Zahlreiche Autoren beschäftigten sich in den sechziger und siebziger Jahren nachdenklich mit der Weltraumforschung. Zusätzlich zu den hier genannten Textbeispielen finden sich weitere Belege zum Beispiel in dem Sammelband von Aue: science&fiction. Auch Jandls Gedicht *jupiter unbewohnt* ist hier aufgenommen. Die Gefährdung von Gottesvorstellungen durch die Erforschung des Himmels hat etwa Peter Pongratz formuliert: [...] Gott, / ich komme dich abzuholen, / dich in Sicherheit zu bringen, / O Gott, Herr des Himmels, / soeben hat / das Zeitalter der intergalaktischen / Raumfahrt für die Menschheit begonnen.« Pongratz: neue Adresse, S. 117.

[87] In seinem Gedicht *mars* schildert Jandl ein Kräftespiel mit den Wörtern *mars*, *männchen* und *gott*. Jandl: poetische werke, Bd. 2, S. 225 (15. Mai 1963).

[88] Engelhardt: Planeten, Monde und Kometen, S. 2.

[89] Artikel »Mars« in: Brockhaus [1971], S. 183. Nach den ersten Raumsonden-Ergebnissen hatte man enttäuscht festgestellt, daß bisherige Beobachtungen der

Jandl scheint im Jahr 1969 einen entsprechenden neunzeiligen »Ergebnis-bericht« der Raumforschung zu geben. Nacheinander beantwortet er für die Planeten unseres Sonnensystems die Frage: Gibt es dort Lebewesen? Achtmal heißt es in lapidarem Raumfahrt-Jargon: *unbewohnt*. Durch die wiederholte Kontrastierung der Götternamen mit der ernüchternden Feststellung wird deutlich: Die Raumfahrt hat die ehemals als göttlich verehrten Planeten ihrer Projektionen beraubt. In Jandls Kopie des Raumfahrt-Vokabulars stehen nun sinnentleerte Nomen für den entleerten Weltraum. Höchstens eine subkutane Sehnsucht nach überirdischer Gesellschaft spiegelt sich noch in den Planeten-namen, welche die moderne Raumforschung beibehielt.

Mit »Befriedigung« vermutete schon Immanuel Kant das Vorhandensein außerirdischen Lebens. So schreibt er etwa zweihundert Jahre vor Jandls apo-diktischer Behauptung *jupiter unbewohnt* gerade zu diesem Planeten: »Allein, man kann noch mit mehr Befriedigung vermuten, daß, wenn er gleich jetzt unbewohnt ist, er dennoch es dereinst werden wird, wenn die Periode seiner Bildung wird vollendet sein.«[90] Kant gesteht die Empfindung: »Wenn die Be-schaffenheit eines Himmelskörpers der Bevölkerung natürliche Hindernisse entgegen setzet: so wird er unbewohnt sein, obgleich es an und vor sich schö-ner wäre, daß er Einwohner hätte.«[91] Ähnlich äußert sich zwei Jahrhunderte später der Humanbiologe Joachim Illies: »Wenn es wirklich wahr wäre – wenn die Extraterrestrischen endlich gelandet sind [...] – so wäre das eine un-geheure Freude für mich. Ich bin sicher, daß diese Freude der erste Eindruck wäre, denn das ganze Weltall würde ja in diesem Augenblick für mich unend-lich viel reichhaltiger.«[92] Und im gleichen Jahr, in dem Jandls Gedicht ent-steht, druckt die Zeitschrift »Sterne und Weltraum« die Idee: »Nach kosmi-schen Nachbarn müssen wir außerhalb des Sonnensystems suchen.«[93] Dort sei außerirdisches Leben durchaus wahrscheinlich: »Aufs Milchstraßensystem bezogen, folgt daraus eine ungeheuer große Zahl eventuell vorhandener Zivilisationen, die uns aber alle, von wenigen Ausnahmen abgesehen, wegen

---

Marsoberfläche mit Fernrohren, auf der im 19. Jahrhundert durch Giovanni Schia-parelli auffällige Linien entdeckt worden waren, zu Fehlinterpretationen geführt hatten: »Mit den Bewässerungskanälen als Werk intelligenter Marsbewohner ist es also nichts – es gibt dort oben lediglich solche durch Strecken der oberen Kruste entstandene Risse und einige mit großer Wahrscheinlichkeit natürliche, aber aus-getrocknete Flußbette.« Stanek/Pesek: Neuland Mars, S. 13. Die damalige Ansicht, es gebe kein Wasser auf dem Mars, ist heute überholt. Intensiv wird weiter nach Leben auf dem Mars gesucht, wenn auch inzwischen statt von »Bewohnern« häu-figer von »Spuren einzelliger Organismen« die Rede ist. Vgl. Stampf: Vorstoß zur Wüstenwelt (Spiegel 2. Juni 2003).

[90] Kant: Von den Bewohnern der Gestirne, S. 378.

[91] Ebd., S. 380.

[92] Illies: Antwort auf eine phantastische Frage, S. 149f.

[93] Elsässer: Sind wir allein im Kosmos?, S. 187.

der gewaltigen Entfernungen unerreichbar sind. [...] Daraus folgt, daß der durchschnittliche Abstand zwischen bewohnbaren Planeten 20 bis 30 Lichtjahre betragen dürfte. [...] Nachbarliche Gespräche werden in jedem Fall große Geduld und Ausdauer erfordern! [...] Das von Leben durchdrungene Weltall erscheint uns heute als eine naturgesetzlich bedingte Stufe in der Entwicklung des Universums. Wir sind nicht allein im Kosmos!«[94]

An die Stelle der diachron belegbaren menschlichen Hoffnung auf überirdische Gesellschaft tritt bei Jandl zunächst ein horror vacui. Furcht vor dem leeren Weltraum macht sich breit, die erschreckende Einsamkeit der Erde in der letzten Zeile erscheint durch die vorangehende Aufzählung aller »unbewohnten« Planeten auf den ersten Blick überdeutlich. In seinem *konversationsstück* mit dem Titel *die humanisten*[95] hat Jandl ein vergleichbares Gefühl der Haltlosigkeit angesichts des Kosmos formuliert. Er läßt die hilflos Konversation treibenden Männer *m1* und *m2* eine lächerliche Antwort finden:

m1   [...]
beinen von fußen kommen
fußen von – boden kommen
boden von – erden kommen
erden – von – – *kosmos* kommen
kosmos – von –
kosmos – – von – von

–

kommen

–

m2   [...]
du sein in – engen getrieben
ich sehn du sein in – sackengassen
[...]
m1   ich nicht *sein* in sackengassen
ich – sein – in – *kosmos*
kosmos kommen von
witzelnschaffen
kosmos kommen von *witzelnschaffen*
sein ein – erkenntnissen von
witzelnschaffen, sein ein
geisten-produkten
kosmos – sein – kein –
materien –
sein ein geistenprodukten von witzelnschaffen [...][96]

---

[94] Ebd., S. 189.
[95] Jandl: poetische werke, Bd. 10, S. 159–175 (10.–20. April 1976).
[96] Ebd., Bd. 10, S. 170f. (10.–20. April 1976).

Im Gegensatz zu diesem satirisch vorgeführten Rückzugsgefecht des *humanisten* überwiegt in Jandls Gedicht *jupiter unbewohnt* eine andere, eine humanere Spielart des Komischen: Humor. Dessen charakteristische Gegenstände, die Schöpfung und »das Menschliche«,[97] sind, wie gezeigt werden soll, Themen des Gedichts. Bei näherer Betrachtung von Jandls Sprache kommen sie zum Vorschein und beleuchten, was Humor vermag.

Das Partizip *unbewohnt* und verwandte Wortbildungen, die traditionell mit Blick auf das Weltall benutzt wurden, sind auch im populären Raumfahrt-Jargon der sechziger Jahre und bis heute durchaus gebräuchlich.[98] Doch erscheint die Negation *unbewohnt*, die als Alternative zu der syntaktischen Konstruktion »nicht + Partizip«[99] gelten kann, bezogen auf die entfernte Welt der Planeten komisch verfremdet, vor allem weil Jandl durch die lange Aufzählung der Götternamen den Reichtum der antiken Kosmos-Vorstellungen ins Gedächtnis ruft. Zunächst impliziert das zugrundeliegende Verb »bewohnen«, wenn auch nicht zwingend, so doch häufig, ein Haus, das bewohnt wird.[100] Zwar hat »bewohnen« in Bezug auf Planeten wohl eher die abstraktere Bedeutung ›besiedeln‹, dennoch bleibt die Empfindung, daß »wohnen« ein auf Geborgenheit zielendes Verb ist. Seine Wortgeschichte bestätigt dies. Das zugrundeliegende althochdeutsche Verb »wonēn«[101] ist stark gefühlsbetont: es läßt sich herleiten von der Ausgangsbedeutung ›zufrieden sein‹.

Diese emotionale Seite des Partizips läßt Jandls Zweiwortsätze komisch wirken: Die irdische Vorstellungswelt wird im Raumfahrt-Jargon[102] auf die Planeten übertragen, und gerade Jandls permanente Wiederholung des eigentlich unpassenden Partizips verdeutlicht die menschliche Neigung zu Analogiebildungen. Es verrät sich schon in der Wortwahl, daß die Suche nach Lebewesen, die Erdbewohnern ähnlich sind, erkenntnisleitendes Interesse

---

[97] Schmidt-Hidding: Wit and Humour, S. 50f.

[98] Vgl. zum Beispiel auch Reeken: Bibliographie über außerirdisches Leben. Zahlreiche ältere und neuere Beispiele der dort aufgeführten Literatur enthalten das Verb »bewohnen« in verschiedenen Abwandlungen im Titel.

[99] Vgl. Fleischer/Barz: Wortbildung, S. 272.

[100] Duden: Wörterbuch, S. 584.

[101] Kluge/Seebold: Etymologisches Wörterbuch, S. 995. Nach Hermann Paul bedeutet gotisch »unwunands« ›sich nicht freuend‹. Paul: Deutsches Wörterbuch, S. 1181.

[102] Bis heute ist das Wortfeld des Verbums »bewohnen« aus dem Raumfahrt-Vokabular nicht wegzudenken. So erscheint beispielsweise in einem kurzen Interview zum Thema »erdähnliche Planeten« im Jahr 2003 allein sechsmal das Adjektiv »bewohnbar«, dreimal Formen der gleichbedeutenden Ableitung »habitabel«, die in diesem Kontext angestrengt konstruiert wirkt, um die ständige Wiederholung zu verschleiern. Dambeck: Interview mit Werner von Bloh (Spiegel online 19. März 2003). http://www.spiegel.de/wissenschaft/weltraum/0,1518,240598,00.html [Stand: Mai 2007].

ist.[103] Menschen messen Planeten am Erdzustand. Die Erde ist bewohnt, die Planeten sind *unbewohnt*. Man benutzt die Negation durch das Präfix »un-« statt positiver Adjektive, wie etwa »frei«, »weit«, »natürlich« oder ähnlicher, die in der Tat nicht leicht zu erdenken sind. Die Sprache verrät, daß die so fernen Planeten aus sehr beschränkter, menschlicher Perspektive betrachtet werden. Jandl beantwortet implizit die Fragen: Wohnt dort jemand? Gibt es Lebewesen, die sich »zufrieden« fühlen, vielleicht sogar »Gebäude«, wie Worterklärungen zum Verb »wohnen« häufig nahelegen? Er zeigt, daß der beschränkte irdische Wortschatz auch bei der Frage nach außerirdischem Leben unvermeidlich menschliche Maßstäbe anlegt; was durch Raumsonden über die Erde hinaus beobachtet werden kann, ist durch Sprache noch lange nicht auszudrücken. Das Gedicht erreicht das in Schmidt-Hiddings allgemeiner Darstellung des Humors postulierte Ziel desselben: »Verständnis für die Ungereimtheit der Welt«.[104] Jandls humorvoller Blick auf die Sprache erleichtert die Einsicht, der sich auch *die humanisten* beugen müssen: Der Kosmos kann vom menschlichen Verstand nicht erfaßt werden.

Analogiebildungen, wie sie sich in Jandls Partizipien manifestieren, prägten stets den Blick ins Weltall und wurden oft als Hilfskonstruktionen benannt. Johann Gottfried Herder merkte noch bescheiden an: »so wirds, wenn die Analogie unsre Führerin seyn darf, auf andern Sternen nicht anders seyn; [...]. Unser Verstand ist nur ein Verstand der Erde, aus Sinnlichkeiten, die uns hier umgeben, allmälich gebildet«.[105] Entsprechend läßt Cyrano de Bergerac alias Hector Savinien de Cyrano in seinem utopischen Roman mit dem ursprünglichen Titel »Histoire comique contenant Les estats et empires de la lune« einen Außerirdischen die Menschen belehren: Sie glaubten zu unrecht, daß das nicht sei, was sie nicht erfassen könnten, es gebe im Weltall Dinge, die man nur mit einer Million unterschiedlicher Organe wahrnehmen könnte: »Il y a trop peu de rapport, dit-il, entre vos sens et l'explication de ces misteres: vous vous imaginés, vous autres, que ce que vous ne sçauries comprendre est spirituel, ou qu'il n'est point; la consequence est tres faulce, mais c'est un tesmoignage qu'il y a dans l'Univers un million peut-estre de choses qui pour estre connues demanderoient en nous un million d'organes tous differens«.[106]

---

[103] Grundlegend hat Jürgen Habermas diesen Zusammenhang beschrieben: »Erst wenn am Typus der kritischen Wissenschaft, diese Einheit von Erkenntnis und Interesse durchschaut ist, kann auch die Zuordnung von forschungstranszendentalen Gesichtspunkten und erkenntnisleitenden Interessen als notwendig eingesehen werden.« Habermas: Erkenntnis und Interesse, S. 351.

[104] Schmidt-Hidding: Wit and Humour, S. 50f.

[105] Herder: Ideen zur Philosophie der Geschichte der Menschheit, S. 20.

[106] Bergerac: L'Autre Monde, S. 379f.

Etwa dreihundert Jahre später malt sich Günter Kunert aus: »Bewohner von Pluto soeben auf Erden eingetroffen! Doch als wir höchst neugierig und freudig erregt, nicht länger allein durch die unauslotbaren Tiefen des Universums zu stürzen, die ersten Bildberichte erwarteten, wurde unsere Hoffnung bitter enttäuscht. Die Plutoniden erwiesen sich, entsprechend ihrem Planeten, von dermaßen lockerer Konsistenz, daß sie gar nicht zu sehen waren: tausendmal weitmaschiger ihre molekulare Struktur als die unsere.«[107]

Die technischen Fortschritte zu Jandls Zeit bescheren allerdings unbescheidenen Sichtweisen große Popularität. So behauptet der pseudo-wissenschaftlich argumentierende Bestseller-Autor Erich von Däniken apodiktisch: »Neueste Forschungen [...] bestätigen, daß außerirdische Intelligenzen menschenähnlich gewesen sein *müssen*: Atomstrukturen und chemische Reaktionen sind überall im Kosmos gleich.«[108]

Vor dem Hintergrund einer vor Selbstbewußtsein strotzenden Gesellschaft, die Forschungsergebnisse der Raumfahrt mehr oder weniger seriös interpretiert, kann Jandls Gedicht als eine humorvolle Erinnerung an das unzulängliche menschliche Wahrnehmungsvermögen verstanden werden. Dessen Hilflosigkeit und den Ausweg über Analogiebildungen[109] entlarvt Jandl in der Sprache selbst – in konzentriertester Form.

In seinem nur scheinbar nüchternen Raumfahrt-Vokabular bekräftigt Jandl achtmal, daß Vorstellungen von Lebewesen auf den anderen Planeten unseres Sonnensystems im Jahr der Mondlandung als wissenschaftlich überholt betrachtet werden. Er läßt aber in seiner Sprache zugleich spüren, daß diese Nüchternheit langfristig nicht befriedigen wird.[110] Tatsächlich erneuern Zeitgenossen Jandls die durch Raumsonden zerstörten Wunschvorstellungen mit

---

[107] Kunert: Vom Pluto her, S. 113.

[108] Däniken: Aussaat und Kosmos, S. 78.

[109] Hilfskonstruktionen zur Erfassung des Außerirdischen werden auch von anderen Autoren mit Methoden des Komischen aufgedeckt. So schildert zum Beispiel Elfriede Jelinek satirisch eine Begegnung mit Außerirdischen: »Eins steht fest, und je länger ich Sie aus den Augenwinkeln betrachte, denn Sie voll anzusehen geht entschieden über meine Kräfte, desto fester steht es, (außerdem ist es unhöflich, jemand anzuglotzen) (jemand wie einen Krüppel oder so anzuglotzen), daß Sie anders sind als alles, was ich bisher zu akzeptieren gelernt habe, und das ist ganz schön stark, finde ich. [...] Glauben Sie, in dieser Gallerte könnte jemand, selbst jemand, der einen guten Willen dazu hat, (und Phantasie) Arme, Beine, Rumpf und Gliedmaßen herausdividieren? [...] Beachten Sie bitte, daß ich trotzdem die ganze Zeit schon zu Ihnen rede wie zu einem Menschen, der Sie nun wirklich nicht sind«. Jelinek: [ohne Titel], S. 176f.

[110] Eine Emnid-Umfrage im Jahr 2002 ergab: »Fast die Hälfte aller Deutschen glaubt an Außerirdische. 49,7 Prozent sind davon überzeugt, dass es außerhalb unserer Erde intelligente Lebewesen gibt. [...] (dpa)« Vgl. http://www.ksta.de/artikel.jsp?id =1011285401625 [Stand: Juli 2002].

trotzigem Augenzwinkern: Der Weltraum wird in der Phantasie anstelle der griechischen mit neuen Göttern und Bewohnern bevölkert, so zum Beispiel im überaus erfolgreichen Schlager »Fred vom Jupiter«; hier ist der außerirdische Besucher ein goldhaariger »Traum aller Frau'n«.[111] Filmlexika verzeichnen eine unübersehbare Menge an Planeten-Phantasien. Um nur einige ins Deutsche übersetzte Filme zu nennen, sei verwiesen auf die folgenden Beispiele: »Planet der Affen« (USA 1968), »Planet der Monster« (USA 1978), »Planet der Stürme« (UdSSR 1962), »Planet der toten Seelen« (USA 1957), »Planet der Vampire« (Italien/Spanien 1965), »Planet des Schreckens« (USA 1980), »Der Planet Saturn läßt schön grüßen« (USA 1977).[112]

Populärwissenschaftliche Autoren nutzen weitere Chancen, dem horror vacui angesichts der erforschten, anscheinend leeren Planeten zu entkommen: Im Brustton der Überzeugung prophezeien Raumfahrtbücher der siebziger Jahre eine »Landnahme im Sonnensystem«.[113] Zeitlich werden hierfür etwa fünfzig Jahre veranschlagt.[114] Auch in den achtziger Jahren wird noch behauptet: »Jedermann, [...] der die praktischen Möglichkeiten der Raumfahrt etwas kennt, sieht pulsierende Touristenstädte auf Mars in einem weiteren Jahrhundert als die wahrscheinlichste Entwicklung, die sich aus den bisherigen Erfahrungen ableiten läßt.«[115] Die genannten Beispiele mögen den ebenso bunt wie leidenschaftlich geführten öffentlichen Diskurs skizzieren, in dessen Kontext das von Jandl so knapp gefaßte Thema steht.

Sein Gedicht überrascht mit einer Pointe. Das letzte Partizip *ungewohnt* ändert zum einen die monotone Aufzählung ab, ist somit in der Sprache konkretisiertes »Ungewohntes«, zum anderen durchbricht es den vermeintlichen Raumfahrt-Jargon. Die winzige Änderung des Buchstabens *b* in *unbewohnt* zu *g* deutet an, wie unbegreiflich die Existenz des Lebens auf dem Planeten Erde ist. Auch die Erde wurde in der Antike – wie die anderen Planeten – durch eine Gottheit, Gaia,[116] personifiziert.

Die Ironie, die in Jandls feiner Untertreibung *ungewohnt* steckt, kann im Jahr der Mondlandung als eine frühe Distanzierung von der gefeierten Raum-

---

[111] Vgl. Dorau, Andreas/die Marinas: Fred vom Jupiter. Songtext. http://www.i-song-texte.com/9026/titel/index.html [Stand: Mai 2007].

[112] Entsprechend zahlreich sind die in Filmtiteln ausgedrückten Imaginationen einer »Invasion«. Vgl. die vielen Belege bei Hahn/Jansen: Lexikon des Science Fiction Films.

[113] So zum Beispiel der verbreitete »Roman unserer Zukunft« von Robert Brenner. Vgl. Brenner: So leben wir morgen, S. 209. Dort heißt es weiter: »Heute ist die Technik so weit entwickelt, daß wir daran gehen können, das ganze Sonnensystem in Besitz zu nehmen. Also werden wir es auch tun«. Ebd., S. 214.

[114] Vgl. ebd., S. 215.

[115] Stanek: Planeten, S. 134.

[116] Vgl. Roloff: Gaia, Sp. 1014.

fahrt betrachtet werden: Auf der Erde warten existentielle Beobachtungsfelder, nicht im Weltall. Die irritierenden irdischen Zustände sind dabei aber nicht ausgesprochen, es herrscht eine beredte Leerstelle im Text.

Das überraschendste Moment der letzten Zeile ist jedoch der radikal vollzogene Perspektivwechsel: Während in den ersten acht Zeilen ein Betrachter von der Erde aus die Planeten beobachtet, wird er in der letzten Zeile gleichsam in die Höhe gerissen, um jetzt einen Blick auf die Erde zu werfen. Mit dieser Perspektive ist er nun Teil des scheinbar »unbewohnten« Raums, denn er wundert sich über die Erde: *ungewohnt*.

Dieser Blick aus dem All auf die Erde steht in alter literarischer, oft satirischer Tradition, zu der zum Beispiel der erwähnte Roman Bergeracs gehört. Fetscher und Stockhammer haben Texte zu »Marsmenschen« und literarisch erdachte Beobachtungen der Erde aus dem Weltraum gesammelt. Sie stellen fest: »Im Felde der Bewohnbarkeitsphantasien läßt sich diese Denkfigur bis auf Plutarch zurückverfolgen, dessen Debattanten nicht nur erwägen, ob der Mond Bewohner hat, sondern auch, wie diese die Erde sehen und über deren Bewohntheit urteilen werden.«[117] Die Umkehrung und die Relativierung des irdischen Blicks auf den Kosmos habe sogar eine literarische Gattung begründet: »die utopisch-satirische (parodistische) Reiseerzählung«.[118]

Seit Astronauten die außerirdische Perspektive realisieren konnten, mehrten sich noch die Imaginationen fremder, bisweilen gefährlicher Beobachter von außen. Besonders eindringlich formulierte derartige Vorstellungen Herbert George Wells in seinem Roman »The war of the worlds« schon 1897. Er zieht den Vergleich zu einem Beobachter, der das Leben in einem Wassertropfen durch ein Mikroskop betrachtet: »No one would have believed, in the last years of the nineteenth century, that human affairs were being watched keenly and closely by intelligences greater than man's and yet as mortal as his own; that as men busied, themselves about their affairs they were scrutinized and studied, perhaps almost as narrowly as a man with a microscope might scrutinize the transient creatures that swarm and multiply in a drop of water.«[119]

Der Erdbeobachter in Jandls Gedicht verrät seine Existenz durch das Partizip *ungewohnt* von »gewöhnen«. Ihm liegt wieder ein sehr altes, sehr irdisches Verb zugrunde, die althochdeutsche Form »giwennen«[120], als deren Ausgangsbedeutung ›etwas lieben, schätzen‹ vermutet wird. Das Verb beschreibt einen Gefühlszustand. Ein Betrachter der Erde, der diese »nicht gewohnt« ist, gibt sich als ein empfindendes Lebewesen zu erkennen; seine außerirdische Perspektive straft die vorangegangenen acht Zeilen Lügen, denn der Weltraum ist offensichtlich doch *bewohnt*. Jandls Pointe wirkt dem

---

[117] Fetscher/Stockhammer: Nachwort, S. 286.
[118] Ebd.
[119] Wells: The war of the worlds, S. 3.
[120] Kluge/Seebold: Etymologisches Wörterbuch, S. 356 und S. 995f.

horror vacui entgegen und ist humorvoll tröstlich: Es gibt jemanden, der von draußen auf die Erde blickt. Wer ist es?

Der radikale Perspektivwechsel der letzten Zeile ist der Blick des über die Welt erhabenen Humoristen, dessen Fähigkeit nicht umsonst im übertragenen Sinn als Perspektive beschrieben wird: »Der Humor sieht dem Leben von höherer Warte aus zu«,[121] schreibt Julius Wiegand. Ähnlich charakterisiert Ludwig Reiners den Humoristen: Er habe den »notwendigen Abstand«, er betrachte die Welt aus Entfernung und sehe sie »nicht aus der Menschen-, sondern aus der Gottesperspektive«.[122] Und Jean Paul schrieb: »Wenn der Mensch, wie die alte Theologie es tat, aus der überirdischen Welt auf die irdische herunterschauet: so zieht diese klein und eitel dahin; wenn er mit der kleinen, wie es der Humor tut, die unendliche ausmisset und verknüpft: so entsteht jenes Lachen, worin noch ein Schmerz und eine Größe ist.«[123]

Wie zu zeigen war, können Jandls elliptische Zweiwortsätze vor dem Hintergrund jahrtausendealter Projektionen und Sehnsüchte nach Überirdischem verstanden werden. Sie müssen gleichzeitig in die wissenschaftshistorische Aufbruchsstimmung der ausgehenden sechziger Jahre eingeordnet werden, in der einschneidende Entwicklungen der Raumforschung die Öffentlichkeit erregten. Jandl bleibt indessen ruhig und faßt sich kurz. Angesichts der Knappheit vieler Gedichte Jandls hat Reich-Ranicki ihn einen »Lehrmeister spartanischer Enthaltsamkeit«[124] genannt. Das Gedicht jupiter unbewohnt läßt als Musterbeispiel Jandls Lob dieser konzentrierten Textsorte verstehen: »Für mich, als Schreibenden, besitzt das Gedicht eine Reihe von Vorzügen: es kann deutlich begrenzt und scharf konturiert werden; auf kleinem Raum und mit einer geringen Menge Material vermag es verhältnismäßig viel Energie zu speichern und mittels dieser eine verhältnismäßig starke Wirkung zu erzielen; im Vergleich zu anderen Gattungen ist das Gedicht – und unter den modernen Gedichten besonders das konkrete – ein sehr rationelles Produkt und daher für die moderne Industriegesellschaft mit ihren vielfältigen Rationalisierungstendenzen besonders geeignet.«[125] Im Gedicht jupiter unbewohnt führt Jandl einer modernen Gesellschaft »rationell« vor: Erdbewohner irren, wenn sie glauben, den Kosmos zu kennen. Nicht einmal ihre Sprache reicht zu dessen Beschreibung, sie verrät vage Analogiebildungen. Die Weltraumforschung hat Hoffnungen enttäuscht und einen horror vacui erzeugt; die Perspektive eines Humoristen aber kann überraschend helfen, diesem Schrecken zu begegnen.

[121] Wiegand: Humor, S. 727.
[122] Reiners: Stilkunst, S. 639f.
[123] Jean Paul: Vorschule der Ästhetik, S. 129.
[124] Reich-Ranicki: Schreibtisch (FAZ 5. Aug. 1995).
[125] Jandl: Rede anläßlich der Verleihung des Hörspielpreises der Kriegsblinden (22. April 1969), S. 293f.

4.4 Weltwunder Welt

Jahrhundertelang gehörte es zum klassischen Bildungskanon,[126] »die sieben Weltwunder« aufzählen zu können, bis heute gilt es vielfach als Herausforderung. Meist werden darunter schon im Altertum besonders berühmte Bau- und Kunstwerke verstanden. Das als Halbpräfix verwendete Substantiv »Welt-«[127] nährt dabei die Vorstellung, es handele sich um Einzigartiges. Die älteste bekannte Zusammenstellung der »sieben Weltwunder« stammt aus dem 2. Jahrhundert v. Chr. von Antipatros von Sidon.[128] Später wurden weitere Weltwunderlisten mit anderen Bauwerken erstellt, die auch römische, byzantinische oder in der Bibel erwähnte Bauten aufführten.[129] Schon in der Antike konnte man sich nicht auf einen Kanon einigen, ungewiß sind deshalb auch heutige Listen von antiken Weltwundern in populären Konversationslexika,[130] noch dazu mit Daten der einzelnen Bauwerke. Semiramis als Urheberin der »hängenden Gärten« ist, um nur ein Beispiel zu nennen, eine Legendengestalt, nicht einmal die Existenz des Bauwerks kann als gesichert gelten. Hier wird evident, wie dringend offenbar ein allgemeingültiger Bildungskanon erwünscht ist, der sich in der Klassifizierung von Antiken mani-

---

[126] Zur Rezeption der griechisch-römischen Antike im neuzeitlichen Europa vgl. allgemein die Monographie von Fuhrmann: Der europäische Bildungskanon.

[127] Ähnlich zum Beispiel »Weltmeister«, »Weltrekord«. Ditten definiert, daß sich die sieben Weltwunder durch »majestätische Größe, Schönheit, Kostbarkeit oder Einzigartigkeit« auszeichneten. Ditten: Sieben Weltwunder, S. 519.

[128] Antipatros von Sidon nennt: die Mauern von Babylon; das von Phidias geschaffene gold-elfenbeinerne Standbild des Zeus in Olympia; die riesige Statue des Helios in Rhodos, der sogenannte »Koloß«; die »hängenden Gärten« der Königin Semiramis in Babylon; die ägyptischen Pyramiden; das Mausoleum in Halikarnassos und den Artemis-Tempel in Ephesos. Bisweilen werden davon abweichend auch der Leuchtturm auf der Insel Pharos vor Alexandria und der Zeus-Altar von Pergamon zu den Weltwundern gezählt. Vgl. Ditten: Sieben Weltwunder, S. 519. Vgl. auch Gruben: Weltwunder, Sp. 3268.

[129] Ditten zählt außerdem auf: »den Hörneraltar auf Delos, Kyros' Palast [...], das ägyptische Theben, die Memnonsitzstatuen daselbst, den Zeustempel in Kyzikos [...] die Asklepiosstatue in Epidauros, Pheidias Standbild der Athena Parthenos auf der Athener Akropolis; in die Liste gerieten dann auch römische Bauten wie das Kapitol und das Kolosseum, byz. wie die Hagia Sophia und bibl. wie die Arche Noahs und Salomos Tempel in Jerusalem.« Ditten: Sieben Weltwunder, S. 519. Die Vagheit derartiger Aufzählungen wird in Buchtiteln offensiv aufgegriffen, etwa wenn es auch um moderne Bauwerke geht. Vgl. die Titel von Poirier: Die 15 Weltwunder und Scarre: Die siebzig Weltwunder.

[130] Vgl. zum Beispiel die fragwürdigen Angaben zum Artikel »Sieben Weltwunder« in: Meyers großes Taschenlexikon, Bd. 20, S. 155.

festieren soll.[131] Der Diskurs um die angeblich bedeutendsten Bau- und Kunstwerke zeigt den Versuch, die Welt durch Ranglisten zu erfassen. Jede Zeit verteilt offenbar die Spitzenplätze neu, das Gütesiegel ist vergänglich. Dennoch werden immer wieder Weltranglisten erstellt. Dieses Bestreben nimmt Jandl in seinem Gedicht *sieben weltwunder* aufs Korn.

sieben weltwunder

und das wievielte bin ich?
und das wievielte bist du?
und das wievielte ist die kuh?
und das wievielte ist der uhu?
und das wievielte ist das känguruh?
und das wievielte ist der marabu?
und wieviele bleiben übrig
wenn es den marabu und das känguruh und den uhu
und die kuh und dich und mich
einmal nicht mehr gibt?[132]

Der Titel des Gedichts *sieben weltwunder* entbehrt des bestimmten Artikels »die«, der zu der Vorstellung klassischer Weltwunderlisten, die durch die Zahl *sieben* geweckt wird, hinzugehört. Das Substantiv *weltwunder* ist also in einem unbestimmten Sinne des Wortes zu verstehen: es bedeutet etwas ›ganz Außergewöhnliches, das allgemeine Bewunderung erregt‹.[133] So relativiert schon Jandls Überschrift die üblichen Ranglisten. Er scheint etwas zu den sieben Weltwundern hinzufügen zu wollen, was durch die anaphorisch wiederholte Konjunktion *und* angeschlossen wird. Man könnte mit Blick auf die Überschrift auch eine klassische Aufzählung der Weltwunder erwarten. Allerdings nennt Jandl nicht sieben bekannte Bau- und Kunstwerke, sondern andere Wunder, ausschließlich Lebendiges: Menschen (*ich, du*) und Tiere (*kuh, uhu, känguruh, marabu*). Sechs Wunder sind direkt genannt, die Zahl *sieben* wird dennoch beibehalten, denn die letzten Zeilen umschreiben eine Tatsache, die ebenfalls als Wunder angesehen werden kann: die Vergänglichkeit, die alles Vorhergenannte auslöscht.

---

[131] Ein Ende verklärter klassischer Antikenvorstellungen formuliert Jandl symbolisch in seinem Gedicht *zeichen*. Vgl. Jandl: poetische werke, Bd. 1, S. 46 (1953): *Zeichen // Zerbrochen sind die harmonischen Krüge, / die Teller mit dem Griechengesicht, / und die vergoldeten Köpfe der Klassiker – / aber der Ton und das Wasser drehen sich weiter / in den Hütten der Töpfer.* Jandl bemerkt hierzu: »Wenn ich mich frage, ob es unter meinen Gedichten ein programmatisches gibt [...], kommt mir zuerst [...] ein kurzes aus dem Jahr 1953 in den Sinn, das den Titel ›zeichen‹ trägt und einfach als ein Zeichen, eine Markierung gedacht ist.« Jandl: Abgrenzung des eigenen poetischen Bereichs, S. 116.
[132] Jandl: poetische werke, Bd. 8, S. 39 (25. Sept. 1978).
[133] Vgl. Duden: Wörterbuch, S. 4486.

Jandl faßt die *weltwunder* in sieben Fragen, sechs einzeilige beginnen parallel mit den Worten *und das wievielte*. Die siebte, vierzeilige Frage ist weniger direkt zu erfassen und zwingt zum Nachdenken. Auch sie beginnt noch ähnlich mit *und wieviele*; durch den parallelen Satzbau klingen die Fragen so hartnäckig wie bohrende Kinderfragen.

Von der zweiten bis zur fünften Zeile reimen sich die Versenden durch den jeweils betonten Schluß-Vokal *u*: *du – kuh – uhu – känguruh – marabu*. Der Endreim verleitet bei mehreren Wörtern zu unüblicher Aussprache, so will zum Beispiel das zweite *u* des Wortes *uhu* mehr Gewicht erhalten als ihm zusteht, ähnliche Spannung zwischen Reim und Betonung entsteht bei *känguruh* und *marabu*. Jandl erzeugt hier einen ungewöhnlichen Rhythmus, der amüsiert und, wie schon die Art der Fragestellung, naiv anmutet.

Trotzig klingt die erste Frage. *und das wievielte bin ich?* Sich selbst als *weltwunder* betrachten zu wollen, erscheint kindlich vermessen, dieser Eindruck wird durch die folgende Frage aber relativiert: *und das wievielte bist du?* Tatsächlich ist jeder Mensch ein *weltwunder*, das Personalpronomen *du* in der zweiten Zeile belegt, daß der Fragende staunend sich und sein Gegenüber betrachtet hat, der Leser fühlt sich angesprochen.

Dann wird die *kuh* genannt, ein in Kinderreimen beliebtes Tier. Rühmkorfs Sammlung von Kinderversen[134] bestätigt, daß Kinder ebenso wie Jandl mit dem Wort »Kuh« Gleichklang in der Sprache feiern und auch gerne ähnlich exotische Namen[135] verarbeiten wie *känguruh* und *marabu*.[136] Die Freude am bunten Wortschatz, die in solchen Versen zu beobachten ist, spiegelt in Jandls Gedicht auch eine sinnliche Freude an der Vielfalt, am Reichtum der Schöpfung. Er wiederholt die Konjunktion *und* siebenmal anaphorisch. Bereits in ältesten bekannten Kulturen wurde die Zahl Sieben als heilig betrachtet und als Symbol einer von Gott gewollten »Fülle«.[137] Auch bei Jandl kann sie in diesem Sinn verstanden werden. Jean Paul beschrieb in der »Vorschule der Ästhetik« eine Liebe zur Farbigkeit als Merkmal des Humors: »Da es ohne Sinnlichkeit überhaupt kein Komisches gibt: so kann sie bei dem Humor als ein Exponent der angewandten Endlichkeit nie zu farbig werden. Die überfließende Darstellung [...] soll mit der Sinnlichkeit die Seele füllen«.[138]

---

[134] Vgl. Rühmkorf: Volksvermögen, zum Beispiel S. 97.

[135] Vgl. ebd. etwa S. 46, S. 48 und S. 74. Vgl. auch: Franz: Kinderverse, S. 258.

[136] Nicht zufällig wurden diese Tiere zum Titel einer Gedichtsammlung für Kinder, vgl. Michl: Marabu. Jandls Gedicht *sieben weltwunder* ist dem Band vorangestellt, und die Tiergedichte sind in sieben Kapitel gegliedert. Vom »I. Weltwunder« bis zum »VII. Weltwunder« werden hier verschiedene Tiergruppen unterteilt.

[137] Zur Symbolik der Zahl »Sieben« vgl. Forstner: christliche Symbole, S. 52f. Jandl verwendet die Zahl häufig, zum Beispiel in den Gedichttiteln *sieben bemerkungen*; *sieben kinder*; *sieben kleine geschichten*; *sieben semmeln*; *siebensachen*.

[138] Jean Paul: Vorschule der Ästhetik, S. 139.

Durch die Häufung der Konjunktion *und* evoziert Jandl die klassische Wortfigur der Vielverbundenheit, das Polysyndeton, das häufig eine Steigerung betont. Ist der *marabu* seiner Stellung nach also der Gipfel der Schöpfung? Dies will der Leser nicht annehmen. Die auffallend lange achte Zeile, die alle genannten *weltwunder* nochmals in umgekehrter Reihenfolge nennt, stellt zwischen ihnen eine Gleichrangigkeit her. Jandl verwirft eine Rangfolge, wie es gewöhnlich durch das Auszeichnen von Weltwundern versucht wird. Die beispielhaft genannten Wunder, nach deren Ordinalzahl der Dichter durch *wievielte* fragt, lassen sich eben nicht zählen. Ihre Benennung zeugt von uneingeschränkter Hochachtung der Wunder, es klingt Respekt vor deren Schöpfer an.

Der scheinbar ungelenke Rhythmus wechselt in der siebten Zeile, er wird so frei, daß er Prosa ähnelt. Die letzte Frage, die die Sterblichkeit thematisiert, klingt auch deshalb ernster. Eine Antwort auf die Frage *wieviele bleiben übrig*? müßte lauten:»unendlich viele«, sie ist für Menschen ebenso unbegreiflich wie die angesprochene Vergänglichkeit.

Trotz der ernsten Thematik stimmt Jandls Gedicht heiter. Zunächst belustigt die scheinbare Naivität der Fragen, die durch die oben beschriebenen sprachlichen Mittel unterstrichen wird: Der Wunsch, Weltwunder über sieben klassische hinaus weiterzählen zu wollen, läßt Leser eine Bildungslücke vermuten. Das hieraus resultierende Gefühl der Überlegenheit ist nach den Degradationstheorien[139] ein Faktor, der zum Lachen reizt. Dieses Überlegenheitsgefühl nimmt im Gedicht aber von Zeile zu Zeile ab und verkehrt sich ins Gegenteil. Jandls Sprache vermag in scheinbar kindlichem Tonfall Erwachsene bloßzustellen, die über Weltwunder Bescheid zu wissen glauben. Das UNESCO-Programm zum Schutz des Kultur- und Naturerbes der Welt bestätigt heute, daß sich auch der Blick Erwachsener auf außergewöhnlich Wertvolles erweitert hat.

Peter Rühmkorf konstatiert in seinen Betrachtungen zum Kindervers eine »rabiate Lust an der Entzauberung« und faßt zusammen:»An Stelle [...] erwartungsvollen Wunderglaubens bietet sich uns Neugier dar, Kritik, Entlarvungsfreude, Wißbegierde, Enthüllungslust«.[140] Wie hier beschrieben, entpuppen sich auch Jandls beharrlich formulierte Fragen zu Weltwundern als weise; sie rühren an Grundfragen von Religion und Philosophie.

Eine Aufzählung, wie sie der Bildungskanon vorgibt, wäre ja tatsächlich fortführbar, indem weniger wunderbare Kunstwerke auf schlechtere Plätze verwiesen würden. Jandl entlarvt die klassische Rangfolge als eine Weltsicht, die Beschränktheit verrät, denn sie übersieht die wahren Wunder. Indem sie von Menschen erschaffenen Werken die höchste Bewunderung einräumt, ver-

---

[139] Vgl. Böhler: Soziodynamik, S. 351–378.
[140] Rühmkorf: Volksvermögen, S. 66.

engt sie den Blick auf Dinge, die im Vergleich zur Existenz der lebendigen Wunder Nichtigkeiten darstellen.

Wieder gefällt hier eine Formulierung von Ludwig Reiners zum Begriff Humor: Dieser gewähre eine Betrachtung der Welt aus einer Entfernung, »in der die Dinge auf ihr wirkliches Maß zusammenschrumpfen«.[141] Einen derart entfernten Standpunkt scheint Jandl einzunehmen. Auch in einem anderen Gedicht mit dem Titel *die kleine minna* hat Jandl eines der antiken Weltwunder verrätselt mit einer Perspektive verknüpft: Eine kleine Person, eventuell ein Kind, schaut dabei in die Auslage *vom gerngroß* und *erblickt fast immer / die hängenden gärten der semiramis.*[142]

Eine weitere Formulierung Jean Pauls kann die Wirkung des Gedichts *sieben weltwunder* erklären: »Der Humor, das umgekehrt Erhabene, vernichtet nicht das Einzelne, sondern das Endliche durch den Kontrast mit der Idee. Es gibt für ihn keine einzelne Torheit, keine Toren, sondern nur Torheit und eine tolle Welt; er [...] erniedrigt das Große [...], um ihm das Kleine, und erhöhet das Kleine, [...] um ihm das Große an die Seite zu setzen und so beide zu vernichten, weil vor der Unendlichkeit alles gleich ist und nichts.«[143]

Die in den letzten Zeilen des Jandlschen Gedichts thematisierte Endlichkeit zieht die Frage nach Unendlichkeit zwangsläufig nach sich; sie klingt auch in der Frage an: *wieviele bleiben übrig?* Der scheinbar naive Tonfall entlarvt die Hybris des menschlichen Verstandes als lächerlich: Wie kann er angesichts der Unendlichkeit glauben, er könne die Welt erfassen und klassifizieren? Der Konditionalsatz: *wenn es den marabu und das känguruh und den uhu / und die kuh und dich und mich / einmal nicht mehr gibt?* greift somit an. Die letzte der offenen Fragen läßt Leser zurück, deren Bildungsstolz zugleich mit dem Glauben an von Menschen gesetzte Maßstäbe erschüttert wurde.

Das Gedicht *sieben weltwunder* wurde in Jandls Band *der gelbe hund* veröffentlicht. Jandls Erklärung zu diesem Titel lautet: »Die Gedichte halten, was der Titel verspricht: die menschliche Dimension als Maßstab für die Welt ist ohne Gültigkeit. Sprache und Thematik dieser Gedichte bewegen sich demgemäß in Bodennähe, der Kopf reicht nicht höher nach oben als der des Lammes, des Hundes, der Amsel im Gras.«[144]

---

[141] Reiners: Stilkunst, S. 639.

[142] Vgl. Jandl: poetische werke, Bd. 5, S. 75 (7. Juni 1955): *die kleine minna // immer schaut die kleine minna / aus dem fenster in ein zimmer vis-à-vis / aus der höhe auf die große straße / aus der straße in die auslage vom gerngroß. / immer schaut die kleine minna / überall hin / und erblickt fast immer / die hängenden gärten der semiramis.*

[143] Jean Paul: Vorschule der Ästhetik, S. 125. Vgl. auch die späteren Überlegungen von Lipps: Grundlegung der Ästhetik, besonders S. 575–579.

[144] Jandl schreibt dies im Klappentext des 1980 erschienenen Bandes *der gelbe hund.*

Jandls Angriff auf den klassischen Bildungskanon geschieht durch listige Fragen, die fehlende Weisheit und Demut entlarven; das Thema ist schon im Alten Testament häufig präsent. So muß Ijob einsehen: »So habe ich denn im Unverstand geredet über Dinge, / die zu wunderbar für mich und unbegreiflich sind.«[145] Hybris geht auch dem Erbsündenfall voraus, dargestellt als Wunsch »klug zu werden« (Gen 3, 6), darauf folgt Gottes Ermahnung an den Menschen: »Staub bist Du, zum Staub mußt Du zurück.« (Gen 3, 19). Sie wurde zur liturgischen Formel des Aschenkreuzritus, der die Sterblichkeit und damit Nichtigkeit alles Irdischen bewußt machen soll. Jandl hat die Mahnung nicht ausgesprochen, doch kann sein Gedicht *sieben weltwunder* geradezu als sprachliche Wiedergeburt einer barocken Vanitas-Darstellung gedeutet werden, die angesichts der Vergänglichkeit zur Bescheidenheit aufruft. Die im lateinischen Substantiv »vanitas« ausgedrückte ›Eitelkeit‹, hier das Feiern der menschlichen Werke als *weltwunder*, entpuppt sich als ›Nichtigkeit‹ – die zweite Bedeutung von »vanitas«.

Die Aufschrift »Memento mori«,[146] die Vanitas-Darstellungen häufig schmückt, und die in der letzten Frage des Gedichts *sieben weltwunder* anklingt, ist ein zentrales Motiv in Jandls poetischen Werken. Sara Barni ist deshalb nicht zu widersprechen, wenn sie Jandl sogar eine »barocke Seele«[147] zuschreibt. Die humorvolle Umkehrung des Großen ins Kleine kann in seinem Gedicht wieder eine versteckte religiöse Prägung vermuten lassen, die sich hier geradezu läuternd auf die Rezipienten auswirkt. Der Dichter berichtete, als Kind habe er Priester[148] werden wollen. Spricht in ihm ein – wie Kierkegaard im Humoristen allgemein vermutet – getarnter Religiöser, eine

---

[145] Ijob 42, 3, vgl. »Das Lied über die Weisheit« Ijob 28, 20–23.

[146] Das Motiv des Memento mori, das auch im nächsten untersuchten Beispiel, *sommerlied*, zur Sprache kommen soll, findet sich in vielen poetischen Werken Jandls. Brode zum Beispiel bescheinigt ihm mit Blick auf das Gedicht *der fisch* [Jandl: poetische werke, Bd. 8, S. 194 (9. Juli 1979)], »bis an die Wurzel abendländischen Bilddenkens« hinabzureichen, ein »religiöser Erfahrungshintergrund« eröffne sich, wenn der Erzähler die »Endlichkeit seines Daseins« begreife. Brode: Memento Mori am Wirtshaustisch, S. 237.

[147] »È stato spesso sottolineato che l'umorismo di Jandl nasce dalla malinconia. Esattamente come l'uomo barocco egli ha sotto gli occhi la miseria dell'umanità nel suo stato creaturale.« Barni: L'anima barocca, S. 149.

[148] Vgl. Hohler: Fragen, S. 45–46. Hohler: »Was wollten Sie früher werden?« Jandl: »Soweit ich mich erinnern kann, wollte ich in der Volksschule eine Zeit hindurch Priester werden. Dann wurde noch in der Volksschule dieser Wunsch inaktuell, da ich den Wunsch hatte, eine Familie mit Kindern zu haben, und das als katholischer Geistlicher nicht möglich gewesen wäre.« Vgl. auch Jandls ähnliche Aussage in: Jandl: die ersten Schritte, S. 57.

»verborgene Innerlichkeit«?[149] Viele Indizien, auch in anderen Gedichten Jandls, deuten darauf hin.

Es erscheint aber vielleicht ebenso treffend, den von Jandl angeregten Perspektivwechsel wieder als Hinweis auf eine konstruktivistische Weltsicht zu lesen: Das, was der Mensch als Wunder ansehen will, wird für ihn zum Wunder. Zur Deutung dieses philosophischen Problems sei noch einmal auf Watzlawick verwiesen: »Daß wir die Wirklichkeit nicht finden, sondern erfinden, ist für viele Menschen schockierend. Und das Schockierende daran ist, daß wir – nach der Auffassung des Radikalen Konstruktivismus – von der wirklichen Wirklichkeit (wenn es die überhaupt gibt) immer nur wissen können, was sie nicht ist. Im Zusammenbrechen unserer Wirklichkeitskonstruktionen erst erfahren wir, daß die Welt so nicht ist.«[150] Die traditionelle Konstruktion der sieben Weltwunder wird in Jandls Gedicht ad absurdum geführt, er hat die »Weltwunderordnung« zerstört. Das vermag zwar zu erheitern, weil es Großes klein aussehen läßt, es ist aber zugleich verunsichernd und erinnert wieder an Jandls eigene Charakterisierung seines Humors als grotesk. Kayser bemerkt in seiner Untersuchung zur Geschichte des Grotesken, es habe nicht nur spielerisch-heitere Züge, sondern zugleich »etwas Beklemmendes, Unheimliches angesichts einer Welt, in der die Ordnungen unserer Wirklichkeit aufgehoben« seien.[151]

Kann soviel Philosophie in einer humorvollen Sprache stecken, in einem Gedicht, das zum Lachen reizt? Reich-Ranickis allgemeine Charakterisierung Jandls kann zur Erklärung dieses überraschenden Ergebnisses beitragen. Er ist der Ansicht, die Weisheit Jandls liege in seinem Widerspruch, er widerspreche dem Überlieferten und stelle die Macht in Frage, die das Überlieferte vermittle und die unser Weltbild bestimme: »Sein Mißtrauen richtet sich gegen die Sprache, die er für willkürlich hält oder als Indiz für bestimmte Denk- und Handlungsweisen empfindet.«[152]

Mit Erfolg deckt Jandl, mißtrauisch gegenüber der Sprache, deren Widersprüche humorvoll auf. Seine Skepsis wird durch sprachgeschichtliche Beobachtungen bestätigt: Es sei noch einmal auf die Antike verwiesen, aus der die Idee der Weltwunder überliefert ist. Der Byzantinist Hans Ditten weist in seiner Erläuterung der antiken Weltwunder darauf hin, daß die Bedeutung des Terminus »θέαμα« von ›Anblick, Sehenswürdigkeit‹ zu ›Wunder‹ verändert worden sei: »Der Ausdruck ›Weltwunder‹, der die Vorstellung des Wunderbaren, Übernatürlichen in sich schließt, ist dabei nicht ganz korrekt, er beruht auf der lat. Übersetzung ›septem miracula mundi‹ von urspr. griech. ›hepta

---

[149] Kierkegaard: Nachschrift, S. 174.
[150] Watzlawick: Vom Unsinn des Sinns, S. 67.
[151] Kayser: Das Groteske, S. 15.
[152] Reich-Ranicki: Schreibtisch (FAZ 5. Aug. 1995).

theamata tes oikumenes‹ ›Sieben Schauwerke der bewohnten Welt‹.«[153] Diesen Übersetzungsfehler scheint Jandl gekannt, zumindest aber geahnt zu haben. Er führt vor Augen, daß angesichts der lebendigen *weltwunder* der Natur die von Menschen erschaffenen Wunder höchstens noch den Namen »Sehenswürdigkeit« verdienen.

4.5 Selbstverständliche Metamorphose

Wolf Wondratschek hat Jandl einen »Humoristen der Melancholie«[154] genannt. Die melancholische Stimmung, die in vielen Gedichten Jandls herrscht, gilt als dem Humor eng verbunden. So vermutet zum Beispiel Martin Grotjahn in seiner psychoanalytischen Betrachtung des Humors eine »Traurigkeit des humorigen Typs«,[155] der mit dem Melancholiker verwandt sei. Ludwig Reiners erklärt, Humor blicke auf die Welt »mit der gelassenen Überlegenheit, welche das Dunkle erhellt und das Bittere versüßt.«[156] Diesen Abstand habe der humorvolle Geist vor allem zu seiner eigenen Person. In Jandls Gedicht *sommerlied*, das Werner Ross treffend in »Sterbelied«[157] umgetauft hat, verhilft Humor sogar zur gelassenen Betrachtung des eigenen Todes.

> sommerlied
>
> wir sind die menschen auf den wiesen
> bald sind wir menschen unter den wiesen
> und werden wiesen, und werden wald
> das wird ein heiterer landaufenthalt[158]

Die vier Zeilen des Gedichts enthalten nur drei schlicht gebaute Sätze. Der vierhebige Jambus der ersten Zeile wird in den drei folgenden abgelöst von weitgehend freien Rhythmen, sie lassen in der zweiten Zeile entfernt einen mit Pausen durchsetzten Dreiertakt anklingen und erinnern an ein wiegendes Lied. Die Zeile *und werden wiesen, und werden wald* läßt innehalten, betont *wiesen* und *wald*. Die letzte Zeile kann gleichmäßig daktylisch gelesen werden. Der schlichte Paarreim, der fröhlich anmutende Titel *sommerlied* und die dominierenden Substantive *wiesen, menschen, wald* versetzen den Leser in

---

[153] Ditten: Sieben Weltwunder, S. 519.
[154] Wondratschek: Wieder ein Wiener, S. 56.
[155] Grotjahn: Vom Sinn des Lachens, S. 208.
[156] Reiners: Stilkunst, S. 639.
[157] Ross: Sterbelied, S. 236.
[158] Jandl: poetische werke, Bd. 5, S. 51 (14. Juni 1954).

eine friedliche Stimmung. Die Unbeschwertheit wird noch verstärkt durch die Kleinschreibung, die reduzierte Interpunktion und die Alliteration *werden wiesen [...] werden wald*. Das Adjektiv *heiter* in der letzten Zeile beschreibt den Eindruck, den dieses *sommerlied* spontan weckt.

Es ist Konzentration erforderlich, um die schockierende Bedeutung der drei Sätze zu verstehen: Menschen sterben und werden zu Erde, aus der dann Pflanzen wachsen. Die Todesthematik überrascht in einem *sommerlied*, die so harmonisch erscheinende Stimmung schwenkt wie beiläufig und selbstverständlich plötzlich ins Heiter-Melancholische. Nur eine Präposition wurde verändert: *unter* (*den wiesen*) ersetzt *auf*. Werner Ross vermutet als Ausgangspunkt ein Experiment des »Bastlers« Jandl: »Das ›auf‹ hat das ›unter‹ experimentell angezogen, im Umkehrverfahren. Und siehe da, die Umkehrung ergibt einen Sinn.«[159]

Die winzige Änderung beschreibt hier Leben oder Tod. Diese Beobachtung verweist noch einmal auf die Thesen Søren Kierkegaards: »Da ein existierender Humorist die nächste Annäherung an den Religiösen ist, hat er auch von dem Leiden, in welchem er sich befindet, eine wesentliche Vorstellung: indem er [...] so existiert, daß ihm Leiden zum Existieren gehört.«[160] Der Tod, der zum Leid gezählt werden kann, schleicht sich im *sommerlied* so selbstverständlich in den Text, daß er kaum auffällt. Es wird klar, daß er untrennbar zur Existenz gehört.

Die Verben im *sommerlied*, ausschließlich »sein« und »werden«, sind der Schlüssel zu dieser Präsenz der Endlichkeit. In den ersten zwei Zeilen *wir sind die menschen auf den wiesen / bald sind wir menschen unter den wiesen* benutzt Jandl das Kopulaverb »sein« in der ersten Person Plural: *wir sind*. Die zweite Zeile beschreibt eigentlich einen zukünftigen Zustand; trotzdem verwendet der Dichter, wie es umgangssprachlich üblich ist, statt des Futurs die Präsensform: *bald sind wir*. Der Eindruck von etwas nahe Bevorstehendem wird so erweckt, unterstrichen durch das Adverb *bald*, das Jandl auf Lesungen[161] besonders akzentuierte. Zweimal findet sich das Kopulaverb *werden* in der dritten Zeile: *und werden wiesen, und werden wald*. Hier wird eine Zustandsänderung, ein »Modus der Existenz«[162], beschrieben. Die Substantive *wiesen* und *wald* schockieren, denn so bedeutet der veränderte Zustand: wir sterben und verwesen. *wir werden wiesen*[163] – so unglaublich ist diese beiläu-

[159] Ross: Sterbelied, S. 237.
[160] Kierkegaard: Nachschrift, S. 127.
[161] Vgl. Jandl: heldenplatz [Lesung], CD 1, Nr. 4. Vgl auch Jandl: him hanflang [CD], Nr. 25.
[162] Vgl. Zifonun/Hoffmann/Strecker: Grammatik, S. 1106.
[163] Vielfach steht das Bild des Grases in der Bibel für Sterblichkeit. Senger verweist zur Interpretation dieser Stelle auf Psalm 90, 5–6: »Von Jahr zu Jahr säst du die Menschen aus; / sie gleichen dem sprossenden Gras. / Am Morgen grünt es und

fige Feststellung, daß man sie erst in der wiederholten analogen Anwendung des *werden* ganz versteht: *und werden wald.*

Jandls sprachliche Demonstration der Metamorphose nach dem Tod erinnert an das schon im Gedicht *sieben weltwunder*[164] untersuchte Motiv des Memento mori. Es bietet sich deshalb an, auch das *sommerlied* mit der liturgischen Formel des Aschermittwochs zu vergleichen: »Memento homo, quia pulvis es, et in pulverem reverteris«[165] (vgl. Gen 3, 19). Was hier im Bild des Staubes ausgedrückt wird, zeigt Jandl in der Wortfolge: *menschen, wiesen, wald.* Alles ist die gleiche Materie, der Übergang von einer Erscheinungsform in die andere geschieht fast unmerklich und so schnell, wie es auch durch eine winzige Änderung in der Sprache geschehen kann. Nicht einmal der in der Liturgie verwendete Satz, der doch durch Erschütterung Sühne erzeugen will, ist so schonungslos formuliert. Es heißt nicht »du wirst Staub«, sondern die Verwandlung wird anders ausgedrückt: »in pulverem reverteris« bedeutet ›du wirst zum Staub zurückkehren‹. Jandls Sprache ist noch ehrlicher.

Überraschung, eine Methode des Witzes,[166] verbindet im *sommerlied* Lächeln und Schaudern. Jandls Feststellung ist nicht zu widerlegen, er belehrt aber nicht ex cathedra, wie es im Imperativ der liturgischen Formel »Memento homo« geschieht. Jandl bezieht sich selbst durch das Pronomen *wir* in das menschliche Schicksal des Sterbens ein. Dieses Selbst-Einbeziehen ist oft als Kennzeichen des Humors definiert worden; Jean Paul betonte diesen Gedanken.[167]

In der letzten Zeile des Gedichtes *sommerlied* überrascht das Wort *landaufenthalt*, es erinnert an biedermeierliche Idyllen. Nach den vorangehenden Zeilen muß der nun wörtlich zu verstehende Inhalt erschrecken: Der Mensch wird sich nicht etwa zum Vergnügen auf dem Land aufhalten, er wird vielmehr selbst verwesen und Erde sein, Teil des Landes, wird also in ihm ent-

---

blüht, / am Abend wird es geschnitten und welkt.« Vgl. Senger: Zeit in den Gedichten Ernst Jandls, S. 26. Man kann zum Vergleich auch den Vers 1 Petrus 1, 24 betrachten: »Denn alles Sterbliche ist wie Gras, / und all seine Schönheit ist wie die Blume im Gras. Das Gras verdorrt, und die Blume verwelkt«.

[164] Jandl: poetische werke, Bd. 8, S. 39 (25. Sept. 1978).

[165] Vgl. zum Beispiel Schott: Meßbuch, S. 130. Das Motiv des Memento mori wird in vielen Interpretationen konstatiert. Vgl. Ross: Sterbelied, S. 337. Vgl. auch: Barni: L'anima barocca, S. 152.

[166] Schmidt-Hidding: Wit and Humour, S. 50f.

[167] Jean Paul: Vorschule der Ästhetik, S. 136. Die Macht des Todes, die gleichermaßen alle Menschen unterwirft, wird in der akkustischen Collage der Theatergruppe »statt-theater Fassungslos« unterstrichen; die Vertonung ähnelt in kirchenmusikalischer Anspielung einer Choralbearbeitung und mutet ein wenig ironisch an. Vgl. Jandl: dilemma [CD], Nr. 5.

halten sein.[168] Dies scheint sich im Wort *landaufenthalt* plötzlich anzukündigen. Es wirkt bizarr, denn nun wird bewußt, daß die Gestaltbarkeit des menschlichen Lebens, zum Beispiel durch »Landaufenthalte«, überaus begrenzt ist. Nur sehr kurze Zeit bestimmt der Mensch selbst, wo er sich aufhält.

Die Verwesung des Menschen hat stets die Frage nach dem darauf folgenden Zustand aufgeworfen, die Philosophie und Religionen sehr unterschiedlich diskutieren. Ein Ende des Aufenthalts als Materie von *wiesen und wald* ist in Jandls Gedicht nicht absehbar. Doch kommt eine zeitliche Begrenzung versteckt zur Sprache, sie schwingt in dem auffälligen Substantiv *aufenthalt* mit.

Jandl erwähnt das Thema der Auferstehung nicht; er legt aber nahe, über Symbole der Transzendenz nachzudenken. Der Psychologe Arno Dopychai führt in seiner allgemeinen Charakteristik des Humors folgendes aus: »Der neuzeitliche Humorbegriff hat [...] immer noch einen ganz klaren Bezug zur Transzendenz, insofern das Leben als unter einer höheren kosmischen Ordnung stehend betrachtet wird.«[169] Seiner Meinung nach ist es ein religiöses Element, das dem Humoristen einen höheren Standpunkt eröffnet: Der humorvolle Mensch sei sich seiner Grenzen und insgesamt seiner Endlichkeit bewußt und akzeptiere sie.[170] Auch im *sommerlied* wird die Endlichkeit als Selbstverständlichkeit präsentiert, und es ist deshalb klar, daß sie akzeptiert werden muß. In dem späteren Gedicht *die grüne pest* hat Jandl den Vorgang der Verwesung viel bedrohlicher formuliert: *die grüne pest des grases frißt / noch jeden der mensch gewesen ist.*[171]

So braucht man sich Werner Ross nicht anzuschließen, wenn er im *sommerlied* ein »Lamento«[172] zu hören glaubt, das Gedicht kann gegenteilig gedeutet werden. Auch muß Karl Krolow widersprochen werden, der den Vierzeiler »eines der depressivsten Gedichte«[173] nennt. Gegen diese Charakterisierung spricht auch das leise Lachen, das es auf Lesungen[174] auslöste. Eher überzeugt Norbert Hummelt, der knapp bemerkt, im *sommerlied* sei eine halbwegs versöhnliche Ansicht von Leben und Tod zu erkennen.[175]

Jandl erweist sich im *sommerlied* wieder als Humorist mit transzendenter Perspektive. Er bezeichnete sich einmal offen als »der freisinnige Christ, der

---

[168] In der erwähnten akkustischen Collage ist das Gedicht *sommerlied* in der letzten Zeile mit Tierstimmen unterlegt, darunter Schaflaute, Vogelgezwitscher, Hundegebell und ein Hahnenschrei. Ebd.

[169] Dopychai: Der Humor, S. 54.

[170] Ebd., S. 59.

[171] Jandl: poetische werke, Bd. 8, S. 238 (August 1982).

[172] Ross: Sterbelied, S. 237.

[173] Krolow: Menschen auf und unter den Wiesen, S. 30.

[174] Jandl: heldenplatz [Lesung], CD 1, Nr. 4.

[175] Hummelt: Ein aufregend neuer Ton (KStA 13. Juni 2000).

ich vielleicht, man nehme nun alles in allem, doch noch bin«.[176] Vielleicht erklärt ein innerer Halt die Kraft seines Humors, der die poetischen Werke so oft trägt. Gerade das in scheinbar ironischem Ton vorgebrachte Adjektiv *heiter*, das Jandl beim Vorlesen[177] sehr betont aussprach, beschreibt doch die Grundstimmung im *sommerlied*, auch, wo das Heitere ins Melancholische spielt. Heiterkeit ist eine Gemütsverfassung; die Kräfte des Gemüts und sogar der Liebe gelten wiederum als Kraftquellen des Humors.[178] Es wundert deshalb nicht, daß das Attribut »heiter« auch in vielen Definitionen des Humors verwendet wird. Unter ihnen besticht Reiners' Formulierung, er nennt die Heiterkeit »ein Fenster des Menschen nach dem Ewigen.«[179]

Norbert Hummelt hat Jandl einen Vierzeiler gewidmet, der ihm das Gedächtnis der Nachwelt verspricht. Hummelts Diktion und sein ungeschönter Ausdruck *unter die erde* lassen vermuten, daß er sich dabei an Jandls *sommerlied* erinnert hat:

abend in wien

im gasthaus ubl sitzt ein mann allein
doch dieser mann kann nicht ernst jandl sein
es ist ein tag, an den ich denken werde
ernst jandl kommt morgen unter die erde[180]

---

[176] Jandl: Das Öffnen, S. 118. An anderer Stelle gab er offen zu: »Als alter Mann versuche ich mich wieder diesen Texten (dem ›Ave Maria‹ und dem ›Vater unser‹, die eine magische Kraft auf mich als kleinen Jungen hatten), zu nähern [...], so zeigt das wohl eine Tendenz in mir, einen Anschluß an eine Zeit zu finden, in der ich als Kind auf naive Weise in meiner Religion gelebt habe, die noch immer meine ist, die christliche Religion, die katholische Religion.« Siblewski: a komma, S. 186.
[177] Vgl. Jandl: heldenplatz [Lesung], CD 1, Nr. 4.
[178] Schmidt-Hidding: Wit and Humour, S. 48.
[179] Reiners: Stilkunst, S. 641.
[180] Hummelt: Stille Quellen, S. 67.

5 Spielarten des Komischen in der Sprache Ernst Jandls

5.1 Die Umsetzung traditioneller Methoden auf verschiedenen Sprachebenen

In feuilletonistischen Texten wird Ernst Jandl häufig als Sprachkomiker sui generis abgetan — wie in der Fragestellung dieser Arbeit skizziert. Die Analyse seiner exemplarisch ausgewählten Gedichte ergibt hingegen einen überraschenden Befund: Es läßt sich in ihnen eine Vielzahl durchaus traditioneller, teils seit der Antike bekannter Methoden nachweisen, die Lachen erzeugen. Die folgende Beobachtung Schmidt-Hiddings zu Bezeichnungen des Komischen gilt auch für die analytische Arbeit an Jandls poetischen Werken: »Wenn wir die Frage stellen, welche Termini der Komik leicht und welche schwer zu definieren sind, dann wird auffallen, daß die aus der Antike stammenden Ausdrücke Ironie, Satire, Sarkasmus schärfere Konturen besitzen, als die in der modernen Sprache gebildeten wit und humour oder gar fun und nonsense.«[1] Jandl hat viele Spielarten des Komischen in der Sprache neu umgesetzt, im Detail so überraschend und ungewohnt, daß sich die alten bewährten Verfahren oft nicht auf den ersten Blick zu erkennen geben. Dies erklärt auch die vage Bezeichnung Jandls als »Sprachclown« oder ähnlich unscharfe Umschreibungen seines Humors. Doch gewinnen umgekehrt auch traditionelle Methoden des Komischen gerade durch Jandls ungewohnte Anwendung an Kontur. Der Dichter erprobt neue Seiten alter Verfahren. Zunächst waren die Spielarten des Komischen und ihre Variationen durch Jandl mit Hilfe geeigneter Literatur zur Frage des Komischen herauszuarbeiten. Nun können in einem nächsten Schritt die Ebenen der Sprache[2] betrachtet werden, auf denen diese Variationen stattfinden.

Eine ganze Bandbreite klassischer poetischer Stilmittel wird von Jandl virtuos eingesetzt, daneben finden sich völlig neue Methoden komischer Sprache. Das Sprachmaterial ist ungewohnt zusammengesetzt und kontrastiert, mit Dialekt verdichtet, durch Pointen erhellt. Verschiedene Sprachen werden vermischt, Doppeldeutigkeit und Assoziationen werden ausgespielt.

---

[1] Schmidt-Hidding: Wit and Humour, S. 49.
[2] Dorothea Schmidthaler hat schon 1985 die »deviante Ästhetik« der Texte Jandls auf verschiedenen Sprachebenen betrachtet. Sie nennt auf knappem Raum sehr viele Beispiele und bemüht sich, deren sprachliche Eigenarten jeweils mit wenigen Worten einzuordnen. Vgl. Schmidthaler: Sprachnorm und Autonomie, besonders S. 17–28.

172

Jandl läßt scheinbare Automatismen in der Sprache und ein Einschleichen semantischer Überraschungen ebenso wirken wie Auslassungen und beredte Leerstellen.

5.2 Die lautliche Ebene: Sprachlaute als Baumaterial und Sinnträger

Ernst Jandl überträgt Methoden des Komischen auf das Fundament der Sprache selbst und beleuchtet somit ihre Wirkung gleich mehrfach. Immer wieder arbeitet der Dichter zum Beispiel mit der Technik des komischen Kontrastes, oft betrifft dieser auch die lautliche Ebene der Sprache.[3] So werden etwa im Gedicht *rilkes schuh*[4] Kontraste nicht nur auf semantischer und grammatischer, sondern auch auf phonetischer Ebene realisiert. Viele weitere Beispiele wären hier anzuführen, etwa die kontrastreichen Tierstimmen im Gedicht *auf dem land*,[5] die lautliche Demontage der ehrwürdigen Philosophie im Gedicht *viel*[6] oder die phonetische Zerlegung Napoleons in der *ode auf N.*[7] Auch die klassische Methode der Ironie ist bei Jandl simultan auf mehreren Sprachebenen bis in die Laute hinein nachzuweisen. Sie gibt etwa dem von Jandl selbst so bezeichneten Antikriegsgedicht *falamaleikum*[8] seine Schärfe. In den semantisch deutlichen Sätzen wird eine Kriegssituation euphemistisch dargestellt: *wennabereinmalderkrieglanggenugausist / sindallewiederda.* Hier findet sich gespielte Unwissenheit, eine durchaus traditionelle ironische Spielart, ebenso wie in der Scheinfrage *oderfehlteiner?* Analog enthüllt sich auf tieferen Ebenen der Sprache schleichend, aber zielstrebig eine andere Wahrheit. Die langen Buchstabenketten verwandeln sich durch den Austausch von Buchstaben. Hinzu kommt in manchen Lesungen des Autors eine klangliche Variation seiner Aussprache, die an Schärfe zunimmt.[9] Der ursprünglich anklingende Friedensgruß »Salam alaikum« wird fast propagandistisch um-

---

[3] Lautliche Seiten von Ernst Jandls Werk werden in der Sekundärliteratur oft gesondert diskutiert. Mireia Calvet hat sie zum Beispiel mit Blick auf phonologische Lehrkontexte beleuchtet. Sie ist der Ansicht, Jandls Texte eröffneten neue Perspektiven auf die Didaktik der deutschen Phonetik und Phonologie. Calvet: Phonologie, besonders S. 293.
[4] Jandl: poetische werke, Bd. 7, S. 72 (5.–8. Mai 1975).
[5] Ebd., Bd. 2, S. 144f. (22. April 1957).
[6] Ebd., Bd. 2, S. 151–155 (Feb. 1957).
[7] Ebd., Bd. 3, S. 41–43 (13. März 1957).
[8] Ebd., Bd. 2, S. 53 (14. Juli 1958).
[9] Vgl. zum Beispiel Jandl: Laut und Luise [CD], Nr. 1.

funktioniert zu einer Rede vom Krieg. Die Ironie dringt hier also von einem Stilmittel, das meist auf semantischer Ebene angewendet wird, bis in kleinere und kleinste Einheiten vor, bis in die Wörter, Buchstaben und Laute.

Auch die seit der Antike bekannte Methode der Parodie wird von Jandl variiert. In klassischer Anwendung findet sie sich etwa in dem Gedicht *roß und reiter*[10], das die Textvorlage des Kinderlieds »Hoppe hoppe Reiter«[11] nachahmt. Durch stilistische Anspielungen und eine auffallende Wortwahl wird im Beispiel *nasses gedicht*[12] der Typus eines Zaudernden wiedergegeben. Seine weinerliche Stimme kann hinzugedacht werden. In der Interpretation von Böving ist sie phonetisch umgesetzt.[13] Aber Jandls Parodien können auch direkt ungewohnt tief in die Sprache eindringen, etwa im Gedicht *die tassen*.[14] Hier realisiert er die verzerrende Nachahmung bis in die Ebene der Laute hinein. Durch die übertriebene Verwendung von Fremdwörtern und Wiederholungen wird eine scheinbar vornehme Konversation parodiert. Außerdem greift Jandl die Sätze selbst an, die nur noch fragmentarisch bestehen. Er verändert auch die Wortsubstanz, indem er vor allem Vokale austauscht und so, zum Beispiel durch die penetrante Verwendung des Vokals *ö*, eine angestrengte Artikulation nachahmt. Hier verschriftlicht der Dichter eine phonetische Überzeichnung, die traditionell eher einer schauspielerischen Parodie eigen ist. Die gleichzeitige Parodie auf zwei Ebenen hat unterschiedliche Ziele: *volkes stimme* versucht, in quasi artistischer Absicht, vornehme Konversation nachzuahmen. Jandl wiederum stellt das Ambitionierte des geschilderten Vorgangs kritisch verzerrend dar. Er potenziert die Parodie.

Oft treibt der Dichter die Auflösung gewohnter Sprachnormen ins Extrem: Laute und Buchstaben werden zu Baumaterial. Im Unterschied zu zweckfreiem Nonsens, dessen Charakterisierung ohnehin stets zu hinterfragen ist, wird von Jandl aber häufig eine konsequente Methode des Bauprinzips vorgeführt. So vermag das phonetische Spiel etwa im Gedicht *schmerz durch reibung*[15] in dem Wort *frau* lautmalerischen Sinn zu entdecken. Die Arbitrarität des Zeichens wird komisch in Frage gestellt.

Bisweilen kann das Spiel mit Lauten auch als Tarnung dienen. Dann entpuppen sich scheinbare phonetische Experimente nicht als sinnfreies Artikulationsvergnügen, sondern führen die Hörer weiter. Dies ist zum Beispiel Gedichten eigen, die eine eher heitere Seite von Jandls Humor zeigen. Sie trug wahrscheinlich besonders zu seiner Beliebtheit bei: eine Gelassenheit, die die

---

[10] Jandl: poetische werke, Bd. 7, S. 152 (Dez. 1976).
[11] Vgl. zum Beispiel Enzensberger: Allerleirauh, S. 63 sowie verschiedene Varianten des Liedes in seiner Sammlung.
[12] Jandl: poetische werke, Bd. 9, S. 20 (zwischen 1982 und 1989).
[13] Jandl/Böving: poetry-dance [CD], Nr. 3.
[14] Jandl: poetische werke, Bd. 2, S. 24f. (Juni 1957).
[15] Ebd., Bd. 3, S. 74 (1964).

Welt betrachtet und akzeptiert. Ein Rückhalt des Dichters wird bisweilen als tragende Kraft im Spiel spürbar. Die Kreatur *ottos mops* zum Beispiel macht *otto* und den Rezipienten Freude, obwohl sie auch *kotzt*. Die kleine Welt von *otto* und seinem *mops* verrät Geborgenheit. Diese befähigt zu humorvoller Gelassenheit, welche beide Kreaturen einander näher rückt und die menschliche Überlegenheit in Frage stellt. Jandls Gedicht tritt als ein Sprachspiel mit dem Vokal *o* auf, und dieses humorvolle, nur scheinbar leichtgewichtige Experiment ist so ansprechend, daß es viele Nachahmer gefunden hat. Seine Anziehungskraft aber erklärt sich nicht nur aus der Assonanz, sondern auch aus der versteckten Philosophie, die in Jandls Sprache wie eine zweite Natur der Wörter mitschwingt.

5.3   Die Ebene der Schreibung: Kleinschreibung, Interpunktion und die Verschriftlichung von Mündlichkeit

Jandl verblüfft und fordert seine Leser durch den ungewohnten Umgang mit Orthographie. Konsequent arbeitet er mit Kleinschreibung. In den Werkausgaben wird ihre Schlichtheit zumeist durch eine Schrift ohne Serifen unterstrichen. Er selbst nannte mit Blick auf die von ihm bevorzugte Kleinschreibung Vorbilder: »seit 16 jahren bediene ich mich, einer anregung der schriftsteller h. c. artmann und gerhard rühm folgend, mit denen ich damals in engeren kontakt kam, für meine literarische arbeit nahezu ausschliesslich der kleinschreibung, wodurch die grossbuchstaben, vom dienst an einer blossen konvention befreit, für neue aufgaben verfügbar wurden, vor allem für die hervorhebung einzelner wörter.«[16] Die Kleinschreibung ist ein bedeutendes optisches Element der Gedichte Jandls — nicht nur in den explizit visuellen Gedichten spielt das Druckbild eine wichtige Rolle. Karl Riha ist zuzustimmen, der bemerkt: »Durchweg liegt Jandls dichterischem Œuvre ein ausgeprägter Sinn für typographische Dispositionen, die ins Graphische gehen, zugrunde«.[17]

Jandl verzichtet häufig auf Interpunktion, er setzt sie nur ganz gezielt ein. Manche Ähnlichkeiten mit Methoden der konkreten Poesie werden hier deutlich. Schon Anfang des 20. Jahrhunderts haben die Futuristen zum Unterlassen der Interpunktion aufgerufen,[18] nicht selten werden bestimmte Methoden Jandls mit dieser Strömung verglichen. Der weitgehende Verzicht auf Groß-

---

[16]   Jandl: [Brief] an die österreichische gesellschaft für sprachpflege, S. 40.
[17]   Riha: Ernst Jandl – visuell, S. 102.
[18]   Marinetti: Die futuristische Literatur, S. 194.

schreibung und Interpunktion erinnert aber auch an die (von Jandl übersetzte) Methode Gertrude Steins. Sie wollte mit dem Verzicht die Selbständigkeit fördern: »Ein Komma indem es Ihnen weiterhilft Ihnen den Mantel hält und Ihnen die Schuhe anzieht hält Sie davon ab Ihr Leben so aktiv zu leben wie Sie es leben sollten ... Je länger, je komplizierter der Satz je größer die Zahl der gleichartigen Wörter die eins dem andern folgen ließ fühlte ich das leidenschaftliche Verlangen sie selbständig für sich selbst sorgen zu lassen und ihnen nicht zu helfen, und sie dabei zu schwächen durch das Einschalten eines Kommas ... Ein langer komplizierter Satz sollte sich Ihnen aufzwingen, Sie wissen lassen daß Sie ihn wissen.«[19] Es ist zu vermuten, daß auch Jandl seinen Lesern in den interpunktionsarmen poetischen Werken weite Interpretationsspielräume eröffnen will, um zu eigenem Nachdenken anzuregen.

Der Vermischung verschiedener Sprachen eignet traditionell ein erheiterndes Moment. Jandl gelingt dies oft bis in die Schreibung, so beispielsweise in den Gedichten *chanson*[20] und *the flag*[21]. Ungewohnte und komische Sprache erregt Aufmerksamkeit, sie amüsiert und gewinnt die Sympathie der Rezipienten. Deshalb sind Techniken, die man in Jandls poetischen Werken entdeckt, selbstverständlicher Teil der Werbesprache[22] geworden. Sein Aufbrechen der Sprachgrenzen entwickelt starke Anziehungskräfte, die heute gezielt von Werbefachleuten genutzt werden.[23] So kann etwa Jandls *calypso*[24] zunächst wie Spott auf einen Deutschen erscheinen, der Englisch radebrecht, wimmelt der Text doch von Verballhornungen deutscher Herkunft. Läßt man sich näher auf das Gedicht ein, drängt sich allerdings eine ganz andere Lesart auf: Lustvoll verwischt das Spiel die Sprachgrenzen und entsagt unbekümmert jeglicher Orthographie. Sprache wird zum Rhythmus, der ansteckend in die Beine fährt.

Komische Seiten entfaltet die Verschriftlichung von Mündlichkeit auch in Jandls Spiel mit Dialekten, die er ausbaut oder zum Teil selbst erfindet. Der

---

[19] Wilder: Einleitung [Übersetzung von Ernst Jandl], S. 8.

[20] Jandl: poetische werke, Bd. 2, S. 10f. (14. April 1957).

[21] Ebd., Bd. 4, S. 112 (30. April 1968).

[22] Vgl. zur Werbesprache allgemein Janich: Werbesprache; unter dem Kapitel »Fremdsprachiges« werden verschiedene Formen von Übernahmen skizziert, vgl. S. 103–111.

[23] Zahlreiche Beispiele der Werbesprache, die unter anderem Techniken der konkreten Poesie verarbeiten, finden sich in der Sammlung von Kuhn: Wenn Dichter texten, zum Beispiel S. 128–130. Vgl. auch allgemein die Unterrichtsvorschläge von Gindlhumer: Experimentelle Verfahrensweisen in Konkreter Poesie und in Werbetexten. Ein beliebtes Sprachspiel wurde die Sprachvermischung, die Jandl im Gedicht *calypso* vorführt. So warb die Restaurantkette »McDonald's« im Jahr 2003 für ein Frühstück mit Sätzen wie: »The Schönste, was eggs passieren kann: our Koch has it gerührt.«

[24] Jandl: poetische werke, Bd. 2, S. 18 (2. Nov. 1957).

Band *stanzen* bietet hier das reichste Anschauungsmaterial. Jandls poetische Werke könnten für viele linguistische Fragestellungen in anderen Zusammenhängen anregend sein; zum Beispiel, wenn man Schriftlichkeit und Mündlichkeit kontrastiv betrachtet[25] oder wenn Aufgaben der Orthographie[26] diskutiert werden.

5.4. Die Ebene der Wortbildung und Grammatik

Jandls Sprachveränderungen auf der Ebene der Grammatik sind drastisch. Unter anderem kann die Syntax betroffen sein. Der Dichter vollzieht in vielen Texten aber besonders einschneidende Neuerungen am Wort.[27] Er selbst stellte sich eine »projektive Grammatik« und ein »projektives Wörterbuch« vor, die »alles an Sprache enthalten, was es daran und darin noch nicht gibt. Eine vorauseilende Grammatik sozusagen, ein vorauseilendes Wörterbuch [...]«.[28]

Sehr oft verändert Jandl in seinen Texten die Wortbildung.[29] Er war der Ansicht, am Wort seien »die größten Veränderungen erzeugbar«, und betonte: »Entstellungen, Mißbildungen, andere Wörter. Auswahl, Umformung, Amputation, Transplantation sind faszinierende Vorgänge, ergäben aber freilich bloß Schaustücke für ein anatomisches Museum der Sprache, erfolgte nicht schließlich die Rehabilitation im Text.«[30]

Indem er Normen der Wortbildung und Syntax bricht, gelingt es Jandl immer wieder, traditionelle Methoden des Komischen ungewohnt radikal anzuwenden. Dies ist etwa im Gedicht *erfolg beim dritten versuch*[31] zu beobachten. Es ist durch schwarzen Humor gekennzeichnet. Die gängige Methode des Tabubruchs zeigt hier brutal, daß eine Selbsttötung quälende Überwindung

---

[25] Vgl. etwa Raible: Orality and Literacy; Koch/Oesterreicher: Schriftlichkeit und Sprache, besonders S. 600f. sowie die Untersuchung von Karin Müller: Mündlichkeit und Schriftlichkeit; vor allem S. 188–279.

[26] Vgl. hierzu zum Beispiel Stetter: Orthographie als Normierung des Schriftsystems, Nerius: Orthographieentwicklung und Orthographiereform sowie Munske: Lob der Rechtschreibung; besonders S. 7–32.

[27] Vgl. hierzu Knobloch/Schaeder: Kriterien für die Definition von Wortarten und Fleischer: Die Klassifikation von Wortbildungsprozessen; besonders S. 886f.

[28] Jandl: Die schöne Kunst des Schreibens, S. 52.

[29] Vgl. hierzu Forsgren: Wortart, syntaktische Funktion, syntaktische Kategorie; vor allem S. 665–667.

[30] Jandl: Experimente, S. 9.

[31] Jandl: poetische werke, Bd. 3, S. 31 (23. Sept. 1963).

kostet. Das bringt Jandl zur Sprache, indem er die Redewendung »er jagt sich eine Kugel in den Kopf« zerstört. Radikaler als in herkömmlichen Beispielen schwarzen Humors stellt Jandl die Körperverletzung dar. Sie wird nicht nur beschrieben, sondern zugleich in der Sprache, die das Wort *kopf* durchlöchert, konkret durchgeführt.

Als »Spannung zwischen dem beschädigten Wort und der unverletzten Syntax«[32] erklärte Jandl den Reiz des Gedichtes *wien : heldenplatz*.[33] Hier zeigt er, wie mächtig die Bloßstellung als Methode des obzönen Witzes sein kann. Seine Absicht und im Sinne Freuds die Tendenz des Witzes sind aggressiv. Sie richten sich hier gegen eine faschistische Gesellschaft. In Jandls Sprache vollzieht sich die Bloßstellung verschlüsselt und sehr vielschichtig. Das Wortmaterial selbst wurde verändert, zum Beispiel durch die Methode der Konversion oder durch die Kombination bekannter Morpheme[34] mit unbekannten, assoziationstragenden Wortbausteinen. Die Wortneubildungen stellen nicht nur beschreibend das Bezeichnete bloß, sondern auch die möglichen Assoziationen der Hörer oder Leser. Die auf der Rezipientenseite potenzierbare Bilderfülle erklärt die Kraft dieser Sprache. Es gelingt ihr, die NS-Inszenierung zu zerstören.

Das Verletzen grammatischer Normen kann per se komisch wirken. Ein Beispiel ist die im späteren Werk Jandls immer häufiger eingesetzte, von ihm so bezeichnete »heruntergekommene Sprache«.[35] Besonders in seinem Bühnenstück *die humanisten*[36] entfaltet Jandl deren Wirkung. Die »heruntergekommene Sprache« strotzt vor Fehlern,[37] was zum Lachen reizen kann. Sie entstellt Wörter, bricht syntaktische Regeln und bedient sich des Infinitivs. Auch in den poetischen Werken hat Jandl mit dieser grammatisch entstellten Sprache gearbeitet, etwa in dem eingangs dieser Arbeit zitierten Gedicht *von lachen*[38] und in vielen weiteren Gedichten des Bandes *die bearbeitung der mütze*. Jandl selbst verweist in einer Anmerkung zum siebten Band der zehnbändigen Gesamtausgabe auf »antigrammatische (d.h. in diesem Fall auch: anarchistische) Tendenzen des Autors«,[39] die schon in manchen seiner Gedichte aus den fünfziger Jahren auftreten. Jandl erläuterte, im Gegensatz zur erhöhten Sprache, der man in der Poesie zumeist begegne, sei diese Sprache

---

[32] Jandl: Mein Gedicht, S. 35.
[33] Jandl: poetische werke, Bd. 2, S. 46 (4. Juni 1962).
[34] Vgl. Fleischer/Barz: Wortbildung; die umfassende Studie ist hier vor allem hinsichtlich semantischer Aspekte der Wortbildung hilfreich.
[35] Jandl: Das Öffnen, S. 225.
[36] Jandl: poetische werke, Bd. 10, S. 159–175 (10.–20. April 1976).
[37] Vgl. hierzu Gollner: Existenzielle Obszönität, S. 107.
[38] Jandl: poetische werke; Bd. 7, S. 193 (26. Okt. 1977).
[39] Jandl: Anmerkung, S. 210.

»bewußt unter das Niveau unserer Alltagssprache gedrückt.«[40] Das Lachen über dieses grammatische Spiel können Degradationstheorien erklären.

5.5   Die semantische Ebene: Konnotationen, Metaphern, Assoziationen und die Frage des Nonsens

In allen untersuchten Gedichten Jandls konnten ungewohnt realisierte Methoden des Komischen entdeckt werden, die sich meist auf mehreren Sprachebenen entfalten. Gerade die semantische Ebene wird aber in vielen der Texte stärker wirksam, als sich auf den ersten Blick zeigt und häufig angenommen wird. Der Dichter beschreibt sein Vorgehen: »Sprache als Material stellt eine Unzahl kleiner Objekte zur Verfügung, die sich bewegen, formen, reihen, verbiegen, zerlegen, miteinander verzahnen lassen, und die, was die Willkür des Gedichtemachers bloßstellt oder ihr Grenzen setzt, überdies Zeichen sind, innerhalb der Sprache aufeinander zeigend und aus der Sprache heraus auf die Gegenstände außerhalb.«[41]

Zwar enthalten zahlreiche Gedichte semantisch deutliche Aussagen, zu nennen sind hier sowohl frühe Werke aus dem Band *Andere Augen*, etwa das programmatische Gedicht *zeichen*,[42] als auch viele Beispiele aus dem späteren Werk, so die im Band *idyllen* versammelten drastischen Bilder von Körperlichkeit wie *anatomisches selbstbildnis*[43], *die scheißmaschine*[44] oder die *doktorgedichte*.[45] In anderen Texten aber, und dies betrifft vor allem auch viele der beliebtesten Gedichte Ernst Jandls, die zum Lachen reizen, sind Konnotationen[46] und Assoziationen der Rezipientenseite entscheidend, um die komische Wirkung zu erzeugen. Dies kann durch direkte, scheinbar imperativische Scherzkommunikation[47] wie im Gedicht *loch*[48] geschehen – oder indirekt wie etwa im bloßstellenden obszönen Witz des Gedichtes *wien : heldenplatz*.[49]

---

[40] Jandl: Das Öffnen, S. 225.

[41] Jandl: Zwei Arten von Gedichten, S. 43.

[42] Jandl: poetische werke, Bd. 1, S. 46 (1953).

[43] Ebd., Bd. 9, S. 103 (zwischen 1982 und 1989).

[44] Ebd., Bd. 9, S. 106 (zwischen 1982 und 1989).

[45] Ebd., Bd. 9, S. 108f. (zwischen 1982 und 1989).

[46] Vgl. zum Begriff der Konnotation Linke/Nussbaumer: Konzepte des Impliziten: Präsuppositionen und Implikaturen, besonders S. 439f.

[47] Vgl. zur Scherzkommunikation allgemein die Untersuchung von Kotthoff: Spaß Verstehen; besonders S. 93–126.

[48] Jandl: poetische werke, Bd. 3, S. 63 (7. März 1964).

[49] Ebd., Bd. 2, S. 46 (4. Juni 1962).

Das außerordentlich knappe und dennoch bewegende Beispiel *jupiter un-bewohnt*[50] verweist besonders auf Konnotationen. Es entstand ausgerechnet im Jahr der enthusiastisch gefeierten ersten Mondlandung. Einen scheinbar nüchternen wissenschaftlichen Raumfahrt-Jargon enthüllt Jandl als Träger eines offenbar weit verbreiteten, aber scheu versteckten Wunsches nach überirdischer Gesellschaft. Er zeigt diese subkutane Sehnsucht, indem er permanent das Partizip *unbewohnt* mit den antiken Götternamen der Planeten kontrastiert. Jandls humoristische Weltsicht erlaubt dann einen Perspektivwechsel. Ein Blick auf die Erde, *ungewohnt*, wirkt dem horror vacui entgegen. Schließlich führt Jandls Sprache zu der Einsicht, daß Menschen das Weltall nicht auszuloten vermögen.

Ein weiteres sprachliches Mittel, das Rezipienten stark einbezieht, sind Metaphern.[51] Häufig werden Jandls Wortschöpfungen als Metaphern aufgefaßt, oft stellt sich wohl nur so Sinn her, zumal komischer Sinn. Für Jandl ist der »Wille zur Unsicherheit«[52] ein Merkmal der sogenannten experimentellen Dichtung. Indessen findet nach Marie-Cécile Bertaus psychologischer Untersuchung von Metaphern durch deren Anwendung »in besonderer Weise ein Wechselspiel zwischen den Konventionen einer Sprachgemeinschaft und den individuellen Ausprägungen statt, ein Wechselspiel von Üblichem und Abweichendem«.[53] Wie Versuchsreihen[54] gezeigt haben, werden unbekannte Metaphern generell von Rezipienten bevorzugt sexuell interpretiert. Diese Neigung wird auch in Jandls Texten mit obszönem Witz häufig wirksam. Marie-Cécile Bertau vertritt die Ansicht, Metaphern könnten durch ihre »Subversivität« in die Nähe des Witzes rücken: »Es ist davon auszugehen, daß Metapher und Witz ihre subversive Kraft insbesondere in repressiven Gesellschaften entfalten und so eine andere Sicht auf die Realität dieser Gemeinschaft ermöglichen.«[55] Es wundert nicht, daß Jandls Texte in den kulturpolitisch vergleichsweise repressiven fünfziger und sechziger Jahren Anstoß erregten, während sie später, in liberalerem Klima, immer größere Anerkennung fanden, die sich auch in Jandls zahlreichen Literaturpreisen widerspiegelt.

Der Dichter realisiert auch traditionelle Spielarten des Komischen fast immer in ungewöhnlich starker Verzahnung mit der Sprache. Zahlreiche Beispiele wären hier anzuführen. Kennzeichen zweier traditionsreicher Spielarten

[50] Ebd., Bd. 3, S. 138 (1969).
[51] Linguistische Aspekte von Metaphern erläutern grundlegend Lakoff/Johnson: Metaphors.
[52] Jandl: Ziele einer poetischen Arbeitsweise, S. 47.
[53] Bertau: Sprachspiel Metapher, S. 290.
[54] Vgl. ebd. S. 289.
[55] Ebd., S. 229.

des Komischen trägt etwa das Gedicht *glückwunsch*:[56] Zynismus und Sarkasmus. Beide Spielarten sollen desillusionieren. Der verletzende, seiner Wortbedeutung nach zerfleischende Charakter des Sarkasmus entpuppt sich in der Sprache. Aus seinem Versteck in unauffälligen Partizipien und Adverbien bricht in Jandls *glückwunsch* der Mord hervor. Das harmonische Bild einer Gesellschaft, in der man sich gegenseitig Glück wünscht, entpuppt sich als Illusion. Zugleich benennt die Verallgemeinerung *wir alle* das unentrinnbare menschliche Schicksal. Zynismus wirkt enthüllend, oft wehrt er gleichzeitig Angst ab, die in Interpretationen des Gedichts auch konstatiert wurde; Jandl läßt die vielen Facetten des Zynismus schillern. Daß sein *glückwunsch* in die Nähe der Verwünschung rückt, ruft das pessimistische Bild vom Menschen als des Menschen Wolf in Erinnerung. Es kann moralische Enttäuschung eines Zynikers ausdrücken.

Jandl überrascht häufig mit einer Pointe, dem klassischen Merkmal eines Witzes. Sie wird als »Effekt der plötzlichen Erkenntnis eines Zusammenhangs zwischen inkongruenten Konzepten«[57] beschrieben. Der Autor arbeitet mit diesem klassischen Mittel zum Beispiel im Gedicht *kurzficker*[58]. Er kontrastiert den entstellenden Namen mit einer stetig zunehmenden Titelhäufung bis hin zu *univ. prof. dr. dr. dr.h.c. kurzficker*. Auch in visuellen Gedichten erzeugt Jandl Pointen. Er schreibt etwa den Satzanfang *der vater / kontrolliert / seinen langen*[59] ganz oben auf eine Seite. Diese bleibt danach leer, die Augen des Lesers wandern nach ganz unten, bis sie am unteren Rand der Seite die Auflösung *bart* entdecken. Die räumliche Leerstelle lädt in diesem aus einem Satz bestehenden Sprachspiel dazu ein, einen Phallus zu assoziieren. Einige Jahre später demonstriert Jandl in seinem *werbetext*[60] die verleimende Kraft des Reimes: *PHALLUS / klebt allus*.

Das Mittel der Wiederholung, das schon von Bergson als komisch beschrieben wurde, kann unterschiedlich empfunden werden. Es wird von Jandl in seinen poetischen Werken als eines der wichtigsten sprachlichen Mittel mit verschiedenen Funktionen eingesetzt. In visuellen Gedichten kann Wiederholung ein optischer Baustein sein, wie etwa *die jakobsleiter*[61] zeigt. In den *lese- und sprechgedichten* ist oft Rhythmus ein Effekt von Wiederholungen. So entsteht ein *privater marsch*[62] nur aus den Wörtern *schmackel* und *bunz*.

---

[56] Jandl: poetische werke, Bd. 8, S. 31 (28. Juli 1978).
[57] Köhler/Müller: Pointe, S. 115. Vgl. hierzu die Monographie von Wenzel: Von der Struktur des Witzes; er beschreibt Pointierung allgemein.
[58] Jandl: poetische werke, Bd. 9, S. 171 (zwischen 1982 und 1989).
[59] Ebd., Bd. 2, S. 165 (1957).
[60] Ebd., Bd. 4, S. 105 (1964).
[61] Ebd., Bd. 4, S. 35 (Jan. 1966).
[62] Ebd., Bd. 4, S. 108 (14. Juli 1967).

Auch in dem bekannten Gedicht *fünfter sein*[63] wird die Wiederholung exzessiv eingesetzt und hat besonders interessante Auswirkungen. Zahlwörter laden hier zum Mitzählen ein und suggerieren im rhythmischen Niederzählen eine fast mechanische Zwangsläufigkeit des Geschehens. Neben Langeweile kann derartige Monotonie auch Angst erzeugen. Die Spannung löst sich durch die verblüffend harmlose Pointe *tagherrdoktor* in Lachen auf. Wie in vielen anderen der poetischen Werke können auch hier die vorherigen Assoziationen extrem vielfältig sein – so empfinden Rezipienten in der Pointe unterschiedlich starke Inkongruenz.

Wie die Beispiele zeigen, läßt sich das Komische vieler Gedichte auf der semantischen Ebene erklären. Manche Texte Jandls werden zu unrecht und wohl aufgrund der dominanten Sprachveränderungen als unsinnig bewertet. Er selbst warnte vor einer zu raschen Verwendung der Bezeichnung »Nonsense«: »Das ist nämlich der große Irrtum, daß man in dem Augenblick, wo der kontinuierliche semantische Verlauf, den unsere Sprache im allgemeinen nimmt, bewußt verhindert wird – und das ist eine große Anstrengung, das ist eine große Kunst, ihn wirklich zu verhindern –, sagt: Aha, hier ist kein kontinuierlicher semantischer Verlauf, daher ist das Nonsense. Das ist natürlich ganz falsch.«[64] Es ist deshalb voreilig, Jandls Gedichte allgemein als Nonsensgedichte zu bezeichnen oder ihn als Nonsens-Poeten zu etikettieren. Doch lassen sich einzelne Gedichte mit guten Gründen der Nonsenspoesie zuordnen. Jandl selbst urteilte: »Was Nonsense-Dichtung betrifft, so glaube ich, daß die eine eigene Sache ist und daß es ganz schwierig ist, ein gutes Nonsense-Gedicht zu schreiben, zum Beispiel in der Art eines Limericks. Es gibt wunderbare Nonsense-Gedichte, und wenn mir in meiner jahrzehntelangen Produktion das eine oder andere Nonsense-Gedicht gelungen sein sollte, dann kann ich nur glücklich sein.«[65]

---

[63] Jandl: poetische werke, Bd. 4, S. 67 (8. Nov. 1968).
[64] Jandl/Estermann: Gespräch, S. 29f.
[65] Ebd.

5.6 Die textlinguistische Ebene: Auseinandersetzung mit Sprachvarietäten, das Spiel mit Textsorten, Textgrenzen und Leerstellen

Jandl zitiert im Rückblick einen seiner empörten Leser: »Aus den meisten der ›experimente‹ jedoch springt einen der Un-Sinn offen an, das Urteil stellt sich ohne Nachdenken ein.«[66] Ein sprachliches Mittel Jandls, das solche Fehleinschätzungen provoziert haben kann, ist die auf verschiedensten Wegen erreichte Verfremdung, die Reich-Ranicki als besonders kennzeichnend für Jandl wertet.[67] Sie kann durch das Spiel mit Textsorten und neuen Kontexten[68] entstehen (zum Beispiel im Gedicht *hosi*), durch Zitatcollagen (*die tas sen*), sie kann lyrische Stilmittel betreffen (*rilkes schuh*), Floskeln (*glückwunsch*) oder Metaphern (*erfolg beim dritten versuch*).

So vielfältig wie Jandls Methoden der Verfremdung sind auch die Ziele seiner intertextuellen[69] sprachkritischen Bezüge: Sprache des Volkes (zum Beispiel *die tassen*), Sprache politischer Propaganda (*falamaleikum*), Sprache des Faschismus (*wien : heldenplatz*), Sprache der Dichtung und die Erwartung ihr gegenüber (*rilkes schuh*), religiöse Sprache (*hosi*), Bildungssprache (*sieben weltwunder*), pathetische Sprache (*erfolg beim dritten versuch*), Sprache der Höflichkeit (*glückwunsch*), Sprache der Raumfahrt (*jupiter unbewohnt*). Die Aufzählung ließe sich so weit fortführen, wie Jandls Gedichte überliefert sind.

Auf der textlinguistischen Ebene entfalten sich zahlreiche Spielarten des Komischen. Im Beispiel *rilkes schuh*[70] jongliert Jandl vor allem mit der überzeichnenden Methode der stark von Witz geprägten Satire. Der Dichter lockt mit dem Namen Rilke die Leser auf eine falsche Fährte und entlarvt dann – allerdings unausgesprochen – ihre merkwürdig hoch gestimmte Erwartungshaltung. Hierzu benutzt Jandl Elemente der Literatursprache.[71] Poetische Stilmittel wie Zeilensprünge und Inversionen werden stark übertrieben, sie wollen nicht zu dem banalen Inhalt passen. Das Ergebnis, Komik durch Inkongruenz, bestätigt eine verbreitete Theorie des Komischen. Einiges spricht

---

[66] Jandl: Jandl als Erzieher, S. 102.
[67] Reich-Ranicki: Schreibtisch (FAZ 5. Aug. 1995).
[68] Vgl. zum Begriff des Textes Fix: Textbegriff; gerade mit Blick auf Jandl muß dieser diskutiert werden.
[69] Vgl. zum Begriff der Intertextualität Fix: Aspekte der Intertextualität, besonders S. 449f.
[70] Jandl: poetische werke, Bd. 7, S. 72 (5.–8. Mai 1975).
[71] Vgl. hierzu Saße: Literatursprache und Eibl: Deutsche Literatursprache der Moderne; vor allem S. 750f.

dafür, die Gedichte *hosi*[72] und *schmerz durch reibung*[73] dem Nonsens oder der Unsinnsdichtung zuzurechnen. Ein freischöpferisches Verhältnis zur Sprache, das den Gedichten ihren ganz eigenen Reiz gibt, enthüllt im Beispiel *hosi* aber auch die Verletzlichkeit einer realen Textsorte: Religiöses Pathos wird durch die Methode des Sprachexperiments im spielerischen Gewand radikal zerstört.

Ein in der Sekundärliteratur besonders oft diagnostiziertes Mittel Jandls ist seine Verwendung einer kindlich anmutenden Sprache. Kindersprache[74] kann in poetischen Werken erheitern, sie kann aber auch ablehnende Reaktionen provozieren. Eine Begründung liefert die allgemeine Beschreibung Klaus Peter Denckers: »Im Kinderspiel, im Kindergesang entstehen Wortbildungen ohne erkennbaren Sinn, ein Text ohne verstehbaren Inhalt für den nicht mitspielenden, mitsingenden Außenstehenden«.[75] Oft begegnet in der scheinbar kindlichen Sprache die Bescheidenheit des Humoristen. Mit Blick auf die Endlichkeit, die nicht verstanden werden kann, schilderte Jean Paul markant den »Humor, der ungleich der Persiflage den Verstand verlässet, um vor der Idee fromm niederzufallen.«[76] Auch Jandls Humor trumpft nicht verstandesbetont auf. Gerade dort, wo die Fragen naiv erscheinen und die Sätze schlicht gebaut sind, unterstreicht Jandl die Konturen, die Jean Paul der humoristischen Geisteshaltung verliehen hat. Auch zeigt Jandl die oft beschriebene Überlegenheit des Humors, sie ermöglicht transzendente Perspektiven. Im Gewand der Kindersprache mahnt etwa das Beispiel *sieben weltwunder*[77] zur Bescheidenheit. Die Rangordnung zwischen Mensch und Tier wird wieder einmal aufgehoben. Mitten im Reichtum der Schöpfung wird an die Vergänglichkeit erinnert. Ungewohnt ist hier die Sprache der Mahnung: scheinbar naive, parallel gebaute Fragen, die im holprigen Rhythmus Unbeholfenheit vorspiegeln. Sie provozieren beim Leser überlegenes Lächeln, das rasch erlöschen dürfte, wenn der Tod ins Spiel kommt. Der Kontrast von Naivität und weiser Demut stimmt nachdenklich, menschliche Maßstäbe werden relativiert.

Mehrfach hat Jandl das Thema der Kindersprache auch poetisch verarbeitet, unter anderem in seinem Zyklus *Gedichte an die Kindheit*.[78] Dort heißt es im dreizehnten Gedicht:

---

[72] Jandl: poetische werke, Bd. 4, S. 107 (1956).
[73] Ebd., Bd. 3, S. 73–75 (1964).
[74] Vgl. hierzu Lust: Child Language; sie gibt einen umfassenden Überblick über kindliche Sprachentwicklung.
[75] Dencker: Einleitung, S. 5.
[76] Jean Paul: Vorschule der Ästhetik, S. 131.
[77] Jandl: poetische werke, Bd. 8, S. 39 (25. Sept. 1978).
[78] Ebd., Bd. 8, S. 12–16 (Dez. 1977). Vgl. zum Beispiel auch ebd., Bd. 8, S. 64 (30. Okt. 1964): *kindersprache // wenn ich jetzt spreche wie ein kind / weiß ich garnicht ob ich jemand finde / der sich das anhören möchte // denn ich spreche ja*

er hat zu jeder alterszeit
die art und weise, wie
er schreibt.
jetzt ist er alt genug
zu schreiben wie ein kind.
[...][79]

Eine Weisheit, die sich gerade in scheinbarer Simplizität oder naiv vorgetragenen Fragen verbirgt, ist in vielen Gedichten ein sehr wirksames Mittel, um
Gedanken anzustoßen. Statt zu belehren, wirft Jandls Kindersprache Fragen
auf. Im letzten Kapitel dieser Arbeit wird die Leistung der Sprachkunst Jandls
als Maieutik, Hebammenkunst im sokratischen Sinne, diskutiert. Schon
Theodor Lipps, der 1914 das »kindliche Wesen« betrachtet, verweist auf eine
Besonderheit, die auch Jandl vorführt: »Das echte naiv Komische ist komisch
und erhaben zugleich.«[80]

Jandl selbst thematisierte die lustbetonte Seite seines Sprachspiels, die
nicht nur erwachsene Leser begeistert und zur Nachahmung anregt, sondern
auch Kinder.[81] Friederike Mayröcker berichtet, wie sie mit Jandl gemeinsam
»Kindersprüche«[82] erfunden hat. Jandls »kindlich-anarchische Sprachlust«[83]
forderte zum Vergleich seiner sprachlichen Mittel mit denen heraus, die Kinder in komischen Sprachspielen verwenden; zu nennen sind etwa Wort- und
Buchstabenspiele wie Permutation und Reduplikation, Assonanzen und andere Klangspiele, freche Reime und die Entzauberung ehrwürdigen Vokabulars. Bei Jandl gesellen sich zur Lust auf Anarchie ganz eigene, manchmal
strenge Regeln.

Oft bezieht sich Jandl auf Textsortenwissen[84] seiner Rezipienten. Er nennt
zahlreiche Textsorten und Untergruppen[85] auch in Titeln seiner Gedichte. Der

---

jetzt nicht als kind / weil ich dazu schon viel zu alt bin // aber vielleicht ist es auch
ganz egal / ob sich jemand das anhören möchte / wenn es mir nur eine freude
macht // und ich dann weniger griesgrämig bin / bei den anderen.

[79] Ebd., Bd. 8, S. 15f. (Dez. 1977).

[80] Lipps: Grundlegung der Ästhetik, S. 586.

[81] Hohler: Fragen, S. 49.

[82] »Ich weiß noch, wie wir ununterbrochen unsere eigenen Späße gemacht haben.
Das hat sich dann in Wien fortgesetzt. Wir haben Sprüche erfunden, ganz irre,
Kindersprüche, wie man sie als ganz junger Mensch erfindet.« Kraller/Mayröcker:
Gespräch, S. 76.

[83] Drews: Jandl für Kinder (SZ 10./11. Dez. 1983).

[84] Vgl. hierzu Heinemann: Textsorte – Textmuster – Texttyp, besonders S. 506.

[85] Vgl. zu Schwierigkeiten der Terminologie ebd., besonders S. 509 und S. 513–115.
Vgl. zum Spiel mit Gattungsnamen auch Moennighoff: Zum Traditionsverhalten in
Ernst Jandls Lyrik, besonders S. 75.

Autor verfremdet literarische Gattungen[86] wie im Miniaturstück *mal franz mal anna (drama)*.[87] Ebenso spielt Jandl visuell auf Textsorten an, so im Beispiel *das matte horn*,[88] das eine Titelseite mit dem Untertitel *ein bergsteigerbuch* darstellt. Anspielungen auf berühmte Texte sind in Jandls Gedichten sehr häufig, erwähnt sei nur die Bandbezeichnung *peter und die kuh*, die Sergej Prokofjews beliebtes Musikmärchen für Sprecher und Orchester »Peter und der Wolf« in Erinnerung ruft. Bekannt sind Jandls sehr innovative Hörspiele geworden, die er zum Teil gemeinsam mit Friederike Mayröcker verfasste.

Textgrenzen werden von Jandl auf verschiedene Weise durchbrochen. Er versprachlicht zum Beispiel Bilder: andeutungsweise wie in der Vanitasdarstellung des Gedichtes *sieben weltwunder*[89] oder explizit wie im Titel *Das Röcheln der Mona Lisa*.[90] Jandls Verständnis einer Poesie mit fließenden Grenzen spiegelt sich auch in der interdisziplinären Zusammenarbeit, etwa mit Jazz-Musikern. Er nutzt verschiedene Wahrnehmungskanäle: durch Lese- und Sprechgedichte, durch visuelle Poesie oder Mischungen poetischer Spielarten. Zum Beispiel werden *drei visuelle lippengedichte*[91] nach Anweisung des Autors ohne Tonbildung mit den Lippen in die Luft geschrieben. Auch nach seinem Tod werden Jandls Gedichte auffallend oft interdisziplinär verarbeitet. Man vertont sie etwa in ganz unterschiedlichen Stilrichtungen oder deutet sie durch Pantomime.[92]

Jandl fasziniert durch beredte Leerstellen in seinen Texten. Erwartungen der Rezipienten können so aufgedeckt werden wie zum Beispiel in den Gedichten *fünfter sein*[93] oder *jupiter unbewohnt*.[94] Verhüllend erscheint das Spiel mit Präsuppositionen[95] und Deixis[96] im Gedicht *glückwunsch*,[97] denn der Täter eines Anschlags tarnt sich in Partizipien, die den Handelnden verschweigen. Oft sind Leerstellen in Jandls Gedichten graphisch durch Striche

[86] Vgl. zu literarischen Gattungen allgemein Damann: Textsorten und literarische Gattungen; er diskutiert auch Verbindungen von Literaturwissenschaft und Linguistik.
[87] Jandl: poetische werke, Bd. 6, S. 141 (16. Nov. 1963, 15. Dez. 1964).
[88] Ebd., Bd. 4, S. 189 (ohne Jahresangabe).
[89] Ebd., Bd. 8, S. 39 (25. Sept. 1978).
[90] Jandl: Das Röcheln der Mona Lisa, S. 247.
[91] Jandl: poetische werke, Bd. 2, S. 102 (1957).
[92] Zum Beispiel interpretierte die Kölner Gruppe »a.tonal.theater« Jandls Gedichte in Köln in einem »sprechgetanz und stehgesang« (Premiere 20. Februar 2002).
[93] Jandl: poetische werke, Bd. 4, S. 67 (8. Nov. 1968).
[94] Ebd., Bd. 3, S. 138 (1969).
[95] Vgl. hierzu Linke/Nussbaumer: Konzepte des Impliziten: Präsuppositionen und Implikaturen, besonders S. 437–439.
[96] Vgl. zu diesem Begriff Redder: Textdeixis; sie stellt verschiedene Deixisbestimmungen vor.
[97] Jandl: poetische werke, Bd. 8, S. 31 (28. Juli 1978).

verschiedener Länge dargestellt, etwa im *bestiarium*.[98] Elliptische Sätze wie *als ich 20 war / als ich 20 war* laden im Gedicht *sentimental journey*[99] die Phantasie zum verklärenden biographischen Rückblick ein. Hörerinnen und Hörer des Gedichtes lachen darüber sehr amüsiert.[100] Jandls *spruch mit kurzem o*[101] macht so neugierig, daß er sogar in der Frankfurter Anthologie interpretiert wurde. Er lautet aber schlicht *ssso*. Franz Josef Görtz ist dennoch der Überzeugung:»Natürlich und in Wahrheit ist dieses Gedicht ein Dialog.«[102]

5.7 Die pragmatische Ebene: Kommunikation mit Hörern und Lesern

Auch wenn in der literarischen Kommunikation die Konversationsmaximen nach Grice nicht gelten,[103] so verletzt Jandl doch etablierte lyrische Sprachgewohnheiten. Die Erwartungen und Assoziationen der Rezipienten werden unverzichtbare Momente des Komischen. Auf der pragmatischen Ebene der poetischen Werke Jandls können bewährte Methoden der Scherzkommunikation[104] entdeckt werden, aber auch ganz neue Formen der poetischen Zwiesprache.

Die verbreitete Absicht des Scherzes, das Necken der Leser oder Hörer, kann Jandl im Gedicht *loch*[105] unterstellt werden. Dies wird allerdings erst durch die überraschende letzte Zeile deutlich: *üch loch müch kronk*. Im Vergleich zu herkömmlichen Formen des Scherzes ist Jandls Scherz wieder außergewöhnlich stark von Assoziationen der Rezipienten abhängig. In seiner Indirektheit ist er deshalb nicht sofort einzuordnen. Wird *loch* metaphorisch die Bedeutung ›Vagina‹ zugeschrieben, so gerät das Lachen in die Nähe eines bloßstellenden obszönen Witzes. Ähnliches geschieht im Gedicht *ÜBE!*,[106] einer sehr unähnlichen Verarbeitung des berühmten Goethe-Gedichtes »Wanderers Nachtlied«, das auch unter dem Titel »Ein Gleiches« bekannt ist. An-

---

[98] Ebd., Bd. 2, S. 151–155 (Jan. 1957).
[99] Ebd., Bd. 9, S. 100 (zwischen 1982 und 1989).
[100] Vgl. zum Beispiel Jandl: heldenplatz [Lesung], CD 2, Nr. 31.
[101] Jandl: poetische werke, Bd. 3, S. 35 (1964).
[102] Görtz: Bilanz (FAZ 25. Feb. 2006).
[103] Vgl. hierzu Saße: Literatursprache; besonders S. 702–704. Vgl. hierzu auch Linke/ Nussbaumer: Konzepte des Impliziten: Präsuppositionen und Implikaturen, besonders S. 443–445.
[104] Vgl. hierzu deren Merkmale bei Kotthoff: Spaß Verstehen; besonders S. 93–126.
[105] Jandl: poetische werke, Bd. 3, S. 63 (7. März 1964).
[106] Ebd., Bd. 4, S. 126f. (23. Juli 1965).

griffsziel der Jandlschen Parodie ist die Rezeptionsgeschichte des Gedichtes, die Auswüchse der Verehrung zeigt. Aus dem gleichen Buchstabenmaterial, das Goethe verwendet hat, entsteht ein Gegengesang. Das Lautgedicht stört die vielgepriesene Ruhe der Vorlage gründlich. Schlimmer noch: Der mit Anführungsstrichen gegliederte und im Druckbild neu gestaltete Text evoziert eine sexuelle Szene im Wald, die in vulgären Wörtern anklingt. Der provozierende Charakter der Jandlschen Parodie ärgert Verehrer des Goethe-Gedichtes. Besonders widersprüchliche Deutungen hat, wie die Sekundärliteratur zeigt, das kurze *sommerlied*[107] hervorgerufen. Als »eines der depressivsten Gedichte«[108] kann es jedoch nicht bezeichnet werden. Es ist vielmehr ein eindringliches Beispiel für die transzendente Perspektive des Jandlschen Humors. Anders als die liturgische Formel des Aschermittwochs, »Memento homo«, die den Tod imperativisch mahnend ins Gedächtnis ruft, läßt Jandl die Metamorphose wie selbstverständlich durch winzige Veränderungen in der Sprache selbst geschehen. So erscheint der beschriebene Vorgang als das, was er ist: alltäglich und natürlich. Diese überraschende Todesmahnung kann bei Rezipienten sehr unterschiedliche Reaktionen hervorrufen.[109]

Wie die hier untersuchten kommunizieren auch weitere Gedichte ungewöhnlich intensiv mit den Rezipienten. Es sei an dieser Stelle nur auf die erregt diskutierten Beispiele verwiesen, die 1957 in der Zeitschrift »Neue Wege«[110] veröffentlicht wurden. Jandls poetische Werke leben vom Wechselspiel zwischen Sender und Empfänger. Deshalb kommt es in der Interpretation der Gedichte zu auffallend unterschiedlichen Ansichten, und darum lösen jene so konträre Reaktionen aus. Deutet man die poetische Kommunikation sprechakttheoretisch,[111] so sind schon die Äußerungsakte und Propositionen der Gedichte außergewöhnlich unklar. Ebenso vielschichtig können die illokutionären Absichten des Autors und die vom ihm intendierten Reaktionen erscheinen. Auf der Rezipientenseite sind Heiterkeit und Begeisterung vielfach dokumentiert, aber auch Empörung und Anfeindungen des Autors. Diese beschreibt zum Beispiel die »Skandalgeschichte«[112] um Jandls frühe Publikationen. In älteren Filmmitschnitten von seinen Lesungen wird sie bisweilen lebendig. Sie zeigen manche echauffierten Zuschauer.[113]

---

[107] Ebd., Bd. 5, S. 51 (14. Juni 1954).

[108] Krolow: Menschen auf und unter den Wiesen, S. 30.

[109] Nuancenreich klingt auch das leise Lachen des Publikums in Mitschnitten von Lesungen. Vgl. zum Beispiel Jandl: heldenplatz [Lesung], CD 1, Nr. 4.

[110] Vgl. Neue Wege, Nr. 123, Mai 1957, S. 11.

[111] Vgl. hierzu Mey: Pragmatics, S. 92–133.

[112] Vgl. Siblewski: Ernst Jandls 1957, S. 37–49; Pfoser-Schewig: Die literarischen Arbeiten, S. 209–221 und Pfoser-Schewig: Ernst Jandl auf »neuen wegen«, besonders S. 29–32. Vgl. auch Punkt 1.2.1 dieser Arbeit.

[113] Vgl. zum Beispiel Saarländischer Rundfunk: Maulkonzert.

5.8 Das Spiel mit Regeln: Jandl als Phänomen außerhalb der konkreten Poesie

Ernst Jandl erwähnte einen »Spieltrieb«,[114] der bei jedem Gedicht, das er schreibe, latent da sei. Er unterschied aber streng und selbstbewußt zwischen »Spiel« und »Spielerei«: »Wenn jedoch das eng verwandte Wort ›Spielerei‹ ins Spiel kommt — und das ist mir auch schon einige Male vorgeworfen worden —, dann ist das allerdings eine Sache, die ich ganz weit von mir weise. Denn ein Spiel verläuft nach Regeln. Das können Regeln sein, wie beim Schach, die Jahrhunderte alt sind, oder es sind Regeln, die ich mir selber erst beim Schreiben eines Gedichtes erarbeite. Unter Umständen ist das eine Regel, die nur für ein einziges Gedicht gilt, und nur einmal verwendet wird, und dann ist das Spiel ausgespielt. Ein Spiel ist immer auf ein Ziel gerichtet, Spielerei geht ziellos vor sich.«[115]

Jandls eigene Beschreibung seines poetischen Vorgehens umreißt, was auch durch die Interpretation der beispielhaft ausgewählten Gedichte klar wird: Wenn aufgrund des Lachens im Publikum seiner Lesungen in einigen Feuilletons gemutmaßt wurde, er erziele durch die radikale Sprachveränderung zufällige Effekte, so ist dies ein großer Irrtum, der dem Dichter mitunter anhing. Jandl hingegen arbeitet methodisch und konsequent, wie aufgezeigt wurde. Er verfolgt und erreicht seine Ziele.

Manche Regeln seines Sprachspiels gelten, wie der Autor sagt, nur für ein einziges Gedicht. Gibt es trotzdem charakteristische Merkmale seiner Sprachveränderung? Jandls Sprachspiel soll hier zusammenfassend betrachtet werden, bevor im nächsten Kapitel inhaltliche Potentiale des Komischen zu diskutieren sind.

Das bereits erwähnte Verb »jandln« ist längst verbreitet. Bernhard Frank erklärt seine Bedeutung: »Sprachwitz und unnachahmliche Wort-Volten, die nicht selten verfahrene Sprechsituationen plötzlich erhellen, kennzeichnen den heiligen Buchstaben-Ernst Jandls. Sie machen das Lesen seiner Texte – in Analogie zum Ratespiel des ›Drudlns‹ zum spezifischen ›Jandln‹.«[116] Häufig wird das »Jandln« auch zur Umschreibung eigenen Sprachspiels verwendet. Durch Konversion des Dichternamens Jandl erschaffen, kann das Verb als ein Hinweis darauf verstanden werden, wie einzigartig die sprachliche Innovationskraft des Autors ist. Jandl selbst formuliert als Maxime seiner Dichtung: »In der Poesie [...] brauchen wir alles, woran wir uns nicht gewöhnt haben;

---

[114] Jandl/Estermann: Gespräch, S. 29.
[115] Ebd.
[116] Frank: Kritik, S. 214.

wir brauchen es, um Poesie überhaupt anfangen zu können, und wir brauchen es, um mit Poesie etwas anfangen zu können, etwas, das ein Beginnen ist.«[117] Jandls Ruhm überlebt ihn, und die Bekanntheit des Dichters wächst seit Jahrzehnten. Auffallend ist, wie oft seine einst heftig angefochtenen poetischen Werke inzwischen als Exempel aufgeführt werden: für verschiedenste traditionelle rhetorische Figuren und sprachspielerische Techniken, für phonologische, morphologische und graphische Figuren.[118] Nicht wegzudenken sind Jandls Gedichte auch aus allen großen Darstellungen zur Lautpoesie.[119] Seine Texte, die von manchen Lesern einst wütend abgelehnt wurden, sind heute Inbegriff einer facettenreichen Sprachkunst.[120]

Schon 1964 weigerte sich Jandl, seine an traditionellen Stilmitteln ebenso wie an Innovationen reiche Dichtung einer bestimmten Zuordnung zu unterwerfen: »Zu welcher poetischen Richtung ich zu zählen sei, auf diese Frage kann ich nicht antworten, es sei denn, man nimmt nach Belieben ›zu keiner‹ oder ›zu meiner‹ als eine Antwort. Ich bin überzeugt davon, daß die Entwicklung, Entdeckung oder Erfindung neuer Arten zu dichten heute notwendig ist [...]. Im übrigen schrieb und schreibe ich ›Texte‹, deren Einordnung ich anderen überlasse, in einer auf verschiedene Weise aus dem gewohnten in ein ungewohntes Gleichgewicht gebrachten Sprache.«[121]

Jandls Arbeit mit Sprache als Material legt es nahe, ihn zu den Vertretern der konkreten Poesie zu zählen. Dies ist eine problematische Zuordnung, wie bereits im Kapitel 1.1 dieser Arbeit skizziert wurde. Der konkreten Poesie wurde manchmal vorgeworfen, für ein freies Sprachspiel zu ernsthaft zu sein.[122] Vielleicht erklärt das, warum Jandl, der vielfältigste Methoden des Komischen verarbeitet, ungleich erfolgreicher war. Wie zahlreich Definitionen der konkreten Poesie sind, erwähnt Eugen Gomringer ausdrücklich im Vorwort der von ihm zusammengestellten Anthologie.[123] Ein dort genanntes

---

[117] Jandl: Die schöne Kunst des Schreibens, S. 82. Diesem Wunsch könnte förderlich sein, daß im Jahr 2001 ein Ernst-Jandl-Preis für Lyrik geschaffen wurde, der junge österreichische Autoren fördern soll. Vgl. http://www.bundeskanzleramt.at/ DesktopDefault.aspx?TabID=3745&Alias=kunst [Stand: Sept. 2004].

[118] Vgl. etwa die Abhandlung von Plett: Systematische Rhetorik. Er zitiert Jandl sehr oft beispielhaft.

[119] Vgl. zum Beispiel Lentz: Lautpoesie sowie Scholz/Engeler: Lautpoesie.

[120] »Contrast, incongruity, repetition, surprise are some of the elements which frequently make us laugh. Most humorous writers will use these elements in relation to content material. Some, however, [...] have successfully employed them in relation to language, including phonics. To my knowledge, few writers and poets have used these devices accoustically to the same extent and success as has the Austrian poet Ernst Jandl.« Kahn: Falfischbauch, S. 98.

[121] Jandl: Das Röcheln der Mona Lisa, S. 10.

[122] Lamping: Moderne Lyrik, S. 38.

[123] Gomringer: vorwort, S. 4–7.

Merkmal gilt mit Sicherheit auch für Jandls Texte: »eine abkehr von gewohnten poetischen vorstellungen«.[124] Ohne die von Jandl kritisierte »einengende Etikettierung«[125] fortzuschreiben, bleibt doch das Folgende festzuhalten: Zwar kann für viele Gedichte Jandls konstatiert werden, was Harald Hartung allgemein als Definition der konkreten Poesie vorschlägt, daß sie »Sprache als Material zum Thema macht«.[126] Nicht jedoch gilt für Jandls Gedichte, was Hartung als weiteres Kriterium konkreter Poesie beschreibt: Sie habe »nur eine untergeordnete oder keine Mitteilungsfunktion«, sondern sei »primär Ausstellung ihrer eigenen Struktur«.[127] Eine andere Feststellung trifft Eugen Gomringer, sie klingt banal, ist es aber nicht: »inhalt und semantik. die konkrete dichtung hat inhalte.«[128] Gomringers Beschreibung spricht eher für eine Zuordnung Jandls zur konkreten Poesie. Das Zulassen von Sinn ist auch Bedingung für die meisten Spielarten des Komischen. Bisweilen wird ein Kompromiß formuliert: Mit Jandl verbinde man »moderne Textverfahren, die mit der konkreten Poesie engstens verwandt sind und darüber hinausgehen«.[129]

Wo Jandls Weg »darüber hinausgeht«, das ist an jedem einzelnen Gedicht zu entdecken. Der Autor schrieb über sich selbst, er habe »zu keinem Zeitpunkt einfach als Verfasser konkreter oder experimenteller Poesie [...] gelten können«. Er betonte: »das Feld, das ich bearbeite, oder der Weg, den ich ging, [war] immer etwas breiter«.[130]

---

[124] Ebd., S. 5.
[125] Jandl/Konzag: Gespräch, S. 860.
[126] Hartung: Konkrete Poesie, S. 328.
[127] Ebd.
[128] Gomringer: konkrete dichtung, S. 39.
[129] Jandl/de Groot: Gespräch, S. 3.
[130] Ebd., S. 10.

6 *wo bleibb da hummoooa* – Komik und Lyrik

6.1   Ernst als Maßstab für echte Lyrik?

Im Nachwort zur Erstausgabe von *Laut und Luise* schreibt Helmut Heißenbüttel:»Überraschung, wortwörtlich Unerwartetes, schnellt Sprache fort. Das bedeutet zugleich Witz, Sprachwitz, Wortwitz. Kaum ein Band Gedichte ist so witzig wie dieser von Jandl. Aber so witzig er ist, so wenig ist Jandl doch nur ein Verfasser von witzigen Gedichten. Und wenn. Warum nicht? Witzige Gedichte sind heute besser als tiefsinnige oder sentimentale. Das Symbol erweist sich in jedem Fall als Leerform. Das Gedicht, so könnte man sogar generell sagen, ist witziger geworden. Es kommt nicht mehr ganz ohne Witz aus. Selbst dort, wo es lakonisch, finster, bitter, aggressiv auftritt, kann es seinen Witz nicht ganz verleugnen.«[1] Zahlreiche Gedichte Jandls bestätigen Heißenbüttels Beobachtung, sie verbinden Witz und Humor mit aufklärerischen, bitteren, grotesken, melancholischen und philosophischen Zügen. Ihre Akzeptanz war aber alles andere als selbstverständlich.

Das grollende Gedicht *wo bleibb da hummoooa*[2] war 1957 unter den in der Zeitschrift »Neue Wege«[3] veröffentlichten, die solche Empörung auslösten, daß der zuständige Redakteur entlassen wurde. Schon dieser Vorgang rechtfertigt die Frage des Gedichts: *wo bleibb da hummoooa?* Nach Jandls bereits zitierter Aussage zeigt es, »woran es in der Dichtung, und nicht nur in ihr, meines Erachtens mangelt«.[4] Jandl hat fehlenden Humor mancher Leser und Hörer in der Rezeptionsgeschichte seiner Werke durch schroffe Ablehnung erfahren müssen. Er selbst zitiert die empört vorgetragene Fehleinschätzung Erich Fitzbauers, was zeigt, daß solche Äußerungen Jandl nicht gleichgültig waren:»doch sind seine ›verse‹ ebensowenig wie seine ›humorvoll-ironische‹ Prosa [...] zum Lachen oder zum Lächeln – mag der Leser nun unter der ›humorlosigkeit, dieser deutschen krankheit, die auch den österreicher mitunter befällt‹, leiden oder nicht – , sondern einfach lächerlich, wenn man allein die unmittelbare Wirkung berücksichtigt.«[5] Jandls Erfahrungen von ungerechter Kritik mögen zu seiner rückblickenden Einschätzung im Jahr 1985 beigetragen haben. Er bedauerte explizit »die mangelnde bereitschaft eines

---

[1]   Heißenbüttel: Nachwort, S. 205.
[2]   Jandl: poetische werke, Bd. 2, S. 159 (19. April 1957).
[3]   Vgl. Neue Wege, Nr. 123, Mai 1957, S. 11.
[4]   Jandl: Mein Gedicht, S. 39.
[5]   Jandl: Jandl als Erzieher, S. 101.

teiles des publikums, zumindest war das damals so, humor im gedicht zu akzeptieren. [...] der tödliche ernst wurde als ein kriterium für echte lyrik, für ein echtes gedicht genommen.«[6] Hier spiegelt sich eine Diskrepanz zwischen der Beliebtheit komischer Lyrik einerseits und ihrer fehlenden Würdigung durch seriöse Verlage, Lehrer und nicht zuletzt die Forschung andererseits. Schon in den fünfziger Jahren merkte Julius Wiegand an: »Wenig beachtet ist der Humor in der Lyrik, doch fehlt er auch da nicht.«[7] Hermann Helmers ist der Ansicht: »Der lyrische Humor ist ein in Wissenschaft und Unterricht weithin vernachlässigtes Genre der Literatur«.[8] Das öffentliche Interesse hingegen begehrt komische Lyrik. Ihre Beliebtheit wird schon allein durch unzählige Auflagen entsprechender Anthologien verschiedenster Qualität belegt. Die Rezensentin Elke Schmitter ist sich sicher: »Um die Liebe der Deutschen zu ihren Humoristen musste es niemandem jemals bange sein«.[9]

In der wissenschaftlichen Sekundärliteratur aber stehen, wie im Forschungsbericht skizziert wurde, Unmengen allgemeiner, interdisziplinärer Darstellungen zum Phänomen des Komischen dem Befund gegenüber, daß komische Lyrik seltener analysiert wird als ernsthafte. Noch seltener ist eine zufriedenstellende Anwendung der Grundlagenforschung auf Textanalysen zu beobachten. Im Gegenteil, Termini der Spielarten des Komischen und ihre Definitionen werden oft unterschiedlich und inkonsequent verwendet. Dies erschwert auch die Würdigung der Potentiale komischer Lyrik. Die Forschungsliteratur zu Gedichten Ernst Jandls belegt an vielen Stellen dieses Defizit.

Neuerscheinungen jüngster Zeit sprechen dafür, daß sich das öffentliche Interesse an komischen Gedichten allmählich breiter artikuliert. Zwei große Anthologien komischer Lyrik sind im Jahr 2004 erschienen. Robert Gernhardt stellte einer dieser Anthologien zehn »Thesen zum komischen Gedicht« voran. Er betont den besonderen Wert komischer Lyrik, als einen ihrer wichtigsten Vertreter nennt er Jandl: »Die Deutschen gelten im In- und Ausland als humorlos [...]. Ein Kundiger aber könnte darauf verweisen, daß sich eine seit Lessings Tagen nicht abgerissene Kette komischer Gedichte durch die deutschsprachige Hochliteratur zieht, welche in dieser Dichte und Qualität in keiner anderen kontinentaleuropäischen Nationalliteratur zu finden ist. [...] Heine, Busch, Morgenstern, Ringelnatz, Tucholsky, Brecht, Jandl — jeder aus diesem Siebengestirn ist ein Stern erster Ordnung und zugleich ein Original.«[10] Mit deren Gedichten könne es gelingen, »das finstere Bild vom

---

[6] Jandl/Weibel: Gespräch [ohne Seitenzählung].
[7] Wiegand: Humor, S. 728.
[8] Helmers: Lyrischer Humor, S. 7.
[9] Schmitter: Die Liebe zu den Heitergeistern (Spiegel 21. Juni 2004), S. 158.
[10] Gernhardt: Zehn Thesen zum komischen Gedicht, S. 13f.

humorlosen, ja zum Humor unfähigen Deutschen in den Herzen aller rechtlich Denkenden für alle Zeiten aufzuhellen.«[11]

Die beachtlichen Leistungen komischer Lyrik sollten aus vielen Gründen ins rechte Licht gerückt werden. Insbesondere für das Werk Jandls stellt sich die Frage: Welche Potentiale bergen die von ihm so neuartig gestalteten Spielarten des Komischen? Wieso ist seine humorvolle Lyrik so wertvoll?

6.2 Potentiale des Komischen in Ernst Jandls poetischen Werken

6.2.1 Sprachkritik

Jandl selbst benannte zwei Ziele seiner Sprachkritik: »Sprachkritik bedeutet für mich einerseits die Bloßstellung von Sprache als einem — in Grenzen — beliebig brauchbaren Material, andererseits die Bloßstellung von sprachlichen Indizien für bestimmte Denk- und Handlungsweisen.«[12] Zum einen geht es ihm also um das Sprachmaterial selbst. Jandls Kritik basiert auf gründlicher Sprachkenntnis, die oft unausgesprochen in seinen Gedichten wirksam wird. Er selbst gibt an, er habe eine von seiner Mutter 1919 erworbene Ausgabe des »Deutschen Wörterbuchs« von Hermann Paul[13] benutzt sowie das Grimmsche Deutsche Wörterbuch,[14] dessen dreiunddreißig Bände er sich für das Honorar der Frankfurter Poetik-Vorlesungen gekauft habe. Jandl als poeta doctus hält sich im Hintergrund, sein Gestus ist nicht belehrend. Noch einmal sei auf Heißenbüttels Formulierung verwiesen, der es eine Methode Jandls nennt, »im Aufbrechen gewohnter Sprechmuster und im Überraschungsmoment dieses Aufbrechens das Verhältnis zur Sprache zu verändern.«[15] Erika Tunner hat mit Blick auf Jandls sprachanalytische Fähigkeiten zu Recht von »linguistischen Scherzen«[16] gesprochen.

Es wurde oft darauf verwiesen, daß der Titel des Symposiums »Zweifel an der Sprache«, an dem Jandl 1973 teilnahm, ihn dennoch zu Widerspruch

---

[11] Ebd., S. 14.
[12] Jandl: Zwei Arten von Gedichten, S. 43.
[13] Jandl: Das Öffnen, S. 241 und S. 255f.
[14] Ebd., S. 255.
[15] Heißenbüttel: Tendenzen deutscher Literatursprache der Gegenwart, S. 755.
[16] Tunner: Poeta Jandlicus, S. 126. Von »linguistischer Poesie« spricht allgemein auch Lamping mit Blick auf die konkrete Poesie. Lamping: Das lyrische Gedicht, S. 248.

194

reizte.[17] Er war der Ansicht: »Zur Sprache gibt es keine Alternative, und daher auch keinen ›Zweifel an der Sprache‹.«[18] Statt dessen äußerte der Dichter »Zweifel am Menschen«, woraus Alo Allkemper schließt: »So korrigiert ist fortschreitende Sprachskepsis für Jandl selbstverständlich.«[19]

Der Mißbrauch von Sprache durch den Menschen ist Jandls zweites Angriffsziel seiner Sprachkritik. Auf Marianne Konzags provokante Frage: »Was haben Sie vor mit der Sprache: Revolution, Reform, Revolte?« antwortete Jandl: »Über das Schreiben von Gedichten hinaus: Schärfung des Sprachbewußtseins, Erweiterung des Sprachhorizonts und eine gewisse – und das wäre schon das höchste Ziel, das ich mir stecken kann – Immunisierung des Lesers gegen Sprachmißbrauch, vor allem auf politischem Gebiet.«[20] Mehrfach wiederholte Jandl in verschiedenen Zusammenhängen den Satz: »Was ich will, sind Gedichte, die nicht kalt lassen.«[21] Das ist ihm gelungen, wie auch die zutreffende Formulierung in einem Nachruf von Jacques Lajarrige bestätigt. Er nennt Jandl »un poète qui ne peut laisser indifférent«.[22]

6.2.2 Gesellschaftskritik

Jandls Komik hat ein grimmiges Potential, besitzt die Schärfe und Gewalt, die im eingangs vorgestellten Gedicht *wo bleibb da hummoooa*[23] anklingt. Daß seine Gesellschaftskritik provoziert, ist gewollt; ihre Wirksamkeit kann durch Jandls Rezeptionsgeschichte belegt werden. Der politische Charakter mancher seiner Texte ist an Beispielen deutlich geworden. Vor diesem Hintergrund überrascht es nicht, daß die Stimmung auf seinen Lesungen phasenweise der in Kabarettvorstellungen ähnelte. Trotz des vielfältigen provokanten Potentials seiner Texte ist Jandl zwar nicht als Kabarettist zu bezeichnen, aber er besitzt dessen Lust am Angriff. Kabarettistische Züge seiner Texte sind zum Beispiel die respektlose Verkleinerung von Großem, das Aufdecken unangenehmer Wahrheiten, die Zerstörung von Pathos und das Bloßstellen des moralisch Verurteilenswerten. Unter den Spielarten des Komischen verwendet Jandl hier besonders die Methoden der Satire und der Parodie. So ist es zu erklären, daß Hilde Spiel ihn in eine Reihe »moralisierender Satiriker« stellt, »deren Attacke gegen öffentliche Mißstände sich ins Gewand der

---

[17] Siblewski: a komma, S. 155.
[18] Jandl: Zweifel an der Sprache, S. 80.
[19] Allkemper: Das Drehen der Worte, S. 99.
[20] Jandl/Konzag: Gespräch, S. 861.
[21] Zum Beispiel ebd., S. 862.
[22] Lajarrige: Ernst Jandl, S. 239.
[23] Jandl: poetische werke, Bd. 2, S. 159 (19. April 1957).

Gaukler und Narren hüllt«.[24] Als »literarisches Cabaret« sind die experimentellen Texte der Wiener Gruppe bekannt geworden.[25] Jandls frühe Beziehung
zur Wiener Gruppe war nicht frei von Spannungen.[26] Er berichtet: »Friedrich
Achleitner, den ich jetzt sehr mag, hab' ich damals nur am Rande kennenge-
lernt. Er fand meine Gedichte ›zu kabarettistisch‹, und dann machen die ein
literarisches Kabarett, ohne mich einzuladen. Das hat mich furchtbar geärgert.
Also: Friederike Mayröcker/Ernst Jandl auf der einen Seite — Artmann/Rühm
auf der anderen driften auseinander — aus war's. Es ist nicht ›aus‹ geblieben,
wir sind heute wieder gute Freunde.«[27]

Mit Blick auf gesellschaftskritische Züge in Jandls Gedichten ist auch die
provozierende Bemerkung in einem Handzettel der Wiener Gruppe aus dem
Jahr 1958 erwähnenswert: »unser carabet wird nicht — wie man es missver-
stehen wird können — eine einkleidung von massnahmen, das heißt unter anderem moralischen aufforderungen, sein, sondern schlichte begebenheiten.«[28]

Können »schlichte Begebenheiten« kabarettistisch sein? Auch mit Blick
auf Jandls Texte stellten Rezipienten bisweilen die Frage: Sind sie als
»schlichte Begebenheiten« im Sinne eines freien Sprachspiels zu verstehen?
Wie äußert sich in seinen Gedichten, die Lachen provozieren, zeitkritische
Moral? Ist diese, durch die spielerisch vorgetragene Sprachkritik, nicht gerade besonders eindringlich? Viele Texte Jandls erinnern an Gomringers Charakterisierung der konkreten Poesie als »überschaubar, nachvollziehbar, provozierend und, vielleicht ihr größter vorzug, einfach, d. h. rätselhaft und
poetisch. daß sie dabei sprach- und gesellschaftskritisch ist, kann nur demje-
nigen entgehen, der zwar alles verändern möchte, im übrigen aber sprache
sprache sein läßt.«[29]

Die Interpretationen der ausgewählten Beispiele belegen, daß Jandls Gedichte trotz des scheinbar leichten Sprachspiels mannigfaltige Inhalte im

[24] Spiel: Über eine österreichische Nationalliteratur, S. 38.
[25] Vgl. hierzu Butler: Wiener Gruppe, S. 236–251. Zur Wiener Gruppe gehörten
Friedrich Achleitner, Hans Carl Artmann, Konrad Bayer, Gerhard Rühm und Oswald Wiener. Jandl wurde immer wieder auf seine Nähe zur Wiener Gruppe angesprochen, er hat sich in einem Gedicht scherzhaft als deren *onkel* bezeichnet. Vgl.
Jandl: poetische werke, Bd. 9, S. 8 (zwischen 1982 und 1989): *verwandte // der
vater der wiener gruppe ist h. c. artmann / die mutter der wiener gruppe ist gerhard rühm / die kinder der wiener gruppe sind zahllos / ich bin der onkel.*
[26] Vgl. Jandl/de Groot: Gespräch, S. 8f. Vgl. hierzu Schmidt-Dengler: Öffnen und
Schließen, S. 131: »Dem Programmatiker Rühm schienen Effekte geradezu ver-
pönt und die von Jandl zielsicher gesetzten Pointen ein Verstoß gegen das Gebot
der Askese, die zur puren Präsentation der progressiven Konzepte unabdingbar erschien.«
[27] Jandl: lebenszeichen, S. 18.
[28] Achleitner u. a.: literarisches carabet, S. 419.
[29] Gomringer: vorwort, S. 6.

Blick behalten. Seine Texte sind nicht sinnfrei und schon gar nicht »absichts-los«.[30] Ganz im Gegensatz zur Aussage des Rezensenten Dietrich Segebrecht sind sie sogar »als Aufruf, als Pamphlet« nicht »unbrauchbar«, sondern im Gegenteil: höchst wirksam.[31] Die von Jandl selbst erwähnte »Bloßstellung von sprachlichen Indizien für bestimmte Denk- und Handlungsweisen«[32] war sicher ein Grund für die manchmal vehemente Ablehnung seiner Texte.

Jandls Gesellschaftskritik trug ihm aber auch Lob ein. Arnold Schölzel würdigt Jandl nach seinem Tod in den »Marxistischen Blättern«: »Wenn es die Herrschenden mit der Verblödung zu arg treiben, schlägt die Stunde der Denkexperimente. [...] Die Herrschaft des Kapitals bedroht die Existenz der Menschheit [...]. Ernst Jandl hat dies nicht die Sprache verschlagen, er hat die Differenz von kulturindustriellem Neusprech, von Idiotisierung und mensch-licher, sozialer Realität zum Gegenstand gemacht. In herkömmlicher, ver-schlissener Sprache ist das nicht möglich.«[33] Zwar wird Jandl hier politisch vereinnahmt, doch zeigt dieser Nachruf Schölzels die Schlagkraft, die in Jandls poetischen Werken, je nach Standpunkt, aufregte oder bewundert wurde. Zudem verurteilt Schölzel auch das in der Einleitung dieser Arbeit an-gesprochene Klischee des Sprachkomikers: »Das Feuilleton [...] reduziert ihn auf einen Sprach- und Lautjongleur.«[34] Zwar wurde dieses Klischee nicht, wie Schölzel andeutet, in jedem Feuilleton gepflegt. Ein Grund für die häufige Reduzierung Ernst Jandls auf einen Sprachkomiker kann jedoch tatsächlich die Flucht vor dem grimmigen Potential seiner Gedichte sein.

6.2.3 Perspektivwechsel

Wolfgang Preisendanz hat den Humor allgemein beschrieben als »imaginative Subversion aller vorgeprägten Auffassungsschemata und Sinnkonstitutionen: Das sind die Aspekte, die den Humor als Signatur des modernen Bewußtseins und zugleich als Erbe der christlichen Entzweiung von Ich und Welt kenn-

---

[30] Segebrecht: Die Sprache macht Spaß (FAZ 4. März 1967).

[31] Auch Kristina Schewigs Vorwurf, in Jandls Gedichten handele es sich um eine »Scheinkritik«, da nur »eine vage politische Haltung« erkennbar sei, trifft nicht zu. Von einem Verblassen der politischen Lyrik Jandls, das die Autorin 1981 zu be-obachten glaubte, kann keine Rede sein. Schewig: Versuch einer Monographie, S. 175f. Jedoch überzeugt Schewigs explizite Warnung vor einer »Eindimensiona-lität des herrschenden Jandl-Bildes, das ihn auf ›Vertreter der konkreten Poesie‹ reduziert oder zu seinem Namen lediglich ›Sprachspiel‹ assoziieren läßt.« Ebd., S. 164.

[32] Jandl: Zwei Arten von Gedichten, S. 43.

[33] Schölzel: Zum Tod von Ernst Jandl, S. 21.

[34] Ebd.

zeichnen.«[35] Eine subversive Haltung Jandls ist nicht nur inhaltlich in vielen seiner Gedichte zu entdecken, vor allem auch seine Sprache sprengt gewohnte Formen. Als besonders überraschendes Moment, das sowohl imaginär als auch subversiv ist, finden in seinen Gedichten Perspektivwechsel statt. Sie betreffen den Raum, den Standort (zum Beispiel im Gedicht *jupiter unbewohnt*) oder auch die Person beziehungsweise das Lebewesen (*ottos mops*), sie können sogar Gegenstände einschließen, wie Jandl im Gedicht *der schnitter*[36] vorführt. Diese Fähigkeit, den eigenen Blickwinkel zu ändern oder ganz zu verlassen, ist eines der wichtigsten Potentiale der Gedichte Jandls. Die Hörer und Leser werden dabei gefordert, zugleich aber werden sie mit einem Stück der von Jandl hochgeschätzten »Freiheit«[37] beschenkt. Ludwig Reiners geht in seiner Beschreibung des Phänomens Humor noch weiter, er bezeichnet ihn als die Möglichkeit, sogar eine »Gottesperspektive«[38] anzunehmen. Auch wer lieber nur von der Perspektive eines Humoristen sprechen möchte, muß mit Blick auf Jandls poetische Werke zugeben, daß er es schafft, menschliche Maßstäbe der Weltsicht zu relativieren.

6.2.4 Transzendenz: Das Zulassen von Trauer und Trost

Ernst Jandl zeigt in vielen seiner poetischen Werke eine erstaunliche Kraft des Humors. Dieser ist vielleicht die dominierendste und eindrucksvollste Spielart des Komischen, die in seinen Gedichten wirkt. Der Humor weiß sogar die Todesgewißheit von einer heiteren Seite zu akzeptieren (wie beispielsweise in den Gedichten *sommerlied, sieben weltwunder*), das Wissen um die Endlichkeit des menschlichen Lebens ist eine wichtige Antriebskraft in den poetischen Werken.[39] Wohl deshalb trägt eine in Zusammenarbeit mit Jandl und dem Norddeutschen Rundfunk entstandene CD explizit den Titel: »aus der kürze des lebens«.[40]

---

[35] Preisendanz: Humor, S. 101.
[36] Jandl: poetische werke, Bd. 8, S. 94 (15. Nov. 1978): *es ist ein schnitter, der / schneidet brot und gibt / der frau ein stück / und jedem kind ein stück [...] einem solchen schnitter / möchtest du wohl gern / einmal begegnen. / außer er sagt zu dir:/ komm her, du brot.*
[37] Jandl: Ziele einer poetischen Arbeitsweise, S. 44.
[38] Reiners: Stilkunst, S. 639f.
[39] Besonders deutlich äußert Jandl dies auch in einer seiner *stanzen*. Vgl. Jandl: poetische werke, Bd. 9, S. 241 (29. Aug. 1991): *mia r olle san entlich / oda is des zu schwaa faschdäntlich / mia miassn olle boid grepian / ged villaichd laichda in aicha hian.*
[40] Jandl/Glawischnig: laut und luise. aus der kürze des lebens [CD].

Wieso aber gelingt es Jandl, Trauer und Trost zuzulassen? Seine Gedichte rufen die Vermutung Søren Kierkegaards in Erinnerung, der Humor als »Inkognito des Religiösen«[41] beschrieben hat.

Die bereits zitierte autobiographische Notiz Jandls, die von ironischer Distanz zeugt, deutet doch zugleich eine Anziehung an: »Mit sieben hing mein Leben an einem Faden [...] meine Mutter betete mich gesund und hatte auch ein Fläschchen mit Lourdeswasser für mich besorgt«.[42] Nicht im Ernst scheint Jandl an das »Gesundbeten« zu glauben, doch ausschließen scheint er es auch nicht zu wollen. Und die Erinnerung an das Lourdeswasser verbindet dieses mit mütterlicher Fürsorge, die in späteren Gedichten oft als schmerzlicher Verlust auftaucht. Die von seiner Mutter ausgehende katholische Erziehung ist eine prägende und, wie Jandl oft andeutet, konfliktreiche Erfahrung gewesen. Explizit bezog sich der Autor auf die radikalen, provozierenden »Bittgänge« aus »Bertolts Brechts Hauspostille«: »lesen sie es bitte nach, wenn Sie Näheres über meine Kindheit, im engeren Sinn erfahren wollen.« Und er erwähnt »das mich seit undenklichen Zeiten begleitende Brecht-Gedicht ›Gegen Verführung‹«.[43] Jandls Werk zeigt an vielen Stellen Lust an der Provokation gegenüber religiösen Vorstellungen[44] und erinnert damit in der Tat an frühe Gedichte Brechts. Vielfach arbeitet Jandl allerdings mit Methoden des Komischen, es sind eher seine späten Gedichte, die Brechts Diktion in ihrer oft bitteren, verzerrenden Adaption liturgischer Sprache ähneln. Parallelen einer konfliktreichen, aber nicht zu übersehenden Affinität zur Religion werden hier sichtbar.[45]

---

[41] Kierkegaard: Nachschrift, S. 174.

[42] Jandl: Autobiographische Ansätze, S. 16. Vgl. hierzu auch: Siblewski: a komma, S. 16–24.

[43] Jandl: Das Öffnen, S. 118f. Das Gedicht »Gegen Verführung« ist von Brecht als »Schlußkapitel« der Hauspostille benannt, vgl. Brecht: Hauspostille, S. 171 und S. 260.

[44] Schmidt-Dengler betont, Jandl habe frühe, der katholischen Liturgie verpflichtete Spracherfahrung zum »Substrat« seiner poetischen Texte gemacht. Schmidt-Dengler: Heilung durch Aussparung, S. 136.

[45] Vgl. zum Beispiel *ich klebe an gott dem allmächtigen vater / schöpfer himmels und aller verderbnis / und seinem in diese scheiße hineingeborenen sohn* [...]. Jandl: Letzte Gedichte, S. 65. Vgl. dort auch *als katholischer Christ* und *katholisches Gedicht.* Jandl: Letzte Gedichte, S. 62–64. Paul Kurz vermutet jedoch nachvollziehbar: »Das Anstößige teilt seine eigene Frömmigkeit mit«. Kurz: Ernst Jandls anderer katholischer Gott, S. 708. Kaukoreit und Pfoser meinen, selbst das Spätwerk Jandls könne »an so etwas wie ›hoffnung‹ erinnern«, Kaukoreit/Pfoser: Vorbemerkung, S. 11. Auch ganz andere Auffassungen existieren allerdings, so äußert Drews 1994: »Ernst Jandls Komik, sowohl in seinen Hörspielen wie auch in seinen Gedichten, ist eine Art angefressene Komik, angefressen von der Wahrnehmung, daß das Leben zwar komisch, aber ungetröstet und daher nicht nur bodenlos komisch, sondern höllisch komisch ist.« Drews: Zwei Preisreden, S. 38. Die

Jandls frühes Gedicht *fortschreitende räude*[46] zersetzt fortschreitend den zugrundeliegenden Bibeltext »Im Anfang war das Wort«. Das Gedicht wurde als blasphemisch empfunden, es mußte 1966 aus dem Manuskript von *Laut und Luise* entfernt werden, damit der Band im katholischen Walter-Verlag erscheinen konnte. Jandl selbst erklärte jedoch: »Das wirkliche Ding, das weit außerhalb dieses Werkes seinen Platz hat, wird dabei nicht angetastet, sondern bleibt, was es ist und immer schon war.«[47] Diese bemerkenswerte und verrätselte Aussage Jandls wird mit Blick auf sein Verhältnis zur Religion oft zitiert.

Bernhard Fetz konstatiert zu Recht: »Gott, Religion, religiöse Vorstellungen sind ein durchgehendes Thema in Jandls Werk.«[48] Der Dichter verarbeitet die Frage nach Gott häufig und widersprüchlich auch explizit in seinen Gedichten.[49] Ein Jahr vor seinem Tod äußerte Jandl dann überraschend deutlich in einem Gespräch: »Ich bin keineswegs der Ansicht, daß wir ohne Religion auskommen, oder, sagen wir, ohne die Vorstellung Gottes, ohne die Vorstellung einer uns führenden positiven Macht. Sich darüber allzusehr zu verbreiten ist meine Sache aber nie gewesen«.[50] So wird eine transzendente Perspektive auch in den untersuchten Gedichten Jandls zwar nicht angesprochen, aber sie ist doch vielfach als präsent anzunehmen, wie an Beispielen gezeigt werden konnte.[51]

Eine transzendente Perspektive ermöglicht die Gelassenheit des Humoristen, der sich selbst in die Endlichkeit einbezieht. In seiner Dankrede zur Verleihung des Büchner-Preises 1984 hat Jandl Büchners Selbsteinschätzung zitiert, er hätte seine eigene poetische Arbeit nicht treffender mit eigenen

---

widersprüchliche Deutung gerade der religiösen Fragen im Werk Jandls ist ganz ähnlich für die frühen Gedichte Brechts zu konstatieren, Jandls Bezugnahme auf Brecht wird auch durch diesen Befund unterstrichen.

[46] Jandl: poetische werke, Bd. 4, S. 111 (1957).
[47] Jandl: Das Öffnen, S. 216.
[48] Fetz: Dichter, S. 120.
[49] Sehr häufig wird etwa auf das Gedicht *an gott* verwiesen, vgl. Jandl: poetische werke, Bd. 8, S. 104 (9. Jan. 1979).
[50] Siblewski: a komma, S. 215.
[51] Nach Jandls Tod wurde seine Lebensgefährtin zu diesem Thema befragt. Friederike Mayröcker betonte, daß man nicht aufgrund von Jandls Gedichten schließen solle, daß er »ein sehr gläubiger Mensch« gewesen sei, dennoch bezeichnet sie Jandl als »gläubigen Katholiken« und bejaht die Frage, ob er ein katholisches Begräbnis gewollt habe. Auf die Frage »Hat er an Gott geglaubt?« gibt sie die Auskunft: »Wir haben oft darüber gesprochen. Ich weiß nicht, ob ich an ein Weiterleben glaube. Bei ihm war es eher wechselnd. Einmal hat er gesagt, es ist überhaupt nichts danach, es ist aus, und dann, in den letzten Jahren, hat er immer wieder gemeint, vielleicht geht's doch irgendwie weiter.« Kraller/Mayröcker: Gespräch, S. 78.

Worten beschreiben können: »Man nennt mich einen Spötter. Es ist wahr, ich lache oft, aber ich lache nicht darüber, *wie* jemand ein Mensch, sondern nur darüber, *daß* er ein Mensch ist, wofür er ohnehin nichts kann, und ich lache dabei über mich selbst, der ich sein Schicksal teile.«[52]

---

[52] Jandl: Dankrede Georg-Büchner-Preis, S. 318.

7 Ernst Jandls Sprache als Hebammenkunst

In den poetischen Werken Jandls bekommen ungewohnt verwendete sprachliche Mittel ihren Sinn, der bisweilen durchaus komisch sein soll – es aber nicht von alleine und nicht an jeder Stelle ist. So war in den exemplarischen Interpretationen dieser Arbeit Heißenbüttels Warnung zu vertiefen und zu exemplifizieren: »Es wird von hier aus deutlicher, warum Ernst Jandl seit *Laut und Luise* als Komiker mißverstanden worden ist. Das liegt nicht an ihm und dem, was er verfaßt hat, sondern daran, daß Leser und Hörer seiner Poesie daran gewöhnt waren und sind, daß die sprachlichen Elemente, die er zum Reden bringt, zum Zweck des komischen Effekts verwendet werden. Was die Komik nicht mindert, die mitspielt, aber sie ist weder das Ziel noch der Mittelpunkt der Jandlschen Gedichte.«[1] Was ist statt dessen das Ziel Jandls? Die Analyse seiner poetischen Werke läßt erkennen, daß er sich durchaus auch als Aufklärer betätigt, wobei Spielarten des Komischen helfen. Nicht umsonst spricht Jandl von Stellen, an denen Hörer seiner Gedichte »über das Lachen hinaus sein«[2] sollten. Er wünschte sich wörtlich eine »aufgeklärte Massenkultur«[3] und wurde tatsächlich einer der populärsten Lyriker. Reich-Ranicki bestätigt ihm Erfolg: »Was immer Jandl auch sein mag, zu den Aufklärern gehört er mit Sicherheit.«[4]

Es ist sicher, daß für seinen Erfolg auch das Komische seiner Gedichte verantwortlich ist, das Spaß macht, und, wie gezeigt werden konnte, noch viel mehr als das kann. Neue Potentiale, die Jandl durch komplexe und ungewohnte Anwendung traditioneller Methoden des Komischen in der Sprache aufdeckt, offenbaren sich zum Beispiel in der schöpferischen Verbindung des Komischen mit Kritik, Weisheit, Demut oder Trost. Zahlreiche Perspektivwechsel, die Jandl vollzieht, entdecken die Welt neu. Sie erscheint in seiner Sprache entfremdet, ist zugleich unheimlich und provoziert dennoch ein Lachen, das Angst besiegt.

Jandls Methode ist aber nicht das Belehren. Vielmehr wirft er durch seine Sprache Fragen auf, die eine viel stärkere aufklärerische Kraft haben als Aussagen. Das Lachen, erzeugt durch vielfältige Spielarten des Komischen, ist dabei ein Mittel, das den Geist öffnet.

Das Lachen kann zugleich Indiz sein für das Entstehen von Unsicherheiten und Fragen auf der Rezipientenseite. Schon Helmers beobachtete allgemein:

---

[1] Heißenbüttel: Das Lautgedicht, S. 22.
[2] Jandl/Huemer: Gespräch, S. 26.
[3] Jandl: Rede an Friederike Mayröcker, S. 338.
[4] Reich-Ranicki: Schreibtisch (FAZ 5. Aug. 1995).

»Die durch den lyrischen Humor erzeugte literarische Kommunikation ist besonders intensiv.«[5] Jandl gelingt, was er selbst als Ziel formulierte: »Einzudringen in das Bewußtsein des Gedichtkonsumenten und darin festsitzende übernommene Vorstellungen von Werten zu lockern und ihren Abgang zu beschleunigen, wie auch im zumindest denkbaren Fall eines freien Bewußtseins dessen Immunisierung durch Skepsis, gegen weitergereichte Vorstellungen von Werten, ist, läßt man Lustgewinn durch Gedichtproduktion als privat außer acht, ihr Zweck.«[6]

Seit der Antike ist die Technik der Aufklärung durch das Aufwerfen von Fragen gewürdigt worden, am bekanntesten durch die sokratische Methode der Maieutik, der »Entbindungskunst«,[7] die man auch Jandl bescheinigen kann. Was Sokrates im Dialog Theaitetos als Hebammenkunst darlegt, ist die Fähigkeit, »latentes, unbewußtes Wissen von innen herauszuholen und zur Sprache zu bringen«.[8] Entscheidendes Mittel hierfür ist die Sprache, sie ist die Wissensquelle.[9] Sokrates begründet sein Vorgehen: »weil es mir durchaus nicht erlaubt ist, die Unwahrheit durchzulassen und die Wahrheit zu unterdrücken.«[10] Auch der »Biß« oder »Stich« gelten dabei als Mittel zur Entdeckung des eigenen Wissens, indem sie falsches Wissen aufdecken. Sie sollen »durch die Entlarvung des Scheinwissens den Dünkel des Befragten bloßlegen« und im besten Fall zu einem »reflektierteren Dasein«[11] führen. Daß die Geburtshilfe manchmal Wut der Gebärenden auf sich zieht, wird schon im Dialog Theaitetos berichtet. Wenn Sokrates erwähnt, manche derer, denen er zur Wahrheitsfindung verholfen habe, seien »wie bissige Hunde«[12] auf ihn losgegangen, so kann dies an manche Augenblicke in der Rezeptionsgeschichte der Werke Jandls erinnern. Um so verblüffender ist es zu beobachten, wie verärgerte Rezensenten oft selbst zum Sprachspiel greifen, um Jandl zu kritisieren.[13]

---

[5] Helmers: Lyrischer Humor, S. 8.

[6] Jandl: Zwei Arten von Gedichten, S. 43.

[7] Platon: Theätet, S. 42. Vgl. die Erläuterungen von Renaud: Maieutik, Sp. 727–736.

[8] Renaud: Maieutik, Sp. 727.

[9] Ebd., Sp. 730.

[10] Platon: Theätet, S. 44.

[11] Renaud: Maieutik, Sp. 730.

[12] Platon: Theätet, S. 44.

[13] Die schon erwähnte Rezension von Hilde Rubinstein ist ein Beispiel. Vgl. Rubinstein: Layouts mit potentiellen Knallbonbons, S. 449–450. Ein anderes wird in der Werkausgabe Jandls zitiert: »Kinder nehmen ja gern alles in den Mund; falls ich aber meines dabei erwischen sollte, daß es Herrn Jandls lyrischen Abfall aus der Mülltonne nimmt, um davon zu naschen, so würde ich ihm wehren und sofort anordnen: ›Spül düch den Mund, moyn Künd, aber dalli!‹« Die Rezension stammt aus der DDR-Wochenzeitung »Die Weltbühne« vom 13. Januar 1965 und hat die Überschrift: »Nu woyß üch, wie üch düchten kann«. Jandl: Jandl als Erzieher, S. 103.

Die Provokation von Fragen ist auch ein Prinzip Gertrude Steins, die vielleicht unter anderem deshalb ein literarisches Vorbild Jandls war. Der Dichter hat Steins Vorträge »Erzählen« übersetzt sowie deren Einleitung von Thornton Wilder: »Ein weiterer Zugang zu diesen Vorträgen liegt darin, sie als Anschauungsunterricht in der Methode des Lehrens zu betrachten. Nichts wird gelernt, es sei denn als Antwort auf eine tiefsitzende, deutlich gestellte Frage. In diesen Vorträgen, die mit einer berechneten Einfachheit beginnen, werden zuerst die Fragen im Kopf der Zuhörer vorbereitet und provoziert.«[14]

Ernst Jandls Hörer und Leser werden nicht nur zur Suche nach Antworten auf die Jandlschen Fragen angeregt, sogar zum eigenen »Jandln«.[15] Die Nachhaltigkeit seiner Kunst ist wohl durch nichts besser zu belegen. Er ist kein »Sprachclown«, sondern ein Lehrer, der sich der Komik zu bedienen versteht und in ihr neue Potentiale aufzeigt. In den exemplarisch untersuchten Gedichten dieser Arbeit konnte gezeigt werden, daß nicht nur Ernst Lyrik auszeichnet. Humor und andere Spielarten des Komischen können, wie Ernst Jandl beweist, in poetischen Werken ein kraftvolles Instrument der Erkenntnis sein.

---

[14] Wilder: Einleitung [Übersetzung von Ernst Jandl], S. 8.
[15] Die Übertragung von Jandls Gedichten in andere Sprachen zeigt die Sprachgrenzen überschreitende Wirksamkeit seiner Methoden. Vgl. zur internationalen Verbreitung der Jandlschen Gedichte Siblewski: a komma, S. 186.

8 Literaturverzeichnis

8.1 Werkausgaben

Jandl: poetische werke = Jandl, Ernst: poetische werke. Hg. von Klaus Siblewski.
Bd. 1–10, München 1997; Bd. 11, München 1999.
— Gesammelte Werke = Jandl, Ernst: Gesammelte Werke. Hg. von Klaus Siblewski.
3 Bde., Darmstadt/Neuwied 1985.

8.2 Werke und theoretische Abhandlungen Ernst Jandls

— 1925. In: Literatur und Kritik 4, 1969, S. 80–81.
— Abgrenzung des eigenen poetischen Bereichs = Jandl, Ernst: Mitteilungen aus der
literarischen Praxis. 1. Abgrenzung des eigenen poetischen Bereichs. In: Ders.:
poetische werke, Bd. 11, S. 105–133 (1974).
— Altrove. Aus der Fremde. Opera parlata in sette scene. Traduzione di Nanni
Balestrini. Pasian di Prato 1995.
— Anmerkung = Jandl, Ernst: Anmerkung des Autors zu Band 7. In: Ders.: poeti-
sche werke, Bd. 7, S. 210.
— Anweisungen zur Aufführung von »Gesten: ein Spiel«. In: protokolle, 1970, H. 1,
S. 70–75.
— Autobiographische Ansätze = Jandl, Ernst: Autobiographische Ansätze. In: Ders.:
poetische werke, Suppl. Bd., S. 14–18 (1979).
— Autoren-Interview. Sprachartist mit allerlei Überraschungen. In: Börsenblatt für
den Deutschen Buchhandel 39, 1983, S. 1659–1661.
— [Brief] an die österreichische gesellschaft für sprachpflege (30. Sept. 1973) =
Jandl, Ernst: an die österreichische gesellschaft für sprachpflege und rechtschreib-
erneuerung vom 30. Sept. 1973. In: Siblewski: Texte, Daten, Bilder, S. 40.
— Briefe aus dem Krieg = Jandl, Ernst: Briefe aus dem Krieg. 1943–1946. Hg. von
Klaus Siblewski. München 2005.
— Dankrede anläßlich der Verleihung des Würdigungspreises für Literatur. In: Lite-
ratur und Kritik 14, 1979, S. 158.
— Dankrede Georg-Büchner-Preis = Jandl, Ernst: Dankrede zur Verleihung des
Georg-Büchner-Preises 1984. In: Ders.: poetische werke. Bd. 11, S. 314–319.

– Dankrede zur Verleihung des Großen Österreichischen Staatspreises am 19. März 1984. In: Literatur und Kritik 19, 1984, S. 229–234.
– Darüber etwas zu sagen. Bemerkungen zum Hörspiel »Das Röcheln der Mona Lisa«. In: protokolle, 1977, H. 2, S. 243–246.
– Das Öffnen = Jandl, Ernst: Das Öffnen und Schließen des Mundes. Frankfurter Poetik-Vorlesungen. In: Ders.: poetische werke, Bd. 11, S. 205–290.
– Das Öffnen und Schließen des Mundes. Frankfurter Poetik-Vorlesungen. Frankfurt a. M. 1990.
– Das Röcheln der Mona Lisa = Jandl, Ernst: Das Röcheln der Mona Lisa. Ein akustisches geschehen für eine stimme und apparaturen. In: protokolle, 1977, H. 2, S. 247–273.
– Das Sprechgedicht = Jandl, Ernst: Das Sprechgedicht. In: Ders.: poetische werke, Bd. 11, S. 8 (1957).
– der gelbe hund = Jandl, Ernst: der gelbe hund. gedichte. Darmstadt/Neuwied 1982.
– der künstliche baum = Jandl, Ernst: der künstliche baum. Neuwied/Berlin 1970.
– Deutschunterricht für Deutschlehrer. In: Neues Forum 17, 1970, H. 195/1, S. 227–228.
– Dichtkunst = Jandl, Ernst: Anmerkungen zur Dichtkunst. In: Ders.: poetische werke, Bd. 11, S. 188–193 (1979).
– Dichtung, bisweilen, ist ein blutiges Geschäft. Dankrede. In: Jahrbuch der Deutschen Akademie für Sprache und Dichtung 1984. Heidelberg 1985, S. 135–140.
– die ersten Schritte = Jandl, Ernst: die ersten Schritte. In:»Nach zwanzig Seiten waren alle Helden tot. Erste Schreibversuche deutscher Schriftsteller«. Hg. von Karl Corino/Elisabeth Albertsen. Düsseldorf 1995, S. 55–58.
– die humanisten = Jandl, Ernst: die humanisten. konversationsstück in einem akt. In: Ders.: poetische werke, Bd. 10, S. 159–175 (10.–20. April 1976)
– Die schöne Kunst des Schreibens = Jandl, Ernst: Die schöne Kunst des Schreibens. Darmstadt/Neuwied 1976.
– Ein bestes Gedicht (16. Juni 1978) = Jandl, Ernst: Ein bestes Gedicht (16. Juni 1978). In: Ders.: poetische werke. Bd. 11, S. 184–187 (16. Juni 1978).
– ernst und ernst = Jandl, Ernst: zur wichtigkeit, ernst und ernst zu sein. In: aus dem wirklichen leben. gedichte & prosa. München 1999, S. 143.
– Experimente = Jandl, Ernst: Einige Bemerkungen zu meinen Experimenten. In: Ders.: poetische werke, Bd. 11, S. 9 (1963).
– Gedichte. In: Neue Wege, Nr. 123, Mai 1957, S. 11.
– Gräßliche Beziehung = Jandl, Ernst: Gräßliche Beziehung zweier Ehemänner zur schönen U. In: protokolle, 1975, H. 2, S. 17–26.
– Jandl als Erzieher = Jandl, Ernst: Jandl als Erzieher. In: Ders.: poetische werke, Bd. 11, S. 101–104 (zusammengestellt am 7. April 1974).
– Laudatio auf H. C. Artmann zur Verleihung des Preises der Stadt Wien am 31. Mai 1977. In: Literatur und Kritik 12, 1977, S. 535–538.

- Laut und Luise. Olten/Freiburg i. Br. 1966 (=Walter-Druck; 12).
- lebenszeichen = Jandl, Ernst: lebenszeichen: hurra! ich lebe ja noch. Ein Gespräch mit Ernst Jandl, Originalton - Kristina Pfoser-Schewig, vis a vis. In: Bühne. Das Österreichische Kulturmagazin, April 1991, S. 12–18.
- lechts und rinks. gedichte, statements, peppermints. 4. Aufl. München 2001.
- Letzte Gedichte = Jandl, Ernst: Letzte Gedichte. München 2001.
- Mein Gedicht = Jandl, Ernst: Mein Gedicht und sein Autor. In: Ders.: poetische werke, Bd. 11, S. 34–41 (1967).
- nachwort = Jandl, Ernst: nachwort. In: Ders.: poetische werke, Bd. 9, S. 283–284.
- Notizen zur eigenen poetischen Arbeit. In: Formen der Lyrik in der österreichischen Gegenwartsliteratur. Hg. von Wendelin Schmidt-Dengler. Wien 1981 (= Schriften des Institutes für Österreichkunde; 39), S. 110–133.
- Österreichische Beiträge zu einer modernen Weltdichtung = Jandl, Ernst: Österreichische Beiträge zu einer modernen Weltdichtung. In: Ders.: poetische werke, Bd. 11, S. 11–13 (1966).
- Proben apokalyptischer Poesie = Jandl, Ernst: Lesung: »Proben apokalyptischer Poesie«. In: Poesie der Apokalypse. Hg. von Gerhard R. Kaiser. Würzburg 1991, S. 314–318.
- Rede an Friederike Mayröcker = Jandl, Ernst: Rede an Friederike Mayröcker. In: Ders.: poetische werke, Bd. 11, S. 337–338.
- Rede anläßlich der Verleihung des Hörspielpreises der Kriegsblinden (22. April 1969) = Jandl, Ernst: Rede anläßlich der Verleihung des Hörspielpreises der Kriegsblinden am 22. April 1969 (gemeinsam mit Friederike Mayröcker). In: Ders.: poetische werke, Bd. 11, S. 293–297.
- Rede zur Verleihung des Georg-Trakl-Preises am 10. Dezember 1974. In: Ders.: poetische werke, Bd. 11, S. 298–299.
- Vorrede = Jandl, Ernst: Vorrede zu einer Lesung in Graz, 11. November 67. In: Ders.: poetische werke, Bd. 11, S. 42.
- vorwort. In: Das Gedicht 3, 1995, S. 10–11.
- Was ist die »Grazer Autorenversammlung«? In: manuskripte 17/18, 1978, S. 117–118.
- Ziele einer poetischen Arbeitsweise = Jandl, Ernst: Voraussetzungen, Beispiele und Ziele einer poetischen Arbeitsweise. In: Ders.: poetische werke, Bd. 11, S. 44–53 (1969).
- Zu diesem Buch = Jandl, Ernst: Zu diesem Buch. In: Glantschnig, Helga: Blume ist Kind von Wiese oder Deutsch ist meine neue Zunge. Lexikon der Falschheiten. Hamburg 1993, S. 11.
- Zum Gedicht *im delikatessenladen* = Jandl, Ernst: Zum Gedicht *im delikatessenladen*. Antwort auf die Frage einer Schülerin. In: Fetz: Ernst Jandl, S. 116–118.
- Zum Thema »Autorität des Wortes« = Jandl, Ernst: Zum Thema »Autorität des Wortes«. In: Fetz: Ernst Jandl, S. 23–25 (20.–21. Oktober 1970).

- Zur Autorenumfrage ›Literatur ist Widerstand mit vielleicht veralteten Mitteln.‹ In: Tintenfisch 8, 1975, S. 82–83.
- Zur Umfrage »Was ist eigentlich Lyrik?« = Jandl, Ernst: Zur Umfrage »Was ist eigentlich Lyrik?« In: Literatur und Kritik 4, 1969, S.80–81.
- Zwei Arten von Gedichten = Jandl, Ernst: Zwei Arten von Gedichten. In: Ders.: poetische werke, Bd. 11, S. 43 (18. Juni 1968).
- Zweifel an der Sprache = Jandl, Ernst: Zweifel an der Sprache. Vortrag für ein Literatursymposium gleichen Titels. In: Ders.: poetische werke, Bd. 11, S. 74–80 (1973).
- / Cramer, Heinz von/Mayröcker, Friederike: Traube. Ein Fernsehfilm. In: protokolle, 1972, H. 2, S. 163–181.
- / de Groot: Gespräch = Jandl, Ernst/de Groot, Cegienas: Gespräch mit Ernst Jandl (14. März 1983 im Amsterdam). In: Deutsche Bücher 14, 1984, S. 3–15.
- / Estermann: Gespräch = Estermann, Alfred: »...eine Schonungslosigkeit, die nicht verletzt ...«. Ein Gespräch mit Ernst Jandl. In: Estermann: Ausstellung, S. 19–30.
- / Hennig: ottos mops hopst = Jandl, Ernst: ottos mops hopst. Gedichte. Hg. von Uwe-Michael Gutzschhahn. Mit 11 Zeichnungen von Bernd Hennig. Darmstadt 1985.
- / Huemer: Gespräch = Jandl, Ernst/Huemer, Peter: »ich sehr lieben den deutschen sprach«. Peter Huemer im Gespräch mit Ernst Jandl. In: Wespennest 125, 2002, S. 22–30.
- / Junge, Norman: Antipoden. Auf der anderen Seite der Welt. Weinheim/Basel 1999.
- / Junge, Norman: Immer höher. Weinheim/Basel 1996.
- / Junge: fünfter sein = Jandl, Ernst/Junge, Norman: fünfter sein. Weinheim/Basel 1999.
- / Junge: ottos mops = Jandl, Ernst/Junge, Norman: ottos mops. Weinheim/Basel 2001.
- / Konzag: Gespräch = Konzag, Marianne: Gespräch mit Ernst Jandl. In: Sinn und Form 37, 1985, S. 856–865.
- / Mayröcker, Friederike: Fünf Mann Menschen. Hörspiele. Neuwied/Berlin 1971.
- / Spohn, Jürgen: falamaleikum. Gedichte und Bilder. Darmstadt/Neuwied 1983.
- / Trier, Walter: Alle freut, was alle freut. Köln 1975.
- / Weibel: Gepräch = Jandl, Ernst/Weibel, Peter: Gespräch vom 6. Juli 1976. In: ernst jandl. my right hand, my writing hand, my handwriting. Hg. von Heimrad Bäcker. Linz 1985 (= Edition neue texte; 16/17) [ohne Seitenzählung].

8.3 Tonträger

Böving, Peter: Kompositionsspiel. jandls ernst. 2003.

Die Lieblingsgedichte der Deutschen. Hg. vom Patmos-Verlag. Düsseldorf 2000.

Jandl: dilemma [CD] = Jandl, Ernst/statt-theater Fassungslos: jandls dilemma. Eine akustische Collage des Dresdner »statt-theaters Fassungslos« unter Verwendung von Texten Ernst Jandls. Hg. vom Bayerischen Rundfunk. München 1992.

— Eile mit Feile [Lesung] = Jandl, Ernst: Eile mit Feile. Lesung von Ernst Jandl in Oldenburg am 7. März 1995. Stuttgart 1996.

— heldenplatz [Lesung] = Jandl, Ernst: wien: heldenplatz. Ernst Jandl und Wolf Redl lesen (Live-Mitschnitt der Schaubühne am Lehniner Platz Berlin). München 1999.

— him hanflang [CD] = Jandl, Ernst: him hanflang war das wort. Sprechgedichte, gelesen 1980 vom Autor. Berlin 2000.

— hosi+anna [Schallplatte] = Jandl, Ernst: hosi+anna. Berlin 1971 (= Wagenbachs Quartplatte; 6).

— Laut und Luise [CD] = Jandl, Ernst: Laut und Luise. hosi+anna. sprechgedichte. Berlin 2001.

— / Böving: poetry-dance [CD] = Jandl, Ernst/Böving, Peter (Musik): funk den ernst. poetry-dance. Frankfurt a. M. 2001.

— / Glawischnig: laut und luise. aus der kürze des lebens [CD] = Jandl, Ernst/Glawischnig, Dieter/NDR Bigband: laut und luise. aus der kürze des lebens. Hat Hut Records 1995.

— / Huemer: Gespräch [CD] = Jandl, Ernst/Huemer, Peter: Im Gespräch. Aufnahme des ORF 1988 aus der Reihe »Im Gespräch«. Obermichelbach 1998.

— / Quendler/Rüegg: bist eulen? [CD] = Jandl, Ernst/Quendler, Harald/Rüegg, Mathias: bist eulen? Wien 1984 (= extraplatte).

— / u. a.: lieber ein saxophon. Aufgenommen in Wien am 18./19. Dezember 1990. Wien 1991 (= extraplatte).

— / u. a.: vomvomzumzum. Aufgenommen am 19./20. April 1988 in Wien. Wien 1988 (= extraplatte).

Newton, Lauren/Puschnig, Wolfgang/Scherer, Uli: vom vom zum zum. Aufgenommen mit Ernst Jandl am 19. und 20. April 1988 in Wien. 1989.

8.4 Filme

Jandl, Ernst: Ernst Jandl live. Gedichte und Szenen aus zwei Autorenlesungen Mainz und Frankfurt 1983.
Maulkonzert. Phonetische Poesie. Mit Ernst Jandl, Gerhard Rühm u. a. Redaktion: Klaus Peter Dencker. Hergestellt im Auftrag des Saarländischen Rundfunks [o. J.].

8.5 Computerspiel

John, Ludwig/Quosdorf, Bertram: Ottos Mops. Auf der Suche nach dem Jandl. Computerspiel. München 1996.

8.6 Internetseiten

http://www.bundeskanzleramt.at/DesktopDefault.aspx?TabID=3745&Alias=kunst [Stand: Sept. 2004]. Meldung zum Ernst-Jandl-Preis für Lyrik.
http://www.eurozine.com/article/2000-12-01-hummelt-de.html [Stand: Mai 2007]. Hummelt, Norbert: Merk dir, du heißt Ernst Jandl.
http://www.homes.uni-bielefeld.de/mberghof/jandl [Stand: Sept. 2004]. Dokumentation: http://www.matthiasberghoff.de/pub/aufsjand/ [Stand: Mai 2007]. Berghoff, Matthias: interaktiver Assoziations- und Interpretationsraum im Internet zu Ernst Jandls *wien : heldenplatz.*
http://www.i-songtexte.com/9026/titel/index.html [Stand: Mai 2007]. Dorau, Andreas/ die Marinas: Fred vom Jupiter. Songtext.
http://www.ksta.de/artikel.jsp?id=1011285401625 [Stand: Juli 2002]. Meldung zu einer Emnid-Umfrage im Jahr 2002: Fast die Hälfte der Deutschen glaubt an Außerirdische.
http://www.literaturhaus.at/veranstaltungen/jandl [Stand: Mai 2007].
http://www.spiegel.de/wissenschaft/weltraum/0,1518,240598,00.html [Stand: Mai 2007]. Dambeck, Thorsten: »Wir suchen nach Kandidatensternen«. Interview mit Werner von Bloh. In: Spiegel online vom 19. März 2003.

8.7   Literatur

Abraham, Werner: Das Konzept der »projektiven Sprache« = Abraham, Werner: Das Konzept der »projektiven Sprache« bei Ernst Jandl. In: Deutsche Vierteljahrsschrift für Literaturwissenschaft und Geistesgeschichte 56, 1982, S. 539–558.

- Linguistik der uneigentlichen Rede. Linguistische Analysen an den Rändern der Sprache. Tübingen 1998.

- Sprache der Zukunft und Sprache als Machtmittel. Das Konzept der »projektiven Sprache« bei Ernst Jandl. In: Abraham: Linguistik, S. 77–99.

- Zur Uneigentlichkeit der Sprache. Linguistik der Metapher. In: Abraham: Linguistik, S. 227–267.

Achleitner, Friedrich u. a.: literarisches carabet (1958/59). In: Die Wiener Gruppe. Achleitner, Artmann, Bayer, Rühm, Wiener. Texte, Gemeinschaftsarbeiten, Aktionen. Hg. von Gerhard Rühm. Reinbek bei Hamburg 1967, S. 419–421.

Adler, Nikolaus: »Pfingstwunder«. In: Lexikon für Theologie und Kirche. Bd. 8. Hg. von Josef Höfer/Karl Rahner. 2. neu bearb. Aufl. Freiburg 1963, Sp. 423.

Adorno: Erziehung zur Mündigkeit = Adorno, Theodor W.: Erziehung zur Mündigkeit. Vorträge und Gespräche mit Hellmut Becker 1959–1969. Frankfurt a. M. 1971.

- Negative Dialektik = Adorno, Theodor W.: Negative Dialektik. Dritter Teil: Meditationen zur Metaphysik. Frankfurt a. M. 1970.

- Noten = Adorno, Theodor W.: Noten zur Literatur I. Frankfurt a. M. 1965.

- Prismen = Adorno, Theodor W.: Prismen. Kulturkritik und Gesellschaft. Baden-Baden 1965 [Nachdruck der Erstausgabe 1955].

Albrich, Thomas: Holocaust und Schuldabwehr. Vom Judenmord zum kollektiven Opferstatus. In: Steininger/Gehler: Österreich im 20. Jahrhundert. Bd. 2, S. 39–106.

Allemann: Ironie = Allemann, Beda: Ironie. In: Reallexikon Literaturgeschichte. Bd. 1, S. 756–761.

- Ironie und Dichtung = Allemann, Beda: Ironie und Dichtung. 2. Aufl. Pufflingen 1969.

Allkemper, Alo: Das Drehen der Worte um nichts als quittierte Grimassen. Anmerkungen zu Ernst Jandl. In: Sprachkunst 18, 1987, S. 93–109.

Altenheim, Hans: »du wundern mein schön deutsch sprach?« In: Börsenblatt für den deutschen Buchhandel 162, 1995, S. 57–58.

Althaus, Hans Peter/Henne, Helmut/Wiegand, Herbert Ernst (Hg.): Lexikon der Germanistischen Linguistik. 2. Aufl. Tübingen 1980.

Althaus, Hans Peter: Faszination des Fremden. Chinesisch als Metapher. Trier 1994.

Améry, Jean: Hand an sich legen. Diskurs über den Freitod. Stuttgart 1976.

Andics, Hellmut: Der Staat, den keiner wollte. Österreich von der Gründung der Republik bis zur Moskauer Deklaration. Wien/München 1968 (= Österreich 1804–1975. Österreichische Geschichte von der Gründung des Kaiserstaates bis zur Gegenwart; 3).

Apel; Friedmar: Die Phantasie im Leerlauf. Zur Theorie des Blödelns. In: Sprache im technischen Zeitalter 1977, S. 359–374.

Apte: Humor and Laughter = Apte, Mahadev L.: Humor and Laugther. An Anthropological Approach. London 1985.

– Introduction = Apte, Mahadev L.: Introduction. In: International Journal of the Sociology of Language 65 (Language and Humor), 1987, S. 5–8.

Arens, Anton: Pfingsten. In: Lexikon für Theologie und Kirche. Bd. 8. Hg. von Josef Höfer/Karl Rahner. 2. neu bearb. Aufl. Freiburg 1963, Sp. 421–422.

Asserate, Asfa-Wossen: Manieren. 11. Aufl. Frankfurt a. M. 2004.

Attardo, Salvatore: Linguistic Theories of Humor. Berlin/New York 1994 (= Humor Research; 1).

Aubouin, Elie: Les Genres du Risible. Ridicule, Comique, Esprit, Humour. Marseille 1948.

Aue, Walter (Hg.): science&fiction. Frankfurt a. M. 1971.

Bäcker, Heimrad (Hg.): ernst jandl. my right hand, my writing hand, my handwriting. Linz 1985 (= Edition neue texte 16/17).

Bader, Angela u. a. (Hg.): Sprachspiel und Lachkultur. Beiträge zur Literatur- und Sprachgeschichte. Stuttgart 1994 (= Stuttgarter Arbeiten zur Germanistik; 300).

Bahrdt, Hans Paul: Wie weh das tut ...! Gedanken zur Genealogie des surrealistischen Witzes. In: Deutsche Universitätszeitung 7, 1952, H. 20, S. 12–15.

Bann, Stephen: Concrete Poetry. An international anthology. London 1967.

Barni, Sara: L'anima barocca di Ernst Jandl. In: Reitani. Proposte di lettura, S. 147–152.

Bartels, Martin: Traum und Witz bei Freud. Die Paradigmen psychoanalytischer Dichtungstheorie. In: Literatur und Psychoanalyse. Vorträge des Kolloquiums am 6. und 7. Oktober 1980. Hg. von Klaus Bohnen/Sven-Aage Jorgensen/Friedrich Schmöe. Kopenhagen/München 1981 (= Text&Kontext, Sonderreihe; 10), S. 10–28.

Barthes, Roland: S/Z. Paris 1970.

Becher, Ilse: Iup(p)iter. In: Lexikon der Antike. Hg. von Johannes Irmscher. Leipzig 1977, S. 261–262.

Beck, Jürgen: Faszination und Spitzentechnologie. In: Raumfahrt zum Nutzen Europas. Die Perspektiven der Fernerkundung mit Satelliten. Hg. von Wolfgang Steinborn/Ingrid Sprengelmeier-Schnock. Karlsruhe 1993. S. 14–15.

Bense, Max: Konkrete Poesie. In: Sprache im technischen Zeitalter 1965, S. 1236–1244.

Berg, Alban: Was ist atonal? In: Alban Berg. Glaube, Hoffnung, Liebe, Schriften zur Musik. Hg. von Frank Schneider. Leipzig 1981, S. 297–306.

213

Berger, Albert: Ernst Jandl. In: Die deutsche Lyrik 1945–1975. Zwischen Botschaft und Spiel. Hg. von Klaus Weissenberger. Düsseldorf 1981, S. 301–308.

— Ernst Jandls Bearbeitung der Sprache. Anmerkungen zu seiner Poesie und Poetik heute. In: Jordan/Marquardt/Woesler: Lyrik, S. 429–438.

Bergerac, Cyrano de: L'Autre Monde ou les Estats et Empires de la Lune. In: Œvres complètes. Hg. von Jaques Prévot. Paris 1977, S. 359–424 [Erstdruck 1657 und 1662].

Bergson, Henri: Das Lachen. Ein Essay über die Bedeutung des Komischen (Übersetzung der franz. Originalausgabe »Le rire« aus dem Jahr 1900). Darmstadt 1988.

Bernhard, Thomas: Heldenplatz. Frankfurt a. M. 1988.

Bertau, Marie-Cécile: Sprachspiel Metapher. Denkweisen und kommunikative Funktion einer rhetorischen Figur. Opladen 1996.

Betz, Martin: Jandl und die Folgen. Sein und Wirkung eines sehr populären Lyrikers. In: Gegenwart 33, 1997, S. 1 u. S. 7.

Binder, Alwin: Visuelle Gedichte Ernst Jandls. In: Der Deutschunterricht 25, H. 1, 1973, S. 78–89.

Blinzler, Josef: Hosanna. In: Lexikon für Theologie und Kirche. Bd. 5. Hg. von Josef Höfer/Karl Rahner. 2. neu bearb. Aufl. Freiburg 1960, Sp. 489.

Bloch, André (Hg.): Gegenwartsliteratur. Mittel und Bedingungen ihrer Produktion. Bern 1975.

Block, Friedrich W.: i,c,h. Über drei Buchstaben in der Poesie Ernst Jandls. In: Vogt: Interpretationen, S. 173–191.

Bluhm, Heiko: der freisinnige christ. ernst jandls spiel mit der christlichen tradition. Wettenberg 1997.

Blum, Annelies: Humor und Witz. Eine psychologische Untersuchung. Zürich 1980.

Blumensath, Heinz: Ernst Jandl. Berlin 1991 (= Galerie der Autoren; 25).

Blunck, Jürgen: Götter in Planeten und Monden. Frankfurt a. M. 1987.

Booij, Geert u. a. (Hg.): Morphologie. Ein internationales Handbuch zur Flexion und Wortbildung. Bd. 1. Berlin/New York 2000 (= Handbücher zur Sprach- und Kommunikationswissenschaft; 17.1).

Boehncke, Heiner/Kuhne, Berd: Anstiftung zur Poesie. Oulipo - Theorie und Praxis der Werkstatt für potentielle Literatur. Bremen 1993.

Boer: Astrologie = Boer, Emil: Astrologie. In: Lexikon der Alten Welt. Bd. 1. Hg. von Carl Andresen u. a., Zürich/München 1990, Sp. 354–357.

— Planeten in der Astrologie = Boer, Emil: Planeten [Planeten in der Astrologie]. In: Lexikon der Alten Welt. Bd. 2. Hg. von Carl Andresen u. a., Zürich/München 1990, Sp. 2337.

Bohl, Inka: Sprachschütze Ernst Jandl. In: Der Literat 42, 2000, S. 11.

Böhler, Michael: Die verborgene Tendenz des Witzes. Zur Soziodynamik des Komischen. In: Deutsche Vierteljahrsschrift für Literatur und Geistesgeschichte 55, 1981, S. 351–378.

Bondy, François: Die weggewünschte Identität. In: Frankfurter Anthologie 6, 1982, S. 240–242.

Borneman: Der obszöne Wortschatz = Borneman, Ernest: Sex im Volksmund. Der obszöne Wortschatz der Deutschen. Köln 2003 [Nachdruck der Originalausgabe von 1971].

— Studien zur Befreiung des Kindes = Borneman, Ernest: Studien zur Befreiung des Kindes. Bd. 1: Unsere Kinder im Spiegel ihrer Lieder, Reime, Verse und Rätsel. Bd. 2: Die Umwelt des Kindes im Spiegel seiner »verbotenen« Lieder, Reime, Verse und Rätsel. Bd. 3: Die Welt der Erwachsenen in den »verbotenen« Reimen deutschsprachiger Stadtkinder. Frankfurt a. M./Berlin/Wien 1980–1981.

Bourke, Eoin: Ernst Jandl (1925–200). wien : heldenplatz (1966). In: Poetry Project. Irish Germanists Interpret German Verse. Hg. von Florian Krobb/Jeff Morrison. Bern 2003 (= Britische und Irische Studien zur deutschen Sprache und Literatur; 25), S. 207–216.

Brady, Philip: Nonsense und Realität: Zum Werk Ernst Jandls. In: Sinn im Unsinn. Über Unsinnsdichtung vom Mittelalter bis zum 20. Jahrhundert. 9. Kolloquium der Forschungsstelle für europäische Lyrik an der Universität Mannheim. Hg. von Theo Stemmler/Stefan Horlacher. Tübingen 1997, S. 139–158.

Brandtner, Andreas: Von Spiel und Regel. Spuren der Machart in Ernst Jandls *ottos mops*. In: Kaukoreit/Pfoser: Gedichte von Ernst Jandl, S. 73–89.

Brecht, Bertolt: Bertolt Brechts Hauspostille. In: Die Gedichte von Bertolt Brecht in einem Band. Frankfurt a. M. 1981, S. 167–263.

Breicha, Otto: »Lieber blöd als Jandl«. Improvisationen zu einem Thema, das eigentlich keines sein sollte. In: protokolle, 1995, H. 2, S. 29–30.

Bremmer, Jan/Roodenburg, Hermann: Humor und Geschichte: Eine Einführung. In: Kulturgeschichte des Humors. Von der Antike bis heute. Hg. von Jan Bremmer/ Herman Roodenburg. Darmstadt 1999, S. 9–17.

Brenner, Robert: So leben wir morgen. Der Roman unserer Zukunft. München/Gütersloh/Wien 1972.

Brinker, Klaus u.a.: Text- und Gesprächslinguistik. Ein internationales Handbuch zeitgenössischer Forschung. Bd. 1. Berlin/New York 2000 (= Handbücher zur Sprach- und Kommunikationswissenschaft; 16.1).

Brockhaus - Die Enzyklopädie in 24 Bänden. 20. überarb. Aufl. Leipzig/Mannheim 1997.

Brode: Kreiseltanz = Brode, Hanspeter: Ein Kreiseltanz der Bilder und Metaphern. In: Frankfurter Anthologie 22, 1999, S. 202–204.

— Memento Mori am Wirtshaustisch = Brode, Hanspeter: Memento Mori am Wirtshaustisch. In: Frankfurter Anthologie 8, 1984, S. 236–238.

Brose, Karl: Sprachspiel und Kindersprache. Studien zu Wittgensteins »Philosophischen Untersuchungen«. Frankfurt/New York 1985 (= Campus Forschung; 409).

Brülls, Holger: Nach der Artistik. Zur immanenten Poetik in drei Gedichten Ernst Jandls. In: Deutsche Vierteljahrsschrift für Literaturwissenschaft und Geistesgeschichte 62, 1988, S. 363–386.

Brummack, Jürgen: Satire. In: Reallexikon Literaturwissenschaft. Bd. 3, S. 355–360.

Buchholz, Kai: Sprachspiel und Semantik. München 1998.

Büchner, Georg: Brief an die Braut. In: Ders.: Werke und Briefe. Hg. von Fritz Bergemann. 6. Aufl. München 1972, S. 161–162.

Burdorf, Dieter (Hg.): »An seiner Seite hätte ich sogar die Hölle ertragen«. Friederike Mayröcker und Ernst Jandl. Iserlohn 2005 (= Tagungsprotokolle – Institut für Kirche und Gesellschaft).

Burger, Hermann: Humorvoller Sprachzertrümmerer. Ernst Jandls Gedichtband »der gelbe Hund«. In: Frankfurter Allgemeine Zeitung vom 15. Nov. 1980.

Buschinger, Philippe: La poésie concrète dans les pays de langue allemande. Eléments d'une définition. Stuttgart 1996 (=Stuttgarter Arbeiten zur Germanistik; 326).

Butler, Michael: From the ›Wiener Gruppe‹ to Ernst Jandl. In: Modern Austrian Writing. Literature and Society after 1945. Hg. von Alan Best/Hans Wolfschütz. London/Totowa/New Jersey 1980. S. 236–251.

Bützler, Wilfried: Rotwild. Biologie, Verhalten, Umwelt, Hege. 3. völlig neu bearb. Aufl. München/Wien/Zürich 1986.

Calvet, Mireia: Transkulturelle und transversale Vorzüge der Arbeit mit Jandlschen Texten für eine Heuristik der deutschen Phonologie an der Universität Barcelona. In: Transkulturelle Beziehungen. Spanien und Österreich im 19. und 20. Jahrhundert. Hg. Von Marisa Siguán/Karl Wagner. Amsterdam/New York 2004 (= Internationale Forschungen zur Allgemeinen und Vergleichenden Literaturwissenschaft; 78), S. 293–342.

Cage, John: 45' für einen Sprecher. In: Ders. Silence. Frankfurt a. M. 1995, S. 63–157 [Übersetzung von Ernst Jandl].

Calhoon, Kenneth S.: Lautverschiebung. Music and Materiality in Ernst Jandl's Laut und Luise. In: Literatur ohne Kompromisse. ein buch für jörg drews. Hg. von Sabine Kyora/Axel Dunker/Dirk Sangmeister. Bielefeld 2004, S. 365–375.

Cech, Oliver: »Tagherrdoktor!« Unterhaltsames Lehrstück für kleine Patienten über das Bangen im Wartezimmer und wie man der Angst und dem Arzt begegnet. In: Ticket, Beilage zum Kölner Stadt-Anzeiger vom 22. Juni 2001.

Chotjewitz, Peter O.: Rezension zu Ernst Jandl: Laut und Luise. In: Literatur und Kritik 2, 1967, S. 493–497.

Conradt, Gerd: Ernst Jandl, meine Verehrung. Anmerkungen zur Inszenierung von Jandl-Gedichten. In: Ide 14, 1990, H. 4, S. 120–122.

Corrado, Sergio: Un rilke di serie: der gewöhnliche rilke di Jandl. In: Reitani: Proposte di lettura, S. 69–80.

Czernin, Franz Josef: Zu Ernst Jandls »stanzen«. In: Ders.: Apfelessen mit Swedenborg. Essays zur Literatur, Düsseldorf 2000, S. 103–122.

Damaskow, Friedrich: Der pornographische Witz. Beispiele und Analysen. München 1972 (= Mensch und Sexualität; 24).

Damann, Günter: Textsorten und literarische Gattungen. In: Brinker: Text- und Gesprächslinguistik, S. 546–561.

Danger, Jörg/Gendolla, Peter (Hg.): Ernst Jandl, 1925–2000. Eine Bibliographie. Siegen 2003.

Däniken, Erich von: Aussaat und Kosmos. Spuren und Pläne außerirdischer Intelligenzen. Gütersloh 1974.

Davis, Murray S.: What's so funny? The comic conception of culture and society. Chicago 1993.

Dencker: Deutsche Unsinnspoesie = Dencker, Klaus Peter (Hg.): Deutsche Unsinnspoesie. Stuttgart 1978.

– Einleitung = Dencker, Klaus Peter: Einleitung. In: Deutsche Unsinnspoesie. Hg. von Klaus Peter Dencker, S. 5–16.

– Text-Bilder = Dencker, Klaus Peter: Text-Bilder. Visuelle Poesie international. Von der Antike bis zur Gegenwart. Köln 1972.

Deppert, Alex: Die Metapher als semantisches Wortbildungsmuster bei englischen und deutschen Bezeichnungen für Geschlechtsverkehr. In: Sprache-Erotik-Sexualität. Hg. von Rudolf Hoberg. Berlin 2001 (= Philologische Studien und Quellen; 166), S. 128–157.

Díaz Solar, Francisco: Jandl übersetzen. In: Fetz: Ernst Jandl, S. 225–235.

Die Außerirdischen sind da. Umfrage durch Matthes&Seitz anläßlich einer Landung von Wesen aus dem All. München 1979 [ohne Autorenangabe].

Die Bibel. Altes und Neues Testament. Einheitsübersetzung. Freiburg i. Br. 1980 [Hg. von der Katholischen Bibelanstalt GmbH Stuttgart.]

Ditfurth, Hoimar von (Hg.): Aspekte der Angst. 2. Aufl. München 1977 (= Geist und Psyche).

Ditten, Hans: Sieben Weltwunder. In: Lexikon der Antike. Hg. von Johannes Irmscher. Leipzig 1977, S. 519.

Döblin, Alfred: Berlin Alexanderplatz. Die Geschichte vom Franz Biberkopf. Nördlingen 1961 [Erstausgabe 1929].

Döhl: fingerübungen = Döhl, Reinhard: fingerübungen. Wiesbaden 1962.

– Wie konkret sind Ernst Jandls Texte oder Ernst Jandl und Stuttgart (Ein Exkurs). In: Semiosis 19, 1994, H. 2–4, S. 113–121.

Dolitsky, Marlene: Aspects of the unsaid in humor. In: International Journal of Humor Research 5, 1/2, 1992, S. 33–43.

Domarus, Max: Hitler. Reden und Proklamationen 1932–1945. Bd. 1: Triumph, Zweiter Halbband 1935–1938. Wiesbaden 1973.

Dopychai, Arno: Der Humor. Begriff, Wesen, Phänomenologie und pädagogische Relevanz. Bonn 1988.

Drews, Jörg: Ottos Mops, von seinem Erfinder kommentiert. Zu den Selbsterläuterungen Ernst Jandls. In: Süddeutsche Zeitung vom 31. Dez. 1976.

- Altern (SZ 10. Feb. 1990) = Drews, Jörg: Das eigene Altern, der Zerfall. Ernst Jandl ist kein »lach-dichter« mehr. In: Süddeutsche Zeitung vom 10. Feb. 1990.
- Clown (SZ 29. Nov. 1980) = Drews, Jörg: Clown und Schmerzensmann. Ernst Jandls riskanter Gedichtband »der gelbe Hund«. In: Süddeutsche Zeitung vom 29. Nov. 1980.
- Dämmerung (SZ 13. Juni 2000) = Drews, Jörg: In die Dämmerung hinein schreiben. Zum Tod von Ernst Jandl, des Dichters »aus der fremde«. In: Süddeutsche Zeitung vom 13. Juni 2000.
- Das Pathos verhunzen = Drews, Jörg: Das Pathos verhunzen. In: Hörspielmacher. Autorenporträts und Essays. Hg. von Klaus Schöning. Königsstein i. Ts. 1983, S. 197–214.
- Ernst Jandls Gedicht ›wien : heldenplatz‹ = Drews, Jörg: Ernst Jandls Gedicht ›wien : heldenplatz‹ - und im Hintergrund August Stramm et alii. In: August Stramm: Beiträge zu Leben, Werk und Wirkung. Hg. von Lothar Jordan. Bielefeld 1995, S. 91–102.
- Eroberung (SZ 13./14. Jan. 1979) = Drews, Jörg: Eroberung eines Idioms. In: Süddeutsche Zeitung vom 13./14. Jan. 1979.
- Jandl für Kinder (SZ 10./11. Dez. 1983) = Drews, Jörg: Jandl für Kinder. In: Süddeutsche Zeitung vom 10./11. Dez. 1983.
- Lieber Ernst = Drews, Jörg: Lieber Ernst Jandl! In: protokolle, 1995, H. 2, S. 5–13.
- Pathetiker = Drews, Jörg: Weit mehr Pathetiker als Clown. Laudatio auf Ernst Jandl zur Verleihung des Hölderlin-Preises. In: Neue deutsche Literatur 43, 1995, S. 169–176.
- Tiermetaphern = Drews, Jörg: Der Mensch ist dem Menschen ein Hund. Tiermetaphern und tierische Metaphern bei Ernst Jandl. In: Reitani: Proposte di lettura, S. 153–164.
- Über ein Gedicht = Drews, Jörg: Über ein Gedicht von Ernst Jandl. wien: heldenplatz. In: Schmidt-Dengler, Materialienbuch, S. 34–44.
- Unerhörte Redeweisen (SZ 29. Okt. 1983) = Drews, Jörg: Unerhörte Redeweisen für Schmerz und Verzweiflung. Ernst Jandls Selbstporträt in 79 Gedichten. In: Süddeutsche Zeitung vom 29. Okt. 1983.
- Zwei Preisreden = Drews, Jörg: »Ernst, ach Ernst, was Du uns alles lernst!« Zwei Preisreden, eine kürzere und eine längere, auf den Hörspielmacher Ernst Jandl. In: protokolle, 1994, H. 2, S. 37–48.

Drux, Rudolf: Sprachpräsentation in Gedichten der sechziger Jahre. Zu Texten von Handke, Heißenbüttel, Jandl und Mon. In: Literatur für Leser, 1983, S. 20–28.
Duden: Grammatik = Duden. Grammatik der deutschen Gegenwartsprache. 6. Aufl. Mannheim u. a. 1998 (= Der Duden in 12 Bänden; 4).
Duden: Wörterbuch = Duden. Das große Wörterbuch der deutschen Sprache in zehn Bänden. Hg. vom Wissenschaftlichen Rat der Dudenredaktion. 3., erw. Aufl. Mannheim u. a. 1999.

218

Dusini, Arno: Ernst Jandls »Stanzen«. In: manuskripte 37 (1997), H. 135, S. 105–110.

Eder, Annemarie/Müller, Ulrich: Obszön, Obszönität. In: Reallexikon Literaturwissenschaft. Bd. 2, S. 732–735.

Eder, Thomas: Realität im Gedicht? Ernst Jandl und Reinhard Priessnitz. In: Vogt: Interpretationen, S. 194–214.

Eibl, Karl: Deutsche Literatursprache der Moderne. In: Althaus/Henne/Wiegand: Lexikon der Germanistischen Linguistik, S. 746–752.

Eichendorff, Joseph Freiherr von: Neue Gesamtausgabe der Werke und Schriften in vier Bänden. Hg. von Gerhart Baumann in Verbindung mit Siegfried Grosse. Stuttgart 1957.

Eiden, Herbert: Vom Ketzer- zum Hexenprozeß. In: Incubi – Succubi. Hexen und ihre Henker bis heute. Ein historisches Lesenbuch zur Ausstellung. Hg. von Rita Voltmer/Franz Irsigler (= Publications scientifiques du Musée d'Histoire de la Ville de Luxembourg; t. IV), S. 35–45.

Elsässer, Hans: Sind wir allein im Kosmos? In: Sterne und Weltraum 8/9, 1969, S. 185–189.

Engehrt, Rüdiger: Rezension zu Ernst Jandl: Sprechblasen. In: Literatur und Kritik 4, 1969, S. 186–187.

Engeler, Urs: Sprachwissenschaftliche Untersuchung zur ironischen Rede. Zürich 1980.

Engelhardt, Wolfgang: Planeten, Monde und Kometen. Darmstadt 1990.

Enzensberger: Nachwort = Enzensberger, Hans Magnus: Nachwort. In: Eine literarische Landkarte. Hg. von Hans Magnus Enzensberger. München 1999.

— Allerleirauh = Enzensberger, Hans Magnus: Allerleirauh. Viele schöne Kinderreime versammelt von H. M. Enzensberger. Frankfurt a. M. 1974.

Eörsi, István: Der unübersetzbare Jandl = Eörsi, István: Der unübersetzbare Jandl. In: Was. Zeitschrift für Kultur und Politik 82, 1995, S. 17–19.

— Jandl als politischer Dichter = Eörsi, István: Jandl als politischer Dichter. In: Du – Zeitschrift der Kultur 5, 1995, S. 68–69.

— Über Ernst Jandl, meinen Freund (FAZ 1. Aug. 2000) = Eörsi, István: Leben, hassen, schreiben. Über Ernst Jandl, meinen Freund. In: Frankfurter Allgemeine Zeitung vom 1. Aug. 2000.

Erenz, Benedikt: Was denn mit »Ernst Jandl« gemeint sei. In: Die Zeit vom 6. Sept. 2001.

Escarpit, Robert: L'humour. 4. Aufl. Paris 1967 (= Que sais-je? Le point des connaissances actuelles; 877).

Estermann, Alfred: Ernst Jandl. Begleitheft zur Ausstellung der Stadt- und Universitätsbibliothek Frankfurt am Main. Frankfurt a. M. 1984.

Ferenczi, Sándor: Bausteine zur Psychoanalyse. Bd. 1: Theorie. 3. Aufl. Bern/ Stuttgart/Wien 1984 [Nachdruck der Erstausgabe Leipzig 1927].

Fest, Joachim C.: Hitler. Eine Biographie. Frankfurt a. M./Berlin/Wien 1973.

Festlich-deutsches Wien. In: Klagenfurter Zeitung vom 16. März 1938 [ohne Autorenangabe].

Fetscher, Iring: Reflexionen über den Zynismus als Krankheit unserer Zeit. In: Denken im Schatten des Nihilismus. Festschrift für Wilhelm Weischedel. Hg. von Alexander Schwan. Darmstadt 1975, S. 334–345.

Fetscher, Justus/Stockhammer, Robert: Nachwort. In: Marsmenschen. Wie die Außerirdischen gesucht und erfunden wurden. Hg. von Justus Fetscher/Robert Stockhammer. Leipzig 1997, S. 263–290.

Fetz: Dichter = Fetz, Bernhard: Der Dichter und der liebe Gott. Ernst Jandls choral im Kontext seiner religiösen Gedichte. In: Kaukoreit/Pfoser: Gedichte von Ernst Jandl, S. 117–130.

— Nachlässe = Fetz, Bernhard: Nachlässe, Archive, Fotografien und Ernst Jandl. In: Wespennest 125, 1. Quartal, 2002, S. 90–102.

— Ernst Jandl = Fetz, Bernhard (Hg.): Ernst Jandl. Musik, Rhythmus, Radikale Dichtung. Mitarbeit von Hannes Schweiger. Wien 2005 (= Profile; 12)

— Jandl in progress = Fetz, Bernhard: Jandl in progress – einleitende Notizen. In: Ders.: Ernst Jandl, S. 9–15.

Fischer, Volker/Soltek, Stefan: Das Goethe-Projekt des Museums für Kunsthandwerk. In: Über allen Gipfeln ... Naturerfahrung zwischen Goethe und Gegenwart. Hg. vom Museum für Kunsthandwerk Frankfurt a. M. Mainz 1999, S. 25–41.

Fietz, Lothar/Fichte, Joerg O./Ludwig, Hans-Werner (Hg.): Semiotik, Rhetorik und Soziologie des Lachens. Vergleichende Studien zum Funktionswandel des Lachens vom Mittelalter zur Gegenwart. Tübingen 1996.

Fischer, Jens-Malte: Groteske. In: Moderne Literatur in Grundbegriffen. Hg. von Dieter Borchmeyer/Viktor Žmegač. 2. bearb. Aufl. Tübingen 1994, S. 185–188.

Fix: Aspekte der Intertextualität = Fix, Ulla: Aspekte der Intertextualität. In: Brinker: Text- und Gesprächslinguistik, S. 449–457.

— Textbegriff = Fix, Ulla (Hg.) u. a.: Brauchen wir einen neuen Textbegriff? Antworten auf eine Preisfrage. Frankfurt a. M. u. a. 2002 (= Forum Angewandte Linguistik; 40).

Fleischer, Wolfgang/Barz, Irmhild: Wortbildung der deutschen Gegenwartssprache. 2., durchges. und erg. Aufl. Tübingen 1995.

Fleischer, Wolfgang: Die Klassifikation von Wortbildungsprozessen. In: Booij: Morphologie, S. 886–897.

Flögel, Karl Friedrich: Geschichte des Grotesk-Komischen. Ein Beitrag zur Geschichte der Menschheit. Nach der Ausgabe von 1788 bearb. und hg. von Max Bauer. München 1914.

Forsgren, Kjell-Åke: Wortart, syntaktische Funktion, syntaktische Kategorie. In: Booij: Morphologie, S. 666–673.

Forstner, Dorothea: Die Welt der christlichen Symbole. 5., verb. Aufl. Innsbruck/ Wien 1986.

Frank: Kritik = Frank, Bernhard: Kritik. In: Grenzverschiebungen. Neue Tendenzen in der deutschen Literatur. Hg. von Renate Matthei. 2. Aufl. Köln 1972, S. 213–214.

— Sprechblasen = Frank, Bernhard: Sprechblasen. In: Estermann: Ausstellung, S. 38–40.

Frank: Groteske ohne Text (SZ 13. Okt. 1988) = Frank, Michael: Wie man eine Groteske ohne Text inszeniert. In: Süddeutsche Zeitung vom 13. Okt. 1988.

Franz, Kurt: Kinderverse. In: Reallexikon Literaturwissenschaft. Bd. 2, S. 258–260.

Freud, Sigmund: Der Humor. In: Sigmund Freud. Psychologische Schriften. Studienausgabe Bd. 4, Frankfurt a. M. 1970 (= Conditio humana), S. 275–282 [Erstausgabe 1927].

— Der Witz = Freud, Sigmund: Der Witz und seine Beziehung zum Unbewußten. Hamburg 1958 [Erstausgabe 1905].

Freund, Winfried: Die literarische Parodie. Stuttgart 1981.

Fried, Erich: Inmitten. In: Pfoser-Schewig: Für Ernst Jandl, S. 16.

Fry, William F.: Sweet Madness. A study of humor. Palo Alto 1963.

Fuhrmann, Manfred: Der europäische Bildungskanon des bürgerlichen Zeitalters. 2. Aufl. Frankfurt a. M./Leipzig 1999.

Fuß, Peter: Das Groteske. Ein Medium kulturellen Wandels. Köln/Weimar/Wien 2001 (= Kölner Germanistische Studien, Neue Folge; 1).

Gaier, Ulrich: Über Lektüre und Interpretation. Zu einem Gedicht von Ernst Jandl. In: Dialogizität. Hg. von Renate Lachmann. München 1982 (= Theorie und Geschichte der Literatur und der schönen Künste, Reihe A; 1), S. 107–126.

Gamm, Hans-Jochen: Der Flüsterwitz im Dritten Reich. München 1963.

Garbe, Burckhard (Hg.): Konkrete Poesie, Linguistik und Sprachunterricht. Hildesheim 1987 (= Germanistische Texte und Studien; 7).

Gatti, Hans: Schüler machen Gedichte. Ein Praxisbericht. Freiburg/Basel/Wien 1979.

Genanzino, Wilhelm: Über das Komische: Der außengeleitete Humor. Paderborn 1998 (= Paderborner Universitätsreden; 63).

Gernhardt: In Zungen reden = Gernhardt, Robert: In Zungen reden. Stimmenimitationen von Gott bis Jandl. Frankfurt a. M. 2000.

— Reim und Zeit = Gernhardt, Robert: Reim und Zeit. Gedichte. Stuttgart 1999.

— Was gibt's denn da zu lachen? Kritik der Komiker, Kritik der Kritiker, Kritik der Komik. Zürich 1988.

— Zehn Thesen zum komischen Gedicht = Gernhardt, Robert: Zehn Thesen zum komischen Gedicht. In: Gernhardt/Zehrer: Hell und schnell, S. 11–14.

— / Zehrer: Hell und schnell = Gernhardt, Robert/Zehrer, Klaus Cäsar: Hell und Schnell: 555 komische Gedichte aus 5 Jahrhunderten. Frankfurt a. M. 2004.

Gerth, Klaus: Satire. In: Praxis Deutsch 22, 1977, S. 8–11.

Gindlhumer, Margit: Experimentelle Verfahrensweisen in Konkreter Poesie und in Werbetexten. Unterrichtsvorschläge für die 5. bis 12. Schulstufe. Wien 1979 (= Deutsche Sprache und Literatur im Unterricht; 7).

Goethe, Johann Wolfgang von: Werke. Hamburger Ausgabe in 14 Bänden. Textkritisch durchgesehen und kommentiert von Erich Trunz. Bd. 1: Gedichte und Epen. München 1998.

Görtz, Franz-Josef: Eine Bilanz für den Augenblick. In: Frankfurter Allgemeine Zeitung vom 25. Feb. 2006.

Goldstein, Laurence: The linguistic interest of verbal humor. In: Humor 3–1, 1990, S. 37–52.

Goldstein, Jeffrey H./McGhee, Paul E.: The Psychology of Humor. Theoretical Perspectives and Empirical Issues. New York/London 1972.

Gollner, Helmut: Existenzielle Obszönität. Ein Blick auf Ernst Jandls spätere Lyrik. In: Neue deutsche Literatur 51, 2003, H. 551, S. 89–110.

Gomringer: konkrete dichtung = Gomringer, Eugen: konkrete dichtung (als einführung). In: Kopfermann: Theoretische Positionen, S. 38–41.

– theorie der konkreten poesie = Gomringer, Eugen: theorie der konkreten poesie. texte und manifeste 1954–1997. Bd. II, Wien 1997.

– anthologie = Gomringer, Eugen (Hg.): konkrete poesie, deutschsprachige autoren, anthologie. Stuttgart 2001.

– vorwort = Gomringer, Eugen: vorwort. In: Gomringer: anthologie, S. 4–7.

Gotteslob. Katholisches Gebet- und Gesangbuch. Ausgabe für das Erzbistum Köln. Köln 1975.

Gregor, Ulrich/Patalas, Enno: Geschichte des modernen Films. Gütersloh 1965.

Grimm, Jacob/Grimm, Wilhelm: Deutsches Wörterbuch. Bd. 12, Abt. 2, bearb. von Rudolf Meiszner. Leipzig 1951.

Grimm, Jacob/Grimm, Wilhelm: Deutsches Wörterbuch. Elektronische Ausgabe [CD-ROM] der Erstbearbeitung von Jacob Grimm und Wilhelm Grimm. Bearb. von Hans-Werner Bartz u. a. Hg. vom Kompetenzzentrum für elektronische Erschließungs- und Publikationsverfahren in den Geisteswissenschaften an der Universität Trier in Verb. mit der Berlin-Brandenburgischen Akademie der Wissenschaften. Frankfurt a. M. 2004.

Grotjahn, Martin: Vom Sinn des Lachens. München 1974.

Gruben, Gottfried: Weltwunder. In: Lexikon der Alten Welt. Bd. 3. Zürich/München 1990, Sp. 3268.

Günther, Hartmut u. a. (Hg.): Schrift und Schriftlichkeit. Ein interdisziplinäres Handbuch internationaler Forschung. Bd. 1. Berlin/New York 1994 (= Handbücher zur Sprach- und Kommunikationswissenschaft; 10.1).

Gundel, Wilhelm/Gundel, Hans Georg: Planeten bei Griechen und Römern. In: Paulys Realencyclopädie der classischen Altertumswissenschaft. Bd. 40. Hg. von Konrat Ziegler u. a. Stuttgart 1950, Sp. 2017–2185.

Guntermann, Georg: Ernst Jandl: Aus der Fremde. Von der Dramatik des Indirekten und der Kunst des Lebens. In: Deutsche Gegenwartsdramatik. Hg. von Lothar Pikulik/Hajo Kurzenberger/Georg Guntermann. Bd. 2: Zu Theaterstücken von

Peter Handke, Botho Strauß, Ernst Jandl und Bodo Kirchhoff. Göttingen 1987, S. 122–147.

Haag, Ingrid/Wiecha, Eduard: Konversation auf Abwegen. Zu Ernst Jandls Bühnen-satire »Die Humanisten«. In: Modern Austrian Literature 15, 1982, S. 115–126.

Haas: Jandls Minimalismus = Haas, Franz: »Ich pfeife aufs Gesamtkunstwerk«. Ernst Jandls Minimalismus auf der Bühne. In: Ernst Jandl. Proposte di lettura. Hg. von Luigi Reitani. Udine 1997 (= quaderni della biblioteca austriaca), S. 109–120.

– Kunst des Hoffens = Haas, Franz: Die schwere Kunst des Hoffens. In: Kaukoreit/ Pfoser: Gedichte von Ernst Jandl, S. 154–162.

Habermas, Jürgen: Erkenntnis und Interesse. Frankfurt a. M. 1971.

Hage: Die Wiederkehr des Erzählers = Hage, Volker: Die Wiederkehr des Erzählers. Neue deutsche Literatur der siebziger Jahre. Frankfurt a. M./Berlin/Wien 1982.

– Eine ganze Sprache = Hage, Volker: Eine ganze Sprache, ein ganzes Leben. Ernst Jandl. In: Ders.: Alles erfunden. Porträts deutscher und amerikanischer Autoren. Reinbek bei Hamburg 1988, S. 152–166.

– Ernst Jandl (FAZ-Magazin 27. Mai 1983) = Hage, Volker: Ernst Jandl. In: FAZ-Magazin vom 27. Mai 1983.

– Verwechslung möglich. In: Frankfurter Anthologie 4, 1979, S. 194–196.

Hahn, Ronald/Jansen, Volker: Lexikon des Science Fiction Films: 1500 Filme von 1902 bis heute. 5. Aufl. München 1992.

Hamburger, Michael: Ernst Jandl. Die schöpferischen Widersprüche. In: Literatur und Kritik 17, 1982, H. 165/166, S. 16–22.

– Ernst Jandl = Hamburger, Michael: Ernst Jandl. Die schöpferischen Widersprü-che. In: Siblewski, Texte, Daten, Bilder, S. 85–94.

– Jandl in England = Hamburger, Michael: Jandl in England. In: Was. Zeitschrift für Kultur und Politik 82, 1995, S. 27–31.

– Vienna : heldenplatz. In: Fetz: Ernst Jandl, S. 209–210.

Hammerschmid: Alles ist Nichts = Hammerschmid, Michael: Alles ist Nichts. Zu Ernst Jandls stanzen. In: Fetz: Ernst Jandl, S. 236–246.

– Übersetzung = Hammerschmid, Michael: Übersetzung als Verhaltensweise. In: Vom Glück sich anzustecken. Möglichkeiten und Risiken im Übersetzungspro-zess. Hg. von Martin A. Hainz. Wien 2005 (= Wiener Arbeiten zur Literatur; 20), S. 47–64.

Hampes, William P.: The relationship between humor and trust. In: Humor 12–1, 1999, S. 253–259.

Handke, Peter: Die drei Lesungen des Gesetzes. In: Ders.: Die Innenwelt der Außen-welt der Innenwelt. 5. Aufl. Frankfurt a. M. 1969.

Hanisch, Ernst: Der lange Schatten des Staates. Österreichische Gesellschaftsge-schichte im 20. Jahrhundert. Wien 1994 (= Österreichische Geschichte 1890–1990; 9).

Hanisch, Michael: Über ihn lach(t)en Millionen. Charlie Chaplin. Berlin 1974.

Harig: Alle machen alles = Harig, Ludwig: Alle machen alles. In: Neue Expeditionen. Deutsche Lyrik von 1960–1975. Hg. von Wolfgang Weyrauch. München 1975, S. 138–141.

— Weisheit = Harig, Ludwig: Die Weisheit aus den Wörtern. Dionysisches Doppelporträt mit Ernst Jandl. In: protokolle, 1982, H. 4, S. 14–18.

— Sprachspiele = Harig, Ludwig: Literarische Sprachspiele. In: Althaus/Henne/Wiegand: Lexikon der Germanistischen Linguistik, S. 756–759.

Hartje, Hans: Über allen Gipfeln ist Ruh' 1–35. In: Anstiftung zur Poesie. Oulipo - Theorie und Praxis der Werkstatt für potentielle Literatur. Hg. von Heiner Boehncke/Bernd Kuhne. Bremen 1993, S. 127–132.

Hartung, Harald: Experimentelle Literatur und konkrete Poesie. Göttingen 1975.

— Konkrete Poesie = Hartung, Harald: Konkrete Poesie. In: Reallexikon Literaturwissenschaft. Bd. 2, S. 328–331.

Haslinger, Adolf: Ernst Jandl. Georg-Trakl-Preis-Träger 1974. In: Literatur und Kritik 10, 1975, S. 145–150.

Haslinger, Josef: Ich habe noch unter Jandl gedient. In: Sinn und Form 42, 1990, S. 1010–1016.

— Ich habe noch unter Jandl gedient = Haslinger, Josef: Ich habe noch unter Jandl gedient. In: Siblewski, Texte, Daten, Bilder, S. 173–183.

Heinemann, Wolfgang: Textsorte - Textmuster - Texttyp. In: Brinker: Text- und Gesprächslinguistik, S. 507–523.

Heißenbüttel: Das Lautgedicht = Heißenbüttel, Helmut: Das Lautgedicht und das teleologische Kriterium. In: Schmidt-Dengler, Materialienbuch, S. 17–28.

— Laudatio (FR 20. Okt. 1984) = Heißenbüttel, Helmut: »Heute kann jeder nur auf eigene Faust schreiben«. Laudatio auf den Büchner-Preisträger Ernst Jandl. In: Frankfurter Rundschau vom 20. Okt. 1984.

— Nachwort. In: Jandl, Ernst: Laut und Luise. Stuttgart 1976, S. 156–159.

— Nachwort = Heißenbüttel, Helmut: Nachwort. In: Jandl, Ernst: Laut und Luise. Olten/Freiburg i. Br. 1966 (= Walter-Druck; 12), S. 203–206.

— Tendenzen deutscher Literatursprache der Gegenwart = Heißenbüttel, Helmut: Tendenzen deutscher Literatursprache der Gegenwart. In: Althaus/Henne/Wiegand: Lexikon der Germanistischen Linguistik, S. 752–756.

Hellenthal, Michael: Schwarzer Humor. Theorie und Definition. Essen 1989 (= Literaturwissenschaft in der Blauen Eule; 1).

Helmers: Lyrischer Humor = Helmers, Hermann: Lyrischer Humor. Strukturanalyse und Didaktik der komischen Versliteratur. 2. Aufl. Stuttgart 1978.

— Sprache und Humor des Kindes = Helmers, Hermann: Sprache und Humor des Kindes. 2. erw. Aufl. Stuttgart 1971.

Hembus, Joe: Charlie Chaplin. Seine Filme - sein Leben. 4. Aufl. München 1989.

Hengartner, Thomas/Merki, Christoph Maria (Hg.): Genußmittel. Ein kulturgeschichtliches Handbuch. Frankfurt a. M./New York 1999.

Henne, Helmut/Wiegand, Herbert Ernst: Sprachzeichenkonstitution. In: Althaus/ Henne/Wiegand: Lexikon der Germanistischen Linguistik, S. 151–159.

Henninger, Gerd: Zur Genealogie des Schwarzen Humors. In: Neue Deutsche Hefte 13, H. 2, 1966, S. 18–34.

Henninger, Peter: Ernst Jandl ou les mots d'avant le commencement. In: Austriaca 7, 1968, S. 67–82.

Henz, Rudolf: Laudatio für Ernst Jandl zur Verleihung des Großen Österreichischen Staatspreises am 19. März 1984. In: Literatur und Kritik 19, 1984, S. 225–228.

Herder: Ideen zur Philosophie der Geschichte der Menschheit = Herder, Johann Gottfried: Ideen zur Philosophie der Geschichte der Menschheit. Erster Theil. In: Ders. Sämtliche Werke. Bd. 13. Hg. von Bernhard Suphan. Berlin 1887, S. 13–203 [Erstdruck 1784].

— Kritik und Satyre = Herder, Johann Gottfried: Kritik und Satyre. In: Ders.: Sämtliche Werke. Bd. 24. Hg. von Bernhard Suphan. Hildesheim 1967 (Nachdruck der Ausgabe Berlin 1886), S. 188–197.

Heukenkamp, Ursula: »schreiben und reden in einen herunter gekommenen sprachen«. Anmerkungen zu Ernst Jandl: augenspiel. In: Zeitschrift für Germanistik 4, 1983, S. 156–165.

Hill, Carl: The soul of wit. Joke theory from Grimm to Freud. Lincoln/London 1993 (= Modern German Culture & Literature).

Hilsbecher, Walter: Dürftige Zeiten. In: Frankfurter Hefte 24, 1969, S. 447–448.

Hinck, Walter: Stationen der deutschen Lyrik. Von Luther bis in die Gegenwart – 100 Gedichte mit Interpretationen. Göttingen 2000.

Hirsch, Eike Christian: Der Witzableiter oder Schule des Gelächters. München 1991.

Hoberg, Rudolf/Fährmann, Rosemarie: Zur Sexualsprache von Studierenden. In: Sprache-Erotik-Sexualität. Hg. von Rudolf Hoberg. Berlin 2001 (= Philologische Studien und Quellen; 166), S. 175–191.

Hofer, Walther (Hg.): Der Nationalsozialismus. Dokumente 1933–1945. Frankfurt a. M. 1973.

Hoferichter, Ernst: Der Witz als Widersacher des Humors. In: Welt und Wort 13, 1958, S. 357–358.

Hoffmann, Dieter: Arbeitsbuch deutschsprachige Lyrik seit 1945. Tübingen/Basel 1998.

Hohler, Franz: Sind Sie stark? Fragen an Ernst Jandl. In: Fragen an andere. Hg. von Franz Hohler. Bern 1973 (= Zytglogge test; 10), S. 40–53.

Homer: Odyssee. Übersetzung, Nachwort und Register von Roland Hampe. Stuttgart 2002.

Horn, András: Das Komische im Spiegel der Literatur. Versuch einer systematischen Einführung. Würzburg 1988.

Hornung, Maria/Grüner, Sigmar: Wörterbuch der Wiener Mundart. 2. Aufl. Wien 2002.

Höss, Dieter: Goethe. Wanderers Nachtlied oder Die schmutzige Phantasie. Ein Lyrik-Bildband. Bergisch Gladbach 1969.

Hügli, Anton: Lachen, das Lächerliche. In: Historisches Wörterbuch der Rhetorik. Hg. von Gert Ueding. Bd. 5. Tübingen 2001, Sp. 1–17.

Hummelt: Ein aufregend neuer Ton (KStA 13. Juni 2000) = Hummelt, Norbert: Ein aufregend neuer Ton. Zum Tod des großen Lyrikers und Sprachspielers Ernst Jandl. In: Kölner Stadt-Anzeiger vom 13. Juni 2000.

— Jandl = Hummelt, Norbert: Merk dir, du heißt Ernst Jandl. http://www.eurozine. com/article/2000-12-01-hummelt-de.html [Stand: März 2006].

— Stille Quellen = Hummelt, Norbert: Stille Quellen. Gedichte. München 2004.

Illies, Joachim: Antwort auf eine phantastische Frage. In: Die Außerirdischen, S. 149–150.

Jacobs, Steffen (Hg.): Die komischen Deutschen. 878 gewitzte Gedichte aus 400 Jahren. Frankfurt a. M. 2004.

Janich, Nina: Werbesprache. Ein Arbeitsbuch. Tübingen 1999.

Jaschke, Gerhard: ernst jandl zum siebzigsten. Wien 1995 (= freibord sonderdruck; 25).

Jean Paul: Vorschule der Ästhetik. Nach der Ausgabe von Norbert Miller hg. von Wolfhart Henckmann. Hamburg 1990 (= Philosophische Bibliothek; 425) [Erstausgabe 1804].

Jelinek, Elfriede: [ohne Titel]. In: Die Außerirdischen, S. 175–178.

Jens, Walter: Bleistift und Bretterwand. In: Frankfurter Anthologie 11, 1988, S. 38–40.

Jordan, Lothar/Marquardt, Axel/Woesler, Winfried: Lyrik – von allen Seiten. Gedichte und Aufsätze des ersten Lyrikertreffens in Münster. Frankfurt a. M. 1981.

Jürß, Fritz: Planeten. In: Lexikon der Antike. Hg. von Johannes Irmscher. Leipzig 1977, S. 436.

Kablitz, Andreas: Komik, Komisch. In: Reallexikon Literaturwissenschaft. Bd. 2, S. 289–294.

Kahn, Lisa: »Falfischbauch und Eulen«: Ernst Jandl's Humor. In: West-Virginia-University-Philological-Papers 29, 1983, S. 98–104.

Kaiser: Augenblicke deutscher Lyrik = Kaiser, Gerhard: Augenblicke deutscher Lyrik. Gedichte von Martin Luther bis Paul Celan. Frankfurt a. M. 1987.

— Geschichte der deutschen Lyrik = Kaiser, Gerhard: Geschichte der deutschen Lyrik von Goethe bis zur Gegenwart. Bd. 2: Von Heine bis zur Gegenwart. Ein Grundriß in Interpretationen. Frankfurt a. M. 1996.

Kamper, Dieter/Wulf, Christoph (Hg.): Lachen, Gelächter, Lächeln. Reflexionen in drei Spiegeln. Frankfurt a. M. 1986.

Kant: Von den Bewohnern der Gestirne = Kant, Immanuel: Allgemeine Naturgeschichte und Theorie des Himmels. Dritter Teil, Anhang: Von den Bewohnern der Gestirne. In: Ders.: Werke. Bd. 1. Hg. von Wilhelm Weischedel. Wiesbaden 1960, S. 377–396 [Erstdruck 1755].

– Kritik der Urteilskraft = Kant, Immanuel: Kritik der Urteilskraft und Schriften zur Naturphilosophie. In: Ders.: Werke in zehn Bänden. Bd. 8. Hg. von Wilhelm Weischedel. Darmstadt 1968 (Nachdruck der Ausgabe Darmstadt 1957).

Karasek, Hellmuth: Jandls kategorischer Konjunktiv. In: Der Spiegel vom 25. Feb. 1980, S. 214–215.

Kastberger, Klaus: Vom vom zum zum. Mayröcker bei Jandl und umgekehrt. In: Fetz: Ernst Jandl, S. 158–179.

Kästner, Erich: Eine kleine Sonntagspredigt. Vom Sinn und Wesen der Satire (August 1947, Neue Zeitung). In: Ders.: Der tägliche Kram. Chansons und Prosa 1945–1948. Zürich 1979, S. 150–154.

Kaufmann, Angelika (Hg.): Jandl lesend. Lesungsfotos von Harry Ertl aus den Jahren 1978 bis 1996. Bielefeld 2005.

Kaukoreit/Pfoser: Gedichte von Ernst Jandl – Kaukoreit, Volker/Pfoser, Kristina (Hg.): Gedichte von Ernst Jandl. Interpretationen. Stuttgart 2002.

– Vorbemerkung = Kaukoreit, Volker/Pfoser, Kristina: Vorbemerkung. In: Kaukoreit/Pfoser: Gedichte von Ernst Jandl, S. 7–12.

Kayser, Wolfgang: Das Groteske in Malerei und Dichtung. München 1960.

Keith-Spiegel, Patricia: Early Conceptions of Humor: Varieties and Issues. In: Goldstein/McGhee: Psychology of Humor, S. 3–39.

Kemper, Hans-Georg: Vom Expressionismus zum Dadaismus. Eine Einführung in die dadaistische Literatur. Kronberg i. Ts. 1974.

Kieckhefer, Richard: Magie im Mittelalter. München 1992.

Kierkegaard: Der Begriff Angst = Kierkegaard, Søren: Der Begriff Angst. Übersetzt, mit Einleitung und Kommentar hg. von Hans Rochol. Hamburg 1984 [Erstausgabe 1844].

– Nachschrift = Kierkegaard, Søren: Abschließende unwissenschaftliche Nachschrift. 2. Teil. Hg. von Chr. Schrempf. Jena 1925 (= Kierkegaard Werke; 7) [Erstausgabe 1846].

Kiken, Mark Evan: The Grammar of Humor. Washington 1977.

Klappenbach, Ruth/Steinitz, Wolfgang (Hg.): Wörterbuch der Deutschen Gegenwartssprache. Bd. 3. Berlin 1970.

Klinger, Kurt: Der lyrische Alleinunterhalter. Ernst Jandl. In: Die zeitgenössische Literatur Österreichs. Autoren, Werke, Themen, Tendenzen seit 1945. Hg. von Hilde Spiel. München 1976, S. 441–447.

Kluge, Friedrich: Etymologisches Wörterbuch der deutschen Sprache. Bearbeitet von Elmar Seebold. 24. erw. Aufl. Berlin/New York 2002.

Knobloch, Clemens/Schaeder, Burkhard: Kriterien für die Definition von Wortarten. In: Booij: Morphologie, S. 647–692.

Koch, Peter/Oesterreicher, Wulf: Schriftlichkeit und Sprache. In: Günther: Schrift und Schriftlichkeit, S. 587–604.

Koch, Roland: Lyrische Experimente – Balladeskes bei Jandl, Heißenbüttel, Rühm, Meckel und Artmann. In: Universitas 38, 1983, S. 361–369.

Köhler, Peter/Müller, Ralph: Pointe. In: Reallexikon Literaturwissenschaft. Bd. 3, S. 115–117.

Köhler, Peter: Nonsens. Theorie und Geschichte einer literarischen Gattung. Heidelberg 1989 (= Beiträge zur neueren Literaturgeschichte, Folge 3; 89).

Kolleritsch, Alfred: Ernst Jandl auf steirisch. Über das sinnlose Leiden an steirischen Lauten. In: protokolle, 1995, H. 2, S. 21–23.

Koopmann, Helmut: Rede zur Verleihung des Kleist-Preises in Potsdam. In: Kleist-Jahrbuch, 1994, S. 185–190.

Köpf, Gerhard: Die Verlochung. In: Diagonal 1995, H. 1, S. 7–10.

Kopfermann, Thomas: ein gleiches von jandl. Arbeit mit ›Goethe-Material‹ bei Ernst Jandl. In: Von der Natur zur Kunst zurück. Neue Beiträge zur Goethe-Forschung. Hg. von Moritz Baßler u. a., Tübingen 1997.

— Einführung = Kopfermann, Thomas: Einführung. In: Ders.: Theoretische Positionen, S. 9–51.

— Konkrete Poesie = Kopfermann, Thomas: Konkrete Poesie – Fundamentalpoetik und Textpraxis einer Neo-Avantgarde. Frankfurt a. M. 1981 (= Europäische Hochschulschriften, Reihe 1: Deutsche Sprache und Literatur; 408).

— Theoretische Positionen = Kopfermann, Thomas (Hg.): Theoretische Positionen zur Konkreten Poesie. Tübingen 1974.

Korte: Jandls Poetik = Korte, Hermann: »stückwerk ganz«. Ernst Jandls Poetik. In: Text + Kritik 129, 1996, S. 69–75.

— Lyrik des 20. Jahrhunderts (1900–1945). Interpretation. München 2000.

Kost, Jürgen: Geschichte als Komödie. Zum Zusammenhang von Geschichtsbild und Komödienkonzeption bei Horváth, Frisch, Dürrenmatt, Brecht und Hacks. Würzburg 1996 (= Epistemata, Würzburger wissenschaftliche Schriften, Reihe Literaturwissenschaft; 182).

Kotthoff: Gelächter der Geschlechter = Kotthoff, Helga (Hg.): Das Gelächter der Geschlechter. Humor und Macht in Gesprächen von Frauen und Männern. 2. überarb. Aufl. Konstanz 1996.

— Spaß Verstehen. = Kotthoff, Helga: Spaß Verstehen. Zur Pragmatik von konversationellem Humor. Tübingen 1998 (= Reihe Germanistische Linguistik; 196).

Kraller, Bernhard/Mayröcker, Friederike: »In diesem letzten Frühjahr«. Bernhard Kraller im Gespräch mit Friederike Mayröcker. In: Wespennest 125, 1. Quartal, 2002, S. 74–79.

Kraus: Die letzten Tage der Menschheit = Kraus, Karl: Die letzten Tage der Menschheit. Tragödie in fünf Akten. Hg. von Heinrich Fischer. München 1957 (= Werke von Karl Kraus; 5) [Erstausgabe der endgültigen Fassung 1922].

— Goethes Volk (Die Fackel 1. April 1917) = Kraus, Karl: Goethes Volk. In: Die Fackel vom 1. April 1917.

Krockow, Christian Graf von: Die Deutschen in ihrem Jahrhundert, 1890–1990. Reinbek bei Hamburg 1990.

Krolow, Karl: Menschen auf und unter den Wiesen (für Ernst Jandl). In: Pfoser-Schewig: Für Ernst Jandl, S. 30.

Kühn: Der poetische Imperativ = Kühn, Renate: Der poetische Imperativ. Interpretationen experimenteller Lyrik. Bielefeld 1997.

— Friederike Mayröcker und Ernst Jandl = Kühn, Renate: »dem Schreiben verschrieben«. Friederike Mayröcker und Ernst Jandl. In: Burdorf: Friederike Mayröcker und Ernst Jandl, S. 15–29.

— schrei bär = Kühn, Renate: schrei bär und Text-Hund. Zu Ernst Jandls Gedicht »fortschreitende räude«. In: Vogt: Interpretationen, S. 35–63.

Kuhn, Robert: Wenn Dichter texten ... Hamburg 1996.

Kunert, Günter: Vom Pluto her. In: Die Außerirdischen, S. 113–114.

Küpper, Heinz: Illustriertes Lexikon der deutschen Umgangssprache. Stuttgart 1984.

Kurz, Martina: Kuwitters Kinder. Kurt Schwitters' nachhaltige Spuren in der Gegenwartsliteratur am Beispiel von Ernst Jandl und Gerhard Rühm. In: Kurt Schwitters. »Bürger und Idiot«. Beiträge zu Werk und Wirkung eines Gesamtkünstlers. Hg. von Gerhard Schaub. Berlin 1993, S. 116–130.

Kurz, Paul Konrad: Ernst Jandls anderer katholischer Gott. In: Stimmen der Zeit 126, 2001, Bd. 219, H. 10, S. 700–708.

Laher, Ludwig: Gemischtsprachige Gedichte: Deutsch/Englisch. Zugänge und Vorschläge zum Unterrichtsgebrauch. In: Informationen zur Deutschdidaktik 17 (1993), H. 4, S. 97–103.

Lajarrige, Jacques: Ernst Jandl (1925–2000): un poète qui ne peut laisser indifférent. In: Austriaca 25, 2000, S. 239–242.

Lakoff, George/Johnson, Mark: Metaphors We Live By. Chicago/London 2003.

Lamping: Das lyrische Gedicht = Lamping, Dieter: Das lyrische Gedicht. Definitionen zu Theorie und Geschichte der Gattung. Göttingen 1989.

— Moderne Lyrik = Lamping, Dieter: Moderne Lyrik. Eine Einführung. Göttingen 1991.

Lapp, Edgar: Linguistik der Ironie. Tübingen 1992 (= Tübinger Beiträge zur Linguistik; 369).

Largier, Niklaus: Zynismus. In: Reallexikon Literaturwissenschaft. Bd. 3, S. 901–903.

Lazarus-Mainka, Gerda: Psychologische Aspekte der Angst. Stuttgart u. a. 1976.

Legman, Gershon: Der unanständige Witz. Theorie und Praxis, Erste Serie. Hamburg 1970.

Leis, Mario (Hg.): Mythos Aphrodite. Texte von Hesiod bis Jandl. Leipzig 2000.

Lengauer, Hubert: Jandl im Wandel. In: »Abgelegte Zeit«? Österreichische Literatur der fünfziger Jahre. Beiträge zum 9. Polnisch-Österreichischen Germanistenkolloquium Łódź 1990. Hg. von Hubert Lengauer. Wien 1992 (= Zirkular; Sondernummer 28), S. 183–199.

Lentz, Michael: Lautpoesie/-musik nach 1945. Eine kritisch-dokumentarische Bestandsaufnahme. Bd. 1 und Bd. 2. Wien 2000.

Leutner, Petra: Die Schrift und die Landschaft. Das Gedicht »Über allen Gipfeln ist Ruh«. In: Über allen Gipfeln ... Naturerfahrung zwischen Goethe und Gegenwart. Hg. vom Museum für Kunsthandwerk Frankfurt a. M. Mainz 1999, S. 261–277.

Levine, Jacob (Hg.): Motivation in Humor. New York 1969.

Liebmann, Maximilian: Kardinal Innitzer und der Anschluß. Kirche und National-sozialismus in Österreich 1938. Graz 1982 (= Grazer Beiträge zur Theologiege-schichte und kirchlichen Zeitgeschichte; 1).

Liede: Dichtung als Spiel = Liede, Alfred: Dichtung als Spiel. Studien zur Unsinns-poesie an den Grenzen der Sprache. 2. Aufl. Hg. von Walter Pape. Berlin/New York 1992.

— Parodie = Liede, Alfred: Parodie. In: Reallexikon Literaturgeschichte. Bd. 3, S. 12–72.

Lindlar, Heinrich: Wörterbuch der Musik. Frankfurt a. M. 1989.

Link-Heer, Ursula: Ernst Jandl oder Heimsuchung im Alltag durch Lyrik. In: Das Ge-dichtete behauptet sein Recht. Festschrift für Walter Gebhard zum 65. Geburtstag. Hg. von Klaus H. Kiefer/Armin Schäfer/Hans-Walter Schmidt-Hannisa. Frankfurt a. M. u. a. 2001, S. 439–450.

Linke, Angelika/Nussbaumer, Markus: Konzepte des Impliziten: Präsuppositionen und Implikaturen. In: Brinker: Text- und Gesprächslinguistik, S. 435–448.

Lipps, Theodor: Grundlegung der Ästhetik. 2. Aufl. Leipzig/Hamburg 1914.

Löckel, Heinrich: Der Dichtkunst Stimme. Einführung in deutsche Gedichte. Bd. 1. 3./4. Aufl. Weinheim o. J. S. 65.

Löffler, Sigrid: »Hinaus mit dem Schuft«. In: Der Spiegel vom 17. Okt. 1988, S. 298–299.

Lorenczuk, Andreas: Der Dichter, die Vögel, die Messer. Zur Bildlichkeit zweier Ge-dichte aus Ernst Jandls »selbstporträt des schachspielers als trinkende uhr«. In: Hermenautik – Hermeneutik. Literarische und geisteswissenschaftliche Beiträge zu Ehren von Peter Horst Neumann. Hg. von Horst Helbig, Bettina Knauer und Gunnar Och. Würzburg 1996, S. 321–333.

Loriot: Möpse und Menschen. Eine Art Biographie. Zürich 1983.

Luserke, Matthias: Worte in sprechbarem Raum, Monas Lieschen oder Das Öffnen und Schliessen des Augenpaars beim Sprechen aus Anlaß von Ernst Jandls Ge-dicht »my own song«. In: ›Wir wissen ja nicht, was gilt‹: Interpretationen zur deutschsprachigen Lyrik des 20. Jahrhunderts. Hg. von Reiner Marx/Christoph Weiß. St. Ingbert 1993, S. 142–149.

Lust, Barbara: Child Language. Acquisition and Growth. Cambridge u. a. 2006.

Magaß, Walter: Schriftgelehrtes zu Jandls »falamaleikum«. In: Dialogizität. Hg. von Renate Lachmann. München 1982 (= Theorie und Geschichte der Literatur und der schönen Künste, Reihe A; 1), S. 127–130.

Mantl, Wolfgang: Zeitgenossenschaft und Zeitkritik. Gedanken eines Politikwissen-schaftlers zu *Große Landschaft bei Wien* (Bachmann), *Bilanz* (Fritsch) und *fala-maleikum* (Jandl). In: Panagl/Weiss: Dichtung und Politik, S. 365–370.

230

Marcuse, Ludwig: Obszön. Geschichte einer Entrüstung. München 1962.

Marinetti, Filippo Tommaso: Die futuristische Literatur. Technisches Manifest. In: Worte in Freiheit. Der italienische Futurismus und die deutsche literarische Avantgarde 1912–1934. Hg. von Peter Demetz. München 1990, S. 193–200.

Markis, Sabine: ›zerbrochener Teller mit Griechengesicht‹. Zu Ernst Jandls Gedicht ›odyss bei den polsterstühlen‹. In: Vogt: Interpretationen, S. 13–33.

Masser, Achim: Zaubersprüche und Segen. In: Reallexikon Literaturgeschichte. Bd. 4, S. 957–965.

Matt, Beatrice von: Der tägliche Krieg um Schlafen und Wachen. In: Kaukoreit/ Pfoser: Gedichte von Ernst Jandl, S. 102–115.

Mattenklott, Gert: Versuch über Albernheit. In: Merkur 39, 1985, S. 221–229.

Mayer, Hans: Kurze Verteidigung Ernst Jandls gegen die Lacher. In: Pfoser-Schewig: Für Ernst Jandl, S. 35.

Mayröcker: Requiem für Ernst Jandl = Mayröcker, Friederike: Requiem für Ernst Jandl. Frankfurt a. M. 2001.

− Die kommunizierenden Gefäße = Mayröcker, Friederike: Die kommunizierenden Gefäße. Frankfurt a. M. 2003.

− Und ich schüttelte einen Liebling = Mayröcker, Friederike: Und ich schüttelte einen Liebling. Frankfurt a. M. 2005.

McGhee, Paul E./Chapman, Antony J. (Hg.): Children's Humour. Chichester u. a. 1980.

McGhee, Paul E.: Humor. Its origin and development. San Francisco 1979.

−/ Goldstein: Handbook of Humor Research = McGhee, Paul E./Goldstein, Jeffrey (Hg.): Handbook of Humor Research. Bd. 1: Basic Issues. Bd. 2: Applied Studies. New York u. a. 1983.

Meller, Harald: Die Himmelsscheibe von Nebra. In: Der geschmiedete Himmel. Die weite Welt im Herzen Europas vor 3600 Jahren. Hg. von Harald Meller. Darmstadt 2004, S. 22–31.

Messerli, Alfred: Elemente einer Pragmatik des Kinderliedes und des Kinderreimes. Aufgrund autobiographischer Texte und einer Befragung von Schulkindern im Jahr 1985. Arau/Frankfurt a. M./Salzburg 1991 (= Sprachlandschaft; 9)

Mey, Jacob L.: Pragmatics. An Introduction. 2. Aufl. Gateshead 2001.

Meyer, Andreas: Der traditionelle Calypso auf Trinidad. Bd. 1 und Bd. 2 (Transkriptionen), Hamburg 1991 (= Beiträge zur Ethnomusikologie; 27).

Meyers großes Taschenlexikon. Mannheim/Wien/Zürich 1981.

Michl, Reinhard (Bilder): Marabu und Känguruh. Die schönsten Tiergedichte. Hildesheim 2006.

Moennighoff, Burkhard: »Zerbrochen sind die harmonischen Krüge«. Zum Traditionsverhalten in Ernst Jandls Lyrik. In: »An seiner Seite hätte ich sogar die Hölle ertragen«. Friederike Mayröcker und Ernst Jandl. Hg. von Dieter Burdorf. Iserlohn 2005 (= Tagungsprotokolle, Institut für Kirche und Gesellschaft), S. 73–89.

Moosmüller, Sylvia: Soziophonologische Variation im gegenwärtigen Wiener Deutsch. Eine empirische Untersuchung (in Verbindung mit dem Forschungsinstitut für deutsche Sprache »deutscher Sprachatlas« der Philipps-Universität Marburg/Lahn). Stuttgart 1987 (= Zeitschrift für Dialektologie und Linguistik, Beihefte; 56).

Mulkay, Michael: On Humour. Its nature and its place in modern society. Oxford 1988.

Müller, Karl: »bellend statt singend ... mit dem scharfen Gehör für den Fall ... oderfehlteiner?« Einige Beobachtungen zu Gedichten von I. Bachmann, E. Jandl und G. Fritsch. In: Panagl/Weiss: Dichtung und Politik, S. 381–387.

Müller, Robert: Experimentieren mit Sprache. Bemerkungen zu zwei Gedichten von Ernst Jandl. In: Sprache, Sprachen, Sprechen. Festschrift für Hermann M. Ölberg zum 65. Geburtstag. Hg. von Manfred Kienpointner/Hans Schmeja. Innsbruck 1987 (= Innsbrucker Beiträge zur Kulturwissenschaft, Germanistische Reihe; 34).

Müller, Rolf Arnold: Komik und Satire. Zürich 1973.

Müller, Wolfgang G.: Ironie. In: Reallexikon Literaturwissenschaft. Bd. 2, S. 328–331.

Müller, Wolfgang: Seid reinlich bei Tage und säuisch bei Nacht (Goethe) oder: Betrachtungen über die schönste Sache der Welt im Spiegel der deutschen Sprache - einst und jetzt. In: Sprache - Erotik - Sexualität. Hg. von Rudolf Hohberg. Berlin 2001 (= Philologische Studien und Quellen; H. 166), S. 11–61.

Munske, Horst Haider: Lob der Rechtschreibung. Warum wir schreiben, wie wir schreiben. München 2005.

Nash, Walter: The language of humour. London/New York 1985 (= English Language Series; 16).

Nerius, Dieter: Orthographieentwicklung und Orthographiereform. In: Günther: Schrift und Schriftlichkeit, S. 720–739.

Neuendorff, Edmund (Hg.): Die deutschen Leibesübungen. Großes Handbuch für Turnen, Spiel und Sport, Berlin/München 1927.

Neumann, Kurt: Alles Gute zwischen allen und jeden. In: Vogt: Interpretationen, S. 81–93.

Neumann, Peter Horst: Der unmanierliche Dichter, oder: Individualstil und Experiment. Über Ernst Jandl. In: Akzente 29, 1982, S. 25–38.

— »Ein Gleiches« von Jandl und Goethe = Neumann, Peter Horst: »Ein Gleiches« von Jandl und Goethe. In: Lyrik lesen! Eine Bamberger Anthologie. Hg. von Oliver Jahraus/Stefan Neuhaus. Düsseldorf 2000, S. 252–253.

— Ernst Jandl bearbeitet Rilke = Neumann, Peter Horst: Ernst Jandl bearbeitet Rilke. Eine Variante zum Typ des gedichteten Dichterbilds. In: »Verbergendes Enthüllen«. Zu Theorie und Kunst dichterischen Verkleidens. Festschrift für Martin Stern. Hg. von Wolfram Malte Fues/Wolfram Mauser. Würzburg 1995, S. 391–398.

– »Tagenglas« – Versuch über Ernst Jandl. Mit Kommentaren zu vierzehn Gedichten. In: Merkur 30, 1976, S. 1053–1064.

Neumann, Robert: Zur Ästhetik der Parodie. In: Die Literatur. Monatsschrift für Literaturfreunde 30, 1927/28, S. 439–441.

Neundlinger, Helmut: Beruf: rilke. Zustand: labil. Innen- und Außenperspektiven einer Krise der Subjektivität. In: Fetz: Ernst Jandl, S. 80–90.

Niehues-Pröbsting, Heinrich: Der Kynismus des Diogenes und der Begriff des Zynismus. München 1979 (= Humanistische Bibliothek, Reihe I: Abhandlungen; 40), S. 292.

Nietzsche, Friedrich: Werke. Kritische Gesamtausgabe. Hg. von Giorgio Colli/Mazzino Montinari. Abt. 3, Bd. 4: Nachgelassene Fragmente, Sommer 1872–Ende 1874. Abt. 4, Bd. 3: Menschliches, Allzumenschliches II. Nachgelassene Fragmente, Frühling 1878 bis November 1879. Berlin/New York 1978.

Nilsen: Humor Scholarship = Nilsen, Don L.: Humor Scholarship. A Research Bibliography. Westport 1993.

– The importance of tendency, an extension of Freud's concept of tendentious humor. In: Humor 1–1, 1988, S. 335–347.

Norrick, Neal R.: Intertextuality in humor. In: Humor 2–1, 1989, S. 117–139.

Nyborg, Eigil: Zur Theorie einer tiefenpsychologischen Literaturanalyse. In: Literatur und Psychoanalyse. Vorträge des Kolloquiums am 6. und 7. Oktober 1980. Hg. von Klaus Bohnen u. a. Kopenhagen/München 1981 (= Text&Kontext Sonderreihe; 10), S. 53–66.

Oesterreicher-Mollwo, Marianne (Bearb.): Herder-Lexikon Symbole. 4. Aufl. Freiburg i. Br. 1996.

Okopenko, Andreas: Ärger, Spaß, Experiment u. dgl. Der Wiener Antilyriker Ernst Jandl. In: Wort in der Zeit 10, 1964, S. 8–18.

Otto F. Walter: Entwurf einer Erinnerung. In: Siblewski, Texte, Daten, Bilder, S. 66–67.

Pabisch: luslustigtig = Pabisch, Peter: luslustigtig. Phänomene deutschsprachiger Lyrik 1945–1980. 2., verb. Aufl. Wien/Köln/Weimar 1993 (= Literatur und Leben; 44).

– Sprachliche Struktur = Pabisch, Peter: Sprachliche Struktur und assoziative Thematik in Ernst Jandls experimentellem Gedicht »wien: heldenplatz«. In: Modern Austrian Literature 9, 1976, S. 73–85.

Panagl, Oswald/Weiss, Walter (Hg.): Noch einmal Dichtung und Politik. Vom Text zum politisch-sozialen Kontext, und zurück. Wien/Köln/Graz 2000 (= Studien zu Politik und Verwaltung; 69).

Pankow, Christiane: Objektsprache, Metasprache und konkrete Poesie. Zwei Gedichte von Ernst Jandl. In: Österreich. Beiträge über Sprache und Literatur. Hg. von Christiane Pankow. Umeå 1992, S. 109–118.

Pankow, Klaus: Ernst Jandl. In: Österreichische Literatur des 20. Jahrhunderts. Einzeldarstellungen. Hg. von Horst Haase/Antal Mádl. Berlin 1990, S. 640–658.

Pape, Walter: Laudatio. In: Anstiftung zum Lachen in Literatur und Wissenschaft. Zehn Jahre Kasseler Literaturpreis für grotesken Humor. Hg. von Maria Rehborn/ Friedrich Block. Kassel 1995, S. 59–65.

Parkin, John: Humour theorists of the twentieth century. Lewiston/Queenston/ Lampeter 1997.

Paul, Hermann: Deutsches Wörterbuch. Bedeutungsgeschichte und Aufbau unseres Wortschatzes. 10. überarb. Aufl. von Helmut Henne, Heidrun Kämper und Georg Objartel. Tübingen 2002.

Pelinka, Anton/Weinzierl, Erika (Hg.): Das große Tabu. Österreichs Umgang mit seiner Vergangenheit. Wien 1987.

Pepicello, William J.: Pragmatics of humorous language. In: International Journal of the Sociology of Language 65 (Language and Humor), 1987, S. 27–35.

Perec, George/Helmlé, Eugen: Die Maschine (Hörspiel mit CD). Blieskastel 2001 [Ursendung: 13. November 1968, SR 2 Studiowelle Saar].

Peters, Sabine: Subjektivierung durch Sprache. Die Rede vom Ich in Ernst Jandls späteren Gedichtbänden. In: protokolle, 1990, H. 2, S. 105–122.

Pfiffner, Albert: Kakao. In: Hengartner/Merki: Genußmittel, S. 117–140.

Pfoser-Schewig: alles gute = Pfoser-Schewig, Kristina: wir alle wünschen jandl alles gute. In: Dies., Für Ernst Jandl, S. 7–8.

– Die literarischen Arbeiten = Pfoser-Schewig, Kristina: Die literarischen Arbeiten Ernst Jandls in den 50er Jahren. In Etudes germaniques 50, 1995, S. 209–221.

– Ernst Jandl auf »neuen wegen« = Pfoser-Schewig, Kristina: Ernst Jandl auf »neuen wegen«. Von den *Anderen Augen* zu *Laut und Luise*. In: Reitani: Proposte di lettura, S. 25–36.

– Für Ernst Jandl = Pfoser-Schewig, Kristina (Hg.): Für Ernst Jandl. Texte zum 60. Geburtstag. Werkgeschichte. Wien 1985 (= Zirkular, Sondernummer; 6).

Philipp, Eckhard: Dadaismus. Einführung in den literarischen Dadaismus und die Wortkunst des ›Sturm‹-Kreises. München 1980.

Pietzcker, Carl: Das Groteske. In: Deutsche Vierteljahrsschrift für Literaturwissenschaft und Geistesgeschichte 45, 1971, S. 197–211.

Platon: Philebos = Platon: Philebos. Übersetzt und eingeleitet von Otto Apelt. Hamburg 1955.

– Theätet = Platon: Theätet. Übersetzt und erläutert von Otto Apelt. Hamburg 1998. In: Platon: Sämtliche Dialoge. Bd. 4., S. 1–195 [unveränderter Nachdruck der Ausgabe Leipzig 1923].

Plauti Asinaria. cum commentario exegetico. Bd. 1 und 2. Hg. von F. Bertini. Genova 1968.

Plessner, Helmuth: Gesammelte Schriften. Bd. 7: Ausdruck und menschliche Natur. Hg. von Günther Dux u. a. Frankfurt a. M. 1982.

– Lachen und Weinen. Bern 1961.

Plett, Heinrich: Systematische Rhetorik: Konzepte und Analysen. München 2000.

234

Poirier, René: Die 15 Weltwunder vom babylonischen Turm zur Atomstadt. Berlin/ Darmstadt/Wien 1962.

Pongratz, Peter: und geben unsere neue Adresse bekannt ... In: Aue: science&fiction, S. 113–117.

Posner, Roland: Linguistische Poetik. In: Althaus/Henne/Wiegand: Lexikon der Germanistischen Linguistik, S. 687–698.

Prawer, Siegbert (Hg.): Seventeen modern german poets. London 1971 (= Clarendon german series).

Preisendanz: Das Komische = Preisendanz, Wolfgang: Das Komische, Das Satirische und das Ironische. In: Preisendanz/Warning: Das Komische, S. 411–426.

— Humor = Preisendanz, Wolfgang: Humor. In: Reallexikon Literaturwissenschaft. Bd. 2, S. 100–103.

— Über den Witz. Konstanz 1970 (= Konstanzer Universitätsreden; 13).

— Zum Vorrang des Komischen = Preisendanz, Wolfgang: Zum Vorrang des Komischen bei der Darstellung von Geschichtserfahrung in deutschen Romanen unserer Zeit. In: Preisendanz/Warning: Das Komische, S. 153–164.

— / Warning: Das Komische = Preisendanz, Wolfgang/Warning, Rainer (Hg.): Das Komische. München 1976 (= Poetik und Hermeneutik).

Profitlich, Ulrich: Zur Deutung der Humortheorie Jean Pauls. Vorschule der Ästhetik § 28 und § 31. In: Zeitschrift für deutsche Philologie 89, 1970, S. 161–168.

Quack, Josef: Das Öffnen und Schließen des Mundes. Die Frankfurter Poetik-Vorlesungen von Ernst Jandl. In: Frankfurter Allgemeine Zeitung vom 21. Dez. 1984.

Räwel, Jörg: Humor als Kommunikationsmedium. Konstanz 2005.

Räwel, Jörg: The Relationsship between Irony, Sarcasm and Cynicism. In: Zeitschrift für Literaturwissenschaft und Linguistik. 145, 2007, S. 142–153.

Raible, Wolfgang: Orality and Literacy. In: Günther: Schrift und Schriftlichkeit, S. 1–17.

Ramm, Klaus: Jandls Cyberpunk. In: protokolle, 1995, H. 2, S. 15–20.

— Versuch, auf dem Waldboden sitzend Tannenzapfen zu verspeisen ... Ein Vortrag für Ernst Jandl. In: protokolle, 1982, H. 4, S. 3–13.

Raskin, Victor: Linguistic heuristics of humor: a script-based semantic approach. In: International Journal of the Sociology of Language 65 (Language and Humor), 1987, S. 11–23.

— Semantic Mechanisms of Humor. Dordrecht 1985 (= Synthese Language Library; 24).

Reallexikon der deutschen Literaturgeschichte. Hg. von Werner Kohlschmidt/ Wolfgang Mohr. 2. unveränderte Aufl. der Ausg. 1958. Berlin/New York 2001.

Reallexikon der deutschen Literaturwissenschaft. Neubearbeitung des Reallexikons der deutschen Literaturgeschichte. Bd. 1–3. Hg. von Klaus Weimar u. a. 3. Aufl. Berlin/New York 1997–2003.

Redder; Angelika: Textdeixis. In: Brinker: Text- und Gesprächslinguistik, S. 546–561.

Reeken, Dieter von: Bibliographie der selbständigen deutschsprachigen Literatur über außerirdisches Leben, Ufos und Prä-Astronautik, Zeitraum 1703–1990. 3. erw. Aufl. Forchheim 1990.

Reich-Ranicki, Marcel: Schreibtisch, für alle gedeckt. Zum siebzigsten Geburtstag des Dichters Ernst Jandl. In: Frankfurter Allgemeine Zeitung vom 5. Aug. 1995.

Reiners, Ludwig: Stilkunst. Ein Lehrbuch deutscher Prosa. München 1964.

Reitani: Acht Thesen zum Werk Ernst Jandls = Reitani, Luigi: Einführung. Acht Thesen zum Werk Ernst Jandls. In: Reitani: Proposte di lettura, S. 11–16.

– Jandl übersetzen = Reitani, Luigi: Jandl übersetzen. In: Fetz: Ernst Jandl, S. 213–224.

– Frasi = Reitani, Luigi: Frasi e »Safri«. Sulla traduzione italiana di *wien : heldenplatz*. In: Reitani: Proposte di lettura, S. 50–68.

– Proposte di lettura = Reitani, Luigi (Hg.): Ernst Jandl. Proposte di lettura. Udine 1997 (= quaderni della biblioteca austriaca).

Renaud, François: Maieutik. In: Historisches Wörterbuch der Rhetorik. Hg. von Gert Ueding. Bd. 5. Tübingen 2001, Sp. 727–736.

Renner, Karl N.: Witz. In: Reallexikon Literaturgeschichte. Bd. 4, S. 919–930.

Riess-Meinhardt, Daniela: Ernst Jandl. In: Kindlers Neues Literaturlexikon. Hg. von Walter Jens. Bd. 8. München 1990, S. 608–611.

Riewoldt, Otto: Preis für Jandls traurige Komik. In: Kölner Stadt-Anzeiger vom 30. Mai 1980.

Riha: »als ich anderschdehn mange lanquidsch« = Riha, Karl: »als ich anderschdehn mange lanquidsch«: Ernst Jandl. siebzig Jahr. In: Neue deutsche Literatur 43, 1995, H. 4, S. 61–72.

– Cross-Reading = Riha, Karl: Cross-Reading und Cross-Talking. Zitat-Collagen als poetische und satirische Technik. Stuttgart 1971.

– Ernst Jandl = Riha, Karl: Ernst Jandl. In: Kritisches Lexikon zur deutschsprachigen Gegenwartsliteratur. Hg. von Heinz Ludwig Arnold, S. 1–10.

– Ernst Jandl – visuell = Riha, Karl: Ernst Jandl – visuell. Bildgedicht, Typogramm und visuelles Lippengedicht als Teile des lyrischen Gesamtwerks. In: Siblewski, Texte, Daten, Bilder, S. 102–111.

– Lyrik-Parodien = Riha, Karl: Lyrik-Parodien. Anmerkungen zu ihrer Kontinuität und Vielfalt im 20. Jahrhundert. In: Lyrik des 20. Jahrhunderts. Hg. von Heinz Ludwig Arnold. München 1999 (= Text + Kritik; Sonderband), S. 201–212.

– Orientierung = Riha, Karl: Orientierung. Zu Ernst Jandls literarischer ›Verortung‹. In: Text+Kritik 129, 1996, S. 11–18.

– Rezension zu Ernst Jandl: ›Laut und Luise‹ und ›Hosi-anna‹. In: Neue deutsche Hefte 13, 1966, S. 151–155.

– SCHTZNGRMM. Zu Ernst Jandl. In: Replik 4/5, 1970, S. 54–56.

– Übers Lautgedicht. In: Tatü Dada. Dada und nochmals Dada bis heute. Aufsätze und Dokumente. Hg. von Karl Riha. Siegen 1987, S. 175–210.

– Zu Ernst Jandls Gedichtbänden der siebziger Jahre = Riha, Karl: »ALS ICH ANDERSCHDEHN / MANGE LANQUIDSCH«. Zu Ernst Jandls Gedichtbänden der siebziger Jahre: »dingfest«, »die bearbeitung der mütze« und »der gelbe hund«. In: Ernst Jandl. Materialienbuch. Hg. von Wendelin Schmidt-Dengler. Darmstadt/Neuwied 1982, S. 44–57.

Robinson, David: Chaplin. Sein Leben, seine Kunst. Zürich 1989.

Röhrich, Lutz: Der Witz. Figuren, Formen, Funktionen. Stuttgart 1977.

Roloff, Karl-Heinz: Gaia. In: Lexikon der Alten Welt. Bd. 1. Hg. von Carl Andresen u. a., Zürich/München 1990, Sp. 1014.

Rommel, Otto: Die wissenschaftlichen Bemühungen um die Analyse des Komischen. In: Deutsche Vierteljahrsschrift für Literaturwissenschaft und Geistesgeschichte 21, 1943, S. 161–195.

Rosen, Elisheva: Grotesk. In: Ästhetische Grundbegriffe. Historisches Wörterbuch in / Bänden. Hg. von Karlheinz Barck u. a. Bd. 2. Stuttgart/Weimar 2001, S. 876–900.

Ross: Sterbelied = Ross, Werner: Grünes Sterbelied. In: Frankfurter Anthologie 8, 1984, S. 236–238.

– Vom Kreislauf der Dinge. In: Frankfurter Anthologie 9, 1985, S. 222–224.

Rübenach, Bernhard (Hg.): Peter-Huchel-Preis. Ein Jahrbuch – Ernst Jandl, Jayne-Ann Igel. Texte, Dokumente, Materialien. Baden-Baden 1991.

Rubinstein, Hilde: Layouts mit potentiellen Knallbonbons. In: Frankfurter Hefte 24, 1969, S. 449–450.

Ruch, Willibald: Introduction. Current issues in psychological humor research. In: Humor 6–1, 1993, S. 1–7.

Rühmkorf, Peter: Über das Volksvermögen. Exkurse in den literarischen Untergrund. Reinbek bei Hamburg 1967.

Ruf, Oliver: »Nochmal den Text? Ein anderer.« Ernst Jandl und die Avantgarde. In: Fetz: Ernst Jandl, S. 138–157.

Ruprechter, Walter: Politische Dichter aus dem Sprachlabor. In: Kaukoreit/Pfoser: Gedichte von Ernst Jandl, S. 34–46.

Sambursky: Das Physikalische Weltbild der Antike = Sambursky, Samuel: Das Physikalische Weltbild der Antike. Zürich 1965 (= Die Bibliothek der alten Welt, Reihe Forschung und Deutung).

– Planeten [1] = Sambursky, Samuel: Planeten [1]. In: Lexikon der Alten Welt. Bd. 2. Hg. von Carl Andresen u. a., Zürich/München 1990, Sp. 2336–2337.

Saße, Günther: Literatursprache. In: Althaus/Henne/Wiegand: Lexikon der Germanistischen Linguistik, S. 698–706.

Sauder, Gerhard: Ernst Jandls ›Stücke‹ und die Sprechoper »Aus der Fremde«. In: Drama und Theater im 20. Jahrhundert. Festschrift für Walter Hinck. Hg. von Hans Dietrich Irmscher/Werner Keller. Göttingen 1983, S. 446–458.

Saussure, Ferdinand de: Grundfragen der allgemeinen Sprachwissenschaft. Hg. von Charles Bally/Albert Sechehaye. Mit einem Register und einem Nachwort von Peter von Polenz. 2. Aufl. Berlin 1967.

Scarre, Chris: Die siebzig Weltwunder. Die geheimnisvollsten Bauwerke der Menschheit und wie sie errichtet wurden. München 2004.

Schäfer, Hans Dieter: Zusammenhänge der deutschen Gegenwartslyrik. In: Jordan/ Marquardt/Woesler: Lyrik, S. 32–78.

Schäfer, Susanne: Komik in Kultur und Kontext. München 1996 (= Studien Deutsch; 22).

Schäkel, Ilona: Ernst Jandl – Streifzüge. Versuch einer Annäherung. In: Textanalysen und Interpretationen 7, 1997, S. 31–38.

Schalkwijk, Frans: Humor und Psychoanalyse: ein reizvolles Paar. In: Zeitschrift für Psychoanalytische Theorie und Praxis 12 (2), 1997, S. 183–195.

Scharang, Michael: Ernst Jandl als Verderber der Jugend. In: protokolle, 1995, H. 2, S. 25–27.

Schaub, Gerhard: »An Schwitters kommt man nicht vorbei«. Zur Rezeption des Merzdichters in der Literatur nach 1945. In: Aller Anfang ist Merz - Von Kurt Schwitters bis heute. Hg. von Susanne Meyer-Büser/Karin Orchard, S. 310–319.

Scheffer, Bernd: Lautgedicht. In: Reallexikon Literaturwissenschaft. Bd. 2, S. 383–385.

Schewig, Kristina: Ernst Jandl – Versuch einer Monographie. Wien 1981 [Diss. masch.].

Schiewe, Jürgen: Sprachwitz, Sprachspiel, Sprachrealität. Über die Sprache im geteilten und vereinten Deutschland. In: Zeitschrift für germanistische Linguistik 25, 1997, S. 129–146.

Schiller, Friedrich: Über naive und sentimentalische Dichtung. In: Ders.: Werke und Briefe. Hg. von Rolf-Peter Janz. Bd. 8: Theoretische Schriften. Frankfurt a. M. 1992 (= Bibliothek Deutscher Klassiker; 78), S. 706–810.

Schmatz, Ferdinand: lieber ernst. In: Pfoser-Schewig, Für Ernst Jandl, S. 45.

Schmeidler, Felix: Die Entwicklung der Beobachtungstechnik. In: Wandel des Weltbildes. Astronomie, Physik und Meßtechnik in der Kulturgeschichte. 2. erw. Aufl. Hg. von Jürgen Teichmann. Darmstadt 1983 (= Kulturgeschichte der Naturwissenschaften und Technik; 6), S. 165–194.

Schmidt: Berechnungen I = Schmidt, Arno: Berechnungen I. In: Ders.: Essays und Aufsätze 1. Bargfeld 1995 (= Bargfelder Ausgabe; Werkgruppe III; 3), S. 163–168.

— Zettels Traum I = Schmidt, Arno: Zettels Traum. I. Buch: Das Schauerfeld oder die Sprache von Tsalal. Frankfurt a. M. 1973, Zettel 27.

— Zettels Traum II = Schmidt, Arno: Zettels Traum. II. Buch: In Gesellschaft von Bäumen. Frankfurt a. M. 1973, Zettel 268.

Schmidt, Siegfried J.: Das Phänomen Konkrete Dichtung. In: Jordan/Marquardt/ Woesler: Lyrik, S. 99–116.

– Interview mit Ernst Jandl = Schmidt, Siegfried J.: Interview mit Ernst Jandl (Wien, 15. Aug. 1987). In: Delfin 40/48, 1989/90, H. 1, S. 40–48.

Schmidt-Dengler: Der wahre Vogel = Schmidt-Dengler, Wendelin: Der wahre Vogel. Sechs Studien zum Gedenken an Ernst Jandl. Wien 2001.

– »Es ist alles egal« (Thomas Bernhard). Vom Kothurn zum Filzpatschen – der Begriff des Tragischen und seine erträgliche Banalisierung in der österreichischen Literatur: Bernhard, Bauer und Jandl. In: Banal und Erhaben. Es ist (nicht) alles eins. Hg. von Friedbert Aspetsberger/Günther A. Höfler. Innsbruck/Wien 1997 (= Schriftenreihe Literatur des Instituts für Österreichkunde; 1), S. 143–158.

– Heilung durch Aussparung = Schmidt-Dengler, Wendelin: Heilung durch Aussparung. In: Kaukoreit/Pfoser: Gedichte von Ernst Jandl, S. 131–141.

– Humanisten und/oder Terroristen. In: Literatur und Kritik 17, 1982, H 165–166, S. 22–30.

– Materialienbuch = Schmidt-Dengler, Wendelin (Hg.): Ernst Jandl. Materialienbuch. Darmstadt/Neuwied 1982.

– Mit anderen Augen. Zu Ernst Jandls erstem Gedichtband. In: Reitani: Proposte di lettura, S. 17–24.

– Öffnen und Schließen = Schmidt-Dengler, Wendelin: Poesie und Lebenszweck. Das Öffnen und Schließen des Mundes. In: Fetz: Ernst Jandl, S. 125–137.

– Poesie und Lebenszweck. In: Poetik der Autoren. Beiträge zur deutschsprachigen Gegenwartsliteratur. Hg. von Paul Michael Lützeler. Frankfurt a. M. 1994, S. 114–128.

– Rezension zu Ernst Jandl: Selbstporträt des Schachspielers als trinkende Uhr. Gedichte. In: Literatur und Kritik 19, 1984, S. 321–322.

– Text und Stimme = Schmidt-Dengler, Wendelin: Text und Stimme. Zu Ernst Jandl und zwei Versuchen über ihn. In: protokolle, 1985, H. 2, S. 5–8.

Schmidt-Dengler/Sonnleitner/Zeyringer (Hg.): Die einen raus – die anderen rein = Schmidt-Dengler, Wendelin/Sonnleitner, Johann/Zeyringer, Klaus (Hg.): Die einen raus – die anderen rein. Kanon und Literatur: Vorüberlegungen zu einer Literaturgeschichte Österreichs (= Philologische Studien und Quellen; 128).

– Komik in der österreichischen Literatur. Berlin 1996 (= Philologische Studien und Quellen; 146).

Schmidt-Hidding: Humor und Witz = Schmidt-Hidding, Wolfgang (Hg.): Humor und Witz. München 1963 (= Europäische Schlüsselwörter. Wortvergleichende und wortgeschichtliche Studien; 1).

– Wit and Humour = Schmidt-Hidding, Wolfgang: Wit and Humour. In: Ders.: Humor und Witz, S. 37–161.

Schmidthaler, Dorothea: Sprachnorm und Autonomie. Ansätze zu einer Grammatik der Texte Ernst Jandls. In: protokolle, 1985, H. 2, S. 9–30.

Schmieder, Doris/Rückert, Gerhard: Kreativer Umgang mit Konkreter Poesie. Freiburg i. Br. 1977.

Schmitter, Elke: Die Liebe zu den Heitergeistern. In: Der Spiegel vom 21. Juni 2004, S. 158–161.

Schmitz-Emans, Monika: Ernst Jandl. In: Deutsche Dichter des 20. Jahrhunderts. Hg. von Hartmut Steinecke. Berlin 1994, S. 676–689.

– Lebens-Zeichen am Rande des Verstummens. Motive der Sprachreflexion bei Johann Georg Hamann und Ernst Jandl. In: Poetica 24, 1992, S. 62–89.

– Poesie = Schmitz-Emans, Monika: Poesie als Sprachspiel. Überlegungen zur Poetik Ernst Jandls. In: Zeitschrift für deutsche Philologie 109, 1990, S. 551–571.

– Schnupftuchsknoten oder Sternbild. Jean Pauls Ansätze zu einer Theorie der Sprache. Bonn 1986 (= Literatur und Reflexion, Neue Folge; 1).

– Sprache der modernen Dichtung = Schmitz-Emans, Monika: Die Sprache der modernen Dichtung. München 1997.

– Zwischen Sprachutopismus und Sprachrealismus: zur artikulatorischen Dichtung Hugo Balls und Ernst Jandls. In: Hugo-Ball-Almanach 20, 1996, S. 43–117.

Schmitz-Kunkel, Brigitte: Ein Wiener ohne Schmäh. Zum Tode des Dichters Ernst Jandl. In: Kölnische Rundschau vom 13. Juni 2000.

Schneider, Peter: Konkrete Dichtung. In: Sprache im technischen Zeitalter, 1995, S. 1197–1214.

Schneider, Rolf: Materialschlacht. In: Frankfurter Anthologie 9, 1985, S. 217–219.

Schneider: Deutsch für Kenner = Schneider, Wolf: Deutsch für Kenner. Die neue Stilkunde. München 1997.

– Deutsch fürs Leben = Schneider, Wolf: Deutsch fürs Leben. Was die Schule zu lehren vergaß. Reinbek bei Hamburg 1994.

Scholz, Christian: Untersuchungen zur Geschichte und Typologie der Lautpoesie. Bd. 1: Darstellung, Bd. II: Bibliographie, Bd. 3: Discographie. Obermichelbach 1989.

Scholz, Christian/Engeler, Urs (Hg.): Fümms bö wö tää zää Uu. Stimmen und Klänge der Lautpoesie. Weil am Rhein/Wien 2002.

Schölzel, Arnold: Entblödung ist undeutsch. Zum Tod von Ernst Jandl. In: Marxistische Blätter 4, 2000, S. 21–22.

Schopenhauer, Arthur: Die Welt als Wille und Vorstellung. Bd. 2., textkritisch bearb. und hg. von Wolfgang Frhr. von Löhneysen. 2. Aufl. Stuttgart/Frankfurt a. M. 1961 [Erstausgabe 1819].

Schönberg: Gesinnung oder Erkenntnis? = Schönberg, Arnold: Gesinnung oder Erkenntnis? In: Ders.: Stil und Gedanke. Aufsätze zur Musik. Hg. von Ivan Vojtěch. Nördlingen 1976 (= Arnold Schönberg. Gesammelte Schriften; 1), S. 209–214.

– Stil und Gedanke. Aufsätze zur Musik. Hg. von Ivan Vojtěch. Nördlingen 1976 (= Arnold Schönberg. Gesammelte Schriften; 1).

Schöning, Klaus (Hg.): Hörspielmacher. Autorenporträts und Essays. Königstein i. Ts. 1983.

Schott, Anselm (Hg.): Das Meßbuch der heiligen Kirche. Mit liturgischen Erklärungen und kurzen Lebensbeschreibungen der Heiligen. Freiburg i. Br. 1956.

Schuler, Reinhard: Die Erschaffung der Eva. Produktives Lesen bei Goethe und Jandl. In: Wirkendes Wort 24, 1974, S. 73–85.

Schulz, Georg-Michael: Jandls Rilke. In: Deutsche Lyrik nach 1945. Hg. von Dieter Breuer. Frankfurt a. M. 1988, S. 231–240.

Schulz, Hans (Begr.)/Basler, Otto (Bearb.): Deutsches Fremdwörterbuch. Berlin/New York 1978.

Schüttpelz, Erhard: Humor. In: Historisches Wörterbuch der Rhetorik. Hg. von Gert Ueding. Bd. 4. Tübingen 1998. Sp. 86–98.

Schütz, Karl-Otto: Witz und Humor. In: Schmidt-Hidding: Humor und Witz, S. 161–245.

Schwarz, Alexander (Hg.): Bausteine zur Sprachgeschichte der deutschen Komik. Hildesheim/Zürich/New York 2000 (= Germanistische Linguistik; 153).

Segebrecht, Dietrich: Die Sprache macht Spaß. In: Frankfurter Allgemeine Zeitung vom 4. März 1967.

Segebrecht, Wulf: Johann Wolfgang Goethes Gedicht »Über allen Gipfeln ist Ruh« und seine Folgen. Zum Gebrauchswert klassischer Lyrik. Text, Materialien, Kommentar. München/Wien 1978 (= Reihe Hanser Literatur-Kommentare; 11).

Senger, Anneliese: Zeit in den Gedichten Ernst Jandls. In: protokolle, 1991, H. 1, S. 17–36.

Sewell, Elizabeth: The Field of Nonsense. London 1952.

Siblewski: a komma = Siblewski, Klaus: a komma punkt. Ernst Jandl, ein Leben in Texten und Bildern. München 2000.

– Ernst Jandls 1957 = Siblewski, Klaus: »Am Anfang war das Wort ...« Ernst Jandls 1957. In: Reitani: Proposte di lettura, S. 37–49.

– Jahr des Ernst Jandl = Siblewski, Klaus: 1957 oder das Jahr des Ernst Jandl. In: Du – Zeitschrift der Kultur 5, 1995, S. 60–66.

– Telefongespräche = Siblewski, Klaus: Telefongespräche mit Ernst Jandl. Ulm 2001.

– Texte, Daten, Bilder = Siblewski, Klaus: Ernst Jandl. Texte, Daten, Bilder. Frankfurt a. M. 1990.

Simon, Karl Günter: Das Absurde lacht sich tot. In: Akzente 5, 1958, S. 410–419.

Simon, Ralf: Witz. In: Reallexikon Literaturwissenschaft. Bd. 3, S. 861–864.

Skasa, Michael: auf dem bettrand / zu sitzen / sei ihm geglückt. Zu Ernst Jandls Theaterstück »Aus der Fremde«. In: Theater heute 20, 1979, H. 11, S. 29–30.

Sloterdijk, Peter: Kritik der zynischen Vernunft. Frankfurt a. M. 1983.

Specker, Andreas: Hör–Spiele und Hörspiel. Studien zur Reflexion musikalischer Parameter im Werk von Ernst Jandl. Essen 1986.

Spiel, Hilde: »der österreicher küßt die zerschmetterte hand«. Über eine österreichische Nationalliteratur. In: Jahrbuch der Deutschen Akademie für Sprache und Dichtung, 1980, Bd. 1, S. 34–42.

Spoerl, Heinrich: Die Feuerzangenbowle. In: Das Schönste von Heinrich Spoerl. Bd. 1, München 1981.

Staiger, Emil: Grundbegriffe der Poetik. 7. Aufl. Zürich/Freiburg i. Br. 1966.

Stampf, Olaf: Vorstoß zur Wüstenwelt. In: Der Spiegel vom 2. Juni 2003, S. 162–172.

Stanek, Bruno/Pesek, Ludek: Neuland Mars. Erkundung eines Planeten. Bern 1976.

Stanek, Bruno: Planeten Lexikon, 4. erw. Aufl. Bern 1982.

Stein: Erzählen = Stein, Gertrude: Erzählen. 4. Aufl. Frankfurt a. M. 1997 [Übersetzung von Ernst Jandl].

— Everybody's Autobiography = Stein, Gertrude: Everybody's Autobiography. London 1971 [Erstausgabe 1937].

— Identity a Poem = Stein, Gertrude: Identity a Poem. In: A Stein Reader. Hg. von Ulla E. Dydo. Evanston 1993, S. 588–594.

Steininger, Rolf/Gehler, Michael (Hg.): Österreich im 20. Jahrhundert. Bd. 1: Von der Monarchie bis zum Zweiten Weltkrieg. Bd. 2: Vom Zweiten Weltkrieg bis zur Gegenwart. Wien/Köln/Weimar 1997.

Steitz, Walter: Das Gedicht in der Schule. Dortmund 1952.

Stephan, Jakob: Lyrische Visite oder Das nächste Gedicht, bitte! Ein poetologischer Fortsetzungsroman. Zürich 2000.

Stephan, Rudolf: Zwölftontechnik. In: Riemann Musik Lexikon. 12. neu bearb. Aufl. Mainz 1967. Sachteil, S. 1085–1087.

Stern, Alfred: Philosophie des Lachens und Weinens. Wien/München 1980 (= Überlieferung und Aufgabe; 18).

Stetter, Christian: Orthographie als Normierung des Schriftsystems. In: Günther: Schrift und Schriftlichkeit, S. 688–697.

Stock, Alex: Umgang mit theologischen Texten. Methoden, Analysen, Vorschläge. Zürich/Einsiedeln/Köln 1974.

Stürmer, Horst: Eine Klage über die Vereinnahmung der Natur, eine Verklärung der Kultur, ein verlorener Krieg. In: Panagl/Weiss: Dichtung und Politik, S. 371–379.

Sulzer, Dieter/Dieke, Hildegard/Kußmaul, Ingrid: Der Georg-Büchner-Preis 1951–1987. Eine Dokumentation. München 1987.

Tati, Jacques: Die Ferien des Monsieurs Hulot [Spielfilm]. Originaltitel: Les vacances de Monsieur Hulot. Frankreich 1951/52.

taz 1. Aug. 1990 = die tageszeitung vom 1. Aug. 1990.

Teichmann, Jürgen (Hg.): Wandel des Weltbildes. Astronomie, Physik und Meßtechnik in der Kulturgeschichte. 2. erw. Aufl. Darmstadt 1983 (= Kulturgeschichte der Naturwissenschaften und Technik; 6).

Teuteberg, Hans-Jürgen: Kaffee. In: Hengartner/Merki: Genußmittel, S. 81–115.

Thalmayr [Enzensberger]: Wasserzeichen der Poesie = Thalmayr, Andreas [= Hans Magnus Enzensberger]: Das Wasserzeichen der Poesie oder Die Kunst und das Vergnügen, Gedichte zu lesen. In hundertvierundsechzig Spielarten vorgestellt von Andreas Thalmayr. Nördlingen 1985 (= Die Andere Bibliothek).

— Lyrik nervt = Thalmayr, Andreas [= Hans Magnus Enzensberger]: Lyrik nervt. Erste Hilfe für gestreßte Leser. München/Wien 2004.

Thimm, Katja: Grzimek des Ostens. In: Der Spiegel vom 23. Juli 2001, S. 150–151.

Tichy, Wolfram: Charlie Chaplin in Selbstzeugnissen und Bilddokumenten. Reinbek bei Hamburg 1974.

Thönnissen, Karl: Betretener Interpret Blues. Über ein Gedicht von Ernst Jandl unter der realen Gegenwart von Botho Strauß. In: Sprachkunst 22, 1991, S. 263–281.

Tigges: An Anatomy of literary Nonsens = Tigges, Wim: An Anatomy of literary Nonsens. Amsterdam 1988.

– Explorations in the field of Nonsense = Tigges, Wim: Explorations in the field of Nonsense. Amsterdam 1987 (= DQR Studies in Literature; 3)

Titze, Michael/Eschenröder, Christof T.: Therapeutischer Humor. Grundlagen und Anwendungen. Frankfurt a. M. 1998 (= Geist und Psyche).

Trier, Jost: Der deutsche Wortschatz im Sinnbezirk des Verstandes. Von den Anfängen bis zum Beginn des 13. Jahrhunderts. 2. Aufl. Heidelberg 1973 (= Germanische Bibliothek), [Unveränderter Nachdruck der Erstauflage 1931].

Tucholsky: Was darf Satire? = Tucholsky, Kurt: Was darf Satire? [Pseudonym Ignaz Wrobel], (Berliner Tageblatt vom 27. Jan. 1919). In: Kurt Tucholsky Gesamtausgabe. Bd. 3: Texte 1919. Hg. von Stefan Ahrens/Antje Bonitz/Ian King. Reinbek bei Hamburg 1999, S. 30–32.

– Zur soziologischen Psychologie der Löcher = Tucholsky, Kurt: Zur soziologischen Psychologie der Löcher. In: Ders.: Gesammelte Werke in 10 Bänden. Hg. von Mary Gerold-Tucholsky/Fritz J. Raddatz. Bd. 9: 1931. Reinbek bei Hamburg 1995, S. 152–153.

Tunner, Erika: Poeta Jandlicus oder Etwas über die vernünftige Tollheit. Zu den *idyllen*. In: Siblewski: Texte, Daten, Bilder, S. 121–128.

Ueding, Gert (Hg.): Historisches Wörterbuch der Rhetorik. Tübingen 1992–2003.

Verberckmoes, Johan: Humor und Geschichte: Eine Forschungsbibliographie. In: Kulturgeschichte des Humors. Von der Antike bis heute. Hg. von Jan Bremmer/ Herman Roodenburg. Darmstadt 1999, S. 184–195.

Verweyen, Theodor: Eine Theorie der Parodie. Am Beispiel Peter Rühmkorfs. München 1973.

– / Witting: Parodie = Verweyen, Theodor/Witting, Gunther: Parodie. In: Reallexikon Literaturwissenschaft. Bd. 3, S. 23–27.

Vogel, Susan C.: Humor. A semiogenetic approach. Bochum 1989.

Vogel, Thomas (Hg.): Vom Lachen. Einem Phänomen auf der Spur. Tübingen 1992 (= Attempto Studium Generale).

Vogt, Michael (Hg.): »stehn Jandl groß hinten drauf«. Interpretationen zu Texten Ernst Jandls. Bielefeld 2000.

Völker, Ludwig (Hg.): Lyriktheorie. Texte vom Barock bis zur Gegenwart. Stuttgart 1990.

Wagenbach, Klaus: Jodl. In: Siblewski: Texte, Daten, Bilder, S. 72–73.

Wagenknecht, Christian: Wortspiel. In: Reallexikon Literaturwissenschaft. Bd. 3, S. 864–867.

Wallmann, Jürgen P.: Lachen, um nicht zu heulen. In: Deutsches Allgemeines Sonntagsblatt vom 26. Jan. 1990, S. 26.

– Rezension = Wallmann, Jürgen P.: Rezension zu Ernst Jandl: Die Bearbeitung der Mütze. Gedichte. In: Literatur und Kritik 14, 1979, S. 180–181.

Walls, Felicity Gayna: Der Dialekt der Wiener Grundschicht und die neuere Wiener Mundartdichtung. Eine phonemisch-graphemische Untersuchung. Bern/Frankfurt a. M. 1976 (= Europäische Hochschulschriften, Reihe 1: Deutsche Literatur und Germanistik; 162).

Walter: Erinnerung = Walter, Otto F.: Entwurf einer Erinnerung. In: Siblewski: Texte, Daten, Bilder, S. 66–67.

– Gegenwartsliteratur = Walter, Otto F.: Gegenwartsliteratur. Mittel und Bedingungen ihrer Produktion. Hg. von Peter André Bloch. Bern/München 1975.

Watzlawick, Paul: Vom Unsinn des Sinns oder vom Sinn des Unsinns. 3. Aufl. Wien 1994 (= Wiener Vorlesungen im Rathaus; 16).

Weinberg, Werner: Lexikon zum religiösen Wortschatz und Brauchtum der deutschen Juden. Hg. von Walter Röll. Stuttgart-Bad Cannstatt 1994.

Weinzierl, Ulrich: Der Depressionshumorist. In: Frankfurter Anthologie 15, 1992, S. 226–228.

– Rede auf Jandl = Weinzierl, Ulrich: Rede auf Ernst Jandl. In: Kleist-Jahrbuch 1994, S. 191–196.

Weiss, Walter/Hanisch, Ernst (Hg.): Vermittlungen. Texte und Kontexte österreichischer Literatur und Geschichte im 20. Jahrhundert. Salzburg/Wien 1990.

Wells, Herbert George: The war of the worlds. Sussex 1968 [Erstausgabe 1898].

Wende, Waltraud: Goethe-Parodien. Zur Wirkungsgeschichte eines Klassikers. Stuttgart 1995.

Wensinck, Arent J./Kramers, Johannes H. (Hg.): Handwörterbuch des Islam. Leiden 1976.

Wenzel, Peter: Von der Struktur des Witzes zum Witz der Struktur. Untersuchungen zur Pointierung in Witz und Kurzgeschichte. Heidelberg 1989 (= Anglistische Forschungen; 198).

Wicke, Peter/Ziegenrücker, Kai-Erik/Ziegenrücker, Wieland: Handbuch der populären Musik. Rock, Pop, Jazz, World Music. 4. Aufl. o. O. 2001.

Wicki, Werner: Psychologie des Humors: Eine Übersicht. In: Schweizerische Zeitschrift für Psychologie 51, 1992, S. 151–163.

Widmer, Urs: Bildnisse von Dichtern. In: manuskripte 46/47, 1975, S. 68–73.

Wiegand: Humor = Wiegand, Julius: Humor. In: Reallexikon Literaturgeschichte. Bd. 1, S. 727–733.

– Komische Dichtung = Wiegand, Julius: Komische Dichtung. In: Reallexikon Literaturgeschichte. Bd. 1, S. 869–876.

Wilder, Thornton: Einleitung. In: Gertrude Stein: Erzählen. 4. Aufl. Frankfurt a. M.1997, S. 7–11 [Übersetzung von Ernst Jandl].

Wintersteiner, Werner: als ich anderschdehn mange lanquidsch bin ich gell multikulturell. sprachliche grenzüberschreitungen bei ernst jandl und jani oswald. In: »Und gehen auch Grenzen noch durch jedes Wort«. Grenzgänge und Globalisierung in der Germanistik. Wien 2001 (= Mitteilungen der Österreichischen Gesellschaft für Germanistik; Beiheft 4), S. 263–284.

Wondratschek, Wolf: Wieder ein Wiener. Zum 60. Geburtstag von Ernst Jandl. In: Pfoser-Schewig: Für Ernst Jandl, S. 56.

Wulff, Michael: Konkrete Poesie und sprachimmanente Lüge. Von Ernst Jandl zu Ansätzen einer Sprachästhetik. Stuttgart 1978 (= Stuttgarter Arbeiten zur Germanistik; 44).

Wünsch, Frank: Die Parodie. Zu Definition und Typologie. Hamburg 1999 (= Poetica; 39).

Zacher, Ewald: Höhere Molekularphonologie. In: Wort und Wahrheit 24, 1969, S. 473–474.

Zeller, Christoph: Vom Eigenleben der Zeilen. Poetische Reflexionen in Ernst Jandls ›idyllen‹. In: Sprachkunst 29, 1998, S. 85–104.

Zifonun, Gisela/Hoffmann, Ludger/Strecker, Bruno: Grammatik der deutschen Sprache. Bd. 1–3. Berlin/New York 1997 (= Schriften des Instituts für deutsche Sprache; 7,1/7,2/7.3).

Zijderveld, Anton C.: The sociology of Humour and Laughter. In: Current Sociology 31, 1983, S. 1–101.

Zimmer, Dieter E.: Anmerkungen zur Rechtschreibreform. In: Wörter und Unwörter. Sinniges und Unsinniges der deutschen Gegenwartssprache. Hg. von der Gesellschaft für Deutsche Sprache. Niedernhausen/Ts. 1993, S. 131–142.

Zinn, Ernst: Ironie und Pathos bei Horaz. In: Ironie und Dichtung. Hg. von Albert Schaefer. München 1970 (Beck'sche Schwarze Reihe; 66), S. 39–58.

Ziomek, Jerzy: Zur Frage des Komischen. In: Zagadnienia rodzajów literackich 8, 1965, H. 1 (14), S. 74–83.

Zschau, Mechthild: Hingabe an das bildlose, ohrenfüllende Medium. Der Wiener Künstler Ernst Jandl wird mit dem Frankfurter Hörspielpreis ausgezeichnet. In: Frankfurter Rundschau vom 19. Okt. 1989.

Zuckmayer, Carl: Als wär's ein Stück von mir. Frankfurt a. M./Hamburg 1969.

Zweig, Stefan: Die Welt von Gestern. Erinnerungen eines Europäers. Frankfurt a. M. 1970.